民事诉讼
证据规则
研究

毕玉谦 著

中国法制出版社
CHINA LEGAL PUBLISHING HOUSE

　　在司法上，证据规则是指借以调整特定事实或证据材料作为诉讼证据并加以提供、质证和认证的原则与规范。在民事诉讼上，证据规则是一种规范双方当事人的诉讼行为、规制法官形成裁判心证的应用法则。从传统意义上而言，英美法系素以判例法著称，对待证据规则在法律概念上的领悟是从程序法到实体法的认识过程，即坚持程序优先主义。因此，从历史传统上就注重司法判例，其证据规则具有十分丰富的源泉和雄厚的背景基础，大量的判例法实践和习惯做法形成了一系列较为严格的证据规则。正是基于这种严谨而务实的思维方式所使然，主要的英美法系国家如英国、美国、加拿大、澳大利亚等都制定有专门的成文证据法典；而大陆法系传统上就以成文法作为其本质特征，但成文法这一主要特征更主要地体现在实体法上，甚至于在诸如《法国民法典》《德国民法典》的许多条文上都显现出一些证据规则，特别是涉及民事法律行为有效性的证明方式、举证规则与推定规则等，这些证据规则与实体法上的权利义务关系常常显得密不可分，体现了大陆法系的证据规则在相当程度上依附于实体法的表征，这恰好反映了大陆法系国家和地区历来遵循从实体法到程序法的思维定式。与此同时，大陆法系各国和地区的证据法则与普通诉讼程序法混为一体，在创设形态上未曾有其独立的成文法典。但是，为了实体法本身具有可操作性的需要，一些大陆法系国家和地区在民法典等实体法当中设立专门的章节，这亦是立法技术上的一种权宜之举。例如，《法国民法典》在第三卷"取得财产各种方式"中的"有关契约或约定之债的一般规定"当中，就"债的证明与清偿的证明"分别对书证、人证、推定、当事人的自认及宣誓等规则加以尽悉规定，从而构成民事证据制度的特别规则。另外，《意大利民法典》在"权利的保护"一编中对证据加以专章规定，其中包括证据的一般规定、书证、证人证言、推定、当事人的承认、宣誓等规则。

在诉讼中，大凡各国实行证据裁判主义，对当事人所主张的事实，凡作为裁判上的争执点而成为证明对象时，都必须由相关的证据加以证明。于是，便产生作为争执点的待证事实与证据之间的关系问题，这一问题在实质上是涉及证据本身有无缺陷及其证据力的大小与强弱。从理论上而言，某种事实或证据材料是否被采纳为诉讼证据，即作为事实裁判的基础，应受到特定机制的规定性所制约，但是，在审判实践中则离不开法官通过主观能动性的判断与裁量。一般认为，英美法系国家和地区设置有系统健全、层序分明的证据规则体系，体现的是一种法定证据主义模式，其目的在于尽量缩减法官裁酌衡量的余地和权限，在相当程度上有助于限制法官的任意取舍和主观专横，但缺点是在一定情形下有碍于发现事实真实；而大陆法系采取的是一种缺乏有效制衡法官心证的自由心证主义，其弊端是对同一证据在取舍上难免出现偏差，对同一事实的认定往往各持己见，易使法官滋生主观专横的倾向，优点是较易于接近事实真实。我国的审判模式概属大陆法系基本类型，因此，如何既借鉴及沿用英美法系司法应用上的有关证据规则中的基本要义，同时又发挥大陆法系司法能动性上的优点，则成为新时代促进我国司法公平与正义及提高诉讼效率的战略端口与切入点。

有关证据规则及其创设的功能主要在于：其一，体现某种证据与待证事实之间具有特定的证明价值关系，如采用关联性规则、最佳证据规则、意见规则等；其二，根据立法者的意志以及执行社会公共政策等要求，确定某一证据材料的证明资格（或称证据能力），如适用可采性规则、排除规则、例外规则、特权规则等；其三，为贯彻直接言词原则而弘扬诉讼程序的正当性，证人应直接接受法庭调查，通过当庭宣誓借以担保其证言的可靠性，通过受其不利证言影响的相对一方当事人的直接质疑，使法官获得正确、可靠的心证，如传闻规则、反询问规则、预防规则等的运用；其四，强化审判业务技能，尊重客观事物的内在规律，深刻反映诉讼证明的机制，如适用推定规则、司法认知规则、经验规则和盖然性规则等；其五，充分发挥诉讼辩论主义的功能优势，有效利用一切必要的证据资源，如自认规则、禁止反言规则的采用等。

　　2001年12月6日由最高人民法院审判委员会第1201次会议通过的《最高人民法院关于民事诉讼证据的若干规定》，无论是在形式意义上还是在实质意义上均开启了我国民事诉讼证据规则化的先河。自2007年10月28日第十届全国人民代表大会常务委员会第三十次会议通过对《民事诉讼法》修改的决定以来，《民事诉讼法》已几经多次修改，其中涉及民事证据及程序规则的重大修改，当推2012年8月31日第十一届全国人民代表大会常务委员会第二十八次会议通过的修改决定。此次修改系对由最高人民法院审判委员会第1201次会议通过的《最高人民法院关于民事诉讼证据的若干规定》经过十余年审判实践检验后，在总结有益经验的基础上进行的有选择性地借鉴与合理吸收。随后，2014年12月18日最高人民法院审判委员会第1636次会议通过了《最高人民法院关于适用〈中华人民共和国民事诉讼法〉的解释》，该司法解释对最高人民法院审判委员会第1201次会议通过的《最高人民法院关于民事诉讼证据的若干规定》在特定程度和范围内就有关证据规则的内容进行了较大幅度的调整、改进与完善。2019年10月14

日最高人民法院审判委员会第1777次会议通过了《最高人民法院关于修改〈关于民事诉讼证据的若干规定〉的决定》，自此标志着我国民事证据规则化已进入了一个崭新的发展阶段。同时，2020年5月28日第十三届全国人民代表大会第三次会议通过了《中华人民共和国民法典》，该法典为民事证据规则在合同法律关系以及侵权法律关系中的具体适用提供了法律依据。

歌德曾经说过："思想活跃而又怀着务实的目的去完成最现实的任务，就是世界上最有价值的事情。"我国最高人民法院先后颁布实施的《最高人民法院关于民事诉讼证据的若干规定》《最高人民法院关于适用〈中华人民共和国民事诉讼法〉的解释》等司法解释，具有以下特点：第一，是对在此之前有关民事证据制度立法及其司法解释的补充与完善，其中不乏体现在排解与此前相关立法规定有相互冲突之处，但更为突出反映的是后者对前者的修改功能与替补功能；第二，设定了一些新的证据适用程序与证据适用规则，较为突出的当推法官释明心证规则、证明妨碍规则、电子数据应用规则等；第三，虽然有关司法解释从总体上仍偏重于设定证据法的程序规范，但是其中的若干规定毕竟已经开始显现出证据规则的技术规范之特征，在一定程度上反映了立法技术上的渐进与提高；第四，尽管表现得不尽充分，但还是从不同的角度和层面上显现和反映了一些基本证据规则，如最佳证据规则、意见证据规则、补强证据规则、非法证据排除规则、原始证据及例外规则，等等。无论是在条文的篇幅上还是在适用层面上，业已颁行的与民事证据规则有关的司法解释都远远超过了《民事诉讼法》有关证据（规则）制度的规定，以至于在现实生活中造成了有关民事证据规则司法解释的功能性作用远远大于《民事诉讼法》有关证据规则的局面。坦言之，一些有关证据规则的司法解释虽然在篇幅上有所增加，在证据的具体运用规则上也有所细化，但是一些内容基于现实上的权宜之计，未能从民事诉讼总体架构的基础性角度来审慎地创设相应的证据规则，在一定程度上抑或以牺牲证据规则的基本原理为代价，在实践中恐发某种误导性，实务界已有不同程度的反响。对此，不能不引起我们的关注与思考。

《后汉书》曰："精诚所加，金石为开。"时至今日，司法的公平与正义始终是我们所面临的现实议题。随着我国社会文明与法治建设的不断发展，民事证据规则在我国有关立法及司法解释当中获得了显著的引入与采认，同时也有力地推动了司法文明建设的进步。对此，我们应当认识到，现行立法及司法解释在民事证据规则技术上的提高还有相当大的空间，法官和律师对于证据规则的基本认知和实际应用的现状距离社会的普遍期待尚有明显的落差。本书的写作旨在就民事证据规则及应用进行深度研究，以便为有关现行立法及司法解释的改进与完善提供理论支撑，并且为理论工作者和实务界人士在民事证据应用过程中遇到的难点、疑惑等提供必要的帮助。笔者深知，在社会发展不断变迁的过程中，人们对科学和真理的追求是永无止境的。由于笔者在所掌握的研究资料及有关理论问题和判断上的某些局限性，书中某些观点的论述，难免有偏颇之处，敬请学界同人及有关读者提出批评意见。

值得一提是，本书在出版过程中，得到了中国法制出版社的大力支持，在此一并表示感谢。

毕玉谦

2023 年 5 月 6 日于北京

目录

第一章　举证程序规则

　　民事诉讼系解决有关当事人的私权利益纠纷的程序，因此，自罗马法以来就一直遵循"谁主张、谁举证"的原则，当事人对于自己的诉讼主张负有举证责任，而法院从职能上并不负担举证责任。就两大法系而言，由于英美法系国家和地区大都设置有类似证据发现程序一样的审前阶段或程序，使得当事人就有关证据相互披露或向法院提供。这种模式通常被认为是英美法系在传统上实行陪审团审理方式的缘故，久而久之，即使当今陪审团审判方式在许多英美法系国家和地区已不再成为主导型模式的条件下，当事人在诉讼上所承担的举证责任依然如故，这就说明，与当事人举证责任相关联的证据规则具有稳健的生命活力。与英美法系相比较，大陆法系国家和地区在举证责任上也实行的是当事人进行主义。大陆法系与英美法系的主要差别表现在证据的调查程序之上，应当明确的是，大陆法系的证据调查程序主要是在庭审阶段，而并非像我国那样，在强调当事人举证责任的同时，在特定情形下的依职权收集、调查证据通常仅限于人事诉讼或与社会公益有关的领域。英美法系中通常不存在法院依职权收集、调查证据的概念。因此，在观念上，与我国的立法和司法在调查证据上存在很大的不同。同时，也应当指出的是，这种不同来自这样的一种社会现实状况，即我国在立法上和司法上缺乏必要的强制证人出庭作证以及特权例外规则、对伪证行为切实严加惩处的预防性规则，这种现实状况，使我国在当事人举证程序模式上既与英美法系国家和地区之间存在很大差异，也与一般大陆法系国家和地区之间存在较大差别。

　　本章所论及的举证程序规则包括证据披露规则、最佳证据规则、自认规则。诚然，由于举证程序与查证程序或采证程序往往是涉及一个问题的两个方面，因此，对举证程序规则以及之后的查证程序规则和采证程序规则在形式上的划分，其中未免含有一些相对标准的因素，即有些被列为举证程序规则的内容，从另一个角度看也会含有查证程序规则或采证程序规则的内容或要素，反之亦然。

第一节　证据披露规则

一、概述

证据披露规则是指规定证据披露主体、方式、时限及其后果的程序与制度的总称。

证据披露是基于当事人的举证责任与法院的查证、认证的职能要求，由立法上明确规定或授权法院依职权决定当事人及其他诉讼第三人进行证据披露或以特定的证明方式协助证据披露的一种特定诉讼活动。

对证据的披露是认定案件事实的基础，是当事人为主张自己的主张和反驳对方的主张而进行攻击与防御的必要方式。

由于受历史背景、法律传统、文化习惯及诉讼模式等差异的影响，各国对证据披露在立法上和学理上的规定与思潮不尽相同。从法系上加以归类而论，英美法由于在传统上实行陪审团审理方式，对事实的认定主要由陪审团来进行，加之采用交叉询问方式，具有更为明显的当事人主义对抗辩论式诉讼色彩，这种当事人主导型的诉讼模式在自20世纪上半叶强化了历史上所既成的发现程序之后，便使证据披露作为开庭审理前的一种必不可少的常规机制。在这种机制下，与大陆法具有显著不同的是，英美法发现程序中的证据披露主要是在当事人之间发挥作用，当事人不但享有强迫对方披露证据的权利，并且还能要求对方当事人披露对该方不利的证据；另外，美国发现程序中的一项重大改革使得当事人在要求对方披露证据之前，自己先要向对方承担披露所有相关证据的义务，这不啻是对证据披露规则上的一次颇具影响的革命。相对而言，大陆法中证据披露的实施，除了当事人依法在特定情形下能够主动向对方要求提供、出示外，在许多情况下，也不得不依赖法官的职权命令和调查行为，因此，大陆法要求当事人及其他任何第三人披露证据或协助披露证据的时限是分阶段，但在立法上的最后时限一般均为在庭审上的言词辩论终结前予以进行，否则将产生失权效果。而设置发现程序的英美法系中的美国，是在发现程序结束后的庭审会议上来确定提出证据的时间限制的，并且，由于审前裁定的作出，使庭审在一般情况下只能围绕业已得到披露的证据和事实来进行审理。

在英美法中，证据披露通常作为"在处理案件过程中一方将有关证据向另一方的显示"①来加以理解，因此，其英文中的"disclosure"正表达了这样一种词义，但是，由于英美法国家和地区在传统上就奉行当事人主义诉讼模式，诉讼程序的推动，对证据的收集、发现与提供主要由当事人来承担，采取的是法律上和诉讼机制上所设置的由一方当事人向另一方当事人收集、取证的证据披露模式。并且，由于庭审活动需要一次性集中审理进行，因此，英美法中的证据披露通常作为庭审活动中言词辩论得以正常进行的前提和基础。可见，英美法中对证据披露倾向于从狭义上理解也是自在情理之中。与英美法明显不同的是，大陆法中当事人对证据的披露，除了在特定情形下由一方直接向另一方收集外，在通常情况下，一方当事人不得强迫另一方当事人向其披露有关证据，或者要求任何诉讼外第三人向其披露有关证据材料，而是依靠法院的职权命令。因为，证据披露在大陆法具有更为广泛的含义，它在作为庭审活动中言词辩论的基础上，其作用是有限的。其原因在于，大陆法对于庭审活动的准备上的要求并非像英美法那样充分和透彻，大陆法的法官对事实的认定基础主要取决于在开庭审理活动中的职权调查，因此，当事人之间的对抗并非像英美法那样激烈，其理念也并非像英美法那样，让事实真相从当事人的对抗辩论中自动显现出来。因此，大陆法上对事实的认定，主要是通过庭审阶段的职权调查，形成一种心证，从而作为认定事实的基础，事实真相并非像英美法那样能够主要借助当事人之间的证据大战而自动映现出来。因此，大陆法中作为心证的基础，体现在对证据的职权调查上，包括依职权询问当事人、证人、鉴定人，命令当事人及诉讼外第三人提交有关书证、物证，进行必要的勘验活动等。故此，大陆法中对证据披露就方式上而言，应从广义上来加以理解。同时，鉴于语言上的某种差异，英美法中的证据发现（discovery）或称证据开示，与大陆法中的证据披露在广泛意义上可作相同或近似的理解，当然，这并不排除在英美法中，证据发现或证据开示作为一种特定化的程序，在表达这个程序时应有其独特的内涵。

---

① ［美］彼得·G.伦斯特洛姆编：《美国法律辞典》，樊翠华等译，中国政法大学出版社1998年版，第156页。

二、证据披露规则的程序价值功能

证据披露规则具有以下程序价值功能：

（一）防止当事人及其律师极端地玩弄诉讼技巧，竭力借助程序上的空档，给对方当事人以突然打击，以便使其得不到及时的救济

例如，在1938年《美国联邦民事诉讼规则》对发现程序加以确认之前，当时的民事诉讼是由诉答和开庭审理两个阶段组成的。其采用诉答的目的在于整理事实争执点，以便在开庭审理阶段由陪审团和法官对此加以审理并作出判决。但是，当时由于古典意义上的当事人主义审判模式居主导地位，在庭审前，当事人之间虽然要交换诉答书状并整理彼此争执点，但相互之间并不了解对方在法庭上将要提出的证据，缺乏应变的机会和方式，以至于在法庭上由一方采取向另一方实施突然袭击（surprise）的方式成为夺取诉讼主动权的主要策略。因此，胜诉的最终取得，几乎完全取决于律师预先在法庭上设置，并在庭审阶段随机完善和改进提出证据的突袭性部署和应用技巧。并且，这种诉讼策略和应用技巧在长达数百年的历史长河中，一直被视为一种正当程序遵循下来。

在英美法中，设置发现程序的主要目的是针对其对立辩论制而产生的某些消极效果。"发现程序的最显著的意义，或者说最基本的正当性体现在，它使各方当事人对案件事实比仅仅依靠自顾不暇的努力能得到更加全面的了解。其前提因最终导致强制性的披露使案件事实得以暴露得更加充分，这样就使得各方当事人在庭审过程中向法庭提供对其本身最为充分和最为有利的证据，同时，它将最大限度地防止出现忽视具有关联性的事实或者对方在庭审中突然提出始料不及的证据的可能性。"[1]如果不通过发现程序中的证据披露，当事人在庭审过程中就没有能力或机会来确定证据的可靠程度，即使是虚假的证言也不能在毫无准备的情形下及时予以揭露，而通过发现程序中的证据披露便很好地解决了这个矛盾。同时，美国多年的判例研究结果告诉人们，如果不采用发现程序中的证据披露就难以抵御或避免利用证据来发动对对方的突然袭击，如果使双方律师一味追求这种诉讼策略和技巧，使其作为胜诉的决定性因素，那么，在实质上就是对诉讼公平的一种亵渎。[2]

---

[1] David W.Louisell, Geoffrey C.Hazard, JR., Colin C.Tait, *Case and Materials on Pleading and Procedure*, The Foundation Press, Inc., 1989, p.901.

[2] 毕玉谦:《民事证据法及其程序功能》，法律出版社1997年版，第278—279页。

（二）适应社会经济生活快速发展的节奏和高效运作的要求，有利于提高诉讼实效

通过证据披露程序并适用相应的规则，能使双方律师相互了解对方在审理中将提交哪些证据，以及传唤哪些证人，减少不必要的审理活动，通过披露事实，简化诉讼程序中那些烦琐的调查证据程式，加速诉讼程序的进程。例如，20世纪70年代以来，随着美国工业化进程的不断深入发展，市场竞争日趋激烈，导致美国民事诉讼结构为此不得不发生相应的变化。在此之前，其民事诉讼的重点是庭审阶段，由于造成大量积案、诉讼进程缓慢、庭审阶段的负荷过重的现象，于是，美国诉讼重点便发生了结构性的调整，加大了以发现程序中证据披露为支点的审前准备阶段的活动力度。

发现程序中的证据披露能够使当事人获得在庭审时需要的证据。如果不借助发现程序中的证据披露也就无法获得必要的证据，那么在庭审过程中会造成诉讼进程的一再拖延。"发现程序被作为一种使当事人从相反的角度获得其他有关信息资料的程序。"[1]当事人往往从发现程序中的证据披露上获得用其他方法不能得到的证据，从而能带来更加公平合理的审理。通过证据披露方式获得证据与采取其他方式收集证据相比，可以在相当程度上减少时间和费用的无端耗费。同时，经过发现程序还可以从法律效果上将证言固定下来以防止事后伪造，倘如未经过发现程序，而采取一步到位的开庭审理，当事人的律师因第一次与证人接触并进行交叉询问而并未事先取得证人的证言，这时律师因缺乏必要的准备和对有关证据及争执点的整理、过滤，会大为降低审理时证据本应发挥的正常效果。[2]

（三）促使当事人和解

在证据披露过程中，通过当事人之间的调查和交换证据材料，在双方相互知悉对方的事实和法律点的分量之后，便于从理性角度来重新考虑和审视诉讼纠纷，易于达成共识或取得某种程度上的妥协和谅解，迫使当事人尽可能基于现实主义出发，以便达成和解。通过发现程序还能够使一方当事人对己方和对方的事实与法律上的论据所具有的优劣程度作出明确的、可靠的预测和估量，"发现程序有助于为

---

[1]　Steven L.Emanuel, Howard M.Rossen, Wilton S.Sogg, *Civil Procedure*, West Pubishing Co.1977, p.107.

[2]　毕玉谦：《民事证据法及其程序功能》，法律出版社1997年版，第278页。

审理的进行避开无关的争执点和缩小当事人在争执点上的差异。"①从而缩短双方就争执点认识上的距离，或就争执点的明确性达成共识，以便为双方当事人达成和解提供有利的条件。比如，由于美国证据披露活动的开展以及庭审会议的推动，使得97%以上的民事案件是在庭审前，采用和解或者其他适当方式协商解决纠纷的。

（四）强化诚实信用的理念

当事人及其他诉讼法律关系主体对证据的披露，既是一种诉讼上的权利，又同时为法律上所设定的相应义务。而在民事法律领域内行使权利、履行义务应依循诚实和信用，这是早在罗马时期就已确立的原则。②民事诉讼皆起因于私权的行使而以起诉开始，原则上经言词辩论，最后以判决而终结。其程序的发展按阶段逐步推进，诉讼过程中呈现出一种动态法律关系。各当事人的诉讼行为形成一个连锁，即一个诉讼行为的无效可能会引起后一诉讼行为的无效。因此，往往妨害了诉讼程序的迅速与固定，并且，往往导致同一诉讼程序的重复进行；③同时，还往往因为当事人懈怠或拒不依法及时进行证据披露，使相对一方当事人处于不利的境况。为此，各国立法均设有种种规定，对凡意图延滞诉讼，超过规定时限才提出攻击与防御方法来进行证据披露的人，一般基于诚实与信用的原则，或者将其诉讼驳回，或者拒绝对迟延提供的证据予以审查，或者直接认可对怠于披露证据一方不利的事实主张为正当，凡此种种，均为如此，不再赘述。在此，诚实信用原则在实际上已作为判断某一诉讼行为是否具有合法性及有效性的基准。"长时间不行使诉讼上的权能时，为了保护与不行使的行为为利害关系的对方当事者持有的信赖，可以不再允许当事者行使该权能。"④这便是各国对当事人均不在法定和法院依职权限定的证据披露时限内行使举证权能所产生失权效果的法理基础。并且，作为对采用不法手段、严重背弃信义试图获得确定判决的当事人，立法上也往往有予以作出相应不利的处罚规定。如当事人无正当理由拒不服从提供文书的命令，法院可以认可对方当事人关于该文书的主张或者依据该文书应证事实为真实（我国台湾地区"民事诉讼法"第345条）。

------

① Steven L.Emanuel, Howard M.Rossen, Wilton S.Sogg, *Civil Procedure*, West Pubilshing Co.1977, p.107.

② 石志泉：《诚实原则在诉讼上之适用》，载杨建华主编：《民事诉讼法论文选辑》（上），五南图书出版公司1984年版，第3页。

③ 蔡章麟：《民事诉讼法上诚实信用原则》，载杨建华主编：《民事诉讼法论文选辑》（上），五南图书出版公司1984年版，第12页。

④ ［日］谷口安平：《程序的正义与诉讼》，王亚新、刘荣军译，中国政法大学出版社2002年版，第176页。

当事人无正当理由而不应传到庭，或拒绝宣誓和陈述时，法院可以认定对方当事人关于询问事项的主张为真实（《日本民事诉讼法》第208条）。可见，诚实信用原则对证据披露规则的程序价值是显而易见的。

（五）为庭审的正常、顺利进行提供前提和基础

这一点对美国的民事诉讼至关重要，因为审前裁定中包含了对开庭审理活动的预定方案，并且采用双方当事人交叉询问的审理方式，是英美法系诉讼模式的重要特点，如果没有以当事人之间交换证据为主要内容的证据披露程序等审前准备阶段及审前会议后所作出的有关裁定，就不可能在事后庭审阶段以交叉询问的方式进行审理。因为，双方当事人及其律师没有进行必要的预先准备，相互不了解对方掌握证据的情况，无法准确地掌握事实争执点，因此，在交叉询问过程中就无法正常地开展攻击与防御，不可能产生程序正当意义上的有效抗辩。为此，一些美国学者认为："联邦规则中所设定的有关制度降低了在起诉阶段对信息资料的需要程度，同时力争大量增加在庭审过程中有关当事人所掌握的信息资料。这一点表面上存在自相矛盾之处，但是，当将其置于一种单纯的带有普遍意义的规范性原则之中便会自明其意：审判程序应当被视为一种对事实真实的探求，而不能作为一种纯粹的竞技比赛的游戏，即着重于能否娴熟地运用诉讼技巧或在庭审中精心安排一次次的突然打击。"[1]

另外，争执点的确定要基于当事人提供的有关事实和证据情况，反过来，通过当事人之间的证据相互披露制度的贯彻，便能更加彻底地暴露争执点，也有助于对先前预定争执点的更进一步明确或调整，使双方当事人彼此了解对方已掌握证据事实的情况。

在传统上，由于英美法国家和地区习惯于采用陪审团的审理方式，因此，审理必须是一次性开庭审理，为此，双方当事人在庭审前必须做好充分准备，在证据披露阶段必须竭力收集和寻找一切可能为审理时所采用的信息资料，澄清事实争执点，掌握和了解彼此已准备的证据。

三、实施证据披露的方式及比较

（一）英美法系的模式

在英美法中，美国的发现程序上的证据披露方式最为典型，它是一种以当事

---

[1]　Richard L. Marcus, Martin H. Redish, Edward F. Sherman, *Civil Procedure: A Modern Approach*, West Publishing Co. 1989, p.408.

人为主导型的证据披露方式，根据《美国联邦地区法院民事诉讼规则》规定，美国的证据披露方式在发现程序中主要有以下五种：

1. 录取证言

录取证言是指在一方当事人的提议下，在双方当事人及其律师在场以及依法经授权的官员参与下，由对方当事人或者作为证人的诉讼外第三人进行宣誓后，通过询问的方式对证言进行逐字记录的程序。"录取证言大概是所有披露方式中最有效和成本最高的一种。录取证言可对当事人或某一证人采取。录取证言被作为一种微型的庭审活动。"[1]

根据《美国联邦民事诉讼规则》规定，在正常情况下，当事人基于口头询问录取任何人包括对方当事人的证言，不必经法院准许（第30条第1款）。通过口头询问录取他人证言的当事人，应当向其他诉讼当事人发出书面通知书。证言应通过听觉、视听或速记的方式加以记录。录取证言的当事人应负担记录的费用。每一当事人均可安排以非速记方式从作出的录取证言的记录中制作副本（第30条第2款）。官员应证明证人已作出正式宣誓，并且录取证言是对证人证言的真实记录。这个证明书也应以书面形式作出并附在笔录的证言上（第30条第6款）。

录取证言是美国发现程序中证据披露方式上的最重要一种。因为，询问的问题极为详尽且带有"攻击性"，录取证言的时间在3到4个小时，乃至产生长达数百页的文本也并不少见，有些录取证言延续数日，甚至数周才能结束。[2]录取证言如此详尽的目的是十分明显的，它是在于使有关当事人对事实的陈述内容以书面的形式固定化，使之在此后庭审中接受交叉询问以及辩论中不能见机行事，出尔反尔。因为，在发现程序中，案件事实的展示由于通过各种证据披露已呈现一些初步表面形式，并已确定了事实争执点，然而，在正式庭审活动中，当事人在采用证据陈述事实，支持其主张时不得不小心翼翼，因为，略有不慎之处便会触及或落入出自本人的录取证言所事先布下的"陷阱"，这便是"禁止反言"规则在起作用。当事人对自己的任何前后自相矛盾的陈述和解释，都将被法庭视为有利于对方的证据来看待。

与美国证据法相比较，在大陆法系的意大利法上也有一种类似录取证言的证据披露方式，不过它始终遭到人们的强烈批评，其原因在于：其一，这种方式缺乏直接性，即合议庭中只有一名法官听审证人；其二，这种方式显得过于松散，即在形

---

① Mary Kay Kane, *Civil Procedure*, West Publishing Co., 1979, p.119.

② ［美］杰弗里·C.哈泽德、米歇尔·塔鲁伊：《美国民事诉讼法导论》，张茂译，中国政法大学出版社1999年版，第122页。

式多样的听审中对证言的录取于相当长的一段时间内持续不断，还经常穷追不舍，并且，在一段时间内还就录取证言与作出判定反复进行；其三，违反了言词原则，因为听审结束时所作出的判定要求证言是以书面形式而并非口头形式作出的。[①]

2.质问书

所谓质问书是一方当事人就有关问题向对方当事人以书面的形式提出质问。

根据《美国联邦民事诉讼规则》规定，在未经法院许可或未有书面协议情况下，任何当事人均可以向其他当事人送达质问书。可见，美国法在此强调当事人质问的任意性，当然这便增强了当事人对某些疑点问题进行调查的针对性。质问书包括所有分离的部分在内，其数量不得超过25个问题，除非有正当理由，并经双方当事人协商同意或经法院许可。对质问书在数量上的限定，无疑是为了防止当事人可能借用质问书的方式使质问显得漫无边际。对每一质问书应附上书面宣誓，并分别作出全面的答复，除非对此问题提出异议。作为异议的理由可以包括有碍保密特权规则，因提出的问题过于宽泛而无法作出相应确切的回答以及造成当事人过重负担等。如果存在异议，异议方当事人应声明异议的理由并应当答复质问书中未被异议的部分。答复应由制作人签名，并且异议应有制作律师签名。对送达质问书的当事人应在质问书送达后30日内送达答复的副本，如有异议，则送达异议的副本。

3.要求提供文书和其他实物

这种要求披露证据的方式是在某文书和其他实物证据为对方当事人或诉讼外第三人所有、保管和控制时所采用的。"现代证据披露规则使当事人之间在诉讼一开始就能够有发现文书的途径，而不必等到法院发出命令。请求的一方当事人只要提出要求，对方便可提供不属于特权性质的以及在该方当事人占有或控制之下的具有关联性的文书或资料。关键问题在于何种书证处于一方当事人的控制范围之内。控制很明显并非属于合法有效的控制。假如一方当事人对占有文书的个人或机构居于一种具有影响的地位，那么，该方当事人将被视为文书在其控制之下。"[②]被要求提供的文书包括文字、图画、图表、地图、照片，以及其他数据汇编等。一方当事人基于调查、测定、测量、拍照、试验等需要可以进入对方当事人的土地或不动产范围。当事人向对方提出的书面要求，应逐条或分别表明将被调查的项目，并以合理的精确性记述各个项目，且应指定进行调查或作出相应所

---

① Mauro Cappelletti, Joseph M. Perillo, *Civil Procedure in Ltaly*, Martinus Nijhoff, The Hague, The Netherlands 1965, p.222.

② Mary Kay Kane, *Civil Procedure*, West Publishing Co. 1979, p.119.

为的合理时间、地点和方式。接受送达书面要求的当事人应于送达后30日内送达书面答复。

4.要求作出自认

要求作出自认是一方当事人以书面要求的方式，就与案件有关的事实和对事实适用法律的意见以及某一文书的真实性，作出承认与否的证据披露方式。

一般而言，对方当事人的自认效果可以从两方面来加以认定，一种是明示的承认，即以明确无误的态度予以承认；另一种是默示的承认，即对要求承认的事项既不提出异议，又不明确表示承认。上述两种情形都产生自认的效力。

根据《美国联邦民事诉讼规则》规定，要求对方当事人自认的事项，应分别记载。要求书被送达的当事人，在要求书送达后的30日内，或者在法院许可或根据该规则第29条规定的当事人协议缩短或延长的期间内，只要不向要求作出自认的当事人以附有自己或律师签名的书面送达对各事项的答复或异议，则视为对各事项作出自认。如果提出异议，应陈述其理由。

在效力上除法律允许撤回或补正自认外，依法自认的任何有关事项均视为最终被确定。该效力仅涉及本案诉讼中的当事人，对其他诉讼案件或本案当事人以外的任何人不产生效力。

5.要求检查身体和精神状态

根据《美国联邦民事诉讼规则》第35条规定，当有关当事人或在当事人监护或依法监督下的人的身体或精神状态成为争执点，相对一方当事人可以要求对其进行检查。由于这种检查直接关涉到公民的个人隐私权的保护问题，因此，这种命令只有在具有相当理由以及对被检查的人和所有当事人通知之后才能由法院作出。在命令中应明确检查的时间、地点、方式、条件、范围和从事检查的人员。

在以上五种发现程序所涉及的证据披露的方式中，只有检查身体和精神状态这一项要经过法院的准许后方能进行，当事人不得自行决定。

与英国法相比，美国法中的审前发现程序在证据披露程度和范围上大大超过英国法的审前发现程序，主要表现在：

1.英国的发现程序中的证据披露一般仅限于当事人之间进行，而美国则包括诉讼外第三人在内的其他非当事人；

2.美国的发现程序中的证据披露方式包括口头询问和检查他人身体及精神状态等为英国法所不予采纳的方式；

3.美国的发现程序中的证据披露范围涉及一切可合理认为能导致可采性证据的发现的材料和事实，而不像英国法那样仅限于可采性证据本身。另外，在美国民事诉讼中的证据披露方式还包括庭审阶段对证人（包括专家证人）的交叉询问，等等。

（二）大陆法系模式

大陆法系中的德国具有一定的代表性。德国在涉及诉讼中的证据披露上具有以下特点：

1.从直接性上看，在德国民事诉讼上的证据披露程序中，由于在庭审中注重采用职权主义诉讼模式，因此，一方当事人无权直接要求对方当事人披露有关证据，而要获得法官的许可或由法官凭借职权命令当事人提供有关证据。例如，《德国民事诉讼法》第142条第1款规定，法院可以命令当事人一方提出他所引用的而又存在于他手中的文书，以及家谱、地图、设计图纸和其他图纸等。

2.从范围上看，根据《德国民事诉讼法》的规定，当事人向对方收集和调查证据的范围是极为有限的，这一点与美国民事诉讼中要求在庭审前阶段进行范围广泛的证据披露是大相径庭的。

3.从内容上看，除了对事实进行完整和真实的陈述外，当事人没有义务主动披露对对方有利的证据。

德国民事诉讼在披露证据的方式上主要有以下表现形式：

1.向对方披露事实主张和有关证据。声明以及攻击和防御的方法，如果对方当事人不预先了解就无从对其进行陈述时，应当在言词辩论前，以准备书状形式通知对方当事人，使对方当事人能进行必要的了解（《德国民事诉讼法》第282条第2款）。

但是，德国不存在对证据的发现程序，因此，一方当事人不得强迫对方披露其所掌握的与诉讼有关的信息。倘若一方当事人不愿提交书状，这一证据只能通过向法院提出申请，由法院发出命令才能获得。因此，德国人的看法是，不应鼓励当事人在审前程序中得到对方更多的信息。[①]

2.当事人应完整而真实地陈述事实。根据《德国民事诉讼法》第138条规定，当事人应就事实情况作完整而真实的陈述。当事人对于对方当事人所主张的事实，应作出陈述。对于某种事实，只有在它既非当事人自己的行为，又非当事人自己所亲自感知的对象时，才准许说"不知"。

3.对当事人进行询问。在通过询问当事人来披露证据上，可分为：其一，由一方当事人申请询问对方当事人。根据《德国民事诉讼法》第445条第1款规定，一方当事人对应由他证明的事项，不能通过其他的证据方法得到完全的证明，或

---

① Peter Gottwald, "Simplified Civil Procedure in West Germany", in 31 The American Journal of Comparative Law 687 (1983).

者未提出其他证据方法时，可以申请就应证明的事实询问对方当事人。其二，由法官依职权询问当事人。根据《德国民事诉讼法》第448条规定，如果言词辩论的结果和已经进行的调查证据的结果，对于应证事实的真实与否不能提供足够心证，法院也可以在当事人一方并未提出申请时，不问举证责任的归属，而命令就该事实询问当事人一方或双方。

在德国，对当事人的询问只是一种辅助性证据。与英美法不同的是，在大陆法看来，让当事人作证不符合这样一种信条：没有人能为自己的案件作证。故此，对当事人的询问只能被允许用于补充其他证据，或者在无其他证据时，应对方的要求作为证据。①

4.当事人的自认。一方当事人所主张的事实，在诉讼进行中经对方当事人在言词辩论中自认，或者在法官面前自认而作成笔录时，无须再要证据（《德国民事诉讼法》第288条）。

5.申请和询问证人。证人由当事人申请提供（《德国民事诉讼法》第373条），对证人的询问主要由法官进行（《德国民事诉讼法》第396条），当事人及其律师在特定情形下或经审判长的准许可以直接向证人发问（《德国民事诉讼法》第397条）。

在德国，审查证人是常用的证据披露方式。所有的证人都是由法院而不是由当事人或其律师来予以审查的。当事人有权要求法院询问一些问题，但不存在交叉询问。出于对观察上的不尽全面、记忆上的障碍，或证人可能受到"不当"影响的考虑，证人的证言被认为属于最不可靠的证据。因此，对法官而言，其最重要的任务在于组织审查以确认事实，并对证言的价值与分量加以评判。②

6.要求对方当事人提出证书。可分为两种情形：其一，向法院申请命令要求对方当事人提出证书。当举证人断定证书在对方当事人手中时，应在申请证据时，同时申请命令对方当事人提出证书（《德国民事诉讼法》第421条）。其二，直接依法要求对方交出或提出证书。根据《德国民法典》第371条规定，债务人在清偿债务后有权要求债权人交还债务证书（借据）以及《德国民法典》第402条、第716条、第810条以及《德国商法》第118条、第157条，以及《德国票据

----

① Astrid Stadler, "The Law of Civil Procedure", in Werner F. Ebke and Matthew W. Finkin ed., Introduction to German Law (1996).

② Astrid Stadler, "The Law of Civil Procedure", in Werner F. Ebke and Matthew W. Finkin ed., Introduction to German Law (1996).

法》第50条等规定，当举证人可以要求交出或者提出证书时，对方当事人有提出证书的义务（《德国民事诉讼法》第422条）。

在德国，采取书面文件所提交的证据被认为是最重要和可靠的证据。但凡无举证责任的一方当事人，一般没有义务提供其占有或控制的文件，只有在他自己提到某个文件，或者按实体法要求其提供证据时，才必须提供证据。这一原则也适用于第三方。[①]

7.申请鉴定及询问鉴定人。关于询问鉴定人的规定，适用于有关询问证人的规定（《德国民事诉讼法》第402条），即主要由法官询问，在得到审判长许可后，可以由当事人及其律师询问。

8.申请勘验。当事人申请勘验，应表明勘验标的并提供应证明的事实（《德国民事诉讼法》第371条）。受诉法院可以命令鉴定人一人或数人参与勘验（《德国民事诉讼法》第372条）。

9.法院依职权要求有关人员或机构披露证据的情形或方法。如法院有权要求各方当事人补充答辩和提交文件，也可以要求公众机构或行政机关提交文件或提供信息（《德国民事诉讼法》第273条）。

另外，法国作为大陆法系的另一个典型国家，其民事诉讼法典所规定的证据披露方式主要有：

1.当事人之间的披露。当事人应适时地相互披露他们的请求所依据的事实、证据材料，以及引用的法律根据（第15条）。当事人一方援引某一证据时，应主动将此证据通知参加诉讼的任何一方（第132条）。

2.由法院指定他方或第三人披露证据。当事人如持有某项证据，法官可以根据另一方的请求，责成他把该项证据提供出来，必要时，可采取强制处分。根据当事人其中一方的请求，法官可以要求或命令持有证据的第三人在没有合法障碍的情况下提供证据，必要时采取同样处分（第11条第2款）。

3.调查询问。进行调查询问的法官可以主动地根据当事人的申请，传唤或询问其陈述有助于揭示真相的任何人（第218条）。对当事人的询问可以有技术专家在场，并且可以与证人质证（第190条）。

4.接受第三人的陈述。在证明的证据是可以接受的情形下，法官可以接受第三人对其亲身了解的争议事实，向法官作出说明事实的陈述（第199条）。

5.证人作证。由法官按顺序分别听取证人的证述，并且对证人进行询问（第

---

① Astrid Stadler, "The Law of Civil Procedure", in Werner F.Ebke and Matthew W.Finkin ed., Introduction to German Law (1996).

208条）。法官可以就法律允许证实的一切事实，即便是询问的决定中没有指明的事实，听取证人证言或询问证人。

6.专家调查证据。主要包括验证、咨询和鉴定三种形式。

四、证据披露的时限

对证据的披露因涉及的证据方法不同，在主体上除了当事人之外，还包括证人、鉴定人和其他诉讼外的第三人。因法律传统和审判模式的差异，在英美法中的证据披露体现了当事人借助法律所允许的任何方式主动发现证据的一整套制度运作机制；而大陆法的证据披露，则体现的是当事人的相对消极，以及主要指直接借助法院的职权而进行的运作机制。就证据披露时限上的效力而言，立法上的设置主要是催促当事人就事实主张而在一定合理期限内所应实施披露证据的行为。这种设置时限制度的强制力体现的是一种诉讼上的后果，对法院就事实的认定带来直接的影响。

各国对诉讼过程中设置证据披露的时限采取了不同方式，而这些具体方式则与有关国家的诉讼特点直接有关：

（一）由法院与当事人或律师协商确定

例如，在美国，允许提出证据的合理时间限制是在审前会议上由法院与双方当事人的律师共同协商确立的，它在事后以审前裁定的形式予以确定。其效力在于，由于审前裁定的作出，使得在此之后如当事人的律师要求引入新的争执点或提出新的证据，都必须得到法院的准许。

（二）由法官依职权确定证据披露的时限

如《法国民事诉讼法》规定，法官应规定将证据通知对方的期限，如有必要，同时规定通知的方式，必要时可采取强制处分（第134条）。否则，法官可以拒不考虑那些没有及时通知对方的证据（第135条）。

（三）在立法上直接对证据披露的时限加以确定

如《德国民事诉讼法》规定，在作为判决基础的言词辩论终结后，不得再提出攻击与防御方法（第296条）。为准备一次正式的言词辩论期日，受诉法院的审判长或其他法官可以对被告规定期限，指令其提出书面答辩。或者，应该要求被告将其先要提出的防御方法立即通过他所选任的律师以书状形式提交给法院

（第275条第1款）。声明以及攻击和防御的方法，如果对方当事人不预先了解就无从对其进行陈述时，应当在言词辩论前，以准备书状形式通知对方当事人，使对方当事人能进行必要的了解（第282条第2款）。

而《日本民事诉讼法》则规定，攻击或防御方法应当根据诉讼进行状况适时提出（第156条）。

五、怠于或拒不实施证据披露的后果

在两大法系各国和地区，通常因一方当事人怠于或拒不实施证据披露行为而产生如下不利或消极的后果：

（一）禁止当事人在庭审过程中提出证据或提出新的证据

例如，在美国民事诉讼中，审前裁定是对在披露程序中所出示和交换的证据资料的确认和固定，由于审前裁定的作出，从而禁止当事人在庭审过程中提出未包含在审前裁定中的证据。

又如，在法国民事诉讼中，一旦法官作出结束准备程序的裁定，便产生这样的效力：当事人不得提出新的诉讼文件，言词辩论时不得提交任何新的书证材料，即便当事人提出，法院也将依职权宣告不予受理（《法国民事诉讼法》第783条）。

（二）在证据法上产生拘束效力

例如，在美国民事诉讼中，当事人在审前会议上就有关事实及文件制作的真实性作出自认，则在以后的开庭审理阶段对其产生拘束效力，即禁止其擅自否认或推翻这种诉讼上的承认。

（三）在诉讼上产生自认的效果

例如，根据《德国民事诉讼法》第138条第3款规定，对没有明显争执的事实，如果从当事人的其他陈述中不能看出有争执时，即视为已经自认的事实。而在英美法上，就事实陈述而言，一般性的对某项诉讼请求的认可，即被视为具有确定性，而这在德国民事诉讼中则并非如此。双方当事人须针对他方的指控，对案件事实予以具体陈述，并且各方当事人的这种陈述必须具备确定性，否则对方的陈述将被视为不存在争执而被采纳。按照德国法的要求，只有在不涉及当事人自己的行为，又非为自己所亲自感知的有关指控时，一般性否认或简单的不知情

抗辩，才能被认为具备决定性（《德国民事诉讼法》第138条第4款）。①

又如，《日本民事诉讼法》规定，当事人在口头辩论中对于对方当事人所主张的事实不予以明确的争执时，视为对该事实已经自认（第140条）。

（四）拒绝审理和限制当事人的证明行为

例如，在美国民事诉讼中，如果当事人违反审前裁定而提出新的事实及相应的证据，法官则可以拒绝审理或采取相应措施来限制当事人的证明行为。

再如，在德国，为了加快诉讼进程，提出攻击和防御方法时，只有在法院依其自由心证认为准许提出不至于延迟诉讼的终结或当事人就逾期无过失时，方可准许（《德国民事诉讼法》第296条第1款）。如果法院依其自由心证认为逾期提出或通知足以延迟诉讼的终结并且当事人就其逾期有重大过失时，可以予以驳回（第296条第2款）。并且，未能遵守法院规定期限的当事人，很少有机会通过上诉来提供新的事实陈述和证据。对一审法院所拒绝接受的在二审法院同样也会被排除在外（第530条）。另外，《法国民事诉讼法》第135条规定，未在有效期间内提交的文件、字据，法院可在辩论中予以排除。

（五）被视为对有关当事人产生不利的证明效果

例如，根据《美国联邦民事诉讼规则》第37条第2款第2项（A）有关法院制裁的规定，诉讼系属的法院对有关不服命令拒绝披露证据的行为，作出适当的命令，即被命令的有关事项或被指定的其他事实，应视为获得命令的当事人所请求的诉讼目的被得到证明。

再如，《德国民事诉讼法》第427条规定，如果对方当事人不服从法院提出证书的命令，或者法院如相信证书为对方当事人所占有时、法院相信对方当事人并未尽心追究证书的所在时，就可以把举证人提供的证书缮本视为正确的证书。如举证人未提供证书缮本时，举证人关于证书的性质和内容的主张，视为已得到证明。

（六）驳回诉讼或作出缺席判决

例如，根据《美国联邦民事诉讼规则》第37条第2款第2项（C）规定，对不服从证据披露命令的当事人，法官可以取消诉答诉状或其中一部分，或者在服

①　Peter Gottwald, "Simplified Civil Procedure in West Germany", in 31 The American Journal of Comparative Law 687 (1983).

从命令之前停止以后的诉讼程序，或者驳回诉讼，或者作出败诉的缺席判决。

又如，在法国民事诉讼中，如果律师在规定的期限内拒不完成诉讼行为，负责准备程序的法官，在通知律师之后，可以自行作出附理由的裁定，取消诉讼，对该裁定不得上诉（《法国民事诉讼法》第781条第1款）。

（七）负担有关费用

例如，根据《美国联邦民事诉讼规则》第37条有关款项规定，凡当事人不依法披露证据的，因其不作为，法院可要求其支出的合理费用，包括律师费。

再如，《德国民事诉讼法》第390条第1项规定，证人并未提出理由，或者经宣誓确定其理由不充分时，而仍拒绝作证或拒绝履行宣誓手续，即可不经过申请，命令证人负担因其拒绝而产生的诉讼费用。同时对证人处以违警罚款，不能交纳罚款时，处以违警拘留。

（八）以藐视法庭罪论处

例如，根据《美国联邦民事诉讼规则》第37条有关规定，凡当事人或证人拒不服从披露证据的命令的，这种不作为可被视为犯有藐视法庭罪。对这种触犯了民事上的藐视法庭罪的人，可以处以罚金或拘留。

六、我国有关法律及司法解释涉及的证据披露及举证期限规则

（一）《民事诉讼法》有关证据披露与举证期限确定的原则性规定

《民事诉讼法》第68条规定："当事人对自己提出的主张应当及时提供证据。人民法院根据当事人的主张和案件审理情况，确定当事人应当提供的证据及其期限。当事人在该期限内提供证据确有困难的，可以向人民法院申请延长期限，人民法院根据当事人的申请适当延长。当事人逾期提供证据的，人民法院应当责令其说明理由；拒不说明理由或者理由不成立的，人民法院根据不同情形可以不予采纳该证据，或者采纳该证据但予以训诫、罚款。"

对本条文的理解与适用，应当掌握如下基本内容：

1.本条文系经2012年8月31日修改的《民事诉讼法》第68条，属于新增加的内容。该内容实际上是对2001年《最高人民法院关于民事诉讼证据的若干规定》（以下简称《2001年民事证据规定》）第33条第1款和第2款的进一步明确，以及对《2001年民事证据规定》第25条第1款的修正。这是因为，在确定举证时

限的时间上，《2001年民事证据规定》第33条第1款要求法院应当在送达案件受理通知书和应诉通知书的同时向当事人送达举证通知书中确定，以及《2001年民事证据规定》第33条第2款规定了双方当事人可以对举证期限进行协商确定，这两个条款的内容显得不很明确，容易在审判实践中造成误解。对此，《民事诉讼法》第68条第2款明确规定："人民法院根据当事人的主张和案件审理情况，确定当事人应当提供的证据及其期限。"也就是说，该条规定并未要求法院对于确定当事人举证期限在程序阶段性问题上采取"一刀切"的模式，即是在审理前阶段确定还是在开庭审理阶段确定，由法院根据情况决定。

2.所谓当事人及时提供证据义务，是指在民事诉讼中，当事人应当根据诉讼进行的情况，在合理、适当的期间内，对自己提出的事实主张提供证据加以证明。当事人违反及时提供证据义务的，不同情况应当承担相应的法律后果。其中，何谓"及时"，由于个案的情况千差万别，既有案情简单的案件，又有案情复杂的案件，既有适用简易程序或小额诉讼程序的案件，又有适用普通程序的案件，从而使这种"及时"具有类似"适时"的含义，但究竟要如何把握，还应取决于审理个案中的有关法院根据情况作出相应判断。

3.人民法院应当根据当事人的主张和案件审理情况来确定具体的举证期限。这是因为，民事案件类型众多、复杂程度各不相同，在不同的审理阶段要求当事人提供证据的时间应当也有相应的差异，即使根据案情的发展也存在发生变化的客观需要，因此，在法律上不宜作出一个统一适用的法定期限的规定。在客观上，的确存在赋予人民法院在确定举证期限问题上享有一定自由裁量权的必要性，然而，即使赋予人民法院享有这种自由裁量权也不是不受任何限制的，而是应当根据当事人的主张和案件审理的情况来具体把握和确定。

4.我国幅员辽阔、人口众多、地区间的差异较大、经济发展相对不平衡，公民的文化素养和法律观念也受到相应的影响；相当一部分案件没有委托律师代理，法官的职业化和律师的职业化仍处于较低水平，有相当一部分当事人对于采用何种方式和手段收集调查重要的证据，以便及时向法院提供存在模糊认识。在实践中，为了能够促使当事人正确履行及时提供证据的义务，在许多情况下，还要依赖于人民法院对于当事人的举证进行指导或释明。从技术上而言，人民法院要确定的通常是具体证据的举证期限，而并非是对整个案件的所有证据笼统地确定一个举证期限。另外，为了做到有的放矢，人民法院在民事案件审理过程中确定当事人的举证期限有可能并非是一次性的，对于那些案情复杂、程序复杂、证据较多的案件，应当根据诉讼发展不同阶段的需要多次确定当事人提供证据所需要的期限。

5.事实上，在诉讼过程中，何时提供证据、提供何种证据、在何种情况下提供更具有针对性的证据，既取决于案情的复杂、疑难程度及特殊性，又取决于法院对争点事实和审理范围的确定，还取决于当事人对案件事实的正确把握程度。在审判实践中，较为复杂疑难的案件通常占整个案件的20%至30%，重大、疑难和案情特别复杂的案件占整个案件的比率通常不超过5%。其中，也不乏因人而异的成分，即有些法官或律师感觉较为复杂疑难的案件，对另一些法官和律师而言则并非较为复杂疑难。在诉讼过程中，对于证据较多或者复杂疑难的案件，法院和双方当事人对于有关法律关系和案件事实内在规律和本质的认识需要一个渐进过程，有时实难一蹴而就。尤其是在法院对争点事实和审理范围确定之前，很难确定有关证据的关联性。因此，对于证据较多或者复杂疑难的案件，如果法院在送达案件受理通知书和应诉通知书的同时向当事人送达举证通知书以确定举证时限，在很多情况下是流于形式，对于查明事实不利，也缺乏必要的可操作性。在诉讼过程中，只有在法院确定争点事实和审理范围之后，再为当事人设定举证时限，较具有科学性和可操作性。

6.对当事人未及时提供证据的，按照本条文的规定，当事人应当负有说明义务，即人民法院应当责令其说明理由，拒不说明理由或者理由不成立的，应当立即承担一定的法律后果，只有这样才能促进当事人积极举证。从我国的实际情况来看，由于现实国情所限，我国尚未能推行律师强制代理制度，有一部分民商事案件存在未能委托律师代理的情形；另外，从当事人调查收集证据的途径而言，我国以对方当事人持有证据所负有的证明协力义务而迫使其提供相应证据的做法还处于初始阶段，而对根据有关举证人的请求由法院向诉讼外第三人发出提供证据命令的制度尚未进入出台的议事日程，并且对证人出庭作伪证的制裁还相当乏力，在这种社会背景条件下，对逾期提供证据的当事人处以严厉制裁的条件尚不具备。同时，民商事案件类型繁多，且个案具体情况差异较大，而能够证明有关待证事实的证据也千差万别，有的证据事关诉讼成败，有的证据涉及案件标的范围，有的证据仅起到辅助性证明作用。即使当事人逾期提供证据，在主观上所存在的过错程度也各不相同，有的属于恶意拖延诉讼，有的因重大过失未能及时提供，有的属于一般懈怠而未能及时提供，有的因法律知识和诉讼能力上的欠缺导致逾期提供。因此，根据实事求是、区别对待、宽严相济原则，对复杂程度各不相同的案件、证明价值不同的证据、主观过失各异的当事人，令其所承担的法律后果也应当区别对待。因此，在法律上不宜作出统一的规定。

7.《最高人民法院关于适用〈中华人民共和国民事诉讼法〉的解释》（以下简称《民事诉讼法解释》）第101条规定："当事人逾期提供证据的，人民法院应当责令其说明理由，必要时可以要求其提供相应的证据。当事人因客观原因逾期提供证据，或者对方当事人对逾期提供证据未提出异议的，视为未逾期。"现行法律确立了证据适时提出主义，即强调当事人提供证据的及时性并明确了未能及时提供证据的法律后果。在具体适用程序上，如出现一方当事人未能及时提供证据的情形时，人民法院应当责令其说明理由。当事人是否具有正当理由，主要取决于其未能及时提供证据的原因是来自于主观方面还是客观方面。如果一方当事人未能及时提供证据系客观原因所造成的，就应当视为该方当事人有正当理由；如果一方当事人未能及时提供证据系主观原因所造成的，就应当视为该方当事人缺乏正当理由。在当事人逾期提供证据的情况下，法院应当责令当事人说明理由，这就意味着必须有对方当事人在场，以保障对方当事人享有发表意见的权利和机会。通过逾期提供证据当事人的说明和解释，加之对方当事人的反驳和质疑，以形成攻击与防御的架构，并进行相应的辩论，在法院仍无法形成必要的内心确信时，法院可要求一方或者双方当事人提供相应的证据，以便法院有效地对当事人逾期提供证据的理由是否能够成立作出明确判断。基于此，人民法院应当根据该方当事人的主观过错程度，即究竟是故意、重大过失、一般过失还是轻微过失这些不同情节，并结合个案的具体情况，分别作出相应的处罚或制裁决定，其中包括不予采纳该证据，或者采纳该证据但予以训诫、罚款。在实践中，有时确实发生了当事人逾期提供证据的客观事实，但符合《民事诉讼法解释》第101条第2款规定如下情形的则不发生逾期提供证据所应产生的法律后果：其一，因客观原因而逾期提供证据的。所谓客观原因既包括自然灾害等不可抗力所致的外力影响，也包括发生某种群体性社会事件以及其他并非提供证据的当事人自身所能控制的外界因素所致。其二，对方当事人对于逾期提供证据的行为并未提出异议的。在实务上，对方当事人并未提出异议主要表现为如下两种情态：一是消极型的"未提出异议"，即明知或者应当知道举证人在举证期限届满之后提供了证据，但仍对其发表质证意见。二是积极型的"未提出异议"，即明知或者应当知道举证人在举证期限届满之后提供了证据，对方当事人不仅不提出异议，也在举证期限届满之后向法院提供了证据。其中，消极型的"未提出异议"，属于一种典型的当事人行使处分权主义的体现，对于当事人这种放弃诉讼利益的行为，人民法院应当予以必要的尊重；而积极型的"未提出异议"，这属于当事人无形中达成了一种证据契约的行为，体现了当事人合意下的程序自治，法院对此不应实行国家干预主义，而应当尊重这种程序上的意思自治及程序选择权。

8.按照本条文的规定，当事人逾期提供证据的，当事人应当向人民法院说明其逾期提供证据的理由。例如，该证据是在举证期限届满后才发现，有关证人是在举证期限届满后才回国的，等等。人民法院经审查核实后，如果认为当事人提出的理由成立，对人民法院提供的逾期证据应当予以采纳，对该当事人不予以处罚。如果当事人拒不说明逾期提供证据的理由，或者人民法院经审查后认为当事人提出的理由不能成立的，应当根据不同情形加以处理，既可以不予采纳该证据，也可以采纳该证据，但对当事人予以训诫、罚款。这些不同情形，包括该证据在证明案件待证事实上的证明价值、当事人主观过错的大小与是否属于主观恶意、逾期提供证据造成的损失等，人民法院应当在充分考虑案件的总体情况与具体情形基础上作出合理的判断。

（二）《民事诉讼法解释》有关举证期限的原则性规定

《民事诉讼法解释》第99条第1款规定："人民法院应当在审理前的准备阶段确定当事人的举证期限。举证期限可以由当事人协商，并经人民法院准许。人民法院确定举证期限，第一审普通程序案件不得少于十五日，当事人提供新的证据的第二审案件不得少于十日。举证期限届满后，当事人对已经提供的证据，申请提供反驳证据或者对证据来源、形式等方面的瑕疵进行补正的，人民法院可以酌情再次确定举证期限，该期限不受前款规定的限制。"

对本条文的理解与适用，应当掌握如下基本内容：

1. 根据《2001年民事证据规定》第33条第1款规定，人民法院应当在送达案件受理通知书和应诉通知书的同时送达举证通知书，在举证通知书中明确举证期限及其逾期举证的后果，使得法院在受理案件的阶段就确定举证期限。在案件受理阶段即指定举证期限，导致双方当事人举证期限届满时间前后不一，一旦在诉讼中出现追加当事人、变更诉讼请求等程序性事项，会引发程序操作上的混乱，破坏程序的安定性。故此，经过若干年的实践证明，这一规定显得既不合理又不可行。本条文对此加以修正，规定人民法院应当在审理前准备阶段确定当事人提供证据的期限。根据《民事诉讼法》的规定，审理前的准备阶段是自答辩期限届满后至开庭审理前的阶段。根据《民事诉讼法》第136条第4项规定，需要开庭审理的案件，通过要求当事人交换证据等方式，明确争议焦点。在法理上，只有明确案件的争议焦点，在法院主持下确定案件待证事实之后，对证明案件待证事实有关的证据确定其提交的举证期限才有实际意义。本条文立足于在审理前准备阶段，尤其是双方当事人到场的情况下确定举证期限，使得双方当事人受举证期限届满约束的时间相同，使举证期限的确定更加具有可操作性，在采取审前会议、证据交换等方式进行的审理前准备当中，其效果尤为明显。

2. 在法理上，举证期限属于指定期间，与法院的程序管理与诉讼指挥权有关，它是由法院根据案件审理的具体情况依据职权加以确定的。但受现代司法理念的影响和支配，按照本条文的旨意，在举证期限的确定上，实行当事人证据契约优先主义，由当事人协商确定举证期限，有助于保障当事人的程序选择权，在某种程度上享有程序自治意义上的自由权，确保当事人对诉讼公正的信心以及对程序便利化的需求，促进法院司法权威和公信力形成机制的改进。当然，基于法院在审判上所享有的程序管理职能，当事人协商确定的举证期限，应当经过人民法院认可，才能作为本案的举证期限。只有经过人民法院认可当事人约定的举证期限，在诉讼上才能具有拘束力。在程序上，人民法院对于当事人协商的举证期限予以认可或准许的形式应当具有灵活性与便利性，既可以采用由双方当事人共同提出申请书的方式，交由法院存卷，也可以经当事人以口头方式达成合意，由法院记录在案。法院根据情况享有审查干预权，主要意在限制当事人约定的举证期限过长，影响诉讼效率。对此，2019年《最高人民法院关于民事诉讼证据的若干规定》（以下简称《2019年民事证据规定》）第51条第1款亦规定："举证期限可以由当事人协商，并经人民法院准许。"

3.根据《民事诉讼法》第68条第2款规定，人民法院根据当事人的主张和案件审理情况，确定当事人应当提供的证据及其期限。但是，法院在行使这种自由裁量权时，应当充分考虑案件的复杂程度、案件的特点及法律关系性质对证据形式或类型上及数量上的客观要求、当事人调查收集证据的能力、调查收集这些证据所需要的时间及成本、当事人的具体情况以及法院承受的案件负荷以及审理排期。因此，某一特定案件举证期限的确定，既要注重程序推进的连续性与效率性，又要考虑程序的合理性及当事人的可接受性，即在实体公正与诉讼效率之间作出利弊权衡。

4.在诉讼上，如果当事人能够通过协商确定举证期限，对案件的解决势将大有裨益，这样，法院也可以减少因职权指定举证期限而在当事人诉讼心理上可能造成的不平衡感。本条文并未规定当事人协商确定的举证期限的上限和下限，笔者认为，当事人协商确定的举证期限可以不要求下限。因为，如果当事人能在相当短的时间内完成举证，对诉讼的快速推进具有积极的作用。而为了防止当事人拖延诉讼，必须对当事人协商确定的举证期限规定一个上限，此上限原则上不得超过一个月，有正当理由或法律、法规另有规定的除外。

5.根据《2001年民事证据规定》的规定，人民法院是在受理案件的阶段确定当事人应当提供证据的举证期限，其结果往往导致双方当事人举证期限届满时间不一致，造成程序运行上的紊乱。本条文改变了这种做法，规定人民法院应当在审理前准备阶段确定当事人提供证据的期限。在适用普通程序审理的案件中，强调审前准备程序的重要性。在审理前的准备阶段，根据案件性质、案件的类型、案件法律关系或案件事实的复杂程度等具体情况，确定当事人的举证期限。

6.在审理前准备阶段，特别是双方当事人到场的情况下由法院指定举证期限，使得双方当事人所应当遵守的举证期限届满时间相同，尤其是在采用审前会议制度、证据交换等方式进行审理前准备的情况下，在充分听取双方当事人意见的基础上，法院对争议焦点进行归纳，为当事人收集证据和提供证据指明了方向、划定了范围，更加有利于举证时限制度发挥应有的功能和作用。另外，值得强调的是，在审理前的准备阶段中的任何一个时点，均可作为法院根据当事人的主张和案件审理情况来确定举证期限的起算点。

7.《2001年民事证据规定》第33条第3款规定："由人民法院指定举证期限的，指定的期限不得少于三十日，自当事人收到案件受理通知书和应诉通知书的次日起计算。"为了保障诉讼程序的有序运行，本条文对上述规定当中所涉及的具体期限进行了修改，即规定第一审普通程序案件不得少于十五日。其主要变化是将举证期限的起算点，从案件受理时这一狭小的时段，增扩变更为审理前的准备阶段，使法院在根据情况确定举证期限问题上具有更大的操作空间。对此，《2019年民事证据规定》第51条第2款中亦规定，"人民法院指定举证期限的，适用第一审普通程序审理的案件不得少于十五日"。

8.民事程序制度具有解决纠纷和维护法律秩序的双重目的。解决纠纷，需要行使国家审判权；维护法律秩序，除了通过一审程序正确适用法律、解决纠纷、缓和社会矛盾之外，还要通过构建法院之间的监督机制，赋予上一审级法院对下一审级法院的审判监督权，以纠正下一审级法院的错误裁判。我国民事诉讼实行两审终审制，无论一审还是二审，既是事实审，又是法律审，根据《民事诉讼法》第177条的规定，原判决、裁定认定事实清楚，适用法律正确的，二审法院以判决裁定方式驳回上诉，维持原判决、裁定；原判决、裁定认定事实错误或者适用法律错误的，二审法院以判决、裁定方式依法改判、撤销或者变更；原判决认定基本事实不清的，二审法院裁定撤销原判决，发回原审人民法院重审或者二审法院查清事实后改判。在上述审理案件过程中，二审法院遇有对二审待证事实的认定问题，在法律规定的条件下，允许当事人提出新的事实、新的证据或者理由，因此，二审法院也存在确定举证期限的必要性。

9.《民事诉讼法解释》第322条规定："开庭审理的上诉案件，第二审人民法院可以依照民事诉讼法第一百三十六条第四项规定进行审理前的准备。"而《民事诉讼法》第136条第4项规定："需要开庭审理的，通过要求当事人交换证据等方式，明确争议焦点。"可见，在二审程序中，人民法院根据情况需要可以进入审理前的准备阶段。对此，《民事诉讼法解释》第99条第1款规定："人民法院应当在审理前的准备阶段确定当事人的举证期限。举证期限可以由当事人协商，并经人民法院准许。"在二审程序中，凡当事人提供新的证据的，人民法院指定举证期限不得少于十日。为此，《2019年民事证据规定》第51条第2款也作出了相同的规定，即："人民法院指定举证期限的，……当事人提供新的证据的第二审案件不得少于十日。"

10.在第二审程序中，人民法院应当在审理前的准备阶段向当事人送达举证通知书，载明法院根据案件情况指定的举证期限。当事人提供新的证据的，第二审案件举证期限不得少于十日。当事人提供的不是新的证据的，按照逾期提供证据规定处理。在第二审程序中，当举证期限届满后，当事人对已经提供的证据，申请提供反驳证据或者对已经提供的证据的来源、形式等方面的瑕疵进行补正的，人民法院可以酌情再次确定举证期限。该期限不受第二审案件举证期限不得少于十日的限制。在第二审程序中，所谓当事人提供新的证据，是指因出现了新的事实有可能对裁判结果产生实质性影响，或者二审法院对案件的争议焦点与待证事实作出了重新认定，需要当事人提供必要的证据进行事实认定。

11.本条文系在举证期限届满后为保障举证人的证据补强权以及相对一方当事人的证据反驳权而作出的相关规定。尽管《2019年民事证据规定》第51条第3款在语言表述上对本条文作出了相应的调整与完善，但是，在实质内容上并无不同，即规定："举证期限届满后，当事人提供反驳证据或者对已经提供的证据的来源、形式等方面的瑕疵进行补正的，人民法院可以酌情再次确定举证期限，该期限不受前款规定的期间限制。"在法理上，举证人的证据补强权是当事人举证权的一种从权利。举证人所收集和提交的证据在庭审过程中要先后经过对方当事人发表质证意见和法院对证据的审查判断，有关证据的真实性、关联性和合法性会受到不同程度的挑战与质疑，由于受到举证人主观和客观条件的限制，使得证据来源、形式等方面出现某种瑕疵有时在所难免，因此在程序上需要举证人随后加以补正。可见，为了强化程序的连续性和有机性，根据《2019年民事证据规定》第54条第1款规定，经当事人提出书面申请，由法院再次根据具体情况确定相应的举证期限，使得当事人能够及时行使这种证据补强权。基于这种目的，由法院再次确定举证期限，不仅是保障当事人的举证权全面、有效行使的需要，同时也有助于保障人民法院形成正确、合理的心证，以便在发现真实的基础上作出正确的裁判。

12.在诉讼上，为支持其诉讼请求和事实主张，一方当事人享有提供证据的权利，而相对一方当事人提出抗辩主张的，享有提出反驳证据的权利。《民事诉讼法》第67条第1款确立了"谁主张、谁举证"的举证责任法则。该法则体现的是双方当事人各自负有的主观意义上的举证责任。在个案当中，对特定的待证事实而言，尽管客观举证责任始终归属于其中一方当事人，但主观举证责任却能够在双方当事人之间不断转换。在实务上，在法院审理的全部民商事案件当中95%以上的案件是根据当事人主观意义上的举证责任作出裁判，可见，该种举证责任较具普遍性。在诉讼上，就特定的待证事实而言，鉴于客观举证责任始终归属于其中一方当事人，在法理上，该方当事人被称为本证当事人，而相对一方当事人被称为反证当事人。就某一特定的举证期限而言，其程序上的效力既溯及于本证当事人，也同样溯及于反证当事人。按照本条文旨意，当事人提供反驳证据具有相对性，即举证期限届满后，本证当事人根据反证当事人在举证期限内提供的反证享有提出相应反驳证据的权利；同时，反证当事人根据本证当事人在举证期限内提供的本证亦享有提出相应反驳证据的权利。根据《2019年民事证据规定》第54条第1款规定，在程序上，须经当事人提出书面申请，由法院再次根据具体情况确定相应的举证期限。

13.举证期限届满后，当事人对已经提供的证据，申请提供反驳证据或者对已经提供的证据的来源、形式等方面的瑕疵进行补正的，人民法院可以酌情再次确定举证期限。适用第一审普通程序审理的案件，该期限不受不得少于十五日的限制；对当事人提供新的证据的第二审案件，该期限不受不得少于十日的限制；适用简易程序审理的案件，该期限不受不得超过十五日的限制；对审理小额诉讼的案件，该期限不受一般不得超过七日的限制。可见，本条文所规定的再次确定举证期限具有较强的灵活性。

（三）《民事诉讼法解释》有关延长举证期限的规定

《民事诉讼法解释》第100条规定："当事人申请延长举证期限的，应当在举证期限届满前向人民法院提出书面申请。申请理由成立的，人民法院应当准许，适当延长举证期限，并通知其他当事人。延长的举证期限适用于其他当事人。申请理由不成立的，人民法院不予准许，并通知申请人。"

对本条文的理解与适用，应当掌握如下基本内容：

1.本条文系当事人申请延长举证期限以及人民法院对于当事人申请理由能否成立予以审查并作出相应处理的程序性规定，对此，《2019年民事证据规定》第54条作出了完全相同的规定，即："当事人申请延长举证期限的，应当在举证期限届满前向人民法院提出书面申请。申请理由成立的，人民法院应当准许，适当延长举证期限，并通知其他当事人。延长的举证期限适用于其他当事人。申请理由不成立的，人民法院不予准许，并通知申请人。"

2.《民事诉讼法》第68条第2款对于当事人在举证期限内提供证据确有困难而申请延期举证作出了原则性的规定。在实务上，当事人申请延期举证如欲实现预期的法律效果，应当满足如下两个条件：其一，当事人申请延期举证应当在举证期限届满前提出。如果当事人在举证期限届满之后才向法院提出延长举证期限的申请，将自动丧失这项诉讼权利。因为举证期限届满，如果不存在法定事由，将会对举证人产生证据失权的法律后果。在对当事人实际产生证据失权的状态条件下，当事人再提出延长举证期限的申请为时已晚、于事无补。在实践中，当事人往往忽略这一权利的及时行使，常常在逾期后仍提供补充证据，受到对方当事人的质疑。因此，当事人只有在举证期限届满之前行使申请延期举证的诉讼权利，才有可能达到预期的目的。其二，当事人的延长举证期限的申请应当以书面方式向人民法院提出。当事人向法院提出延长举证期限的申请，将会导致原定的诉讼程序不得不进行相应的调整与变化，这不仅影响到法院对审判程序进程的控制与管理，还会影响到其他当事人的诉讼权利和程序利益。因此，基于诉讼的慎重性、技术性与程式化考虑，应当要求当事人以书面方式提出申请，载明申请的事项、事由以及申请延长的具体期限等内容。

3.在诉讼上，是否要求举证期限予以延长，属于当事人行使诉讼权利所涉及范围，应当以当事人提出申请为原则，对此，法院不得依职权主动确定延长举证期限。当事人提出延长举证期限申请之后，对于是否应当延长举证期限、究竟延长多长时间为妥以及举证期限延长的次数是否有限制，均由法院依职权根据情况加以判定。在程序上，人民法院经审查认为当事人申请延长举证期限理由成立的，可以根据情况决定适当延长举证期限。所谓适当延长举证期限，是指人民法院在作出相关判断时，应当斟酌个案的具体情况，以举证人提出的延长期限做参考，合理地延长举证期限，在保障举证人的举证权利与避免诉讼迟延两者之间寻找平衡点。另外，基于程序的共通性原则与诉讼便宜主义要求，延长后的举证期限，既适用于提出延期举证的一方当事人，也适用于其他当事人，以便所有的当事人能够同步进入下一个诉讼阶段，同等保护各方当事人的诉讼权利和程序利益。

4.无论人民法院是否准许当事人提出延长举证期限的申请，人民法院均负有相应的答复义务，即在不准许当事人提出延期举证申请的情况下，应当通知提出申请的一方当事人；在作出准许当事人提出延长举证期限申请的情况下，人民法院不仅应通知提出申请的一方当事人，还应当通知其他当事人。在通知采用的方式上，既可以采用书面方式，也可以采用口头方式。

5.在人民法院准许当事人提出延长举证期限之后，当事人在延长的举证期限内提供证据仍有困难，并再次提出延长举证期限申请的，人民法院可以根据案件审理的具体情况决定是否准许再次延长举证期限，以尽可能避免因确有客观障碍在延长的举证期限内仍无法举证的当事人举证不能的后果。但为了防止对设立举证期限的初衷造成实质影响，人民法院对再次延长举证期限的申请理由应当适当从严把握。

6.当事人有正当理由不能在举证期限内提供证据，可以申请人民法院延长举证期限。但在当事人因客观原因不能调查收集证据，而申请人民法院依职权调查取证的情况下，虽然法院调查所取得的证据最终归属于当事人的证据体系，但人民法院经其申请调查取证也应当有期限的限制，否则人民法院依当事人申请调查取证无法与举证期限制度协调运行。法院在合理的期限内如果未能收集到证据，则延长举证期限已无必要，故此时不适用举证期限的延长规定。

（四）《民事诉讼法解释》有关逾期提供证据的处理

《民事诉讼法解释》第101条规定："当事人逾期提供证据的，人民法院应当责令其说明理由，必要时可以要求其提供相应的证据。当事人因客观原因逾期提供证据，或者对方当事人对逾期提供证据未提出异议的，视为未逾期。"

对本条文的理解与适用，应当掌握如下基本内容：

1.基于我国的基本国情、各地发展不平衡、并未实行律师强制代理、案件类型不同（如适用简易程序的案件）及个案的具体情形千差万别、现行民诉法规定的限制等因素，例如，《民事诉讼法》第211条规定的再审立案条件相当宽泛，其中包括：其一，有新的证据，足以推翻原判决、裁定的；其二，原判决、裁定认定的基本事实缺乏证据证明的；其三，对审理案件需要的主要证据，当事人因客观原因不能自行收集，书面申请人民法院调查收集，人民法院未调查收集的，等等。凡出现上述情形之一的，只要当事人申请，法院均应当再审。如果过于强调拒绝当事人逾期提交的证据材料，将使法院处于两难境地。另外，在实践中，当事人逾期提交的证据材料，也系由立法上存在一定缺陷所致，例如，诉讼外第三人（包括政府部门、金融机构、电信行业等）持有证据但又拒不协助与配合，而在国外，这些均不成为问题。

2.鉴于在我国目前国情条件下造成当事人逾期提供证据的原因十分复杂，一般情况下，因当事人主观原因所致的情况也会存在，但许多情况下是由当事人主观原因以外的原因所致，其中，该司法解释的基本立场是，因客观原因导致当事人逾期提供证据，因不存在主观过错，故不宜按照逾期举证来论处。当然，如果当事人主张存在客观原因时，法院应当责令其说明理由，即提供合理的解释，对此，法院可根据情况要求其提供相应的证据。所谓"客观原因"包括自然灾害等不可抗力，也包括社会上的突发事件以及其他不能归责于逾期提供证据的当事人的情况，因为这些属于其自身所无法掌控的因素。

3.在实践中，即使一方当事人因主观上的原因而逾期提交证据材料，只要对方当事人未提出异议的，也就是予以默认的，基于证据契约原则以及当事人的处分权主义、辩论主义的本质要求，法院对此不应实行国家干预主义，而应当尊重这种程序上的意思自治及程序选择权。这是因为，或许当事人逾期提供的证据也对对方当事人部分有利，或许对方当事人也存在同样因主观原因而逾期提交证据的情形，等等。

4.在实践中，法院在审查当事人逾期提供证据的理由时，应当为双方当事人提供公平地发表意见、进行辩论和举证的机会和必要的程序。

（五）《民事诉讼法解释》对逾期提供证据的采纳

《民事诉讼法解释》第102条规定："当事人因故意或者重大过失逾期提供的证据，人民法院不予采纳。但该证据与案件基本事实有关的，人民法院应当采纳，并依照民事诉讼法第六十八条、第一百一十八条第一款的规定予以训诫、罚款。当事人非因故意或者重大过失逾期提供的证据，人民法院应当采纳，并对当事人予以训诫。当事人一方要求另一方赔偿因逾期提供证据致使其增加的交通、住宿、就餐、误工、证人出庭作证等必要费用的，人民法院可予支持。"

对本条文的理解与适用，应当掌握如下基本内容：

1.《民事诉讼法》第68条对举证期限及其逾期提供证据的有关规定具有纲领性意义，即当事人应当在举证期限内及时提供证据；如果在该期限内提供证据确有困难的，可以向人民法院申请延长期限；当事人未能在该期限内及时向法院申请延长期限，而在举证期限届满后提供证据的，人民法院应当责令其说明理由；如果拒不说明理由或者理由不能成立，其将面临的后果是，证据不被采纳，或者即便证据被采纳但遭受训诫、罚款的处罚。本条文是对该规定中逾期提供证据内容的具体化和必要延伸，使其更加具有可操作性。

2.对于当事人逾期提供证据的处理，应当根据主观过错程度分别适用不同的责任承担及后果。相对应的指导思想是，如果是属于客观原因导致妨碍当事人在举证期限内提供证据的，构成免予承担不利后果的免责事由。对于当事人逾期提供的证据，人民法院不予采纳的，应当以当事人在主观上有故意或者重大过失为必要条件。这是一种原则性的规定。为了保障真实的发现和裁判上的实体公正，作为一种对该原则的必要妥协和例外，如果该证据能够证明案件基本事实（即要件事实）存在与否的，人民法院应当予以采纳，但作为一种替代性的处理，依照《民事诉讼法》第68条、第118条第1款规定根据情况作出训诫、罚款的处罚。即对个人的罚款金额，为人民币10万元以下；对单位的罚款金额，为人民币5万元以上100万元以下。这就意味着，在当事人于主观上有故意或重大过失的条件下，如果当事人逾期提供的证据能够证明案件基本事实（即要件事实）的存在与否，即直接决定当事人在诉讼上的成功与否（更确切地讲，系就某一个案涉及的特定诉讼请求所依据基本事实的成立与否）的，即便该证据存在逾期提供上的程序性瑕疵，但并不妨碍法院将其作为裁判的依据；但是，在当事人于主观上有故意或重大过失的条件下，如果当事人逾期提供的证据并非是用于证明案件基本事实（即要件事实）的存在与否，而是用于证明与案件待证事实有关的间接事实、辅助事实的，法院则对该证据不予以采纳。

3.按照本条文的规定，"当事人因故意或者重大过失逾期提供的证据，人民法院不予采纳"，也即，当事人逾期提供证据，只有在其主观过错达到故意或者重大过失程度时，人民法院才不予采纳，除非该证据与案件基本事实有关，但当事人逾期提供证据，如果其主观过错并未达到故意或者重大过失程度而仅达到一般过失或者轻微过失程度时，则不受这一规定的限制。即对于当事人逾期提供的证据，因主观过错仅达到一般过失或者轻微过失程度时，人民法院对该证据仍可予以采纳，而无论该证据是否与案件基本事实有关，即无论该证据是否能够证明案件基本事实（即要件事实）的存在与否，也无论该证据所涉及的证明对象是否系基本事实（即要件事实）、间接事实或者辅助事实。但因当事人主观过错仅达到一般过失或者轻微过失程度，人民法院对该证据仍予以采纳的情况下，应当对当事人予以训诫处罚。

4.《2019年民事证据规定》第59条规定："人民法院对逾期提供证据的当事人处以罚款的，可以结合当事人逾期提供证据的主观过错程度、导致诉讼迟延的情况、诉讼标的金额等因素，确定罚款数额。"人民法院对逾期提供证据的当事人处以罚款的，应当在《民事诉讼法》第118条规定的限额内，结合当事人逾期提供证据的主观过错程度、导致诉讼迟延的情况、诉讼标的金额等因素，确定罚款数额。其中，主观过错程度通常包括故意、重大过失、一般过失和轻微过失。而所谓故意，是指当事人明知或者应当知道逾期举证将会导致诉讼拖延，损害法院的司法权威及公法利益以及对方当事人的程序利益，但仍然希望或追求这种结果的发生；所谓重大过失，是指当事人虽然意识到逾期举证将会造成相关后果，但在主观上则放任或者懈怠这种结果的发生。相较而言，重大过失在主观恶性上显然比故意更为低度，因此，对其罚款数额可以相应减少。在实务上，尽管在某种程度上故意和重大过失之间难以区分，但二者之间显然存在相对明显的边界，对此，可根据当事人的举证能力以及获取证据的难易程度等来加以确定。所谓"导致诉讼迟延的情况"，是指当事人逾期提供证据将对诉讼程序的正常推进和有序进行所造成的实质性影响。诉讼迟延不但会造成当事人诉讼成本的增加，也会耗费司法资源和造成诉累，尤其是导致有关案件无法在法定审理期限内正常审结，严重妨碍当事人实体权利及时实现，如果从迟到的正义并非是一种正义的认识观来理解，那么，因当事人逾期提供证据导致诉讼发生严重迟延，系从损害诉讼效率的角度对司法公正造成负面影响。所谓诉讼标的金额因素，是指应当在《民事诉讼法》第118条规定的限额内根据涉案诉讼标的金额大小按照比例原则和"罚当其罪"的理念综合确定具体的罚款数额，使罚款数额真正起到震慑作用，防止畸高或畸低情况的出现。

5.当事人逾期提供证据在主观过错上无论达到何种程度，均不能免除对方当事人要求其赔偿相应损失的责任。对方当事人要求其赔偿因逾期提供证据导致其所增加的交通、住宿、就餐、误工、证人出庭作证等必要费用的，人民法院可予支持。对方当事人向其主张损害赔偿的责任，并非是基于诉讼法上的公法责任，而是基于实体法律关系上的损害赔偿侵权责任。

（六）《2019年民事证据规定》有关举证期限的规定

《2019年民事证据规定》第50条规定："人民法院应当在审理前的准备阶段向当事人送达举证通知书。举证通知书应当载明举证责任的分配原则和要求、可以向人民法院申请调查收集证据的情形、人民法院根据案件情况指定的举证期限以及逾期提供证据的法律后果等内容。"

对本条文的理解与适用，应当掌握如下基本内容：

1.根据本条文规定，法院应当在审理前的准备阶段向当事人送达举证通知书。在强化当事人举证责任的前提下，由人民法院发挥其诉讼指挥权的作用。本条规定要求法院在审理前的准备阶段向原、被告送达举证通知书，其目的是通过预先制定的格式内容行使释明权，告知当事人有关举证的各种事项，其中包括但不限于申请证人出庭作证、申请对有关专业问题进行鉴定、申请有专业知识的人出庭作证、申请对有关物证或现场进行勘验，在因客观原因不能自行收集证据的情况下依法向法院申请调查收集证据，等等，并且通过确定举证期限使当事人对于自行调查收集证据所需要的时间有一个合理的预期。因个案千差万别，法院在制作的举证通知书中应当根据审理案件的性质及特点尽可能地做到因案而异、量身定做。

2.《2001年民事证据规定》第33条曾规定："人民法院应当在送达案件受理

通知书和应诉通知书的同时向当事人送达举证通知书。"经过多年实践证明,这一规定与许多案件在程序上的运行规律相脱节。故经过修订后,《2019年民事证据规定》虽然在形式上仍然要求法院以通知书的形式向当事人告知举证事项,但是将送达举证通知书的时间节点放宽为整个审理前的准备阶段,并不要求必须与受理通知书和应诉通知书同时送达。有实务界人士曾指出,最高人民法院下发的《〈关于民事诉讼证据的若干规定〉文书样式(试行)》中列出了"举证通知书"的相关内容。许多法院现在制作的"举证通知书"样式不统一,规定的内容亦不相同,这一问题应在实务中引起重视。举证通知书的格式应当与最高人民法院文书样式相一致,以统一释明内容,避免诉讼过程中当事人就该阶段法官行使释明义务的不当提出异议。另外,最高人民法院于2003年12月公布的《人民法院民事诉讼风险提示书》也属于原则性的释明。①2016年8月1日起实施了新的《民事诉讼文书样式》,其中列明有《举证通知书》。另外,《民事诉讼文书样式》《诉讼权利义务告知书》基本上都包含了有关举证的要求、举证责任的分配原则以及当事人可以向法院申请调查收集证据的情形等告知事项,实践当中应当根据个案的特点,将《举证通知书》《诉讼权利义务告知书》相协调,发挥各自的应用功能。

3.由于我国幅员辽阔,区域发展不平衡、社会状况千差万别,这种差别包括东部沿海发达地区与西部内陆边远地区之间、城市与乡村之间,即使在城市与城市之间、乡村与乡村之间也存在较大差别,主要表现在经济发展水平、文化教育水平、人们的法律意识等方面。法院的释明权属于诉讼制度的重要组成部分,在不同的社会状态与生活环境下,会对法院的释明权在行使的方式、行使的范围上造成不同的影响,加之释明权制度本身就是一把"双刃剑",怠于行使或者过度行使都会对司法的中立性与公正性造成重大影响,因此,将释明权制度设计为"全国一盘棋"的思维模式是一种形而上学的意识形态,不符合我国的基本国情。类似最高人民法院下发的《民事诉讼文书样式》中列明有"举证通知书"的基本内容应具有较强的指导意义,但似不应具有一体化推行的强制效力,在并不违背法律明文作出释明权强制性规定的前提下,各地法院均可根据当地的实际情况,因地制宜,《举证通知书》所涉及的相关内容可有所不同,因案而异。

---

① 史和新、杨雪伟、袁小梁:《浅谈当前行使释明权应注意的几个问题》,载毕玉谦主编:《司法审判动态与研究》(第七集),法律出版社2005年版,第232—233页。

第二节　最佳证据规则

一、最佳证据规则的源流

最佳证据规则（best evidence rule）曾是英国普通法上最为古老的证据规则之一。它起源于18世纪，是普通法上自中世纪由产生、发展到鼎盛时期的一个诉讼上的产物。最佳证据规则是普通法上的古代证据制度发展到一定成熟阶段的标志性象征，虽然，它在整个诉讼证据法上所担负的历史使命曾被后人认为是短暂的或称之为昙花一现（即在18世纪至19世纪曾红极一时），但是，它作为证据法上的灵魂支柱之一，其影响却是极为深远的。英国大法官哈德威克勋爵在1745年的一起诉讼案中曾指出："法官和立法的先哲们所制定的唯一证据通则是，认定案件事实应采用符合其本质属性的最佳证据。"①

二、最佳证据规则的基本内涵

作为普通法传统上的证据规则之一，最佳证据规则的实质内涵是，某一特定的有关案件的事实，只能采用能够寻找到的最为令人信服的和最有说服力的有关最佳证据方式予以证明，久而久之，这一规则内涵随着历史的发展而不断失去了其基本规则的原旨意义，其适用范围现已主要局限于书证领域，即有关文书的内容或其存在的真实性的最佳证据方式是出示原本，抄本是第二位的证据。根据最佳证据规则，凡存在直接证据的情形时，就应当排除环境证据的提出。有学者认为，最佳证据规则在当今则为关于文书内容的证据可采性的规则。该规则需要提出文书的原本，如不能提出原本，在作出令人满意的说明之前，则应拒绝其他证据，其理由是显而易见的。因为，作为文字或其他符号，如差之毫厘，其意义则可能失之千里；观察时的错误危险更大，尤以当其在实质上对于视觉有所近似时为然。为此，除提出文书的原本以供查验外，对于证明文书的内容时，存在诈伪及类似错误的机会防不胜防。②

----

① Peter Murphy, *A Practical Approach to Evidence*, Blackstone Press Limited 1992, p.40.

② ［美］Edmund M. Morgan：《证据法之基本问题》，李学灯译，世界书局1982年版，第385页。

　　与大陆法系国家和地区相比较，英美法系国家和地区对书证复制件的规定显得较为完善，并实行了一系列适用规则，这主要是因为，英美法系在传统上就实行最佳证据规则。按照这一规则，当事人在诉讼中必须提出最佳的即最直接的证据材料，由于通常认为最佳证据规则仅适用于文字材料如信件、文件、电文等，因此，这条规则也称为"原始文书规则"，有美国学者认为，它仅是一项将原始文字材料作为证据有优先权的简单原则。这项原则规定原始文字材料优先于它的复制品，或回忆其内容所做的口头陈述。美国1945年的一项判例曾认为："最佳证据规则在其现代的应用中仅指这样一条规则，即一份文字材料的内部必须通过引入文书本身来证明，除非对原始文字的缺失提出令人信服的理由。"[①]

　　作为最佳证据规则，有的英美法学者认为，这一概念可能会引起不必要的混乱，因为这一名称让人感觉其似乎为一条普遍规则，即从证据最有力的角度来讲，所有案件中能够得到最好的证据是由律师提供的。因此，认为这条规则如称为"原始文书规则"或许更为妥当，因为它仅是一项规定原始文件材料在证据力上具有优先权的原则。[②]

　　《美国联邦证据规则》中把文书及其他视听资料作为书证统一加以规定，该证据法对书证的"原件"在解释的含义上亦显得过于宽泛，似与书证所包含的如此丰富的内容不无关系。根据美国联邦证据法规定，文书和录音的"原件"即该文书或录音材料本身，或者由制作人或签发人使其具有与原件同样效力的副本、复本。而"复制品"指通过与原件同样印刷或者以同一字模或通过照相手段制作的副本，包括放大或缩小制品，或者通过机械或电子的再录，或通过化学的重制，或通过其他相应手段准确复制原件的副本（第1001条）。关于诉讼对于书证原件的要求，该证据法规定，为证明文书、录音或照相的内容，要求提供该文字、录音或照片的原件，除非本证据规则或国会立法另有规定（第1002条）。可见，美国证据法对书证的要求是以原件为原则，例外情形要由立法上作明文规定才能适用。这种立法理想模式对我国书证规则的建立和完善，具有重要借鉴价值。《美国联邦证据规则》在书证复制品的可采性上规定，复制品在与原件相同的限度内可以采纳，但以下两种情形除外：（1）对复制品是否忠实于原件产生疑问；（2）以复制品替代原件将导致不公正（第1003条）。这两种特殊情形是否在

---

　　①　转引自［美］乔恩·R.华尔兹：《刑事证据大全》，何家弘等译，中国人民公安大学出版社1993年版，第335—336页。

　　②　［美］乔恩·R.华尔兹：《刑事证据大全》，何家弘等译，中国人民公安大学出版社1993年版，第335页。

诉讼中发生，要由法官依案件的具体情形加以自由裁量。

大陆法系国家和地区对书证的限制较少，一般也承认书证原本应优于副本，但并不排斥对副本的收集。但是，大陆法中没有类似英美法中一方当事人有权要求另一方当事人出示证据的披露规则。[①]

在大陆法系的一些国家和地区如日本等，对于书证的复制件的重视程度，似与英美法系相比较为逊色。关于文书的提供方式，《日本最高裁判所民事诉讼规则》第137条规定，当事人申请提出文书时，其应当在申请前提出两份文书副本（如果应送付的相对人数为两人以上时，则份额相应增加）。提出前项申请的当事人，应直接向相对方申请上述文书副本以及与该文书相关的证据说明书。

在法国的书证制度中，与其他类型的文书相比，公证文书具有如同英美证据法上那种最佳证据的证明效力，这是因为，根据《法国民事诉讼法》的有关规定，公证文书"直至证明伪造为止"产生证据效力，即否认其真实性的人必须起诉。如果败诉应支付罚金和承担损害赔偿（第303条至第316条）。根据《法国民法典》第1319条规定，只要表面上属于正规的公证文书，直至提起"伪造文书的诉讼"为止，产生证据效力。关于公证文书的内容，凡是公职人员在职权范围内所写明的事项，如某人在场、当事人所声明的有关内容，在公证人面前从事特定法律行为等记载，直至提起伪证之诉时为止，即视为真实，因为这些事项公证人能够并且应当予以核对。[②]

关于法国法中有关文书副本的效力，作为一种通则，法律文书的副本并不具有其原本的证明效力，但出生、死亡和婚姻登记则属例外，即经官方确认的此类登记副本与原本具有同等的证明力。法国的书证往往与公证制度密切相连，由于公证事务在法国民事流转中所具有的崇高地位，虽然法国法对书证原件以外的其他证据材料采取严格其证据力的态度，但法律上允许在经公证的文书受到损毁而无法提供原件的情况下，提供第一手副本，其他文书的副本也只有在其存在30年以上才能替代遗失的原始文书。[③]根据《法国民法典》第1335条规定，原本不复存在时，抄本在几种情形下可发生原本的证据力，而这几种情形往往与公证制度密不可分。而《法国民法典》第1334条规定，书证的原本存在时，抄本为原本所含内容的证明，但得随时要求提出原本。这是通常诉讼上由当事人向法庭提

① 毕玉谦：《民事证据法及其程序功能》，法律出版社1997年版，第53页。

② 沈达明编著：《比较民事诉讼法初论》（上册），中信出版社1991年版，第310页。

③ Peter E. Herzog, *Civil Procedure in France*, Martinus Nijhoff, The Hague, The Netherlands 1967, p.330.

交书证原件以外的其他证据材料的法律依据，对大陆法系的日本和我国台湾地区的书证制度产生了较大影响。

意大利有关书证复件是否具有证据力的立法自有其独到之处，即书证的复件必须依法具有特定的公共或官方色彩和职能行为，才能与其原件具有同等证据力。关于公证书的复件，《意大利民法典》规定，由被授权的公共受寄人按照规定方式出具的公证书复印件具有与原件相同的证据力。由被授权的公共受寄人出具的原始公文书的副件也具有同样的证明效力（第2714条）。关于私文书的复件，存放于公共存放处的并且由被授权的公共受寄人出具的私文书复印件具有与产生它的原件相同的效力（第2715条）。另外，在欠缺公文书原件或在公共存放处亦未存放公文书复件的情况下，依民法第2714条规定出具的复件具有完全的证据力；当私文书的原件不存在时，依民法第2715条的规定出具的原件的复件具有同样的证据力（第2716条）。除上述情况以外，由公共事务官员出具的复件，则产生不具有完全证明力的书证效力（第2717条）。可见，总体而言，作为公文书的复件，如是具有相应职责的公务官员制作的，则与原件具有同等效力。同理，私文书如是经由公务官员保管存放的，可经该官员制作的副本加以确认。如果文书影印件经具有相应职责的公务官员核实与原件一致，或其真实性并未遭到提供证据相对一方当事人的质疑，则文件的影印件与原件具有同等的证据力。文书的摘要、节录或某一部分的副本，如经由公务官员适当制作和核实，则仅对原始文书所涉及的有关复制部分具有确定性的证据力。[1]可见，意大利法对书证复件的使用亦是采用偏向严格限制的做法。

三、适用范围

当然并非所有文字材料都是写在纸上，即从这项规则的意义上而言，它所涉及的范围将超过一份文件所包含的内容范畴，比如带编号的警官规章、刻有碑文的墓碑，或刻字的订婚戒指，等等；同时它还可能是带有序号的发动机的主要部分。但是，这条规则毕竟只适用于文字材料，比如一张粉末显现的指纹照片可以作为证据使用，举证人不必向法庭提供指纹所在的客体。[2]需要指出的是，在一

---

[1] Mauro Cappelletti, Joseph M.Perillo, *Civil Procedure in Ltaly*, Martinus Nijhoff, The Hague, The Netherlands 1965, p.197.

[2] ［美］乔恩·R.华尔兹：《刑事证据大全》，何家弘等译，中国人民公安大学出版社1993年版，第336页。

些英美法国家和地区，由于实物证据包括书证，因此，区别书证与物证具有重要意义，最佳证据不适用于物证，对物证的物质特征可用证言、书证，比如照片予以证明。例如，从区别书证与物证的角度来讲，提供墓碑以证明其重量等物质特征时属于物证范畴，而当提交墓碑上的文字证明某人的死亡日期时，则属于书证范畴。因此，不同的证据分类方式与不同的证据规则相适应。

从排除意义上而言，最佳证据规则不适用于那些仅具有附属或表面意义的文字材料，即该规则仅适用于与案件中重大问题相关的文件材料。例如，当一个证明被告供述的证人作证称，供述日期是在案发的第二天。他说之所以能确定是这个日期，是因为他在当天的报纸上获悉了这起案件。证人提到了这份报纸仅是附带的或表面上的证据，法庭无须要求其出示报纸本身，更不必追究记者报道这起案件的原始材料。决定一份文件材料是否为附属的证据，法庭通常需要考虑的因素有：其一，它从表面上看起来是否为案件中重大问题的核心；其二，与它相关部分的复杂状况；其三，有关的内容是否真正存在争议。①

所谓"原始"是诉讼当事人力求达到的，因而尽管案件中确实存在一些混乱情形，但该规则不适用于过去证言的录音或已形成笔录的供述。一个耳闻口头证言或陈述的人可以在法庭上复述，因为他是在给口头的证言或陈述作证，而并非是它们的副本。尽管如此，一些法庭在最佳证据规则的正确适用上仍存在模糊的认识，它们认为副本也应提供，因为它本身就能说明问题，并且是文件材料内容的"最佳"证据，但是应当看到，这些法庭只是要求在孤立的案件中提出最有力、最可靠的证据。②

在一些实务案件中，对于许多文书是否属于同时作成以及机械程序而作成，因而使其相同而作为一种原本或均为多种复合的原本，则需要谨慎地分析才能作出判断。对同一机械作成多数相同的副本均为复合的原本，但经如此作成时，其中没有一个具有任何法律上的意义。假定多数文书的内容妨碍名誉，而仅其中之一公之于众，显然仅此一份为诽谤的原本，其他无一复制之本或同时作成的，可以视为诽谤的文书。作为每一副本，均属于其他每一副本内容的复制，如此可靠，则作为所有副本，可以交换使用，并无危险可言。因此，如经表明有法律上意义的一本，即作为原本的，原属与其他各本同时作成，其后并无任何变更时，

---

① ［美］乔恩·R.华尔兹：《刑事证据大全》，何家弘等译，中国人民公安大学出版社1993 年版，第336 页。

② ［美］乔恩·R.华尔兹：《刑事证据大全》，何家弘等译，中国人民公安大学出版社1993 年版，第337 页。

则视多数文书为复制本或多重原本，在实务上也并无任何危害。[①]

有关符号的存在特征属于可感知的有体物，而关于此类符号在观察上的正确性与否，对于决定其是否为同一物有实质上的重要性时，该规则应予适用。并且，该规则也适用于有所印记的动产。美国法学会法典第一条规定将文书定义为："手写、打字、印刷、影印、照相，及每一种其他记录之方法，如记录于任何可触知之事物，任何通信或表示之方法，包括信函、文字、图画、声音或符号或其他结合物。"其将图画及录音包括在内，是否超过规则设置理由的范围，可能会引起争辩。但此规则诚然并不适用，亦不适用于任何无所印记的可触知的物体（uninscribed tangible）。[②]

四、适用最佳证据规则的例外

英美法系中的最佳证据规则主要适用于书证，即关于书证的内容或者其存在的真实性的最佳证据方式是向法庭提交原本，抄本则属于第二手证据。但是，英美法的审判实践在认定书证证据力上，对是否一定要适用最佳证据规则出现了许多例外情形，以至于使传统意义上的最佳证据规则失去了本质特征。这些例外情形的过于宽泛，似乎使原本在最佳证据规则下的第一位证据与第二位证据之间的证明力差异显得荡然无存。这就是说，在适用这些例外情形下，当事人便能就书面材料的内容提供第二位证据，在允许采纳第二位证据的场合，应使用何种形式的第二位证据，法律上不加以限制，因而使第二位证据之间不存在证明力上的差别。在这种司法背景下，最佳证据规则渐渐失去了原有的重要地位，它已不再作为采纳环境证据的障碍，因而使直接证据与环境证据在证明力上的差异也趋于消失；同时，它不再适用于实物证据。即使在立法上将书证列入实物证据之一部分的加拿大，其法律改革委员会的成员也认为，最佳证据规则并非是一个排他性的唯一证据规则，它不过是作为可供人们选择的其中一个证据规则而已。它旨在要求那些试图证实书面文件、录音或图像的真实内容的人必须提交原本，除非他能够就为何不能提交作出令人满意的解释。该规则的意旨在于，防止欺诈和确保这类证据不会受到由于收集过程中的过失行为和复制上的不甚精确所造成的篡改或

---

① ［美］Edmund M. Morgan：《证据法之基本问题》，李学灯译，世界书局1982年版，第385—386页。

② ［美］Edmund M. Morgan：《证据法之基本问题》，李学灯译，世界书局1982年版，第385页。

者变动。①

根据英国的证据法，在适用这些例外的情形下，当事人可以就有关书面材料的内容提供第二手证据。在允许采纳第二手证据的场合，法律对应使用何种形式的第二手证据不加限制。在英国，对书面材料允许使用第二手证据的情形有：其一，一方当事人未按照对方要求出示书面材料的正本，提出要求的一方可以提出将副本作为证据；其二，凡正本为第三人所占有，而该第三人有理由拒绝出示时，法庭可以采纳副本；其三，正本已遗失或灭失，可提供副本，但条件是必须能够充分地证明遗失或灭失事实的发生；其四，凡出示正本在客观上不可能或者至少存在极大的障碍，例如，贴在墙上的通告可用副本证明；其五，对政府文件适用特别规则，政府文件的特征要由官员证明其真实性。②

另外，《美国联邦证据规则》第1004条还明确规定了不要求书证原件，有关书证的其他证据也可予以采纳的几种情形：（1）所有原件均已遗失或毁坏，但提供人出于不良动机遗失或毁坏的除外；（2）通过可资利用的司法程序得不到任何原件的；（3）原件处于该证据材料的出示对其不利的一方当事人的控制之下，已通过送达原告起诉状或其他方式告知该当事人，即该原件在审判或者听审过程中将是证明对象，但该当事人未能在审判或者听审中提供该原件；或者（4）有关书写品、录制品或者影像内容与主要争议无紧密关联。

美国学者摩根认为，以下情形可构成免于提供原本的事由：③

其一，为文书的原本因毁损或遗失而不能提出的，一般均承认准予以免于提出。若毁损是由举证人所致，早期案例拒绝举证人使用辅助证据（或称次等证据），但所有现行的判例，仅要求其表明系由不可归责于己的客观原因所造成的，如在业务的正常运行过程中，或因意外事件或错误所致，等等。如果遗失便更难予以证明。所谓遗失，通常仅指无从寻找，有些法院则要求其表明已经比他人尽过更大的努力，并在更广泛的范围内进行过寻找。

其二，为对方当事人所控制。若文书为诉讼对方当事人所控制，经合理通知其在审判中提出原本而未提出的，则关于文书内容的辅助证据即可予以容许。通知的目的在于告知对方当事人，即举证人希望在审理中证明文书的内容，

---

① Law Reform Commission of Canada, Evidence Report, Information Canada, Ottawa, 1975, p.100.

② 沈达明编著：《比较民事诉讼法初论》（上册），中信出版社1991年版，第282—283页。

③ ［美］Edmund M. Morgan：《证据法之基本问题》，李学灯译，世界书局1982年版，第387—389页。

并予以提出原本的机会，其目的并非使对方得以准备反驳的证据。因此，如举证人希望提出文书作为证据的当时，该文书即在法庭之内，或依诉辩状，对方已知悉其受质疑现在控制该文书，以及该文书的内容将作为审判中证明的标的的，自无须另行予以通知。至于告知其提出通知，按照通说认为并无必要。在此应当注意的是，未能依照通知提出的唯一效果，便是辅助证据可在诉讼上予以容许。

如举证人需要原本时，应利用附有罚则的传票（subpoena）。如对方拒绝提出其所控制的文书，而就其内容的辅助证据又经允许，则其是否仍应提出该文书作为反驳之用，用于证明辅助证据中的错误？许多案例中所作出的回答是否定的，但在此种情形下，除其拒绝提出，应属蓄意隐匿证据外，似为过于严厉的制裁。

其三，为第三人所控制。如文书为第三人所控制而在管辖区域内的，唯一妥当的程序，应当是附有罚则的传票命其提出该文书。如其在管辖区域以外，大多数法院似无须表明寻找原本而进行的努力，但有的法院则表示必须曾有相当合理的努力加以寻找。在理论上，要求表明其尽相当合理的努力，或表明可能使其努力归于无效的事实，似不失为明智之举。

其四，为对方所自认。如果提供辅助证据，其中包括对方对于内容的自认时，许多判例均无须表明不能提出原本的理由。在英国1940年史赖特诉浦莱（Slatterie v.Pooley）案中，确立的法则便容许对方当事人的自认，而不必计较原本是否仍未提出。美国的较大多数案例即以此为依归。

其五，为提出不能（impractibility of production）。具体表现为：第一，不能提出，或是由于文书的数量过大，或是由于与公共利益有关的业务的连续作业而循序进行，否则将产生不当的妨碍。例如，卷帙浩繁的文书内容的摘要及图表，如对方对于该文书的原本，能有相当合理的接触，可予以查对时，则可予以接受。第二，文书为铭刻在墓碑或其他不能移动的物体，或其他动产上，由于过大或过重，不便于搬至法院。第三，文书如为一种公务上的公共记录时，显然该项记录，如在每一诉讼案件中，作为具有重要内容的证据而均须提出，则不久将会损坏，而其他利害关系人亦将永远无从查阅。

五、最佳证据规则的局限性

在英国司法判例中，最佳证据规则逐渐失去其重要性。它已不再作为采纳环境证据的障碍，同时也已不再适用于实物证据。

最佳证据规则并不适用于物证。即使有关实物证据很容易被带上法庭，当事人也并没有必须将实物证据带上法庭的义务。对有关物证的物质特征可用证言、书证，比如照片予以证明。由于最佳证据规则只适用于书证，因此，应当将书证与物证加以区别。比如，当出示墓碑以证明其重量等物质特征时，属于物证范畴；如果将墓碑上的文字提出来证明某人的死亡日期时，则属于书证。[①]

1971年，英国一法院在一项判例中并不将录音材料作为证据，认为录音证据很容易被篡改，因此，不能将其作为最佳证据来使用。根据最佳证据规则，必须提出原本作为证据。但这项规则的例外之多几乎使规则失去其意义。在适用这些例外的情形下，当事人就能对该书面材料的内容提供第二手证据。在允许采用第二手证据的情形下，应使用哪种形式的第二手证据，法律不加以限制。第二手证据由于在程度上并没有区别，因此，就产生令人费解的现象。比如，为证明书面材料的内容，照片的证据力并不优于证言，尽管照片从某种意义上比证言更能使人感到可信。[②]

六、我国有关法律及司法解释所涉及的最佳证据规则

（一）关于书证原件的提交

《民事诉讼法》第73条第1款规定："书证应当提交原件。"

对本条文的理解与适用，应当全面掌握如下基本内容：

1.本条文的规定系对书证形式上证据力的原则性要求。其证据法上的意义在于，作为一份独立的书证，需要有助于法院形成相应的内心确信，对于证明待证事实在法律上不存在任何障碍。相较而言，《2019年民事证据规定》第90条第5项规定，无法与书证原件核对的复制件，不能单独作为认定案件事实的根据。这就表明，即便作为一份独立的书证，但限于其在表现形式上系该份书证的复印件，且无法与书证原件进行核对，故造成了其在形式证据力上的瑕疵，虽然毫无疑问在其实质证据力上同样有助于法院形成相应的内心确信，但受到法律上的限制而无法单独作为认定案件事实的根据，除非相对一方当事人放弃异议权。在此，相对一方当事人放弃对书证复印件的异议权，应当视为民事诉讼辩论主义和

---

① 沈达明编著：《比较民事诉讼法初论》（上册），中信出版社1991年版，第286页。
② 沈达明编著：《比较民事诉讼法初论》（上册），中信出版社1991年版，第282页。

处分权主义的体现。除了属于《民事诉讼法解释》第96条第1款规定^①的情形以外，法院应当予以尊重而不宜实行干预主义。

2.在诉讼上，相对一方当事人对举证人提供的书证复印件放弃异议权，主要针对的是书证形式上的证据力。这种情况的发生，主要出于两种原因：其一，举证人提供的书证复印件同样对其有利，可作为引用文书加以利用；其二，相对一方当事人与举证人一样，都存在提交书证复印件的情况，为了避免遭受举证人的反制，因此不得不对举证人提供的书证复印件发表质证意见。在此，相对一方当事人对举证人提交的书证复印件发表质证意见，主要指的是对该书证实质证据力发表意见。

3.在证据法意义上，相对一方当事人对举证人提供书证复印件放弃异议权，就意味着原本书证形式上的证据力所存在的瑕疵已不复存在，受到辩论主义和处分权主义的限制，法院可将其作为独立认定案件事实的依据，而不再受到《2019年民事证据规定》第90条第5项所规定的补强证据规则的限制。

（二）关于书证原件提交的例外

《民事诉讼法》第73条第1款规定，提交书证原件确有困难的，可以提交书证复制品、照片、副本、节录本。

1.在实务上，有的书证原件通常由国家机关、团体、事业单位以内部存档形式加以保存。如果当事人提交原件确有困难的，例如，书证原件难以取得或无法借出的，当事人可以提交复制品、照片、副本、节录本。其中，所谓复制品，是指复印件等；所谓照片，是指与原件明暗程度相同的影像本；所谓副本，是指加盖公章或签字的，与原本和正本同一内容的抄送本，它与原本、正本具有同一效力；所谓节录本，是指原本、正本、副本的主要内容，即从这些文本中摘录下来的内容。在程序上，提交书证的照片、副本、节录本必须附有有关机关或部门单位的证明。《2019年民事证据规定》第11条规定："当事人向人民法院提供证据，应当提供原件或者原物。如需自己保存证据原件、原物或者提供原件、原物确有困难的，可以提供经人民法院核对无异的复制件或者复制品。"对此，《民事诉讼

----

① 《民事诉讼法解释》第96条第1款规定："民事诉讼法第六十七条第二款规定的人民法院认为审理案件需要的证据包括：（一）涉及可能损害国家利益、社会公共利益的；（二）涉及身份关系的；（三）涉及民事诉讼法第五十八条规定诉讼的；（四）当事人有恶意串通损害他人合法权益可能的；（五）涉及依职权追加当事人、中止诉讼、终结诉讼、回避等程序性事项的。"

法解释》第111条规定："民事诉讼法第七十三条规定的提交书证原件确有困难，包括下列情形：（一）书证原件遗失、灭失或者毁损的；（二）原件在对方当事人控制之下，经合法通知提交而拒不提交的；（三）原件在他人控制之下，而其有权不提交的；（四）原件因篇幅或者体积过大而不便提交的；（五）承担举证证明责任的当事人通过申请人民法院调查收集或者其他方式无法获得书证原件的。前款规定情形，人民法院应当结合其他证据和案件具体情况，审查判断书证复制品等能否作为认定案件事实的根据。"

2.关于《民事诉讼法解释》第111条所规定的五种情形：其一，所谓"书证原件遗失、灭失或者毁损的"，其遗失、灭失或者毁损的时间，通常应当被理解为在纠纷发生之前，因为，在纠纷发生之前，相关人无法对纠纷的发生有何种合理预期，书证原件灭失或者毁损，并不能够排除有人的主观原因所致；但在纠纷发生之后，书证原件遗失、灭失或者毁损的只能系不可抗力的客观原因，如系举证人主观原因的，因故意或者重大过失，或者出于不良动机遗失或毁坏的，则不能适用本项规定。其二，所谓"原件在对方当事人控制之下，经合法通知提交而拒不提交的"，其中，"原件在对方当事人控制之下"，是指有证据证明，原件在对方当事人控制之下；而所谓"控制"，既包括物理上的控制，也包括法律上的控制；既包括本人控制，也包括受本人影响而在他人控制之下。其中，"经合法通知提交而拒不提交的"，"合法通知"是指经举证人申请，由法院向对方发出通知。在普通程序上，一般应当采用书面通知的形式；在简易程序和小额诉讼程序中，可采用口头通知的形式，但应当记录在案。其三，所谓"原件在他人控制之下，而其有权不提交的"，是指某些具有特定意义的文书被相关权利人依法持有、保管之下，相关权利人可不提供原件，如所有权证书、债权文书、利益文书等，如房产证书，可转让债权凭证、可背书转让的票据、购物发票、赠与书、遗嘱书、收据、身份证明书、代理从事特定交易的授权委托书。另外，原件属于公共机关保存的正式文件或者属于公共机关依职权所作出的记录，例如，诉讼前派出所的出警记录、询问笔录等。其四，"原件因篇幅或者体积过大而不便提交的"，如大型基建工程的设计图纸、财务报表、账册等，银行、保险公司等金融机构有关客户的信息资料、单据，等等。其五，承担举证责任的当事人通过申请人民法院调查收集或者其他方式无法获得书证原件的。当出现上述五种情形之一时，法院应当结合其他证据和案件具体情况，审查判断书证复制件等能否作为认定案件事实的根据。也就是说，在出现上述五种情形之一时，有关书证形式上的证据力是否对其实质证据力造成影响以及造成何种影响，由法院自由心证加以判断。法院经审查认为，书证复制件能够作为认定案件事实的根据，就不再受《2019年民事证据规定》第90条第5项的限制，也就是，可以单独作为认定案件事实的根据；法院经审查认为，书证复制件不能够单独作为认定案件事实根据的，就只能结合其他证据和案件审理情况来作出综合判断。

3.根据《2019年民事证据规定》第61条规定，对书证进行质证时，当事人应当出示书证的原件，但有以下情况之一的除外：其一，出示书证原件确有困难并经人民法院准许出示书证复印件的；其二，书证原件已不存在，但有证据证明书证复印件与原件一致。在第一种情形中，涉及出示书证原件确有困难的情形属于《民事诉讼法解释》第111条所规定的五种情形，在此不再赘述。而上述第二种情形中，所谓"有证据证明书证复印件与原件一致"，主要是指有些书证原件虽然已不复存在，但是，在此前曾经被公证、鉴定等法定职能部门或机构做过详细记录，或者按照法定程序进行复制（如拍照、录像），等等。而《2019年民事证据规定》第11条所规定"经人民法院核对无异议"，在本条中，程序上须由法院就当事人需自己保存的书证原件与复制件"核对无异"。另外，《2019年民事证据规定》第21条规定："人民法院调查收集的书证，可以是原件，也可以是经核对无误的副本或者复制件。是副本或者复制件的，应当在调查笔录中说明来源和取证情况。"在实务中，如果一方当事人向法院提供书证的复制件的同时，又相应地提供了该书证的原始件以便法院核对，经法院核对后，该方当事人又取回书证的原始件。在此过程中，如果没有相对一方当事人在场，这种核对不应具有法定效果，因为它剥夺了相对一方当事人就书证在形式证据力上的真实性提出质疑的诉讼权利，除非相对一方当事人拒不到场又无正当事由而产生缺席审理的情形。例如，在庭审过程中，当在法庭上出示的只是一方当事人向法院提交的经法院事先核对无误的书证复印件时，而相对一方当事人对该书证上的字迹或印章提出异议并向法院申请鉴定时，那么此时的书证复印件虽经法院事先核对无误，但仍不能够作为适格的检材以供鉴定使用；如果在事先进行的证据的原件与证据的复制件核对时，法院要求相对一方当事人到场，该相对一方当事人在法庭所主持的核对证据程序中，对该书证的原件在表现形式即形式证据力（如签字、印章等）上不提出异议，这种法律效果将约束该相对一方当事人，即在诉讼上视为该相对一方当事人已放弃了这种异议权利。

（三）关于视听资料和电子数据提供原件的规定

《2019年民事证据规定》第15条规定："当事人以视听资料作为证据的，应当提供存储该视听资料的原始载体。当事人以电子数据作为证据的，应当提供原件。电子数据的制作者制作的与原件一致的副本，或者直接来源于电子数据的打印件或其他可以显示、识别的输出介质，视为电子数据的原件。"

对本条文的理解与适用，应当掌握如下基本内容：

1.在诉讼上，如果当事人以提供视听资料作为证据使用的，应当提供存储该视听资料的原始载体；如果当事人以提供电子数据作为证据的，应当提供相应的原件或者提供可视为电子数据原件的副本或者其他输出介质。鉴于视听资料和电子数据的载体通常为特定的电子设备或者电子介质，容易发生被人截取、修改、故意删除、伪造等情形，故有赖于审判人员借助科技、信息手段以及专家意见等对其客观性、真实性和完整性进行审查和界定。

2.鉴于电子数据产生于计算机并以数字方式存储于计算机磁盘之上，人的视觉通常无法直接看到其内容，它只能通过转换、复制程序显示在显示屏或者打印至其他介质上才能被人的视觉所触及，可见，电子数据在严格意义上并非没有原件，只是这种原件无法直接为人的视觉所触及，但一旦为了满足对人具有可视性的要求，使其以某种常规方式显示出来时，就已经不再具有传统证据意义上"原件"的属性，而沦为一种复制件。正是电子数据这一无形性导致当事人在自行收集电子数据原件上发生种种障碍。

3.针对电子数据是否可被视为原件的电子复本，可依据以下情形进行审查与判断：（1）可准确反映原始数据内容的输出物或者显示物；（2）属于最终完整性和可供随时调取查用的电子复本；（3）双方当事人对电子复本的原始性均未提出异议的；（4）电子复本经公证机构依法定程序进行有效公证，主张对其不利的一方当事人未能提出相反证据足以推翻的；（5）电子复本附加了可靠的电子签名或者有其他安全程序保障的；（6）电子复本满足了法律另行规定或者当事人专门约定有其他标准的。

4.在诉讼程序实行证据辩论主义的架构之下，如一方当事人就另一方当事人提供的电子数据复制件在形式上的真实性不主动提出异议时，法院原则上应当以双方当事人对该电子数据在形式上的真实性不存在争议为由，而将有关电子数据复制件视为原件来对待，除非在特定案件类型（如身份关系案件、民事公益诉讼案件等）或特定情形（如法院对电子数据复印件的真实性存在合理的怀疑或者法院有理由怀疑双方当事人存在恶意串通之嫌等）下，法院可不受辩论主义的限制，主动要求对电子数据的原件与复制件的同一性加以调查、核实。

第三节　自认规则

一、自认之界定

在学理上，所谓自认，是指在诉讼上，一方当事人就对方当事人所主张不利于己的事实作出明确的承认或默示的行为表示，从而产生相应法律后果的诉讼行为。

可见，自认应具备这样几个构成要件：其一，须发生在诉讼上，即在诉讼过程中发生，既可表现为，作为被告的一方当事人在答辩书中就原告于起诉书中提出的对其不利的事实主张的承认，还可表现于在庭审上法庭辩论中一方当事人对另一方当事人事实主张的明确承认或表示。其二，自认的对象必须是对方当事人所主张对其不利的事实，且这种事实须为一种免除举证责任以外的事实，即不能包含涉及有关日常经验、事理和其他能够作为司法认知的客体内涵。其三，须为明确的承认或默示的行为表示。这种明确的承认通常表现为一种作为形态，即以明确的语言方式表达其意思表示；而默示的行为表示相对而言，则以一种不作为形态出现，即以不作为的行为方式来应对有关意思表示的合理预期，也就是说，明知面对一种明确且对其不利的事实主张，本应作出明确肯定或否定的符合合理预期的反应，但却以不作为的行为方式应对这种局面的出现，从而导致的法律后果是，就这种不利的事实主张而言，产生一种默示的承认或称之为拟制自认。

在民事诉讼中，负有举证责任的一方当事人为支持其主张而提交的证据，必须经过对方的质证，才能作为认定案件事实的根据。这里经过双方当事人的质证或者经过对方质证，主要是涉及证据本身的真实性而言，即该证据是否具有形式证据力。但法院对证据作出评价以及从"心证"的角度加以采信可不受当事人争辩意见的影响，这是由法院的审判职能所决定的问题。在审判实践中，当事人对某一证据的真实性不提出异议，即视为产生一种自认的效果。

在诉讼上，所谓自认事实，是指当事人在诉讼上明确表示承认的事实、双方当事人不持异议的事实以及被拟制自认的事实。所谓明确表示承认，是指在诉讼过程中，一方当事人对另一方当事人陈述的案件事实以明确无误的言词或书面方式表示承认而产生相应法律后果所涉及的事实。所谓双方当事人不持异议的事实是指，双方当事人在诉讼过程中先后或者在同一时间内对某一事实的真实性表示认可或不持异议的情形。在许多情况下，双方当事人不持异议的事实来源于法院的调查询问所产生的相应法律后果。所谓被拟制自认的事实是指，在诉讼过程中，对一方当事人的陈述所涉及的事实主张，另一方当事人持消极、不作为的态度，既不承认也不否认而产生的一种拟制自认的法律效果。在我国，当出现这种情形时，为了防止发生证据突袭，一般要求审判人员对当事人的诉讼活动进行适当指导，即审判人员应当对有关事实进行充分说明并进行询问，当事人仍不明确表示肯定或否定的，才能构成自认。在诉讼上，因当事人在诉讼上表示明确承认的事实、双方当事人不持异议的事实以及被拟制自认的事实，其形成过程被庭审笔录载明后形成的证据，被称为自认证据。

二、自认的性质

在大陆法系，因传统的审判模式所使然，法院基于自由心证主义的要求而依职权在庭审中进行证据调查，因此，倾向于从狭义上来认识和界定当事人的自认。对于一方当事人作出的自认，大陆法系学说在自认的性质上历来就存在争议，主要存在以下几种学说：

1. 意思表示说。亦称为效果意思说，即作为一种通说，它认为诉讼上的承认的性质是意思表示，即认为作出自认的一方当事人因欲发生法律上的效果而作出自认的意思表示，一经自认，法律即赋予自认的效果，而不问自认的事实是否果真属于真实；依此学说，自认是当事人因欲发生法律上的效果而有此意思表示，至于事实究竟如何，概可不问，由自认当事人以自由意旨予以处分。[①]

2. 观念通知说。亦称为事实陈述说或事实表示说，即认为作出自认的一方当事人，对于他方当事人主张不利于己的事实，陈述其为真实，或不为争执。如该项事实非属真实，当然不致为不利于己的陈述或在所不争。故此，法律这才赋予他方当事人无须举证的效果，此种效果具有辅助作用，不能理解为其本身的性质所使然。

3. 观念表示说。即认为诉讼上的承认是确定相对一方当事人主张的事实为真实的观念表示。这种学说曾一度得到许多学者的赞同。日本学者兼子一、斋藤秀夫等均主张此说。[②]我国有台湾学者亦是从诉讼上的自认来认识自认的属性，并

---

① 王甲乙、杨建华、郑健才：《民事诉讼法新论》，三民书局 2007 年版，第 408 页。
② 王锡三：《民事诉讼法研究》，重庆大学出版社 1996 年版，第 237 页。

认为"观念表示说"为通说，依此观点，自认系当事人依其自己的经验，表示他方当事人主张的事实，确系真实无伪，因此而予以承认。

英美法系历来坚持当事人主义诉讼模式，在此模式下的对抗辩论中的证据方式或证明效果与大陆法系显然存在差异。就自认而言，特别强调对抗与辩论，因此，更倾向于从广义上来认识和界定自认的效果。在英美法中，传闻规则主要违反了直接、言词以及辩论原则，更无法采用反询问方式进行有效的质疑，而当事人的自认则作为一种证据，是一项重要的传闻规则的例外。这是因为，自认作为当事人一方的陈述通常在普通法上广泛地被接受为对该方不利的有效证据。[1] 自认构成对系争事实的客观存在的承认，或者人们可以从中推断出这类事实的存在。[2] 除了从言词陈述上可以作为一种自认或者视为一种自认以外，作为对事实的承认甚至可以从某种行为或者某种消极表示中推断出来。[3]

关于自认是否可以作为一种证据或证据方法来使用，长期以来在两大法系中就存在分歧，这也是对自认之属性的一种界定方式，只是采用的角度不同而已。一般而言，将自认作为一种证据或证据方法来看待和使用，在英美法系属于一种通说。在大陆法系则大都不倾向于把自认作为一种证据来看待，而是作为举证责任的一种例外，产生免除一方当事人举证责任的效果，或无须其他证据对系争事实加以证明。

笔者认为，在民事诉讼建构下，凡当事人一方提出的事实主张，必须提供相应的证据加以证明，否则其事实主张视为不能成立。事实主张的常态表现形式，往往是作为一种对当事人有利的陈述，这种陈述既包括口头的，又包括书面的，无论何种形式都具有诉讼上的事实主张的属性。但是，就当事人自认的法律属性而言，虽然从通常的表现形态来看，当事人的自认（在此特指明示自认）亦采用的是一种陈述的形式，即或采用口头形式，或采用书面形式，但是，当事人的这种陈述与通常的陈述所不同的是，其陈述的是在诉讼中发生的不利事实，即产生对其不利的诉讼后果的事实，因此，这种当事人的陈述是一种特殊的陈述形式。其特殊性就在于，一旦这种对其不利的陈述实际发生，法院在审判上将会把这种陈述作为一种真实来看待，无须将其作为一种证据提交当事人进行辩论。因

---

① Jack H. Friendenthal, Michael Singer, *The Law of Evidence*, The Foundation Press, Inc., 1985, p.92.

② Peter Gillies, *Law of Evidence in Australia*, Legal Books International Business Communication Pty Ltd. 1991, p.505.

③ ［美］乔恩·R.华尔兹：《刑事证据大全》，何家弘等译，中国人民公安大学出版社1993年版，第101页。

为，这种诉讼上的自认既约束作出自认的当事人，也约束法院的裁判。所谓约束法院的裁判，是指在当事人已作出自认的情形下，法院自应依职权将当事人作出的这种自认所涉及的事实作为裁判的基础，除非当事人所自认的事实有违背日常经验，如自然规律及定律等情形。从维护社会公共利益的角度而言，当事人作出自认涉及的事实所产生的效果不得违背社会公共利益和他人合法利益。对约束法院的裁判而言，实际上在一定程度上产生了限制法院自由裁量的效果。就对方当事人而言，一方当事人的自认在诉讼上免除了其根据举证责任分配规则所应当承担的证明责任。可见，从举证责任的角度而言，一方当事人一旦就对其不利的事实作出自认，自可就有关自认所涉及的案件事实免除对方当事人所应当承担的举证责任，使法院对有关事实加以认定。就法院的职能而言，法官应视这种自认为真实。

三、自认的分类

根据不同的认识角度，自认主要有以下分类：

（一）诉讼上的自认与诉讼外的自认

所谓诉讼上的自认，是指在庭审活动或者法院主持的其他相关活动如证据交换、庭前会议、询问当事人、现场勘验等过程中，一方当事人对于他方当事人所主张不利于己方的事实予以承认的表示。作为诉讼上的自认载体，通常为庭审笔录、询问笔录、勘验笔录、现场笔录或其他书面记录。从这个意义上而言，当事人在诉讼上的自认，并非是不需要证据证明，而是因为作为诉讼上的自认载体本身就是证据，只不过当事人对这种证据不负提交义务，即并无举证责任可言。

相对而言，诉讼外的自认，通常是指在有关诉讼程序之外，一方当事人对他方当事人所主张对其不利的事实的承认表示方式。其中包括在他案中所作出的自认。所谓"有关诉讼程序之外"，既包括诉讼之前乃至当事人发生纠纷之前，也包括在诉讼开始后庭审活动或者法院主持的其他相关活动之外。与诉讼上的自认所不同的是，诉讼外的自认所涉及的形成过程与审理法院无关，因此，在客观上需要由相关当事人提供证据来加以证明。

在诉讼过程中，诉讼上的自认是一方当事人对于他方当事人在庭审活动及法官在场的其他情形下所主张不利于己方的事实予以承认的表示。作为一种证明方式，当事人的自认在诉讼上除了产生免除相对一方当事人的举证责任之外，还对证据辩论主义产生相应的影响，即只要在法律上被作为当事人的自认来看待，就可在审判上不必提交辩论而作为裁判的基础，这是作为自认证据的一种通常程序功能，不经辩论而作为这种自认的证据，主要包括诉讼外的自认以及通过诉讼文件所作出的自认，在学理上，这种自认可称为形式意义上的自认，而与之相对应的则是实质意义上的自认，其主要产生于法庭的辩论，它是直接、言词辩论原则的结果。

我国台湾地区学者李学灯教授认为，诉讼外的自认，仅为证据的一种，并无诉讼上自认的效力。该项自认即便与他方主张的事实相符，也仅可作为法院依自由心证认定事实的资料，即其证据力如何，应由法院予以判断。他方不得援用此项自认为证据，并非因有此项自认而无须举证。在其他诉讼事件中所作出的诉讼上的自认，而在本诉讼事件中，自应作为诉讼外的自认，即其他在诉讼外凡以书面或言词承认他方主张的事实的，亦莫不然。例如，在往来书信中所作不利于己的陈述，在借用证书中承认借用，在收领证书中承认收领，在第三人前承认本案系争事实均属之。[①]

有关诉讼外的自认，我国现行法律和司法解释并未作出规定，但在审判实践当中，针对与诉讼外自认有关的情形时有发生这一现实状况，笔者认为，为了注重当事人主义因素和限制法院自由裁量的范围和程度，更有利于防止现实社会中那些无中生有、恶人先告状等现象的滋生蔓延，我国在坚持优良传统的同时，也可适当吸收英美法系有关传闻证据规则的合理因素，即对凡属当事人一方在诉讼外自认，如系书面形式，可据此径直确定其证明力；凡属口头形式的，如果作出自认的当事人一方在法庭上重复这种自认的，可确定其证明效力，否则，应假定这种自认属待证的证明事项，由被认为作出自认的一方当事人及其诉讼代理人在法庭上对其予以质疑，由法院评断其证明效力。

（二）明示自认与默示自认

所谓明示自认，是指在诉讼当中，一方当事人就对方当事人主张对其不利事实予以承认的声明或表示。这种声明的方式通常在诉讼上表现为，一方当事人就另一方当事人针对不利的事实主张予以直接、积极、明确的承认；而作为一种表示则可为明示的表示，即作为。如承认对方于己不利事实主张的声明。

英美法系历来坚持当事人主义诉讼模式，在此模式下的对抗辩论中的证据方式或证明效果与大陆法系显然存在差异。就自认而言，特别强调对抗与辩论，因

---

① 李学灯:《证据法比较研究》，五南图书出版公司 1992 年版，第 124 页。

此，更倾向于从广义上来认识和界定自认的效果。在英美法中，传闻规则主要违反了直接、言词以及辩论原则，更无法采用反询问方式进行有效的质疑，而当事人的自认则作为一种证据，是一项重要的传闻规则的例外。这是因为，自认作为当事人一方的陈述通常在普通法上广泛地被接受为对该方不利的有效证据。[①] 自认构成对系争事实的客观存在的承认，或者人们可以从中推断出这类事实的存在。[②] 除了从言词陈述上可以作为一种自认或者视为一种自认以外，作为对事实的承认甚至可以从某种行为或者某种消极表示中推断出来。[③]

在审判实践中，较为常见的一种情况是，一方当事人在诉讼文书上或者在法庭的调查或言词辩论中，并非采用的就相对一方当事人作出对该方有利事实主张的承认，而是单方面对案件事实进行陈述，或者提出一种事实主张，对这种陈述或者事实主张，实际上含有对其不利的内容，或者综合法庭调查和双方当事人辩论的事项，可以看出有关陈述或事实主张会对该方产生显著的不利后果，那么这种陈述或事实主张也应视为当事人的一种明示自认。但是，这种形式的自认应记载于法庭笔录之上，并由相关当事人签名为形式要件。

在诉讼上，对于身份关系案件的审理，由于实行法院职权探知主义，法院可以调查、核实，并不以当事人之间明确承认的事实或一方当事人自认的事实为限，而应当根据情况判断。另外，对于财产关系案件，由于证明标准较身份关系案件要求较低，因此可以采用包括事实推定、自认的证明方式来加以认定；而对于身份关系案件，由于其具有更高的价值取向，因此不能简单采用自认规则来加以确认，也就是说，对于涉及身份关系的案件，即使是一方当事人对另一方当事人就案件事实所作出的明确承认，如果法院认为有必要进一步进行调查、了解、收集证据或核实时，就应当不以这种明确承认所产生的效果来对案件事实作出认定，而是应当进行实际的调查、了解和收集相关的证据，然后再作出最终的判断。"在适用职权探知主义的人事诉讼中，自认及虚拟自认并非具有无须举证的效果。一方当事人即使对相对方所提出的事实进行了自认的陈述，只要法庭认为该事实需要加以证明，那么，该事实就不能成为无须证明的事实。当事人所作的自认陈述，也属于双方当事人辩论的内容范畴。尽管当事人的自

---

① Jack H. Friendenthal, Michael Singer, *The Law of Evidence*, The Foundation Press, Inc., 1985, p.92.

② Peter Gillies, *Law of Evidence in Australia*, Legal Books International Business Communication Pty Ltd. 1991, p.505.

③ ［美］乔恩·R.华尔兹：《刑事证据大全》，何家弘等译，中国人民公安大学出版社1993年版，第101页。

认对法院不会产生拘束力，但法院可将其作为已经辩论过的内容，在进行证据评价时，酌情加以考虑。"①

所谓默示自认，亦称拟制自认，是指在诉讼中，一方当事人就对方当事人主张对其不利的事实，不明确予以否认或提出何种异议，而是以不作为的方式来对待这种事实主张，从而被视为产生如同明示自认的法律后果。

在对抗辩论审判模式下，默示的自认表示或许更能体现其程序上的证据功能，因为，作为对抗的双方当事人，都以相应的证据方式作为攻击与防御的必要手段，但倘若一方当事人在言词辩论中就事实主张积极地予以陈述，而相对一方则不予争辩，即失去了积极防御的证据方式，采用这种有意回避的消极的不作为，在庭审活动中的证据效力上，无异于被视为系对相对一方当事人事实主张的一种承认。

在学理上，默示自认又称拟制自认或准自认。默示自认的一个重要特点是，一方当事人对另一方当事人所作出对其不利的事实陈述，本应及时作出适当反应而未作出以至于在诉讼上产生的一种法律效果。这里所称的适当反应，指的是应予以反驳或以其他合理方式表达异议。这种适当反应主要体现在正式庭审过程中的相关阶段，特别是口头辩论阶段，任何一个具有经验与理性的法官，可以直观地观察到双方当事人的一举一动，而当事人一方通过口头陈述或者某种行为在一个普通人的眼里足以构成对某一事实的主张，而在此情形下，另一方当事人对此却无动于衷，没有作出应有的反应，借以表达其仍然存有争议，这种态度本身在法庭上应当被视为系该方当事人就对方所提出的事实主张为真实而不予争执。当然，对于这种默示自认所产生的法律后果，只能够在言词辩论终结前才能产生自认的效力。因为，在一方当事人通过口头陈述或者某种行为在诉讼上产生了一种对其有利的事实主张的效果，相对一方当事人虽然没有当即作出适当反应，但在此之后至言词辩论终结前，仍可随时予以争执，从而推翻由于先前默示自认所产生的法律效果，这是默示自认与明示自认的不同之处。所谓不争执，是指对一方当事人的事实主张，另一方当事人对其真实性不明确陈述其观点。一方当事人对于另一方当事人所主张的事实，如不作出承认的意思表示时，应作为不予争执来看待，在诉讼上将产生视同自认的法律效果。所谓视同自认的法律效果与当事人自己所作自认的法律效果不同。对于当事人在诉讼上所明确表示承认的事实，当

---

① ［日］山木户克己：《注解人事诉讼程序法》，有斐阁 1958 年版，第 119 页。Rosenberg/Schewab/Gottwald,16.Aufl., §164 Rdnr.57. 转引自［日］松本博之：《日本人事诉讼法》，郭美松译，厦门大学出版社 2012 年版，第 59 页。

事人在此之后不得就有关事实存在争执，除非法律另有规定，当事人也不得任意撤销。但是，对于视同自认的事实，当事人在言词辩论终结前可以随时作出存有争执的陈述。凡当事人追复其争执的陈述时，视同自认之效力即应丧失，而对此事实主张负有举证责任的当事人，应恢复承担相应的举证责任。

（三）完全自认与限制自认

所谓完全自认，是指一方当事人所主张的事实，经对方当事人在诉状中或在法官面前，或者在法庭辩论时予以承认，并产生使主张该事实的一方当事人免除举证效果的一种行为方式。

不完全自认与完全自认相对而言，它包括当事人在自认上有所附加或限制的情形，属于有条件的自认。在诉讼上，就待证事实出现争执时，时常会出现一方当事人就另一方当事人提出的事实主张予以争执而对有关事实情况的陈述，这些陈述事实本身系对方的事实主张设定有某种附加或者限制性条件，以表明其对相对一方当事人所主张事实的态度。在诉讼中，当事人在自认上有所附加或限制的，应否视为自认，由法院斟酌情形予以断定。对于自认有所附加或限制的，可称之为不完全自认。例如，当事人自认他方当事人的主张曾有借款之事，但又附加防御方法，称之为业已清偿；或原告自认被告的主张，曾经同意延展清偿的期限，但又附加攻击方法，称该项同意已经根据事后约定撤销。但关于曾有借款事实，又曾经同意延展清偿期限的事实，仍可视为已有自认。至于其附加的攻击或防御的主张，对方当事人有无争执，则属于另一问题。

在诉讼上，就当事人的自认所产生免除相对一方当事人举证责任的诉讼效果而言，限制自认虽然作为一方当事人在诉讼上对抗相对一方当事人而采用的攻击或防御的根据，通常以追求有利自己的事实主张为前提条件，而附加承认对其不利的事实为代价，但是，这两种类型的不完全自认都属于当事人的一种事实主张或对事实的一种陈述。因此，凡对其不利的，自应免除相对一方当事人的举证责任；凡对其有利的，自应由其负担相应的举证责任。对此，《2019年民事证据规定》第7条对限制型自认和附加条件型自认作出了相关规定。

就自认当事人附加的陈述及限制，其在诉讼上产生的效力如何，由法院根据情况作出判断。在明示自认的前提下，作出自认的一方当事人以书面或口头形式在诉讼上明确表示承认另一方当事人所主张事实的前提下，如果这种自认在逻辑上被作出自认的当事人附加相应的条件或者对自认的效果直接予以限制，借以在诉讼上排除对其不利的证明效果，就法院在审判上而言，是否能够接受作出自认当事人所预期的效果，应当由法院结合个案的其他情形作出综合判定。

限制自认是对于自认有所附加或限制，或者呈现出前后矛盾，甚至其中所表达的言语令人费解或难以判定其真实含义和意图的情形。限制自认主要有三种情形：一是当事人一方在承认对方所主张的事实时，附加独立的攻击或防御方法；二是当事人一方对于他方所主张的事实，承认其中一部分而争执其他部分；三是当事人在自认上有所附加或限制。对此，实务界有一种观点认为，当事人主张一致的部分可以成立自认，但就其一部分事实主张的自认不得扩及全部事实主张；至于当事人对自认有附加或者限制的，则要对所负条件按照负担的原则进一步举证，由法院斟酌情形予以断定。例如，甲起诉乙，要求乙返还一年前向自己借的5万元，但不能提供相应的借据；在诉讼中，乙承认一年前确实向甲借了5万元，但已经于半年前返还了3万元，只欠甲2万元，但不能提供已经返还3万元的证据。对于该案，一种观点认为，乙已承认向甲借了5万元，作为自认处理，免除甲的举证责任，同时乙又不能对"半年前返还3万元"的主张提供证据证明，故该主张不能成立，应当判决支持原告的诉讼请求。另一种观点认为，本案中乙的自认属于自认附加，乙承认曾经向甲借了5万元，同时又主张"已经于半年前返还了3万元"，乙实际上只是承认欠甲2万元，故乙关于曾向甲借5万元的自认和已经返还3万元的主张应作为一个整体看待，法官要么全部采纳，要么全部不采纳，故法院应当支持乙的主张，即乙实际只欠甲2万元。对此，笔者认为，在甲起诉乙而不能按照交易习惯提供相应借据进行证明的条件下，甲所提出的乙曾借其5万元款项的事实主张须由甲提供证据加以证明。乙承认一年前确实向甲借了5万元属于乙作出的完全自认，由此而完全免除甲的举证负担。至于乙在作出这一完全自认时提出的已返还其中的3万元，既属于提出了一个新的事实主张，又属于附加了一种独立的攻击或防御方法。对此，应由乙提供证据加以证明，否则，在诉讼终结时法院只得判定甲获得完全胜诉。有学者指出，就司法实践中所出现的狭义限制自认而言，其还存在着一种特殊的表现形式，即在部分自认的情形下所发生的狭义限制自认，也就是说，尽管部分自认并非广义限制自认的组成部分，但其有可能在个案中与狭义限制自认发生交集。而广义的限制自认包括狭义限制自认及附条件自认，该两者的共同点是，它们都与对方提出的主张一致且附加条件；两者的本质区别主要表现为，狭义限制自认的最终目的是否定对方提出的相关诉讼请求，而附条件自认则能使法院推导出另一涉案事实的成立。①

就当事人的自认所产生免除相对一方当事人举证责任的诉讼效果而言，限制

---

① 杜闻：《我国民事限制自认的含义、类型及适用——以24篇裁判文书为视角》，载《证据科学》2020年第28卷（第1期）。

自认虽然作为一方当事人在诉讼上对抗相对一方当事人而采用的攻击或防御的根据，通常以追求有利自己的事实主张为前提条件，而附加承认对其不利的事实为代价，但是，这两种类型的限制自认都属于当事人的一种事实主张或对事实的一种陈述，因此，凡对其不利的，自应免除相对一方当事人的举证责任；凡对其有利的，自应由其负担相应的举证责任。

（四）本人自认与代理自认

就主体而言，自认可分为本人自认与代理自认。前者为当事人及其法定代理人所作出的自认，而后者通常包括诉讼代理人、监护人等代为进行的自认。

与当事人代理人的陈述相比较，当事人本人的陈述具有直接性、原始性和细节性等特点，在一定意义上，当事人代理人的陈述具有传闻证据的特征。另外，当事人代理人当中的律师与当事人代理人当中的非律师之间又有很大的差别，前者因对于法律知识和庭审技巧较为娴熟，因此其代理当事人所作出的陈述，更多地体现在其善于与法院从法律专业角度进行沟通、交流的能力，但也会常常倾向性地利用法律上的漏洞和审理法官的弱点使得法院最终发现的法律真实更加远离一些客观真实；而后者与当事人本人一样，由于在法律专业知识和庭审技能上存在短板而导致信息上的不对称状态相当明显，在一定程度上影响了其与法庭在法律专业问题上进行正常交流与沟通，但恰巧是因为这种缺陷的客观存在，使他们对案件事实的陈述却常常显得更加有助于法院对案件事实真相的发现。

在我国民事诉讼中，依据代理权产生的原因不同，将诉讼代理分为法定代理和委托代理，因此，范围涉及较为广泛；而国外如德国和日本的民事诉讼中所指的诉讼代理，仅指委托代理而言。诉讼代理权，是指被代理人就诉讼活动而授予代理人从事上述行为的特定权限。在代理权限范围之内，接受委托的代理人独立进行的诉讼代理活动，如代为诉讼行为及接受诉讼行为，视为当事人的诉讼行为，对当事人发生法律效力。在诉讼上，自认属于一种重要的诉讼行为。代理人在诉讼上的自认视同被代理的当事人本人在诉讼上所作自认。当事人的诉讼代理人作出的自认，与当事人所作出的自认具有相同的证明效力，其后果均可导致法院将这种承认的内容作为对其不利的证据，构成实体裁判的基础。

一般来讲，有关国家或地区在立法上对委托代理的权限规定得较为宽泛，以便为当事人进行诉讼活动提供充分、方便的客观条件。但是，根据我国《民事诉讼法》的有关规定，诉讼代理人代为承认、放弃、变更诉讼请求，进行和解，提起反诉和上诉，必须有委托人的特别授权。世界各主要国家对代理人代为自认问题，大都在立法上加以明确规定，并确定代理人在诉讼上的自认视同被代理的当事人本人在诉讼上所作自认。

一般而言，确定诉讼代理人的自认对被代理人的当事人产生诉讼上的约束力，主要体现在：第一，诉讼代理人的代理受代理权限的约束，因此，诉讼代理人的自认也理应受代理权限的限制。第二，在诉讼过程中，当事人在场时，如对诉讼代理人的自认予以否认的，可达到即时撤销的效果。在审判实践中，就一个企业或单位涉讼而言，其具体经办人对案件事实一般最为了解，但对于法律问题则知之甚少，因此，如何在诉讼中陈述案件事实，如何因应对方的质询，必须做好充分准备。当然，双方当事人对一些可能对己方产生不利影响的事实往往采取坚决否认或者不置可否的态度，因为找到支持这些事实主张的证据本身在客观上会存在许多障碍，并且找到一些具有充分证明力的证据则更为困难。第三，在诉讼过程中，如果当事人不在场，事后对诉讼代理人的自认予以否认的，必须作出合理解释，并且应当对其所否认的事实提供证据加以证明。

在司法实践中，基于某种理性的考虑和出于实务上的迫切要求，法院往往将诉讼代理人对案件事实作出的承认，以不为被代理的当事人所否定而认可其证据力。一些国家或地区为了使自认撤回的负面效应降到最低水平，在诉讼程序上规定了当事人的及时更正权，如《日本民事诉讼法》第57条规定，诉讼代理人所作的事实上的陈述，经当事人即时撤回或更正时，不发生效力。根据我国台湾地区"民事诉讼法"第72条规定，凡诉讼代理人所作出的事实上的陈述，经到场当事人即时撤销或更正的，不产生效力。对此，有关的台湾地区司法判解认为："诉讼代理人为诉讼行为，系本于当事人之授权以自己之意思为之，并非本人之代言人机构，故其行为有无错误，不以本人之意思决之，而依代理人之意思决之，其所为事实上之陈述，除经到场之当事人本人即时撤销或更正外，其效果即及于当事人本人，不得以与当事人或本人之真意不符为理由，而否认其效力。"[1]

在诉讼上，诉讼代理人就对方当事人提出的案件事实予以承认，经在场当事人即时撤销或更正的，应不发生效力。但是，遇有当事人不在场时，其诉讼代理人作此番承认的，应加以严格限制，即视这种承认为当事人的亲自承认，对当事人和法院均产生约束力。这首先是侧重考虑不致使程序违背一定的理性逻辑而形成相当紊乱的状态，其次是考虑到当事人不到庭而由其诉讼代理人出庭，应将诉

---

[1] 林纪东编：《新编六法全书》（参照法令判解），五南图书出版公司1986年版，第381页。

讼代理人的出庭看作与当事人的出庭具有相同的事实效果。因此，在事后如发生当事人欲撤回其诉讼代理人在诉讼上的自认情形时，当事人应举证其所作自认确与已发生的事实不符，并且，这种自认的作出是在错误的情形下发生的。这样做的目的在于，它实际上加重了当事人的举证负担，使得当事人不得不同时负担两种举证责任，一是就实质要件而言，就与承认的事实不符负担举证责任；二是就事实要件而言，就自认的作出确因与事实不符有必然的因果关系，而并非其他原因所致负担举证责任。以上就可能发生的两种情形来讲，作出这样的规定，既能使撤回的负效应降至最低的程度，又能起到严格限制随意撤回自认的效果。

（五）正式自认（formal admission）与非正式自认（informal admission）

这是英国法上的一种分类。从诉讼意义上而言，正式自认某一事实系专为审理的目的而作出的，并不构成证据，而是产生免除举证责任的需要。正式的自认又可派生出明示的自认与默示的自认。前者可在诉讼书状上明确表示承认与待证事实有关的事项，而后者则可表现为一方当事人对诉讼书状上所载明的事实主张没有予以否认。在英国法上，非正式自认通常作为反传闻规则的一项例外予以采纳。

（六）正式法庭上的自认、非正式法庭上的自认与法庭外的自认

这是一些美国学者的分类观点，[①]对于正式法庭上的自认，其效果是在证明效力上具有确定性，如写入双方律师协议书中的承认；对于非正式法庭上的自认，通常是在法庭调查证据期间所作出的，具有非确定性，既可以否认，也可以加以解释，并可采用其他相应证据来加以反驳；作为法庭外的自认，在证明力上的效果与非正式法庭上的自认相同，例如，在言谈中或是在诉讼开始前的陈述中，涉及的具有证据意义的承认。

另外，当事人的承认还可分为对系争事实的承认和对诉讼请求的承认。对系争事实的承认称自认，而对诉讼请求的承认则称认诺。承认的性质不同，其法律效力也不一样。自认即对系争事实的承认是同辩论原则相联系，将导致案件事实的直接承认；而认诺即对诉讼标的或诉讼请求的承认，则与其实行的自由处分原则相联系，故有认诺，即可成为判决败诉的依据。

---

① ［美］乔恩·R.华尔兹:《刑事证据大全》，何家弘等译，中国人民公安大学出版社1993年版，第101页。

四、自认的法律效力

所谓当事人自认的法律效力是指，当事人在诉讼上作出自认而产生法律效力所波及的对象与范围。在实行辩论主义的基础上，只要产生自认的效果就可排除法院对事实的调查与认定，对此，法院不仅没有对当事人所作自认的内容有审查其真实性的必要，并且在审判上也不允许法院作出与已作出自认事实相反的事实认定。但是，对于采用职权调查主义所涉及的诉讼类型或事项则应当排除其自认的效果。

一审程序作为整个诉讼过程的基础性程序，对于认定事实所产生的自认效力应具有相应的稳定性与延及性。凡在一审程序中由当事人作出的自认，只要经记录于有关法庭笔录中便可作为据以裁判的基础，由此对一审裁判自应产生相应的法律效力。只要当事人在审判上作出自认，除对当事人产生拘束力之外，法院也应不待证明，当事人所作出的自认有约束法院心证的功能。

一般而言，自认的效力不仅拘束第一审法院，而且还约束二审程序以及再审程序，即在没有相反证据的情况下，不得任意将其推翻。因为这种自认证据已为诉讼程序所固定，其固定效力对在此之后系属于同一案件的任何程序均具有溯及力，这最终是由司法的权威性与诉讼程序的正当性、效力性所决定的。

自认一经作出，即对当事人产生拘束力，原则上不得撤回。但有特殊情形的，允许有条件撤回自认，即在经对方当事人同意或有充分证据证明存在胁迫或重大误解，并且与事实不符的情形下，当事人可于辩论终结前撤回自认。

在诉讼上，当事人的自认发生以下法律效力：

1.发生无须举证的效力，亦即对于他方主张不利于己的事实而作出自认或不予争执的，他方因而就该项事实主张，可以免除其举证责任。自认在效力上发生免除对方当事人举证责任的原因，在于双方当事人对案件事实不存在争议。

2.拘束法院的效力。自认的效力产生于自认的规则，对于法院而言，由于此种舍弃证明的效果，在辩论主义所实行的范围内有拘束法院的效力，法院自应认为当事人自认的事实为真实，而没有必要对其真实性予以审查，并且应以双方一致的主张作为裁判的基础，而不得作出与之相反的事实认定。一般而言，自认的效力不仅拘束第一审法院，而且还对其上级审法院甚至再审法院构成约束效力。这也是诉讼上自认规则的效果与禁止反言规则适用的综合体现。

3.自认具有不可分割性。当事人的自认往往来源于当事人的陈述，因此，界定当事人陈述的内容对于明确当事人的自认范围具有重要作用。自认具有不可分割性，是从其产生效力的基础上而言的，凡一方当事人对另一方当事人所主张事实作出完全而明确无误的承认，在学理上称为完全的自认。因完全的自认在内容上明确无误，所以，在效力上自无不可分割性的问题。而对于那些虽为当事人的陈述中所体现的自认，但有所附加或限制，或者呈现出前后矛盾，甚至其中言词令人费解或难以确定其真实含义和意图的情形，则在学理上可统称为有所限制的自认或不完全自认。

4.自认具有不可撤销性，即拘束当事人的效力。自认一经合法作出，一般不得任意将其撤回或变更为抗辩的主张。关于自认对当事人的拘束效力，作出自认的当事人在该诉讼中不得主张与自认相反的事实。这是因为，一旦对在法庭上承认的事实加以推翻，不仅使审理产生混乱和迟延，而且有违诚实信用原则。但是，凡因对方或第三人的欺诈或胁迫等违法犯罪行为而作出的自认，可以主张其无效，或者经对方当事人同意，或者证明所为的自认违背真实意思表示并有错误，可以撤回自认。[①]

五、对自认效力的限制与排除

对于自认效力的确认，应基于通常情形下来确定其适用的规则范畴，从而作为一种证明方式，抑或产生免除当事人举证责任的效果。然而，由客观事物的复杂性和多样性与自认作为一种证明方式的特殊性所决定，在一些特殊情形下，或者出于诉讼政策的必要考虑，在立法上或学理上往往认为应当对自认的效力加以必要限制，或者作为自认规则的一种例外。因此，在下列情形下，自认不产生原有的效力：

（一）应予司法认知的显著事实或者能够基于推论而得知的事实

作为当事人在诉讼上的自认虽然能够产生免除相对一方当事人举证责任的诉讼效果，但是，就法院所要在诉讼上确认的待证事实而言，实际上，这种待证事实是审判上的一种命题，除了当事人提供证据进行证明外，当事人的这种证明行为在诉讼上也应包含辩论行为，而法院在评估这些证据的价值上无不打上经验法则的烙印。因此，凡当事人所作出的自认与客观上所存在的显著事实或者常理相违背的，自应对这种矛盾情状进行审核认定，并且可以对这种自认作出否定性的评价。

---

① ［日］兼子一、竹下守夫：《民事诉讼法》，白绿铉译，法律出版社1995年版，第104页。

（二）在诉讼上已被证据证明并非真实的事实

对于已被有效的证据加以证实的事实，无调查证据的必要。而自认规则主要应针对为当事人所主张而尚未得以证实的事实，所谓免除当事人的举证责任的效果即来源于此；倘若为当事人所主张的事实已被证据所证实，而法院对其产生确切的心证，此时已无当事人就此再加举证的必要。因此，如再有当事人的自认，即便属于对其不利的另一"真实"事实，也不应产生何种效力。

（三）法律上应依职权调查或另有规定的事项

对于此类事实，当事人虽未主张，但法院也应予以斟酌。例如，根据《民事诉讼法解释》第96条第1款的规定，对于以下五种情形，法院应当依职权主动调查收集证据：（1）涉及可能有损国家利益、社会公共利益的事实；（2）涉及身份关系的事实；（3）在以法律规定的机关和有关组织作为原告提起的涉及污染环境、侵害众多消费者合法权益等损害社会公共利益行为的公益诉讼中以及以人民检察院为原告涉及破坏生态环境和资源保护、食品药品安全领域侵害众多消费者合法权益等损害社会公共利益行为的公益诉讼中涉及的案件事实；（4）当事人有恶意串通损害他人合法权益可能的事实；（5）涉及依职权追加当事人、中止诉讼、终结诉讼、回避等程序性事项的情形。对于涉及上述第一种至第四种类型的事实，因这些事实具有社会公益性，人民法院对有关事实的查明不受当事人自认的限制，自应依职权收集调查相关证据。其中，上述第二种事实属于人事诉讼范畴。所谓人事诉讼，通常是指诉讼活动的开展直接涉及对人身权利的确认的诉讼。人身权是自然人与生俱来的一种固有的民事权利，它与其他民事权利形成了鲜明的对照。这种权利属于自然人的专属权利，并且没有直接财产利益的属性，从而决定其不能够用金钱来加以估算与衡量。这种权利的内容主要体现的是人格关系与身份关系中的精神权益与价值理念。由于人事诉讼直接涉及人的这种基本权利，决定了一个社会赖以维系的公序良俗，有必要启动一种社会公共权益保障机制来加以维护，为此，各国法院一般采用依职权探知（调查）主义。因此，为维护人类基本伦理价值和人权保护的需要，在涉及身份关系的婚姻家庭、收养案件等人事诉讼中，不适用自认规则。当事人已对有关事实作出自认，法院仍可以要求当事人举证证明，并且在认定事实上不以当事人举证证明的范围为限，可根据情况采用职权调查的方式借以查明案件事实的真相。此为大陆法系各国和地区的通例。另外，上述第五种类型是与实体争议无关的程序事项，民事诉讼虽然涉及解决私人纠纷，但是，诉讼程序以及对诉讼程序的管理则属于公法范畴，应当体现国家司法权在诉讼上的一种公平正义，为了使这种公力救济手段切实发挥其应有的价值功能，当事人对这些与实体争议无关的程序事项的承认，不应对法院在审判上的查明产生约束效力。

（四）对调解或和解所作自认的限制

法院调解，亦称诉讼调解，是指当事人在人民法院审判人员的主持下，采取平等协商办法，解决民事权益争议的诉讼活动和结案方式。它是人民法院诉讼行为和当事人的诉讼行为的结合，同时也是当事人行使诉讼权利的一种重要形式。与法院调解有关的调解协议，是指双方当事人经过协商，自愿处分其实体权利和诉讼权利的一种文书形式。它作为当事人之间的一种法律性文书，是制作调解书的基础。关于调解协议的效力，根据《民事诉讼法》第101条第2款规定："对不需要制作调解书的调解协议，应当记入笔录，由双方当事人、审判员、书记员签名或盖章后，即具有法律效力。"调解书，是指人民法院制作的用于载明当事人之间协议内容的法律文书。它既是当事人协商结果的记录，又是人民法院批准协议的证明。人民法院以调解书的形式确认当事人之间达成的调解协议，这是调解结案的法定程序。除法律另有规定外，未经人民法院以调解书的形式确认的调解协议，不能作为结案的根据。我国《民事诉讼法》第53条规定："双方当事人可以自行和解。"当事人和解，是指当事人在诉讼过程中，通过自愿协商，达成协议，解决纠纷、结束诉讼的行为。和解的开始、进行以及和解协议的达成，完全取决于双方当事人的自愿，并没有审判人员的主持或参与。和解协议是双方当事人行使处分权的结果。《民事诉讼法解释》第107条规定："在诉讼中，当事人为达成调解协议或者和解协议作出妥协而认可的事实，不得在后续的诉讼中作为对其不利的证据，但法律另有规定或者当事人均同意的除外。"该条是关于当事人为达成调解协议或以和解为目的所作自认而产生诉讼上的效力的一种限制性规定。

民事纠纷的产生，是由于当事人一方或者双方对有关事实和法律问题在主观认识上存在偏差，因而对利益的归属各有不同的认识，或者是当事人一方或双方故意逃避义务，谋求非法利益。无论是通过法院调解还是当事人的和解解决争议，双方当事人必须坚持自愿原则，互谅互让、平等协商；有时为了达成协议，双方当事人都必须割让一部分利益，但是，无论采取哪种方式解决争议，都必须是当事人自主判断的结果。如果当事人慑于某种外来压力、诱骗、欺诈，即使达成协议，也可能随时反悔，反而使民事纠纷更趋复杂。特别是采用法院调解的方式，并非强调必须查清案件事实、分清是非，否则这种调解工作就难以获得预期的成效。根据《民事诉讼法解释》第107条之内容，在诉讼中，当事人为达成调解协议或者为以实现和解为目的而作出妥协，这种妥协涉及对案件事实的认可，即对某种案件事实并不表示有异议，这种表示本身在许多情形下实质上是一种让步，或者说，是一种利益的自愿让渡。这在相当意义上恰好反映了采用法院调解或当事人和解方式达成协议而使当事人不得不付出相应的成本与代价。根据《民事诉讼法解释》第107条规定，当事人为达成调解协议或者以实现和解为目的对案件事实所作的认可，不得在其后的诉讼中作为对其不利的证据，这一规定是旨在避免因调解不成或者未能最终实现和解而对其后的诉讼产生不良影响，同时，也是为了防止当事人以调解或和解为名而采用欺诈手段获取诉讼利益。这一规定有助于当事人本着诚实信用原则，促进当事人积极地采用调解或和解的手段解决争议。

（五）关于共同诉讼中的自认

共同诉讼中的自认涉及共同诉讼中一人的自认，其效力是否及于其他共同诉讼人。对此，我国台湾地区学者似有不同的理解，即按照我国台湾地区"民事诉讼法"第55条规定："共同诉讼中，一人之行为或他造对于共同诉讼中一人之行为及关于其一人所生之事项，除别有规定外，其利害不及于他共同诉讼人。"该法第56条第1款规定："共同诉讼人之行为，有利于共同诉讼人者，其效力及于全体；不利益者，对于全体不生效力。"对此，李学灯教授认为，共同诉讼中一人所为的自认，在普通的共同诉讼中，依我国台湾地区"民事诉讼法"第55条规定，其效力不及于其他共同诉讼人。在必要的共同诉讼中，为求得判决基础的一致，依该法第56条规定，对于全体当事人不发生效力。[1] 而陈玮直教授则认为，该法第56条中的"所谓不利益依学者通说为撤回起诉、撤回上诉、认诺、舍弃等情形，至于自认是否包括在内，则未为法学家论列所及"。[2] 因此，共同诉讼中一人的自认不得称为适格的自认，是自认构成要件欠缺的缘故，而不是受该法第56条第1款的限制。[3] 尽管上述两位学者的论证方式不同，但得出的结论是相同的，即凡共同诉讼中一人的自认，如对其他共同诉讼人产生不利的效果，则其效力不及于其他共同诉讼人。

但是，一些美国学者的观点似有与此相悖之处。例如，美国学者华尔兹将同谋者所作的承认视为一种推定，"即一名同谋者在同谋中所讲的事情，并进一

---

① ［日］兼子一、竹下守夫:《民事诉讼法》，白绿铉译，法律出版社1995年版，第114页。

② 陈玮直:《民事证据法研究》，1970年版，第53页。

③ 陈玮直:《民事证据法研究》，1970年版，第54页。

步扩展到其他同谋中讲这些事情的目的，是受其他同谋者认可的。依据传闻的承认例外，上述推定使得这种陈述可以被接受为针对其他同谋者的证据。正如一名经营合伙人所说的话，表明他在履行合伙事务，对于全体合伙人都有拘束力一样"。[①]1890年《英国合伙法》（English Partnership）第15节规定："任何一合伙人于其业务上之通常过程中，所为关于合伙事务之一种承认或表示，均得为不利于该行号（firm）之证据。"《英国统一合伙法》（Uniform Partnership Act）第11节规定："任何一合伙人于本法所赋予之权限内，所为关于合伙事务之一种自认或表示，均得为不利于该合伙之证据。"据此，美国学者摩根认为："合伙人相互间或与第三人之关系，为每一合伙人均有代表合伙人为关于合伙事务发言之相当权限。"[②]

另外，作为一种对自认效力的限制，我国台湾地区学者陈玮直教授认为，自认无补足法律行为或法律要件的力量，也不得推翻法律的强力推定。他指出，近代民法学家均从理论上确认法律行为或法律要件欠缺时，均不得因当事人的自认使其补足而发生效力，凡法律基于维持善良风俗及公共秩序所进行的默示强力推定，也不得因当事人的自认而推翻。[③]

在诉讼上，产生自认效果的第一因素是，当事人的自认行为必须系完全基于个人的意志而自愿作出的，而对当事人究竟是出于何种动机作出这种自认行为则概不予深究。法院基于审判职务上的考虑，只是关注自认的作出是否受到外界的影响，以至于使得当事人在违背其真实意愿的情形下不得不作出这种自认，凡一经发现当事人所作自认存在这类情形，法院自应拒绝采纳这种自认证据。

经法院确认，凡自认受到以下行为影响的，不予采纳为自认证据：（1）采取暴力、压迫等非法行为或手段，不论该行为或手段是针对自认人，还是针对与自认人存在身份关系、利益关系的人；（2）威胁要采取上述行为；（3）在诉讼中，如果有关当事人提出自认或者自认行为受到前述行为影响的。

之所以由法院依职权在审判上排除在上述情形下所产生的自认证据，主要是因为这类自认证据根本违背了有关当事人的自由意愿，实质上是一种侵害他人合法权益的行为。法院应当从一个较为宽泛的限度内来界定产生这种自认证据的有关情节，即有关违法行为或手段无论是针对自认人还是针对与自认人存在身份关

---

① ［美］乔恩·R. 华尔兹：《刑事证据大全》，何家弘等译，中国人民公安大学出版社1993年版，第102—103页。

② ［美］Edmund M. Morgan：《证据法之基本问题》，李学灯译，世界书局1982年版，第276页。

③ 陈玮直：《民事证据法研究》，1970年版，第53页。

系、利益关系之人，都视为产生相同的效果；同时，只要是有证据证明存在某种实际威胁采取这类非法行为的，也应视为产生排除这类自认证据的效果。

六、自认的撤回与追复

（一）自认撤回之行为与效力

对当事人撤回自认的行为，各国立法大都持严格限制态度，因为，自认行为一旦作出，即可构成对方当事人对有关系争事实免除其举证负担；同时，诉讼上的自认，有拘束法院的效力，法院不必查证，应推定其事实为真，从而作为裁判的基础。但倘若当事人撤回这种自认，那么，势必导致对方当事人对有关系争事实的举证负担的复位，这不免给审判上造成极大的混乱。为此，各国立法和学理上对当事人撤回自认通常采取严谨的限制措施，以便使因确实必要的事由而导致自认的撤回，亦对审判所造成的压力降至尽可能小的程度。

根据各国的立法例和学理观点，自认的撤回一般产生于以下情形：（1）自认的当事人能证明与事实不符且系出于错误而作出自认；（2）当事人作出自认是由于被他人所诈欺、胁迫或其他与违法犯罪等有关的原因；（3）对方当事人同意其撤销自认；（4）代理人代为自认，后经即时撤销；（5）当事人作出自认的事实与法院在审判上所认知的事实相违背。

关于撤回自认后对原自认效力所涉及的影响力，各国在立法上一般不加规定，而交由法院根据情况裁量。对此，法院应根据涉及案件的所有证据以及与待证事实有关的辩论情况和在庭审中经过调查后所形成的心证予以综合、全面地作出判定。在程序上，基于诉讼辩论裁判主义的意旨，如自认的标的（或涉及事项）仅为单纯的事实，则撤回自认一般应在庭审言词辩论终结前进行。

在我国目前的司法审判实践中，程序的安定性始终受到来自各方面的干扰，例如，在实务上，有的案件当事人在二审上随意推翻在一审庭审中所作出的陈述，并且在二审诉讼过程中，数次提供变更诉讼请求或事实主张来改变上诉状中有关内容。对此，应加以具体分析，对涉及变更诉讼请求如判令对方履行应尽的劳务改为采用金钱给付的方式等，可根据情况予以考虑；但如涉及事实的认定，转移或者变更事实争执点，而由对方负担举证责任，或者本应由该方当事人承担的举证责任因争执点的变更，而转由另一方当事人承担的，应当严格加以限制。对于经过当事人举证、质证和法官的审查判断已显属明了的事实，应当对有关事实和诉讼证据加以固定，不得因当事人任意否认而推翻原来已经被认定的事实。

作为一种禁止反言规则，对当事人在二审中否认其在一审中所作出的法庭上的陈述，或者在二审中，当事人在庭审中否认其在先前法庭上陈述的事项，应当予以必要的限制，即如欲达到撤回自认的效果，必须提供充分的证据且对先前的陈述事项作出合理的解释，或者进行必要的释明。

（二）关于默示自认的追复

所谓自认的追复，是对默示的自认或拟制自认而言。作为默示的自认则在言词辩论终结前，可以随时作出有争执的陈述，直到第二审诉讼中亦同。默示的自认经追复后，其自认的拟制效力当然消灭。原已被视为自认的事实，如一方当事人原本负有举证责任或未被法院以其他证据方法予以确认的，仍有举证证明的必要。

一些大陆法系学者认为，在一审程序中，凡对一方当事人产生默示自认效力的，至二审程序，该方当事人仍可予以争执，这种在二审程序中所作有争执的意思表示可产生追复的效力，使得原本在一审中对该方当事人所产生的默示自认的效力归于无效。[①]有关大陆法系的立法也作出了相关规定。对此，笔者持不同的观点，即不赞成在一审程序中原本对一方当事人所产生的默示自认的效力当然溯及二审程序，原因在于保证集中审理的需要以及遵守辩论主义的基本原则，防止当事人借机拖延诉讼，增加诉讼成本，或者恶意玩弄诉讼技巧。笔者认为，既然在立法上已经强调法院对于当事人默示自认的行为在一审程序中应当及时予以充分的说明，使其能够明确无误地意识到在之后仍不予争执，至一审最后一次口头辩论终结时即可产生如同明示自认的法律后果。之所以如此规定，也是基于强调诉讼的正当程序，以防止当事人借法律的空档，利用二审程序的所谓"追复效力"破坏一审程序的裁判基础。同时，也有利于保障一方

---

① 例如，兼子一等日本学者认为："从口头辩论的整体性来看，视为自认的是这种不争执的状态持续到口头辩论终结前的情况。因此，视为自认同当事人本人所为的自认是有区别的。即使对方当事人提出主张当时并没有立即争辩，只要在控诉审口头辩论终结之前进行争辩，仍然可以免予视为自认的效果。"参见［日］兼子一、竹下守夫：《民事诉讼法》，白绿铉译，法律出版社1995年版，第104页。日本学者中村英郎认为："诉讼法制定模拟自认（即指拟制自认——笔者注）的规定是从口头辩论终结时整理诉讼资料的需要出发的，所以，模拟自认的效力不及于上级审。因此，当事人可以在上级审就模拟自认的事实进行争执（大判昭和61年11月4日，民法集10卷第865页）。"参见［日］中村英郎：《新民事诉讼法讲义》，陈刚、林剑锋、郭美松译，法律出版社2001年版，第202页。另参见李学灯：《证据法比较研究》，五南图书出版公司1992年版，第111页；参见陈荣宗、林庆苗：《民事诉讼法》，三民书局1996年版，第494页。

当事人对另一方当事人负有一种真实的陈述义务的实现。如果任由当事人来决定何时追复其默示自认，势必将导致当事人滥用这种诉讼权利，以至于妨碍相对一方当事人适时地从事诉讼行为。因为，在一方当事人对其产生默示自认效力之时，即可相应免除另一方当事人对有关事实的举证责任。如果任由一方当事人以实施追复行为的名义拖延至二审程序，势必导致对他方当事人有利证据的灭失或难以调查收集，从而最终损害他方的实体权益。因此，在立法上对于在二审程序中是否由当事人来决定这种追复行为，不应当采取放任自流的态度，而应采用严格禁止的措施。

一些大陆法系的立法例和学理认为，明示自认与默示自认或称拟制自认的重要区别就在于自认的效力不同。就明示自认而言，只要存在法定的情形，便可产生撤回问题；而就默示自认而言，默示自认并无撤回问题，而存在予以追复的效力问题。作为对其产生默示自认效果的一方当事人，在言词辩论终结前，可以随时作出有争执的陈述，直到第二审诉讼中亦同。[①]默示的自认经追复后，其自认的拟制效力当然消灭。原已被视为自认的事实，如一方当事人原本负有举证责任或未被法院以其他证据方法予以确认的，仍有举证证明的必要。笔者认为，在我国当前的国情条件下，不宜简单效仿有关国家（或地区）的这种做法。因为，一方面，我们在立法上规定了法院确认对一方当事人产生默示自认效果的前提，是必须充分行使释明权，以便使当事人能够及时认识到这种效果对认定案件事实所带来的实际影响；另一方面，如果一味简单地适用默示自认的追复规则，很可能促使当事人借用法律上的空档而达到拖延诉讼的目的，以至于在二审程序或者再审程序中对于已经产生先前裁判基础的事实作出争执，势必造成裁判秩序的紊乱以及诉讼成本的增加。

七、对我国司法解释适用自认规则的理解与认识

（一）《民事诉讼法解释》有关明示自认的规定

《民事诉讼法解释》第92条规定："一方当事人在法庭审理中，或者在起诉状、答辩状、代理词等书面材料中，对于己不利的事实明确表示承认的，另一方当事人无需举证证明。对于涉及身份关系、国家利益、社会公共利益等应当由人

---

① 根据大陆法系有关的立法例和学说，在对证据法立法草案进行讨论时，甚至我国有学者建议，作为对其产生默示自认效果的一方当事人，也可以在再审程序中作出有争执的陈述，从而使原本产生拟制自认的效果归于消灭。

民法院依职权调查的事实，不适用前款自认的规定。自认的事实与查明的事实不符的，人民法院不予确认。"

对本条文的理解与适用，应当掌握如下基本内容：

1.一方当事人采用口头或书面形式在诉讼上明确承认对己不利的事实，免除对方当事人的举证责任。当事人的自认在诉讼上是辩论主义和处分权主义的体现，既对当事人产生约束效力，又对法院产生约束效力。在诉讼上，当事人向人民法院就案件事实进行陈述，既可通过法庭审理中的口头形式，也可在法庭审理以外采用书面形式。在一方当事人的相关事实陈述当中，凡遇有与待证事实有关的对己方不利的事实，该方当事人明确表示承认的，则相应地免除另一方当事人就对其有利的该事实所本应负担的举证责任。

2.所谓"明确表示承认"，是指该主观上的意思表示明白无误，以至于不会导致任何令人感到合理歧义的产生。另外，这种"明确表示承认"，还应当是不附加任何条件的承认。与"明确表示承认"相对而言的是"默认"，而默认带有随机性，即不能排除随时会演变成为一种明确的否认。因为，在逻辑上，默认既可被理解为不明确的承认，也可被理解为不明确的否认。

3.在审判实践中，这种"明确表示承认"主要有以下几种情形：其一，一方当事人在法庭审理中，或者在起诉状、答辩状、代理词等书面材料中，明确主张了对另一方当事人不利的事实，而另一方当事人则在法庭审理中，或者在起诉状、答辩状、代理词等书面材料中对此明确表示承认的；其二，在没有任何先导性的条件下，一方当事人在法庭审理中，或者在起诉状、答辩状、代理词等书面材料中明确（陈述）主张一种事实，而该种事实主张事后被证明是对该方当事人不利的；其三，经法庭许可，一方当事人在法庭审理中向另一方当事人质询或求证的某一对后者不利的有关事实，而另一方当事人明确表示承认的；其四，审判人员在法庭审理中向一方当事人调查询问的有关事实，而该方当事人对其中于己不利的事实明确表示承认的。另外，有关当事人对己不利的事实的承认，应限于其正常理解与认知范围之内的事实。

4.在诉讼上，涉及身份关系、国家利益、社会公共利益等案件的事实，不适用于自认规则，对有关事实的证明或查明，由法官依职权调查，实行职权探知主义。其中，所谓"不适用前款自认的规定"，系指对于涉及身份关系、国家利益、社会公共利益等原本就属于人民法院依职权调查的事实，具有公益性质，实行法院职权探知主义，不实行当事人辩论主义及处分权主义。而当事人的自认作为一种民事诉讼当中的证据方式，属于当事人私权自治范畴，与当事人辩论主义及处分权主义密不可分。在审判实践中，人民法院在法庭审理过程中通过对双方当事人本人的调查询问也是一种收集调查证据或调查事实的方式，这种调查询问并结合案件的其他证据材料所获得的心证可以作为裁判的基础。其中在调查询问中，有可能产生一方当事人的自认问题，或者双方当事人相互自认的问题。对此，人民法院是否予以采信，与在实行当事人辩论主义及处分权主义条件下当事人的自认存在本质上的不同。这是因为，在实行当事人辩论主义及处分权主义条件下，当事人的自认效力，通常既约束双方当事人，也约束法院；而在实行法院职权探知主义条件下，即使发生当事人的自认，对法院也没有约束效力。对于当事人的自认，实行的是一种法院自由心证主义。

5.所谓"自认的事实与查明的事实不符"，系指当事人自认的事实与人民法院在审理案件过程中为查明待证事实所获得的心证不相吻合的情形。在审判实践中，有些民事案件法律关系单一且案情简单，如果按照案件的性质属于实行当事人辩论主义和处分权主义范畴的，当事人的自认在效力上既约束有关当事人，也约束法院。例如，在一起借贷纠纷案件中，原告因借据丢失而无法提供，但被告对借款事实的发生明确表示承认，双方当事人的争议焦点在于还款事实是否发生。被告对借款事实的自认，自应对当事人产生约束效力，亦应对法院产生约束效力，法院并无对当事人的这种自认事实进行查明的必要。而对于那些法律关系不甚明确且案情较为复杂的案件而言，即使案件的性质属于实行当事人辩论主义和处分权主义范畴，但是，鉴于当事人自认的事实仅仅属于整体待证事实的一部分，在审理案件过程中，如果当事人的自认与法院通过其他相关证据或证明方式查明的事实不符，即如果继续承认当事人自认的效力将会影响法院形成统一的内心确信时，法院自应将当事人先前的自认予以排除。换言之，在庭审过程中法院根据有关证据和庭审调查已经就有关待证事实获得心证的，在这种情况下，如果当事人自认的事实与法院因获得心证而查明的事实不符的，法院应当将已查明的事实作为裁判的基础，不受当事人自认的拘束。

（二）《2019年民事证据规定》有关明示自认的规定

《2019年民事证据规定》第3条规定："在诉讼过程中，一方当事人陈述的于己不利的事实，或者对于己不利的事实明确表示承认的，另一方当事人无需举证证明。在证据交换、询问、调查过程中，或者在起诉状、答辩状、代理词等书面材料中，当事人明确承认于己不利的事实的，适用前款规定。"

对本条文的理解与适用，应当掌握如下基本内容：

1.一方当事人对有关待证事实的明示自认将产生免除相对一方当事人举证责任的法律效果。本条文所规定的一方当事人对案件待证事实的明确承认（明示自认），适用于自当事人起诉之日起至法院作出裁判之前的整个诉讼过程中。当事人的自认仅限于对事实的自认，并不涉及对于有关证据的自认问题。有关当事人对于证据的真实性、关联性和合法性的承认，属于质证范畴，与当事人的自认（对事实）无关。

2.本条文所规定的当事人明示自认，分为两种类型：其一，一方当事人以主动方式陈述的于己不利的事实。基于案件的复杂性以及出于多重利益得失及利弊权衡等考量，一方当事人以主动方式陈述的于己不利的事实，可分为两种情形：一是当事人主观上认为对其有利而事实上（客观上）对其不利的陈述；二是当事人主观上认为对其不利而事实上（客观上）亦对其不利的陈述。这种陈述方式既可以采用书面形式如起诉状、答辩状、代理词等提出，也可以采用口头形式提出。其二，一方当事人以被动方式对于己不利的事实明确表示承认的。主要分为以下几种情形：一是经法庭许可，对方当事人在法庭审理中向其质询或要求其确认的对其不利的事实；二是法院采取庭审调查询问的方式，要求其陈述或确认的对其不利的事实；三是出庭作证的证人向法庭陈述的事实，有关当事人明确表示承认的；四是鉴定人以书面形式或出庭以口头形式向法庭陈述的事实，有关当事人明确表示承认的；五是勘验人在法庭上陈述的事实，有关当事人明确表示承认的；六是有专门知识的人在法庭上陈述的事实，有关当事人明确表示承认的。另外，值得强调的是，当事人对于有关事实表示明确承认的，应当限于其能够正常理解与认知范围之内的事实。

3.当事人的明示自认在本条文中属于诉讼上的自认，在适用的空间上应作广义上的理解，既包括在庭前阶段的证据交换、庭前会议中法院进行询问、调查过程中出现的一方当事人陈述的于己不利的事实，或者对于己不利的事实明确表示承认的情形，同时也包括有关当事人在起诉状、答辩状、代理词等书面材料中明确承认于己不利的事实。

（三）《2019年民事证据规定》有关默示自认的规定

《2019年民事证据规定》第4条规定："一方当事人对于另一方当事人主张的于己不利的事实既不承认也不否认，经审判人员说明并询问后，其仍然不明确表示肯定或者否定的，视为对该事实的承认。"

对本条文的理解与适用，应当掌握如下基本内容：

1.本条文涉及对当事人默示自认的确认程序。在理论上，无论是审判人员的说明行为，还是（调查）询问行为，均属于法院向当事人的释明范畴。两者的区别是，前者属于狭义上的释明，后者属于广义上的释明。实践中，经常出现对一方当事人的陈述，另一方当事人持消极态度，既不承认也不否认的情形，难以使法院对有关当事人在特定案件事实上的真实态度或立场作出准确的判断，不利于对当事人的真实意思表示加以及时固定，这在一定程度上妨碍了诉讼效率的提高。为合理引导有关当事人及时表达其意思表示，保障审判质量，提高审判效率，《2019年民事证据规定》第4条设置了拟制自认的规定，要求法院适时行使释明权，对当事人的诉讼活动进行必要引导。本条文既强调拟制自认的效力，同时又要求法院应当对有关事实进行适度说明并询问，以便使其能够及时理解到，就对方陈述的事实，如果不作出明确的表态，将要在诉讼上产生视为对该项事实承认的法律后果。这一规定的目的，在于防止法院在诉讼上对这一规则的滥用，力求给有关当事人提供较为充分的防御机会。

2.所谓"既不承认也不否认"，主要指的是实践中明确表示承认和明确表示否认以外不予争执的各种表态，其中既包括"不知道""记不得"，也包括意思表示不清晰、态度不明确，或者在表达上前后矛盾，还包括避而不谈、你说东他说西，或者沉默不语，等等。

3.在实务上，一方当事人对于另一方当事人主张的于己不利的事实既不承认也不否认，之所以产生这种现象，有的是因为当事人没有聘请律师代理，缺乏必要的法律专业知识和庭审经验；有的是因为案情较为复杂，当事人或其代理律师对此没有充分的认识；有的是因为委托代理律师的疏忽大意或者缺乏责任心；有的是因为虽然当事人或其代理律师已有相应的认识，但在权衡利弊的情况下又一时处于犹豫不决的心理状态；等等。对此，法院应当对有关事实进行适当说明并进行询问，当事人仍不明确表示肯定或否定的，才能构成自认。这一规定，其目的在于保护当事人的诉讼权利，增强审判人员的责任感。鉴于我国目前的实际情况，该司法解释采取了较为审慎的做法，即对一方当事人陈述的事实，另一方当事人既未表示承认也未否认，经法院必要说明并询问后，当事人仍不予表态的，才产生默示自认的效力。这一规定的目的，在于防止法院在诉讼上对这一规则的滥用，使法院能够通过调查询问，了解当事人的真实意图，力求给有关当事人提供必要的机会，以便使其能够合理地认识到，就对方陈述的事实，如果不作出明确的表态，将要在诉讼上产生视为对该项事实予以承认的法律后果。

4.本条文是在《2001年民事证据规定》第8条第2款基础上经修改形成的。《2001年民事证据规定》第8条第2款规定："对一方当事人陈述的事实，另一方当事人既未表示承认也未否认，经审判人员充分说明并询问后，其仍不明确表示肯定或者否定的，视为对该项事实的承认。"修改后的《2019年民事证据规定》第4条规定的主要变化系删除了"经审判人员充分说明并询问后"中的"充分"

二字，也就是不再要求审判人员向有关当事人进行充分说明。所谓不再要求审判人员向当事人进行充分说明，主要有两层含义：其一，对一方当事人陈述的事实，另一方当事人既未表示承认也未否认时，将原来的注重说明，改为注重对当事人进行（调查）询问。在诉讼上，法院对当事人所进行的（调查）询问也是进行释明的必要方式。通过（调查）询问，一方面使得当事人了解法院心证的动向以及所关注的问题；另一方面使法院能够了解和掌握有关当事人的意图和真实的意思表示，以便形成确切的心证。其二，法院在向当事人进行说明的过程中，不宜直接表明其不予争执的态度必然会产生对其不利的法律后果，以免使当事人以违背诚信为代价将原本不予争执的态度旋即转换为明确表示有争执，而应尽量采用技术性的提示方式，以表明在未说明理由的情况下，继续不予争执将有可能产生对其不利的后果，以便其作出必要的反应，而不是无所作为。同时，借助法院向当事人的（调查）询问，以便查明其真实的意图和真实的意思表示。

5.本条文所涉及的默示自认，既适用于当事人本人出庭的情形，也适用于当事人委托律师和其他诉讼代理人出庭的情形。对此，有一种观点认为，因委托代理人可能出于不了解案情的原因，所以，默示自认不能适用于委托代理人。这种观点的言外之意就是，本条文所涉及的默示自认仅适用于当事人本人出庭的情形。事实上，这种观点是错误的。从整体分布来看，当事人亲自出庭而非委托他人代理诉讼的情形主要出现在广大乡村以及边远地区，当地执业律师人数严重不足，相关案件诉讼标的额较低，且以婚姻案件、财产继承及小额借贷纠纷为主，主要适用简易程序或者小额诉讼程序。在法院审理的这些案件当中，许多情况下是由当事人本人亲自出庭，因当事人本人缺乏必要的法律知识和庭审经验，在技术上适用默示自认的难度较高。相较而言，随着我国城市化建设的不断发展以及城市区域的不断扩大，无论是商事案件还是普通民事案件，当事人委托律师代理的情形较为普遍。作为职业律师，因其对法律有充分的了解和研究，加之丰富的出庭经验，他们在庭审中对于如何应对默示自认带来的风险、挑战与机遇，以实现其被代理当事人利益的最大化，往往有充分的心理准备与实证策略，故此，在技术层面对其适用默示自认的难度相对较低。因此，通过默示自认规则对于这些律师代理诉讼活动的适用，必将强化作为专业律师对于当事人就案件事实进行尽职调查的责任以及能力的不断提升，并进一步推动代理律师职业化、专业化建设的进程。

6.在实践中，庭审过程当中分为有律师代理、非律师代理和无律师代理几种情况。在无律师代理的情况下，由当事人本人出庭或由非律师代理出庭的，在适用本条文时应有所区别。因为无论从法律知识的角度，还是从庭审经验和专业技能的角度，律师与其他非律师代理人相比较而言都占有显著的优势，他们更有能力和条件读懂和理解法院所要表达的意思，从而使得非律师代理人显然处于非对称的劣势境地。因此，法院向当事人本人出庭或由非律师代理出庭的，在说明和（调查）询问过程中，应当更加详尽和有耐心。

（四）《2019年民事证据规定》有关代理自认的规定

《2019年民事证据规定》第5条规定："当事人委托诉讼代理人参加诉讼的，除授权委托书明确排除的事项外，诉讼代理人的自认视为当事人的自认。当事人在场对诉讼代理人的自认明确否认的，不视为自认。"

对本条文的理解与适用，应当掌握如下基本内容：

1.接受当事人一方的委托，并以该当事人的名义在当事人授权的范围内，为维护被代理人的权益代理其实施诉讼的行为，称为委托诉讼代理。其中的委托诉讼代理人亦被称为授权代理人。我国有关法律及司法解释对授权委托书的签署形式及其相关内容均作出了明确规定。《民事诉讼法》第62条规定："委托他人代为诉讼，必须向人民法院提交由委托人签名或者盖章的授权委托书。授权委托书必须记明委托事项和权限。诉讼代理人代为承认、放弃、变更诉讼请求，进行和解，提起反诉或者上诉，必须有委托人的特别授权。……"授权委托书所记载的事项和权限应当明确、具体，委托诉讼代理人代为诉讼，只有在授权委托书所记载的事项和权限范围内作出的代理行为才能对当事人产生约束力。对此，《民事诉讼法解释》第89条规定："当事人向人民法院提交的授权委托书，应当在开庭审理前送交人民法院。授权委托书仅写'全权代理'而无具体授权的，诉讼代理人无权代为承认、放弃、变更诉讼请求，进行和解，提出反诉或者提起上诉。适用简易程序审理的案件，双方当事人同时到庭并径行开庭审理的，可以当场口头委托诉讼代理人，由人民法院记入笔录。"

2.委托人对诉讼代理人的授权可分为一般授权和特别授权。对诉讼代理人的一般授权，是指诉讼代理人只能代为进行一般的诉讼行为，而无权处分委托人的实体权利。所谓一般的诉讼行为，指的是不能够对当事人的诉讼利益在程序上造成重大影响的诉讼行为，如起诉、应诉、提出证据、询问证人、发表质证意见和辩论意见等。而除一般诉讼行为之外，允许诉讼代理人代为承认、放弃、变更诉讼请求、追加当事人、提起反诉等涉及重大程序性事项的，必须经由当事人的特别授权。在诉讼上，当事人委托诉讼代理人参加诉讼的，对于另一方当事人所主张对其不利的事实明确表示承认的，需要得到当事人的特别授权，否则对被代理的当事人不产生自认的效力。在实践中，当事人可以在授权委托书中记载需要排除的授权事项，借以规避法律风险。对于当事人在授权委托书中明确记载的事项，如"不得代为承认对方当事人陈述"的，即使受委托的诉讼代理人承认了对方当事人主张对其不利的事实，对该被代理的当事人也不产生相应自认的法律效果。①

3.所谓"诉讼代理人的自认视为当事人的自认"，其中，诉讼代理人的自认，既包括明示的自认，也包括默示的自认。这就意味着，当事人在授权委托书中并未明确排除诉讼代理人有权代为承认对方当事人陈述的情况下，一方当事人的代理人对另一方当事人主张的于己方不利的事实不予争执的，经审判人员说明并询问后，其仍然不明确表示肯定或否定的，视为对该事实的承认。这种默示（拟制）自认的效力应当及于被代理的当事人。对此，有一种观点认为，诉讼代理人对对方主张的事实表示沉默，可能出于不了解案情的原因。法院若将该沉默视为自认，则与法院查明案件事实、作出准确判断的最终目的不符。因此，诉讼代理人不能作出默示自认。②对此，笔者认为，从审判实践当中的具体情况来看，当事人本人不到庭而由其委托诉讼代理人到庭的情况较为普遍，如果一律限制其默示自认本应对其产生约束效力的话，那么将实质性地造成自认制度的整体退化，极大削弱程序本身的有机性，对诚实信用原则的贯彻与落实造成直接冲击，无疑会增加法院形成内心确信与发现事实真相的难度，还会为有关当事人及其诉讼代理人相互串通刻意回避对其不利案件事实的认可以及逃避本应承担的法律风险提供便利。在审判实践中，因案情复杂或者基于各种原因有时会导致受委托的诉讼代理人对于案情的具体细节缺乏必要的了解，在客观上会存在这种可能性，但也必须仅限于某种程度上的合理、适当、必要的范围之内。但这绝不能够成为委托代理人一概不能作出默示自认的借口。既然当事人委托诉讼代理人参加诉讼活动，并且在许多情况下是全权委托，委托代理人在接受这种委托并收取代理费的情况下应当对案件事实负有尽职调查和了解义务，对对方当事人的事实主张以及法院调查询问的事实所涉及的范围与具体细节有必要的、合理的预期，如果任其以不了解案情为由拒绝对呈现在其面前某些不利的案件事实表明态度，将对法院调查案件事实造成实质性的妨碍。因此，正确的做法是，在庭审过程中，无论是诉讼代理人对对方当事人主张的事实表示沉默，还是对法院调查询问的事实表示

---

① 但是，值得注意的是，对于当事人在授权委托书中明确记载"不得代为承认对方当事人陈述"的事项，如在庭审过程中出现案情复杂或者受委托的诉讼代理人对于案件详情缺乏必要了解情形的，将会在相当程度上影响法院对案件事实的调查与了解，也会相应地为有关当事人规避必要的法律风险打开方便之门。为了反制与防范这种情况的发生，有时会不得不增加法院要求当事人本人出庭的概率。对此现象应当引起必要的关注。

② 最高人民法院民事审判第一庭编著：《最高人民法院新民事诉讼证据规定理解与适用》，人民法院出版社2020年版，第113页。

沉默，经法院提示和说明后，诉讼代理人应对此作出必要的解释与说明（即应承担必要的解释与说明义务），如果以其不了解案情为理由的，法院应当根据情况判断该理由是否能够成立，如果认为该理由不能有效成立的，在诉讼上将视为该委托代理人作出默示自认。

4.在诉讼上，当事人既可以亲自参加诉讼，也可以委托他人代理其参加诉讼。从法律上而言，经特别授权的代理人的代理权限与当事人的诉讼权利范围一致，其对事实的承认应视为当事人的承认。未经特别授权的代理人，由于其无权代为承认，其承认不具有自认的效力。但当事人在场的，当事人对代理人的承认行为和内容有充分的了解，其未作否认表示的，应视为当事人的承认。如果代理人就对方当事人提出的案件事实予以承认，即使其已在法律上享有特别授权，由于这种特别授权以及对案件事实本身的了解与知晓均来自于当事人，故经在场当事人及时撤销或更正的，不发生效力。在委托诉讼代理人与被代理的当事人一并出庭参加诉讼活动时，如果诉讼代理人与被代理的当事人发生分歧，在法庭上所表达的所有意思表示应当以当事人为准；在诉讼上，无论是当事人本人还是其诉讼代理人，均适用明示自认与拟制（默示）自认规则。在当事人本人与其委托的诉讼代理人一并出庭的情况下亦是如此。对此，有一种观点认为："当事人对诉讼代理人承认的沉默不同于对对方当事人陈述事实的沉默。当事人对诉讼代理人承认的沉默实际为己方沉默，直接导致自认的成立，当事人要承担因自认产生的一切后果。而当事人对对方当事人陈述的沉默不能直接产生自认的后果。而是在法官履行了向当事人说明并询问的义务后继续保持沉默的，方可产生自认的后果。"[1]笔者认为，该种观点值得商榷。《2019年民事证据规定》第4条所规定的拟制自认规则，既应适用于当事人本人，也应适用于当事人委托的诉讼代理人。这是因为，在审判实践中，因案情的复杂性所致，对方当事人主张和陈述的事实很可能千头万绪、复杂多样，究竟哪些事实需要有关当事人的诉讼代理人作出必要的反应或予以否定、争执，否则会对己方产生不利影响，哪些事实因无关紧要有关当事人即使对其置之不理也不会对己方产生不利影响，在很大程度上取决于法院此时的心证对有关事实的评价，而并不取决于作为职业律师的判断与定夺。在此情况下，如果要求代理律师就对方当事人主张和陈述的事实一一作出肯定性或否定性的评价，显然既不现实又缺乏可操作性。因此，在程序上，无论当事人本人是否与其委托的诉讼代理人一并出庭，对于对方当事人主张或陈述的事实，如果法院认为其代理的律师应当作出必要反应而未作出的，在

----

① 最高人民法院民事审判第一庭编著：《最高人民法院新民事诉讼证据规定理解与适用》，人民法院出版社2020年版，第112页。

我国当下律师职业化程度不高的情况下，仍应像对待当事人本人那样负有必要的说明（释明）义务。

（五）《2019年民事证据规定》有关不完全自认的规定

《2019年民事证据规定》第7条规定："一方当事人对于另一方当事人主张的于己不利的事实有所限制或者附加条件予以承认的，由人民法院综合案件情况决定是否构成自认。"

对本条文的理解与适用，应当掌握如下基本内容：

1.按照自认证据效力本身所涉及的范围与程度来划分，当事人的自认可以分为完全自认与限制自认。完全自认是对另一方当事人主张的事实的全部自认；限制自认是对于自认有所附加或限制，或者呈现出前后矛盾，甚至其中所表达的言语令人费解或难以判定其真实含义和意图的情形。本条文属于对于限制自认的规定。即将限制自认分为两种情形：一是当事人一方在承认对方所主张的事实时，附加独立的攻击或防御方法；二是当事人一方对于他方所主张的事实，承认其中一部分而争执其他部分。

2.作为自认当事人所附加的陈述，在诉讼上实则作为一种特定的防御方法，其动机在于借以否定另一方当事人提出事实主张所可能产生的预期效果。例如，一方当事人主张另一方当事人曾向其借款5000元，另一方当事人承认这一借款事实，但是又附加防备方法抗辩称，此笔债务业经清偿；又如，一方当事人认可另一方当事人所主张的曾经同意延长还债期限，但又附加攻击方法，称该项同意后来又经双方约定予以撤销。在通常情况下，当事人所附加的这种陈述，如同提出了一个新的事实主张，这种新的事实主张与有关当事人先前所主张的事实只要产生了相互吻合的情形，就应当视为产生自认效力，即当事人主张一致的部分可以成立自认，而对其中所附加的事实主张而产生的相应争执，则属于应予以举证证明的范畴。关于自认当事人就待证事实的限制性陈述，例如，一方当事人主张另一方当事人曾借其款2000元，另一方当事人则承认曾借其款1000元，而并非2000元；又如，一方当事人主张另一方当事人曾向其借款2000元，而另一方当事人虽承认确有曾收到对方当事人2000元的事实，但辩称该款项系对方当事人的赠予所致。对于这种当事人作出的限制性自认，应当在判明双方当事人相互陈述一致的范围和限度内，产生自认的效果。就自认当事人附加的陈述及限制在诉讼上产生何种效力，由法院综合案件情况决定是否构成自认。在此，所谓由法院综合案件情况决定，是指法院应根据本案具体案情及有关证据，在判断当事人所提出事实主张与有关自认的性质及所涉及的范围及限度内，根据举证责任的分配法则作出判定。

3.在作出自认的一方当事人以书面或口头形式在诉讼上明确表示承认另一方当事人所主张事实的前提下，如果这种自认在逻辑上被作出自认的当事人附加相应的条件或者对自认的效果直接予以限制，借以在诉讼上排除对其不利的证明效果，就法院在审判上而言，是否能够接受作出自认当事人所预期的效果，应当由法院结合个案的其他情形作出综合判定。例如，甲起诉乙，要求乙返还半年前因治病之需向其借的10000元，但不能提供借款的凭据；在诉讼进行中，乙承认因其治病之需，向甲提出借10000元，但当时甲只有现金5000元，故此只是向甲借了5000元。对于该案件的部分自认，一种观点认为，既然乙承认曾提出向甲借10000元，其又不能对后来实际只向甲借5000元的事实提供证据加以证明，故该案应当认定乙向甲借了10000元；另一种观点认为，该案中乙的承认属于部分自认，乙只承认向甲借了5000元，自认的效力只能及于乙向甲借了5000元的事实，甲必须承担乙确实向自己借了10000元的举证责任，否则法院只能作出乙只向甲借5000元的裁判。因此，当事人的部分自认只对自认部分的事实产生自认的效力。对此，笔者认为，对于本案事实的证明双方均无按照交易习惯所取得的相关凭据，在诉讼上主要是通过当事人的陈述作为证据方式，甲提出乙曾借其钱款的事实与乙承认曾向其借款事实相吻合，双方陈述事实的不同之处在于借款的数额不同，由于甲未能提供有效的书面凭证，但其对案件事实的陈述涉及的10000元当中的5000元款项已为乙所承认而被免除了相应的举证责任。其中，乙对案件事实的陈述涉及附加限制的自认，即对甲方所主张的事实，承认其中一部分而否认其他部分，因此，乙对甲所主张事实的承认属于限制性的自认，而并非完全的自认。但乙所提出当时甲只有现金5000元的事实主张，如果甲不否认，恰好与甲所提出的事实主张不相符。倘若甲对乙所提出的其当时仅有5000元的事实予以否认，法院是否要求乙对其所提出的这一事实主张负担举证责任以便查明事实真相，抑或以乙的限制性自认为依据而判定甲所请求10000元当中的5000元获得支持，其他的5000元因甲无证据予以证明而不予支持，这些应由法院综合案件情况作出判定。

（六）《2019年民事证据规定》有关共同诉讼人自认的规定

《2019年民事证据规定》第6条规定："普通共同诉讼中，共同诉讼人中一人或者数人作出的自认，对作出自认的当事人发生效力。必要共同诉讼中，共同诉讼人中一人或者数人作出自认而其他共同诉讼人予以否认的，不发生自认的效力。其他共同诉讼人既不承认也不否认，经审判人员说明并询问后仍然不明确表示意见的，视为全体共同诉讼人的自认。"

对本条文的理解与适用，应当掌握如下基本内容：

1.《民事诉讼法》第55条规定："当事人一方或者双方为二人以上，其诉讼标的是共同的，或者诉讼标的是同一种类、人民法院认为可以合并审理并经当事人同意的，为共同诉讼。共同诉讼的一方当事人对诉讼标的有共同权利义务的，其中一人的诉讼行为经其他共同诉讼人承认，对其他共同诉讼人发生效力；对诉讼标的没有共同权利义务的，其中一人的诉讼行为对其他共同诉讼人不发生效力。"共同诉讼人分为必要共同诉讼人与普通共同诉讼人，二者之间的不同在于共同诉讼人对诉讼标的的权利义务关系不同。对于必要共同诉讼人而言，共同诉讼人对诉讼标的有共同的权利或共同的义务，其诉讼标的是共同的，必须合并审理；对于普通共同诉讼人而言，他们对诉讼标的没有共同的权利或者共同的义务，只是他们所涉及的诉讼标的属于同一种类，既可以合并审理，也可以分别审理。因此，共同诉讼人中之一人的自认行为是否应对全体共同诉讼人均产生效力或者产生何种效力，不能一概而论，而应当根据不同的类型作出相应的判断。

2.在必要共同诉讼中，基于诉讼标的所具有的不可分割性，必要共同诉讼当中的某一当事人所实施的诉讼行为，如果得到其他共同诉讼人的承认，该行为即可对全体共同诉讼人产生相同的法律效力。在诉讼过程中，对有关案件事实进行自认是当事人进行意思表示的一种诉讼行为，其中一人或数人的自认行为只有经过其他共同诉讼人的事先同意或者事后认可，该自认行为才能对其他共同诉讼人发生效力，如果事先未经其他共同诉讼人的同意或者事后也未经其他共同诉讼人追认的，则该自认行为不能对其他共同诉讼人发生效力；在普通共同诉讼中，这种诉的合并完全是基于诉讼经济原则合并所决定的，共同诉讼人之间各自都有其独立的诉讼请求，当事人的自认具有免除对方当事人举证责任的效果，这种效果涉及事实认定，能够作为是否支持有关当事人独立诉讼请求的裁判基础，因此，其中一人或数人作出的自认，只能对作出自认的人产生效力，而对其他共同诉讼人则不发生效力。

3.在必要的共同诉讼中，其中一人或者数人作出自认，如果其他共同诉讼人既不承认也不否认，经审判人员说明并询问后，其他共同诉讼人仍然不明确表示肯定或否定意见的，视为对全体共同诉讼人一并产生自认效力。在此，应当注意的是，在必要的共同诉讼中，其中一人或者数人所作出的自认，既包括明示的自认，也包括拟制（默示）的自认，对此，法院也应负有说明义务，并在程序上进行相应的询问。经法院说明和询问之后，该共同诉讼中的一人或者数人明确表达肯定意见的，将对该共同诉讼中的一人或者数人产生明示自认的法律效果；经法院说明和询问之后，该共同诉讼中的一人或者数人仍不明确表达肯定或否定意见的，法院应将此种情形视为对该共同诉讼中的一人或者数人产生拟制自认的法律效果。无论对该共同诉讼中的一人或者数人产生的是明示自认还是拟制自认，此后审判人员应向其他共同诉讼人负说明义务，并进行相应的询问。根据其他共同诉讼人的表态，法院才能决定对其他共同诉讼人是产生明示自认还是拟制自认，抑或在其他共同诉讼人明确否认的情况下就不构成自认。

第二章　查证程序规则

所谓查证程序，就是在诉讼中依据程序规则对证据进行调查而开展的诉讼活动。查证是在当事人开展举证活动的基础上，对诉讼上所提交、展示的证据材料的证据能力与证据力所进行的调查活动。这种调查证据活动是在法官主持下进行的，因此，从审判职能上而言，它被称为"查证"，法官是查证程序的主体；但是，从宪法和法律所赋予的诉讼上的正当程序的要求而言，这种查证实质上是一种质证活动，而从狭义的范围来衡量，当事人则作为质证的主体。可见，查证活动与质证活动在诉讼过程中，主要是从主体行为的角度来对同一诉讼过程作出的两种不同表述。可以说，法官主要是借助当事人及其相关主体对证据材料的质证活动而开展证据调查的。

由于受法律传统、文化背景、立法者的价值选择等影响，各国虽然将查证或质证活动作为诉讼活动的主要内容，但是，不同的诉讼程序模式由于法官在职能作用上的差异，决定了法官在证据调查活动中的行为模式，从而也决定和制约着当事人所扮演的角色和发挥的作用。普通法传统上所实行的陪审团审理方式，其基本理念在于，陪审团是有关事实问题的审理者，而法官则是法律问题的裁判者，两者之间是相互制衡的。这种审判模式造就了一系列的证据规则，这种影响力甚至在当前采用的非陪审团审理方式下也是根深蒂固的。相比较而言，大陆法系的法官在证据调查上的活动范围大大超过了英美法系的法官，英美法系法官除了行使必要的职权调查证据外，主要是通过当事人以及当事人提供的证人（包括鉴定专家在内）等来进行的，从而使质证程序在机制设立上的本旨与当事人主义的审判方式更为接近。而大陆法系的法官在查证活动中主要借助职权调查，并在此基础上形成"心证"，当事人在诉讼中基本上是处于消极的被动状态。大陆法系的这种职权调查以及由此而形成的"心证"往往缺乏明晰、确定的证据适用规则加以调整和制衡，因此，有时难以从程序的正当要求上来体现实体公正。我国的审判方式属于大陆法系类型，但由于我国现行司法体制与社会发展水平的局限性所致，其弊端是更容易造成法官超职权主义倾向的滋生。因此，借鉴英美法系审判方式上的一些查证规则是十分必要的。

本章所论及的查证规则主要包括关联性规则、适格性规则、主询问规则、反询问规则、诱导性规则、唤起证人记忆规则、预防规则、特权规则、排除规则、传闻规则、意见规则。其中的关联性规则、适格性规则等既可以作为查证规则又可以作为采证规则来使用。

第一节 关联性规则

一、关联性规则的含义

如果要想了解和掌握关联性规则及其适用技巧，那么就必须对证据法上的"关联性"从含义上加以界定，但是，事实上这并非是一件容易的事情，各国有关学者往往站在不同的角度，试图对此加以恒定，主要产生如下观点：

1.从事物发展过程或演进角度来认识关联性问题。如英国学者斯蒂芬在理解"关联性"一词时认为："所应用的任何两项事实是如此互相关联着，即按照事物的通常进程，其中一项事实本身或与其他事实相联系，能大体证明另一事实在过去、现在或将来的存在或不存在。"[1]

2.从与有关意图证明的待证事实之间存在合理关系的角度加以认识。如美国学者威廉斯认为："关联性是指证据与意图证明的争议事实之间存在着合理的关系，如果证据与该事实关系极为微小，或者没有足够的证明价值，那就是无关联的。"[2]

3.从某种实质倾向性的角度来界定"关联性"。如美国学者华尔兹教授认为，相关性可以界定为一种证明在某一案件中可以适当证明的事实主张的倾向性。也就是说，所提供的证据指向的问题在特定案件中同时具有实质性和证明性便等于相关性。[3]

4.从作为待证事实可经推测而特定化的角度来考虑关联性问题。如我国台湾

---

[1] 转引自欧阳涛等：《英美证据法》，载《程序法论》，中国政法大学刑事诉讼法教研室1993年编，第160页。

[2] 转引自欧阳涛等：《英美证据法》，载《程序法论》，中国政法大学刑事诉讼法教研室1993年编，第160页。

[3] ［美］乔恩·R.华尔兹：《刑事证据大全》，何家弘等译，中国人民公安大学出版社1993年版，第102页。

地区学者陈朴生认为，所谓关联性（relevancy）是指就待证事实具有可推测其存在或不存在之可能的关系。该项可以推理的事实既经特定，则可供推测资料的事实范围，也随之而特定。如其资料不足以供推测应推理之特定之所用的，即无关联性。[1]法官由一定事实，而推理其他事实存在的证据，为推理证据。此项证据须具有可由一定事实而推理其他事实存否的相当关系，称此相当关系为关联性。对某种证据，如不适合于推理某种事实，即缺乏关联性，自无证明力可言，不得据以为认定事实的基础。[2]

5. 从某一证据对待证事实具有特定倾向的角度来表述证据的关联性。例如，《美国联邦证据规则》第401条规定，"相关证据"系指证据所具有的特定倾向，使决定某项在诉讼中有待确认的系争事实的存在比没有该项证据时更有可能性或更无可能。对此，有美国学者评价，所谓关联证据并不需皆为强有力达到保证法官将接受它的程度，只要对双方当事人存有争议的事实的证明有所帮助即可。[3]

二、对关联性实质内涵的界定

对证据关联性实质内涵的界定，涉及证据关联性与待证事实的关系问题，它是对证据关联性在证据效力上的定位与价值评估。其界定的内容可分为以下几点：

1. 相关性涉及证据的内容或实体问题，而并非是证据的形式或方式问题，即它涉及证据的实质性分量与本体证明价值，它与有关证据存在的形式或表现形式无关。比如，根据反传闻规则所指向的对象并非涉及证据的内容本身，而是指向证据的来源形式或表现方式，如证人某甲向法庭所作的证言是从证人某乙处获悉的，而某乙才是与待证事实有关的事件发生当时的目击者，这时，虽然某甲向法庭提供证言的内容与待证事实具有关联性，但是，因某甲向法庭作证这个形式本身违反了反传闻规则，因此，不具有可采性。因而，证据的相关性仅涉及证据本身的实质内容而与证据存在或体现与待证事实之间的方式无关。

2. 证据的关联性涉及证据的证据能力与证明力问题。为此，关联性可以分为

---

① 陈朴生：《刑事证据法》，1985 年版，第 275 页。

② 陈朴生：《刑事证据法》，1985 年版，第 562 页。

③ ［美］Stephen A. Saltzburg：《美国联邦证据法》，段重民译，司法周刊杂志社 1985 年版，第 21 页。

证据关联性与证明力关联性两种。所谓关联性是指前者，系旨在于限定证据能力及调查证据的范围，证据能力是法律上限制证据的规则，虽与论理的关联性不同，但一般认为关联性为取得证据能力的条件之一。证据能力的有无，则又为限定调查证据的范围。因此，缺乏关联性的证据，即欠缺证据能力，自无须加以调查。并且关联性是调查证据前的所为，依其想象而形成某种证据与推理待证事实间有无可能关系。由此可能关系，为有抽象的关联，即应加以调查，对证据评价发生在调查证据后，分析其与现实之推理有无可能关系，是现实的关联，也称为具体的关联，它与证据证明力的问题有所区别。英美法因采用当事人处分权主义，并且受制于传统上的陪审团审理方式，对于某种事实的立证，规定其须具有某种关联性，受证据可采性的限制，缩小其证据的范围，难免有排斥有用资料的弊端。大陆法采用职权主义，对于证据能力限制较宽，不认为当事人享有处分权。因此，其证据是否与待证事实具有关联性，所采用标准也较为宽泛。凡法院认为与待证事实有关联的证据，均应加以调查。至于是否与待证事实确有关联性，其证明力如何，属于证据评价的问题。因此，英美法重在证据的关联性，而大陆法则重在证明力的关联性。作为对证据关联性的评价，我国台湾地区学者陈朴生教授认为，我国台湾地区"民事诉讼法"因采用职权主义的当事人主义，认为当事人应负收集责任，法院的职权调查为其补充，即以当事人提出证据为第一位，法院依职权调查的证据为第二位。因此，当事人提出的证据，有无调查的必要，仍应视其与待证事实有无关联性为前提，即重在证据的关联性。只有对具有关联性的证据才能加以调查，这属于调查证据前的问题。至于法院依职权调查的证据，实为发现真实所必要，应属于具有关联性的证据。作为职权调查的证据，则重在证明力的关联，即是否与待证事实确有关联性，足供推理待证事实的存在与否，这属于调查证据后的问题。[①]然而，陈朴生教授又认为，关联性从严格上而论，并非证据能力的问题，而是属于许容为证据后的证明力问题。证据与待证事实无关联性，即欠缺证明力。此项证据，足以产生不适当的心证，就不许其为证据。当认为证据之容许为合法证据的，必然具有证据能力，且有关联性。然而证据之许其提供调查的，必与待证事实具有关联性，方有调查的必要。因此，关联性不仅为取得证据能力的条件，即英美法上的证据可采性（admissibility），且具有限定调查证据范围的作用。但作为证据能力是关于证据的法则的规则，而关联性，则是事物间论理的经验的关系，亦即论理的关联性。并且关联性是从其应受客观的事物间关系之知识的拘束，不得任意加以决定，故与自由心证之应以关

---

① 陈朴生：《刑事证据法》，1985 年版，第 439 页。

联性判断其证据的价值如出一辙。但证据评价的关联性，为证据经现实调查后之所得，是检验其与现实之间的可能性的关系，为具体的关联，属于现实的可能。而证据能力的关联性，系调查与假定的待证事实间具有可能的关系的证据，为调查证据前之所作，是抽象的关联，亦即单纯的可能，可能的可能。因此证据的关联性，可分为证据能力关联性与证据价值关联性两种。前者属于调查范围，亦即调查前的关联性。[①]

3.证据的关联性分为逻辑上的关联性与法律上的关联性，并在与证据可采性的关系上而言，逻辑上的关联性应居于首位。只有具有逻辑上的关联性，并且在不受排除规则的限制情形下，才能产生法律上的关联性问题。对此，我国台湾地区学者李学灯教授认为，逻辑上的关联性（logical relevancy），为容许证据首先之要件。证据与待证的事实，必须有逻辑上的关联，才能予以容许。依事件发生的通常过程，某一事实的单独存在，或结合其他事实的存在，可导致另一事实的存在为可能或实在，亦即互有因果关系的，即可称为某一事实与另一事实相关联。此种逻辑上的关联性，与另有所谓法律上的关联性（legal relevancy），在性质上虽无不同，然而在适用的范围上则有所区别。已有逻辑上的关联，又不受排除规则的排除，称为具有法律上的关联。证据有逻辑上的关联的，一般故以容许为原则，但这并非没有例外。所谓例外，系指排除而言。对必须不受排除规则排除的证据，而有法律上的关联，才可无所例外而予以容许。通常所称关联，系指逻辑上的关联而言。所谓关联的证据，系指理性上有任何倾向以证明任何必要事实（material fact）的证据而言。有的称关联，兼顾法律上关联的意义。因此所谓关联的证据，除前述的意义外，还包括意见证据及传闻证据。即因若干意见证据与传闻证据，受排除规则的排除，有不被认为关联而认为无立证价值的。有的以关联的规则，来概括可采性的规则，从而决定何者为关联，何者为非关联，以便表明何者为容许，何者为不具有可采性。如此所谓关联，应当仅具有法律上关联的意义。[②]

三、关联性与间接证据

关于证据的关联性与间接证据之间的关系，美国学者华尔兹认为："相关性问题是与间接证据相联系而产生的，因为关于实质性事实问题的直接证据总是相

---

① 陈朴生：《刑事证据法》，1985 年版，第 275—276 页。
② 李学灯：《证据法比较研究》，五南图书出版公司 1992 年版，第 470—471 页。

关的（有证明性），而且将被裁决可以采用，除非它与某些特殊的排除规则发生冲突，如证言特免权规则。"[1]

间接证据是相对直接证据而言的，它是指不能单独地、直接地通过本身与主要待证事实之间的关联性来显现其证明力的证据。它必须借助与其他证据的关联性，并采用逻辑上的推理形式来形成一种证据构造体系，才能产生有助于证明主要待证事实的证据。因此，间接证据在诉讼中显现其与主要待证事实的关系上必须具备以下四个条件：第一，单个的间接证据必须在数量上形成足够的优势；第二，在一定数量基础上的单个间接证据必须通过逻辑推理的方式，以便形成一个有效的证据链，以显示其证据力上的充分性；第三，各个间接证据之间，以及它们与主要待证事实之间不能产生合理因素以外的矛盾性；第四，由各种间接证据所形成的证明体系在证明优势所具有的高度盖然性必须足以排除在现有条件下的任何其他可能，并且得出的结论应具有唯一性。以上这四种条件的前提是，单个间接证据必须与主要待证事实的有关片段或部分存在内在或实质性的关联性。

在英美法上，只要某一证据与待证事实之间显现证明效力的方式是通过逻辑推理而得出的，就称之为情况证据。这种证据既可以先于待证事实而存在，也可以与待证事实同时或后于其而存在。例如，在由交通事故而引发的人身伤害赔偿案中，当一辆汽车行驶时的速度在特定时刻作为待证事实时，如果早于这一时刻的行车速度是有据可查的，那么，便可作为一种间接证据来采纳。再如，在设置抵押的特定物是否灭失作为待证事实时，能够证明该特定物在某一日仍然存在的证据，显然也就能证明在早些时候的某一日该特定物并未灭失。

关于情况证据，我国台湾地区学者陈朴生教授认为，情况证据，系利用某事实而推理待证事实。称待证事实以前的事实为间接事实，亦称情况证据。此项证据是否可作为证据使用，应视其可否供推测待证事实之用，即与待证事实间是否具有可能的关系，亦即是否具有关联性为准。[2]

间接证据（或称情况证据）在司法实务上的存在和表现较为普遍，在特定条件下，它往往作为发现直接证据的手段，成为鉴别直接证据是否具有证据能力和证明力大小的根据。在一定条件下，即当在某一案件中因缺少直接证据和直接证据的证明力仍显不足时，间接证据可用于加强或补充直接证据的证明力。并且，

---

① ［美］乔恩·R.华尔兹：《刑事证据大全》，何家弘等译，中国人民公安大学出版社1993年版，第65页。

② 陈朴生：《刑事证据法》，1985年版，第276—277页。

具有一定数量所聚集的间接证据完全可以起到直接证据的作用，在此意义上，正如我国台湾地区学者李学灯教授认为的那样，直接证据与情况证据之间并无严格的区别。但当两者相互抵触时，则需要考虑其相对的价值。从理论上而言，直接证据更具有较强的证明力，因情况证据含有从其他事实引申的推论，使其不但具有直接证据所没有的缺点，且在推论上也具有发生各种错误的可能；而由此推论所得，有时且不能与待证的事实直接相关联。但从实物上而言，两种证据的力量，各有强弱的可能，应视每一案件内的情形予以判定。如情况证据系基于可信的证人所建立正确的事实，而由此可引申的又为完全确实的推论，则其可信的力量较之其他证据的证明力可能并无逊色，甚至较其他各种虚伪或不正确的证据更为可信。证据法有明文规定接受证据以增减证据力的，如美国联邦证据法，有助于法官正确地作出判断。①

对此，笔者认为，在涉及某一具体案件中作为主要事实争执点的待证事实，就其所要求的对该待证事实的证明程度而言，直接证据与间接证据既是一个相对概念，同时又是一个相对范畴，作为不同的主要事实争执点，因具体的待证事实不同而有不同的直接证据和间接证据之分，不能把某一特定的案件事实主要争执点的待证事实所需要的直接证据，与另一能够证明该待证事实并与之相关联的间接证据相互混淆，因此，如果不涉及具体的待证事实，也就无从分清某一证据在涉及与有关主要事实争执点的证明程度上，是产生直接证据效力，还是只能产生间接证据效力。所以，作为划分直接证据与间接证据的标准，应当以能否在证明程度上直接证明作为主要事实争执点的待证事实。一般而言，凡是能够直接证明某一具体案件事实当中作为主要事实争执点的实质性事实部分就是直接证据；反之，就只能作为间接证据来加以使用。这里所说的作为与主要事实争执点有关的实质性事实部分，指的是足以引起当事人之间纠纷的法律关系所据以发生、变更或消灭的事实。诚然，这种区分标准，从学理上看来似乎过于简单，但是，在司法审判实践中，由于个案情况千差万别，其主要案件事实所涉及的证据种类多种多样，因此，十分明确地区分哪些与待证事实有关的证据属于直接证据，哪些与待证事实有关的证据属于间接证据，有时也存在较大难度。就特定待证事实而言，由于某些特定证据在一定的条件下介于直接证据与间接证据之间，其界限并不是十分明确，加之人们的主观认识的能动性与客观物质世界被认知事物的具体复杂性，因此，有些证据是否能够直接证明特定的待证事实，就直接证据与间接

---

① 李学灯：《证据法比较研究》，五南图书出版公司1992年版，第466页。

证据的分类特征上而言并不是十分绝对的。[①]

另外，就某一待证事实与间接证据的关系而言，因事实与主要事实的关系及证明方法不同，可分为直接事实与间接事实两种。与间接事实相比较，能够直接证明案件主要事实存否的事实，为直接事实，对此项事实的证明除了可采纳直接证据外，也包括采纳有关的间接证据。其中间接证据的形成是以一定数量为基础借助逻辑推理来实现的。间接证据对于直接事实的证明，仅具有间接作用，而直接证据则具有直接作用。借助逻辑方式用于推理主要事实的事实为间接证据，对此项事实的证明，仅限于间接证据。因此，间接事实是以主要事实存在关联性的关系来证明其它事实，而由其它事实再来推理主要事实的。

四、我国民事诉讼法及相关司法解释对关联性规则的规定

（一）证据保全中所涉及的关联性规则

《民事诉讼法》第84条第3款规定："证据保全的其他程序，参照适用本法第九章保全的有关规定。"而根据该法第105条规定，证据保全限于请求的范围，或者与本案有关的证据。

在此，所谓"与本案有关的证据"，是指在诉讼过程或仲裁过程中，人民法院根据当事人的申请或者依职权对有关证据进行保全时，应当审查或者调查被保全的证据必须是与案件待证事实具有关联性。如果有关证据与案件待证事实之间不存在关联性，就没有保全的必要。在此，应当注意的是，在诉讼过程或仲裁过程中，如果案件待证事实及争议焦点尚未确定，有关当事人提出证据保全的申请时，人民法院只需要审查所要保全的证据与待证事实之间在形式上是否具有关联性即可；如果在案件待证事实及争议焦点已经确定的情况下，人民法院应当对有关证据与案件待证事实之间是否具有实质上的关联性进行审查判断；而在诉讼过程中，人民法院依职权采取证据保全措施的，应当根据个案的具体情况、法律关系的性质和特点，对其他有关事实和证据审查判断之后，认为确有必要（其中包括认为有关证据与待证事实之间具有实质上的关联性）时，可根据法律的规定依职权采取证据保全措施。

（二）法院依职权调查必要证据所涉及的关联性规则

《民事诉讼法》第132条规定："审判人员必须认真审核诉讼材料，调查收集

---

① 毕玉谦主编:《民事诉讼判例实务问题研究》，中国法制出版社1999年版，第186—187页。

必要的证据。"

在此，鉴于该条文属于法律所规定的审理前的准备阶段，该条文中所谓"必要的证据"，并非是指所有与案件待证事实有关联性或可能有关联性的证据，因为民事诉讼主要是解决因私权利益所产生的纠纷，对有关待证事实的举证责任主要由双方当事人负担，法律所规定的法院调查收集相关证据，只是对当事人提供证据的必要补充。因此，法院调查收集必要的证据，必须是与待证事实具有关联性或者可能具有关联性的证据，但必须限于法律所规定的由法院依职权调查收集的范畴。按照我国立法及相关司法解释的规定，法院主动依职权调查收集证据，分为以下情形：一是涉及可能损害国家利益、社会公共利益的；二是涉及身份关系的；三是涉及《民事诉讼法》第58条规定诉讼的；四是当事人有恶意串通损害他人合法权益可能的；五是涉及依职权追加当事人、中止诉讼、终结诉讼、回避等程序性事项的。而法院被动依职权调查收集证据，主要是因为当事人及其诉讼代理人因客观原因不能自行收集的证据，分为以下情形：一是证据由国家有关部门保存，当事人及其诉讼代理人无权查阅调取的；二是涉及国家秘密、商业秘密或者个人隐私的；三是当事人及其诉讼代理人因客观原因不能自行收集的其他证据。

（三）当事人申请调查收集的证据所涉及的关联性规则

《民事诉讼法解释》第95条规定："当事人申请调查收集的证据，与待证事实无关联、对证明待证事实无意义或者其他无调查收集必要的，人民法院不予准许。"

在此，其中的待证事实指的是要件事实。与待证事实之间有关联性的证据，主要包括以下四个方面：其一，作为直接证据能够直接证明待证事实的成立与否；其二，作为直接证据能够直接证明与待证事实有关的前提事实的成立与否，以便法院根据司法逻辑对待证事实的成立与否作出相应的推定；①②其三，作为间接证据，以便与其他证据相结合用于证明待证事实的成立与否；其四，作为证据能够直接证明辅助事实的成立与否。所谓辅助事实是用于证明某一证据是否具有证据资格或者证据力的事实。其中，该"某一证据"通常指的是能够直接证明有关待证事实成立与

---

① 在诉讼上，有时要件事实的存在未必能够得以直接证明，故不得不通过其他事实（如根据经验法则所推认的事实）的证明，才能够推论出其存在与否，这种用于推论要件事实存在与否的事实，即为间接事实。另外，某些要件事实并非是依靠直接证据得出的结论，而是依靠间接证据得出的间接事实，再根据这些间接事实推论其要件事实。从这个意义上而言，凡不能通过自身价值直接证明待证事实存在与否的证据，亦是一种间接证据。

② 根据《2019年民事证据规定》第10条第1款第4项"根据已知的事实和日常生活经验法则推定出的另一事实"，即属此例。

否的证据。所谓"与待证事实无关联",是指当事人申请法院调查收集的证据,对证明待证事实的存在与否没有任何证明价值。在此,值得注意的是,这里所称的"当事人"意指双方当事人。因此,这里所称的"关联",既包括一方当事人(通常为原告)申请法院调查收集的证据能够证明待证事实的存在,也包括另一方当事人(通常为被告)申请法院调查收集的证据能够证明待证事实的不存在。例如,在一起厂房租赁合同纠纷案件中,因2012年11月4日风雪气候造成部分租赁房屋坍塌,原告起诉要求被告赔偿损失及退还租金等,在诉讼过程中因涉及鉴定事宜不得不相应延长审理的期限。在这种情形下,被告在法院未作出判决之前,经几次向原告催要房屋租金未果,于是被告拉闸断电导致原告无法开展生产经营活动。后来双方的矛盾不断升级,直至出现肢体冲突,最终因报警而暂时得以平息。事后由当地司法所出面调解,才促使双方达成了和解协议。根据该和解协议,原告最迟于2013年10月底将所租赁房屋交还被告。但在法律上,该和解协议并没有强制执行效力,双方也没有约定拒不执行和解协议所产生的法律后果,且是否支付租金也属于双方在诉讼庭审中的争议焦点问题,原告在与申请人达成该和解协议后亦并未向法院提出撤回与此相关诉讼请求的申请。在此情况下,被告向法院提出到当地司法所去调查收集证据的申请,人民法院可以与待证事实无关联为由不予准许。

（四）当事人申请鉴定所涉及的关联性规则

《民事诉讼法解释》第121条第1款规定:"当事人申请鉴定,可以在举证期限届满前提出。申请鉴定的事项与待证事实无关联,或者对证明待证事实无意义的,人民法院不予准许。"

在此,所谓"申请鉴定的事项与待证事实无关联",指的是当事人申请鉴定所涉及的证明事项与待证事实之间没有关联性,也就是不存在内在的、必然的联系,即申请鉴定的事项对法院就案件事实的认定没有证明价值,如双方当事人在诉讼中的系争事实为某建筑工程的设计图纸是否存在重大缺陷导致房屋交工并使用后存在漏水、墙皮开裂所造成财产损失问题,而作为被告的设计单位则向法院申请对施工方使用的钢材质量和建筑质量进行鉴定等情形。因此,当事人申请鉴定所得出的鉴定意见对于证明待证事实没有证明价值。

（五）当事人在庭审中对其在审理前的准备阶段认可的事实所涉及的关联性规则

《民事诉讼法解释》第229条规定:"当事人在庭审中对其在审理前的准备阶段认可的事实和证据提出不同意见的,人民法院应当责令其说明理由。必要时,可以责令其提供相应证据。人民法院应当结合当事人的诉讼能力、证据和案件的具体情况进行审查。理由成立的，可以列入争议焦点进行审理。"

在此，当事人在庭审中对其在审理前的准备阶段认可的事实，其中包括对其有利的事实，亦包括对其不利的事实。凡记录在卷的，对其不利的事实，在诉讼上自应产生自认的效力。当事人在庭审中对其在审理前的准备阶段认可的证据，主要包括对方当事人出示的证据或法院依法调查收集的证据，而作为当事人认可的证据，主要是对有关证据真实性、关联性、合法性的认可。这种认可，既包括积极的认可，即明确表示肯定或承认，也包括消极的认可，即对有关证据真实性、关联性、合法性不提出异议。

通常而言，当事人在庭审中对其在审理前的准备阶段认可的证据提出不同意见的，鉴于法院在技术上完全可以将有关当事人的前后态度和作出的说明理由作为与待证事实有关的自由评价的必要组成，故法院责令其说明理由即可，即在此情形下当事人主要负说明义务，否则在诉讼成本与实际收效之间有违比例原则；而当事人在庭审中对其在审理前的准备阶段认可的事实提出不同意见的，鉴于在个案中当事人之间所能够提供的本证与反证与有关待证事实之间的关系千差万别，经过审理前的准备阶段之后，法院在庭审过程中对案件基本事实的把握程度各不相同，故此，在法院责令有关当事人说明理由之后，在仍无法获得必要的心证条件下，法院则可以责令有关当事人提供相应证据。

第二节　适格性规则

一、关于证据适格性的界定

证据的适格性是指，某一证据在诉讼上被作为认定案件事实依据所应当具备的法律上的资格。所谓证据的适格性在实质意义上是指，某一客观存在的资料（主要指物理上的）或信息来源在诉讼上可作为证据的一般形式上的资格或条件。也就是说，允许其作为诉讼上的证据加以调查，并可作为认定事实的裁判基础。某一证据的适格性是依法律加以形式上的规制，原则上不允许法院的自由裁量。这种在法律上所采取的形式上的规制，包括就证据的来源、收集证据的手段、取得方法等所进行的限制。

证据的适格性涉及某一证据在诉讼过程中，能否作为认定案件事实基础的资格。它属于界定某一诉讼证据基本属性的范畴。关于对某一诉讼证据基本属性的界定，即为证据的适格性问题。因法律文化、传统观念及审判方式等不同所致，使得不同的国家或地区在学理上对于证据适格性的界定有不同的表达方式与术语，例如，有关证据的适格性在大陆法系的德国被称为证据禁止，而在大陆法系的日本和我国台湾地区，则被称为证据的证据能力；在英美法系国家和地区被称为证据的可采性、许容性（admissibility）等；在我国证据法学的理论上，被称为证据的合法性或证据的法律性。

另外，应当注意的是，有关"证据适格性"的表述，是否完全等同于大陆法系如德国的"证据禁止"，或日本及我国台湾地区的"证据能力"，抑或英美法系"证据的可采性"，以及我国证据法学理论上的"证据的合法性"，在理论上虽然存在争议，[①]但是，笔者认为，基于各国或地区在历史文化、传统习惯、法律渊源、审判模式等方面存在各种差异，虽然在上述这些不同的表述中似乎采用了不同的术语，但是在一个相同语境下，这些不同的术语都是用来表达"证据适格性"问题的。或者说，这些表述虽然归属于不同的理论体系，但是，均为在一定层面上涉及证据的适格性问题。也就是说，采用"证据适格性"来理解、表述和认知上述与此相关的各种术语，能够作为克服各种差异并形成最大公约数的平台。

对于证据适格性的要求，从各国立法抑或学理的角度来看，很少采取正面肯定方式或从积极的角度作出规范，而较普遍性地采取逆向否定方式或从消极的角

---

① 例如，我国台湾地区学者林山田教授指出，证据能力，亦称证据资格，或称证据适格性，是指具有可作为严格证明系争的实体法事实的资料的能力。也就是说，某种资料具有可作为证据的能力。参见林山田：《刑事诉讼法》，三民书局 2001 年版，第 204 页。转引自郭志媛：《刑事证据可采性研究》，中国人民公安大学出版社 2004 年版，第 33 页。为此，我国大陆学者郭志媛认为，证据的可采性，又称为证据的容许性或许容性、证据资格、证据能力。参见郭志媛：《刑事证据可采性研究》，中国人民公安大学出版社 2004 年版，第 19—20 页。但是，我国台湾地区学者李学灯教授则认为，"许容性"与"证据能力"之间存在差异，这种差异似与当事人主义与职权主义的差异有关。证据的容许性与有无证据能力，其范围有时并非完全一致。无证据能力固然无可受容许为证据的资格。虽有证据能力，有时因法官的自由裁量，也可不予容许。参见李学灯：《证据法比较研究》，五南图书出版公司 1992 年版，第 468 页。我国台湾地区学者黄东熊教授指出，关于"许容性"与"证据能力"究竟是否属于相同的概念与否，系一复杂且深奥的问题。参见黄东熊：《刑事诉讼法论》，三民书局 1989 年版，第 283 页脚注。对此，我国大陆学者孙远认为，普通法系的证据可采性、德国的证据禁止以及我国传统证据法学理论中的证据合法性，都全部或者部分地涉及证据可以在证据诉讼中使用的证据资格的问题。但是，这些概念之间的区别并非仅仅体现为名称上的不同，而是具有不完全相同的内涵、外延和特征。参见孙远：《刑事证据能力导论》，人民法院出版社 2007 年版，第 22—23 页。

度，就特定证据或在某种情形下获取的证据的适格性作出否定性、限定性的评价。这是因为，将司法裁判建立在发现事实真相的基础上，是实现社会公平与正义的必要前提，当某项司法裁决与案件事实的真实状态完全相背离时，就会丧失司法的公正性。因此，从正面意义上积极地肯定在客观上存在的与案件事实有关的证据材料的证明资格，以及在一切可能的范围内尽量扩充证据适格性的适用范围是尽可能发现或接近案件事实真相的必要保障，也是设定证据的适格性以及证据排除规则的基础所在。因此，凡是具有合理立证价值的证据资料或信息来源，在原则上就应具备证据的适格性。这样一来，就难以采取正面肯定方式或从积极的角度来逐一悉数哪些证据资料或信息来源应具备证据的适格性，否则会产生挂一漏万的消极后果。

二、两大法系架构下的证据适格性

与大陆法系证据法上采用的"严格证明"理论相比较，英美法系国家和地区鉴于政治体制所要求的司法民主化而采用陪审团审理方式，由陪审团就事实问题作出判断。基于陪审团成员未曾有受良好法律训练的背景，为防范陪审团就法庭上所展示的证据资料或者信息来源产生偏见，抑或牵涉感情或专断之弊，立法者预先以设置严密可采性规则的方式，就证据的适格性及应用范围加以明确限定。因此，在英美法系陪审团审理方式架构下，凡不具有证据适格性的证据资料或者信息来源不得进入法庭的证据调查程序。

与英美法系证据法理论相比较，在大陆法系证据法理论上，存在严格证明与自由证明的划分。①所谓严格证明是指，在庭审过程中就有关案件待证事实的调查，须在法律规定所准许的证据资料或证据方法范围内，按照法律规定的调查证据程序来进行，证据才能取得相应的证据能力。为此，法院对于调查证据

---

① 对此，我国台湾地区学者林钰雄教授指出，在调查证据程序上，有严格证明程序与自由证明程序的划分。所谓严格证明，是指有关证据方法及调查程序受到"严格的形式性"支配的法则。在严格证明建构下，证明方法及调查程序受到"双重的限制"，也就是说，对于犯罪事实的经过及行为人有无罪责等实体事项的证明，必须经过合法调查的严格证明程序，而严格证明的严格性，表现在两个方面：一是法定证据方法的限制，二是法定证据调查程序的限制。总之，审判程序对于犯罪事实的调查与证明，必须在法律规定所准许的证据方法的范围之内，并且根据法律规定的调查程序来履行，只有二者同时具备才是经过合法调查的证据，才能取得证据能力。参见林钰雄：《刑事诉讼法》（上册　总论编），中国人民大学出版社2005年版，第348页。

的结果，在心证上必须达到内心确信状态。所谓自由证明是指，主要适用于实体审理所涉及的待证事实以外的程序性事项的证明，它并不局限于有关诉讼法所规定的证据资料或证据方法的适用范围，并且也不限于调查证据程序的应用范围；另外，法院对于自由证明涉及待证事实所须获得心证的要求，也并非须达到完全确信的程度，只要法院在心证上认为具有相当的盖然性即可认为足矣。同时，有关证据的适格性仅适用于严格证明的情形，而在与之相对应的自由证明中，则不产生证据的适格性问题。但是，这种理论上的划分，在立法上尚未得到充分的肯定。或许出于立法技术上的原因，即使从法律规范的角度来推测立法者的意图可能会存在与这种理论上的划分有相吻合之处，而体现在法条上则显得非常不细致，也就是说，究竟哪些事实必须经过严格证明，哪些事实仅需经过自由证明即可满足法律上的要求，仍不甚明晰。

在学理上，何种证据资料或者信息来源在诉讼上与待证事实之间因具有证明价值而最终被认定为具有诉讼证据的适格性，通常与严格的证明相联系，也就是说，只有这种具有可作为严格证明的证据资料或信息来源，才具有证据的适格性。因此，所谓证据的适格性问题，其所应针对的并非是证据适格性本身这种抽象性的概念，而是对特定证据的适格性加以否定或加以必要限制的问题。作为严格证明的证据，必须以其具有法律上所规定的形式上的适格性为前提条件，因此，某一证据资料在诉讼过程中被认定为在法律上具有适格性，指的是其可利用作为严格证明的证据资料或信息来源而在法律上所具备的这种资格。在法律上对证据适格性所提出的要求，是诉讼过程中创设证据准入机制在证据法则上的一种本质体现。

在严格证明建构下，某一证据资料或信息来源最终能否在诉讼上具有证据的适格性，而被作为判定待证事实的依据，关键取决于两方面的考量：首先是取决于，有关证据资料或信息来源在表现形式上不属于法律上明确禁止的范围（如在刑事诉讼中），或者其表现形式属于法律所允许的范围，或者其表现形式至少不违反法律的禁止性规定（如在民事诉讼或行政诉讼中）。其次是取决于，某一证据资料或信息来源是否经过法定的证据调查程序。证据资料或信息来源二者又可被称为证据方法。[1]因此，某一证据资料或信息来源作为一种证明方法在诉讼上

---

　　[1]　例如，有学者指出，证据方法指的是使法院确信其主张为真实而可供证明用的有形物体。换言之，也就是法官在诉讼上为形成心证依其五官的作用，所得利用为查验对象的有形物。有形物得为证据方法的适格的，称之为有证据能力或证据适格。参见陈计男：《民事诉讼法论》（上），三民书局2004年版，第442页。

只有符合法律所规定的表现形式（如在刑事诉讼中），或者其表现形式至少不违反法律的禁止性规定（如在民事诉讼或行政诉讼中），同时经过合法的证据调查程序，才能最终在诉讼上具有证据的适格性。

三、从解读证据可采性理论的角度来认识证据的适格性

证据法上的可采性（admissibility）（或称容许性）是英美法系国家和地区在证据法上通常使用的术语，它是指证据必须为法律所容许，才可用于证明案件中的待证事实。实质上，证据的可采性与证据的关联性紧密相连；并且，关联性是可采性的前提条件。某一证据与待证事实具有关联性之后，才能产生该证据是否具有可采性的问题。也就是说，从逻辑关系上来讲，凡是具有可采性的证据，必须具有关联性，而所有具有关联性的证据并非均具有可采性。即使某些对证明待证事实极具有价值的证据也可能不具有可采性。

自从1166年英国的亨利二世颁布《加伦登法》确定在刑事诉讼中采用控告陪审团起至今，采用陪审团审理方式已有八百余年的历史。陪审团审理方式为证据可采性的出现与发展提供了广阔的空间与领域。证据的可采性规则是英美法系证据法上的一项专利，其规则的基本功能在于事先明确何种证据资料具有可采性或者不具有可采性的标准与范围，以便确定一种证据准入机制。当然，在英美法系，所谓证据的可采性涉及何种证据资料应当被准许进入审判程序，以供陪审团成员作为事实审理者进行评判。例如，在采用审前动议的情形下[1]，在开庭前，所有与案件事实具有关联性的证据资料必须经过双方当事人的质辩以及法院的审查，以便决定有关证据资料的可采性。凡是被认定为具有可采性的证据资料，才能被准许进入庭审阶段陪审团成员的视野，凡是被认定为不具有可采性的证据资料，将被排除在庭审之外，否则会造成证据被不断提交，使得诉讼的进程变得无休无止，导致诉讼程序耗费不必要的时间。另外，有些证据资料如果被不恰当地提交到缺乏经验的陪审团成员面前，会误导陪审团就事实问题作出错误的裁决。例如，《美国联邦证据规则》第403条规定："证据虽然具有相关性，但可能导致不公正的偏见、混淆争议或误导陪审团的危险大于该证据可能具有的价值时，或者考虑到过分拖延、浪费时间和无需出示重复证据

---

[1] 在英美法系的庭审活动中，提出证据可采性争议的方法主要有审前动议与当庭异议两种。该两种方式的相同功能在于，排除那些不具有可采性的证据，使得陪审团在正式听审证据时对此无法接触。

时，也可以不采纳。"这一原理作为排除各种不合理的证据方法，在英美法系国家和地区属于近代产物。

证据资料在法律上是否具有可采性这一问题，是英美证据法上的核心问题。可采性规则主要有三种基本来源：其一是，英国普通法上经过长期的审判实践所形成的判例法规则；其二是，法院基于对宪法的解释所形成的规则；其三是，通过制定专门的法律所确立的规则。例如，美国联邦及其许多州均有各自的证据法典，这些以制定法为特征的证据法典①当中的大多数条款直接或间接的功能在于规范证据的可采性规则。正如美国权威的法学辞典《布莱克法律大辞典》所言，证据规则是指那些在庭审中或者审理中对证据的可采性问题起支配作用的规则。②英美法系严格按照法律来解决证据的采纳与排除问题，以尽量避免过多地启用法官的自由裁量权。

英美法学者认为，相对于"关联性"这一事实概念而言，"可采性"则是一个反面、消极、纯粹的法律性概念。这一概念意味着一系列"排除规则"的存在。按照有关排除规则，当某一证据因并非重要或非关联性之外的理由被拒绝时，则此项证据应具有不可采纳性。法院必须考虑它作为国家司法机关应执行的公共政策及调查证据时的实际环境情况，而对证据的可采性作出职能上的判断。美国学者赛耶认为，制定排除规则的主要理由是陪审团的存在。法官应依据经验发现陪审团过分重视某些有关联性的证据，因此应当予以排除，例如传闻证据。③在有些情况下，陪审团对某些证据的感受可能产生的偏见会大大超过该证据本身的证明价值。

作为现代意义上的证据"可采性"则与当事人进行主义审判模式相关联，这种对证据能力的可采性包含对立法上的要求，更突出地显示了当事人主义审判模式的正当程序理念，这主要体现在，在英美法的庭审程序上，某一证据资料即使不具有可采性，除非当事人提出异议，否则法官不得主动援引可采性规则而排除该证据。甚至，当事人之间也可以通过协商方式决定放弃对特定证据资料的可采性提出异议的权利。可见，在当事人对抗制架构下，证据的可采性规则被当事人作为一种平等对抗的武器来加以利用，而不仅仅限于对事实审理者就案件事实作出裁判行为的规范。在这种情形下，即使不具有可采性的证据资料也能够在法庭

---

① 例如，《美国联邦证据规则》《美国统一证据规则》《加利福尼亚证据法典》《堪萨斯州证据法典》《缅因州证据规则》等。

② *Black's Law Dictionary* (fifth edition), West Publication Co., (1979) pp. 500,1197.

③ 沈达明编著：《英美证据法》，中信出版社 1996 年版，第 21—22 页。

上出示，并且也有可能作为认定案件事实的基础。这样一来，在相对一方当事人不提出质疑或者双方协商同意的情形下，证据是否具有可采性并不取决于法律上的规定以及法院根据法律而对证据适格性与否所作出的决定，因此，与大陆法系职权主义条件下主要由法院依职权根据法律对证据适格性作出判断的情形存在重大差异。并且，在大陆法系审判方式下，由于法官的司法能动性使然，使得庭审中的证据调查主要由法官来主导，相比之下，在英美法系审判方式条件下，法官或者陪审团在庭审证据调查程序上显得消极、被动，其主要对双方所出示的证据进行判断，而对证据调查则属于当事人的责任范围。

从证据规则的角度来观之，在大陆法系庭审活动中，对证据调查主要由法院依职权进行，体现的是一种由法院主导下当事人参与的格局，加之不存在英美法系的陪审团审理方式，因此，从总体上而言，证据规则不甚发达，有关证据能力的原则与适用规范并非是从纯粹证据规则的角度来加以理解和适用的。相比之下，由于英美法系在传统意义上实行陪审团审理方式，加之法官在证据调查程序上显得消极、被动，因此需要众多的证据规则来对庭审程序的开展进行规范；并且，从历史角度来看，英美法系以判例法作为主要的法律渊源，而大量的证据规则来源于这些众多的判例法实践，证据的可采性在英美法系中属于证据规则的一种类型，在庞大的证据规则体系当中占据相当的数量和支配性的地位。就此而言，大陆法系的证据能力与英美法系的可采性缺乏相应的可比性。大陆法系的证据能力重在证据的法律资格的认定，在英美法系的可采性则重在证据规则上的适用，而这种证据规则上的适用在一定层面上则包括对有关证据在法律资格上的认定。因此，大陆法系的证据能力与英美法系的可采性并非是一种完全对应的关系，而是一种在证据的适格性上具有相同语境的关系，也就是说，在证据的适格性问题上，可以发现大陆法系的证据能力与英美法系的可采性之间所存在的某种程度上的对应性。

四、从解读证据禁止理论的角度来认识证据的适格性

证据禁止（Beweisverbote）是德国法上的理论。[①]证据禁止理论，系用于处理如何从违法取证推论应否禁止使用的理论。[②]该理论最早由德国图根大学欧内

---

① Beulke, Rn454 ff; Roxin, S. 164 ff.

② 林钰雄:《刑事诉讼法》(上册　总论编)，中国人民大学出版社 2005 年版，第 425 页。

斯特·贝林（Ernst Beling）教授在1902年提出。[①]贝林于1903年以《证据禁止作为刑事诉讼上真实发现的界限》为标题的论文中确立了"证据禁止"的概念，[②]并且，他在当时的社会环境下首次提出，刑事诉讼程序以发现真实作为最高指导原则的一贯立场必须加以更正，因对人民权利的保障在追求真实过程中也不可完全置之度外，应赋予相当的注意，对于侦查机关采取非法手段取得的证据，法院不得加以利用。

贝林最初所倡导的证据禁止理论可以被展示为三个发展阶段[③]：第一阶段为"二战"之前的草创期。在此阶段，因学者间意见有分歧，在界定不同的术语与标准上很难确定证据禁止的实质内涵与范围，司法机关也持怀疑的态度，因此，早期德国对于违法取得的证据，仍认为无碍其所具有的证据资格，可被法院所采用。第二阶段为"二战"之后至20世纪中叶的过渡期。在此阶段，鉴于纳粹践踏人权的惨痛经历，加之麻醉分析技术的惊人发展，使得对人权的保障显得尤为重要，为了清除纳粹德国时期仅有国权而无人权给世人造成的恶劣印象，德国于1950年通过修订刑事诉讼法第136条a确立了禁止非法取得供述证据的若干规定，标志着证据禁止理论在立法上获得了明确的承认，这些关于证据禁止的规定，根据有关解释的方法，其涉及的范围相当广泛，因此在德国刑事诉讼法史上具有划时代的影响力。[④]但美中不足的是，虽然《德国联邦宪法》第13条有保护居住自由的规定，但是，这次修法却未涉及禁止采取非法搜查、扣押等方法，也就是说，并未涉及禁止以非法手段取得实物证据的内容。第三阶段为20世纪60年代以后至今的蓬勃发展期。在此阶段，德国联邦最高法院以宪法所规定保障民权原则为最高意旨，从中直接导出证据禁止的法理，分别于1960年的秘密录音案件[⑤]及

---

① 有一种说法是，欧内斯特·柏林（Ernst Berling）。王茂松：《非法取得证据有关法律之研究》，金玉出版社1987年版，第96页。转引至孙远：《刑事证据能力导论》，人民法院出版社2007年版，第29页。

② Beling, Rie Beweisverbote als Grenzen der Wahrheitserforschng in Strafproze β, Str. Abh. Helft 46 (1903).

③ 井上正仁：刑事诉讼における证据排除，一九六五年，一七页以下。转引自张丽卿：《刑事诉讼制度与刑事证据》，元照出版公司2000年版，第302页。

④ Kleinknecht/ Meyer–Go β ner, StPO, 1999, §136a, Rdnr. 1ff.

⑤ 在该案中，被告以教唆伪证罪被提起公诉，其有罪证明的唯一依据是，被告与其朋友在电话中谈话的录音带，原审法院拒绝以该录音带为证据，谕知被告无罪，联邦法院的判决引用联邦宪法第1条、第2条所规定的"人性尊严不可侵犯""每个人均有谋求人格自由发展的权利"，并引用《世界人权宣言》中有关条文规定的"不顾一切的探求真实，并非刑事诉讼的原则"，驳回检察官的上诉。

1964年的日记案件[1][2]中直接援引基本法抽象概括性的条文。至此，随着民主与法治建设的发展及人权保障体系与制度的建立与完善，该理论开始受到高度重视。

在现代社会条件下，证据禁止理论所要确立的是：刑事诉讼法上应禁止不计代价、不择手段、不问是非的真实发现。发现实体真实早已不是当今刑事诉讼法的"帝王条款"。[3]在德国，虽然证据禁止理论源自于刑事诉讼程序，但是，基于保障人权、政府依法行政、程序正义等基本原则与理念，该理论也可以有条件地适用于民事诉讼程序以及行政诉讼程序当中。例如，在民事诉讼活动中，当一方当事人所收集的证据具有严重的反社会性、严重侵害他人人格尊严或严重损害社会风化等情形的，可以适用证据禁止理论。比如，当某债权人在遗失借款欠条时，采用严刑拷打的方式迫使债务人另行书写一份借款欠条的情形。

证据禁止，是指禁止对特定证据的收集、取得、起诉或者采用的法则，不仅限制国家机关基于职权发现事实真相的义务，并且同时设定法官自由心证原则的外在界限。[4]证据禁止包括两方面，即证据取得的禁止与证据使用的禁止，两者的上位概念、内涵各不相同。证据取得的禁止，用于规范国家追诉机关取得证据过程的行为，泛指寻找、收集及保全证据等。而证据使用的禁止简称为使用禁止，也称为证据排除，主要在于禁止法院将已经取得的特定证据作为裁判的基础；从结论上而言，落入证据使用禁止范围的证据，因欠缺证据能力的消极要件而不得采为裁判的基础。[5]

证据取得禁止在大体上是一种程序性规范，它是关于收集与调查证据资料的程序条件，而证据使用禁止才是证据规范。但是，证据使用禁止也并非完全等同于证据的适格性，它只是证据适格性规范当中的一种。相较于其他同类规范而

---

① BGHSt, 14. 358. BGHSt 19. 325. 转引自张丽卿：《刑事诉讼制度与刑事证据》，元照出版公司 2000 年版，第 304 页。

② 该案涉及伪证罪，原审以被告日记的记载作为证据，谕知被告有罪，联邦法院则认为，日记所记载的内容系被告内心的领域，不得违背其意思而引作证据，于是撤销原判决，确认日记为私人记载，并非国家行使公权力的结果，故与传统认为宪法规定与私人行为无关的原则，并不尽相符，故这一探求的影响，在历史上具有里程碑的地位。转引自张丽卿著：《刑事诉讼制度与刑事证据》，元照出版公司 2000 年版，第 304—305 页。

③ 林钰雄：《刑事诉讼法》（上册　总论编），中国人民大学出版社 2005 年版，第 422—423 页。

④ 林钰雄：《刑事诉讼法》（上册　总论编），中国人民大学出版社 2005 年版，第 427 页。

⑤ 林钰雄：《刑事诉讼法》（上册　总论编），中国人民大学出版社 2005 年版，第 428 页。

言，证据使用禁止有以下特征[①]：第一，证据使用并非是一种从证据特性角度衍生出来的规范。德国是典型的大陆法系国家，未像普通法系国家那样拥有独立而完备的证据法，无论在理论和实践方面，证据问题仅被作为程序法的一个组成部分来加以规范和研究。因此，无论是证据使用禁止还是证据取得禁止，都带有一种浓重的程序性色彩，使得证据使用禁止这一规则并未建立起足够的证据理论基础。因此，由于它的基础过于浅薄，无法解决所有与证据使用有关的法律问题，在德国，直到今天，证据禁止仍是一个颇具争议的问题。第二，证据使用禁止是一种基于保障人权等政策性因素而设立的证据能力规范。从德国联邦宪法法院以及最高法院的判决中可以看出，证据禁止与基本人权保障的关系被不断提到一个新的高度。[②]但是，德国的职权主义诉讼模式对于技术性证据能力规范的需求并非如此强烈。第三，证据使用禁止是一种主要通过法官自由裁量来加以适用的证据能力规范。第四，从目前的情况来看，德国的证据使用禁止所能够限制的，仅仅是某一证据能否作为定案依据的资格。由于德国采用职业法官审理模式，并非像普通法系国家那样在许多案件中采用职业法官与陪审团分工的二元式模式，导致许多原本应被禁止的证据实际已经进入正式庭审阶段，如果要求法官删除那些在其头脑中已经存在的事实和印象，并将其结论建立在假定该事实不存在的基础上几乎是不可能的。[③]因此，证据使用禁止仅系要求法官在最终认定案件事实时，不得以那些被禁止的证据为依据。可见，这样一种证据使用禁止仅能够满足于在形式上的证据排除。

为解决违法取得证据在诉讼程序中的可利用性问题，有学说提出不少证据禁止的法理根据。例如，《德国法院组织法》第183条、证明妨碍、诚信原则、任何人均不得从其违法行为中获利、违法行为激励的禁止、法规范保护目的理论、法益权衡论、法秩序一致性等。另外，还有法秩序统一性说、证明权的内在限制说[④]；还有的学者以证据方法的可信度质疑、法院不得成为犯罪行为的工具、基本权违反及举证人的损害赔偿义务作为证据禁止的论据。[⑤]以下仅就其中若干主要学说作简要介绍：

------

① 孙远：《刑事证据能力导论》，人民法院出版社2007年版，第32—33页。
② 赵彦清：《受人权影响下的证据禁止理论——德国的刑事诉讼法中的发展》，载《欧洲法通讯》（第四辑）。转引自孙远：《刑事证据能力导论》，人民法院出版社2007年版，第32页。
③ ［德］托马斯·魏根特：《德国刑事诉讼程序》，岳礼玲、温小洁译，中国政法大学出版社2004年版，第188页。
④ 骆永家：《违法收集证据之证据能力》，载《月旦法学杂志》第72期，第15页。
⑤ Vgl. Werner, Verwertung rechtswidrig erlangter Beweismittel, NJW 1988, 999 ff. m. w. N.

1.《德国法院组织法》第183条。有的学者以《德国法院组织法》第183条作为证据禁止的依据。也就是，根据该规定，法院有义务将法庭上的犯罪行为要件加以确认，并将所作成笔录通知主管机关。但如此见解，将法院的法庭上犯罪的告发义务直接推论违法取得证据不得利用，未免有擅断的嫌疑。[①]因其忽略了这一规定是为了加强刑事追诉的性质，以及前述规定是指法庭上的犯罪行为，但违反证据取得的行为却经常发生在诉讼前与法庭以外。[②]

2.证明妨碍。有的学者以类推《德国民事诉讼法》第440条规定来论证其证据禁止理论，[③]认为上述条文所规定的涉及当事人一方故意将文件排除或导致其不堪利用的行为，法院可将当事人对该文件性质及内容的主张视其为真实，可类推为违法取得证据情形与证明妨碍。对此，持相反意见的学者认为，上述规定并非以违法性为要件，其与非法证据取得要件不同，并认为上述规定不能作为证据禁止的论据。[④]

3.诚信原则。诚信原则是规定在民法中的实体法原则，但其在程序法上的适用性，则已被学说与实务所肯认。[⑤]德国学者Baumgärtel就认为，诚信原则应作为证据禁止的法理基础。其认为经由恶意与不诚实方法取得的证据，根据诚信原则为不合法的证据方法，理由为，如果允许诉讼上利用这些违法取得的证据，将无异于对实体违法行为的鼓励。[⑥]但因诚信原则是一个不确定的法律概念，因而使用这一概念作为克服分离原则理论，也存在界限探索必要与其具体化的难题。[⑦]

4."任何人均不得从其违法行为中获利"原则。有的学者也以所谓"任何人均不得从其违法行为中获利"的一般法律原则，而推得违法证据不得被利用于诉讼程

---

① Kellner, Verwendung rechtswidrig erlangter Briefe als Beweisurkunden in Ehesachen, JR 1950, S.271.

② Dilcher, Die prozessuale Verwendungsbefugnis.Ein Beitrag zur Lehre vom "rechtswidrigen" Beweismittel, AcP 158, S.471; Zeiss, Die Verwertung rechtswidrig erlangter Beweismittel, ZZP 89(1976), S. 382f.

③ Kellner, a.a.O., JR 1950, S.271. 转引自姜世明：《新民事证据法论》，学林文化出版事业有限公司2004年版，第161页。

④ Vgl.Kaissis, a.a.O., S.40; Kodek, a.a.O., S.99.Vgl, auch Zeiss, ZZP 1976, 383.

⑤ Vgl.Kaissis, a.a.O., S.46f.m.w.N. 转引自姜世明：《新民事证据法论》，学林文化出版事业有限公司2004年版，第161页。

⑥ Baumgärtel, Treu und Glauben, Gute Sitten und Schikaneverbot im Erkenntnisverfahren, ZZP 69, S.103.

⑦ 姜世明：《新民事证据法论》，学林文化出版事业有限公司2004年版，第162页。

序。①而上述法律原则虽然是《德国民法典》第162条（即对违反诚信原则而阻碍条件成就的"处罚"）所隐藏的法律精神，但因其与分离原则的评价可能有所抵触，在理论上如何说明实体上违法，即推得程序上须加以处罚，仍存有疑问。②

5.违法行为激励的禁止。如前所述，德国学者Baumgärtel曾主张，如果承认违法取得证据的可利用性，将造成违法收集证据的诱发效果，也就是，如果当事人确信其因违法行为所取得证据，也可被利用于民事诉讼程序时，则无异于使其获得克服程序法处罚恐惧的后盾。而如果承认禁止使用违法取得的证据，则将具有一般预防的效果。③但就理论上而言，对于违法行为的诱发与激励效果的大小，应视当事人因民事程序所取得利益与其因违反实体法所遭受刑事与民事侵权等处罚的不利益相比较。如果因民事程序所得利益较小，则诱发违法或所谓犯罪抑制因素的排除效果就属较低。这样一来，这些证据是否也可根据这一理论完全说明，或者应转而作为适当修正的问题，是值得探究的。

6.法规范保护目的理论。有的学者认为，违法证据取得的可利用性论断，应从违法行为所触犯法规的保护目的出发。依该法规的意义与目的认为该证据应予以排除证据利用的，就认为不得利用该证据。学者并据此而认为，对于隐私领域及书信与电话秘密的违反，就符合证据禁止的要件。④根据这一见解，则因违法行为可能产生两个效果：其一是实体法上损害赔偿责任，其二是程序法上证据禁止处罚。并且根据这种见解，仅限制当事人本人的违法证据取得，而对于第三人的行为，则并非证据禁止的范围。⑤应注意的是，对于这一观点，认为证据禁止属于例外情形，仅于被违反法规保护目的认为应予禁止时才应禁止该证据的利用。这尤其是在违反人性尊严、隐私领域及人格权时适用。但如果有正当防卫、紧急避险等阻却违法事由，则不在此限。⑥另外，应注意的是，这一理论的困难，

----

① Kauper, Zur Frage der Verwertbarkeit rechtswidrig erlangter Beweismittel im deutschen und schweizerischen Zivilprozess, 1965, S.62ff.

② 姜世明：《新民事证据法论》，学林文化出版事业有限公司2004年版，第162页。

③ Kaissis, a.a.O., S.52f. 转引自姜世明：《新民事证据法论》，学林文化出版事业有限公司2004年版，第162页。

④ Stein/Jonas/Leipold, ZPO-Komm, 20.Aufl., §284 VI Rdnr.56ff. Vgl.auch Grunsky, Grundlagen des Verfahrensrecht, 2.Aufl., 1974, S.445; Baumgärtel, Die Verwertbarkeit rechtswidrig erlangter Beweismittel im Zivilprozess, FS.f.Klug, 1983.S.477ff.

⑤ Grunsky, a.a.O., S.446. 转引自姜世明：《新民事证据法论》，学林文化出版事业有限公司2004年版，第163页。

⑥ Vgl.Kaissis, a.a.O., S.59f.m.w.N.

是在其所谓法规范目的的探求不易，也就是，是否法规范具有指向证据禁止的目的，仍须具体化并提出相关标准。①

7.利益权衡论。在刑事法领域，所谓权衡理论，是指任何违反取证规定的案例，均须个案衡量国家追诉利益与个人权利保障的必要性，并兼顾比例原则在个案中进行判断。德国最高法院刑事判决，大多以所谓权衡理论为圭臬，以解决证据是否禁止使用的问题。②在民事程序中的违法取得证据的可利用性上，也有学者特别强调在个案中具体衡量当事人双方利益，尤其是被违反法规所保护的法益及举证人在诉讼上的利益，兼顾比例原则进行具体的衡量。③这一理论虽然在个案当中具有正义弹性的优点，但不应忽略的是，如果因法官的不当适用，则对于法律安定性也可能发生破坏性的危险。④

证据的可采性规则是一种典型的证据排除法则。对此，有学者指出，对于证据适格性问题，在美国是采用"排除法则"，该项法则是由美国判例法发展而来的。美国法上排除法则的概念和德国法上"证据禁止"的概念，并不完全相同。一般而言，美国法上排除法则的概念，只相当于德国法上"证据利用的禁止"的概念。⑤关于大陆法上证据能力所涉及的严格证明与证据禁止之间的关系，有学者指出，二者概念虽然不同，但是同属证据能力问题。也就是说，涉及个案中有关案件事实的证据资料，必须未经禁止使用（消极的必要条件），并且又经严格证明的合法调查程序后（积极的必要条件），才能取得证据能力，也才能作为该个案裁判的基础。其中，所谓消极的必要条件，是指证据资料未因违法取得或者其他重大原因而禁止使用（Verwertungsverbot），一般亦称为证据之排除（the exclusion of evidence）。所谓积极的必要条件，是指合法调查的严格证明程序，如不符合法定的证据方法及程序或未经法定直接、言词且公开审理的调查程序的证据资料，依照严格证明法则及有关法律的明文规定，则无证据能力，不得采为裁判的基础。⑥

通过上述对于德国证据禁止理论的研习，可见，证据的适格性在证据禁止

---

① 姜世明：《新民事证据法论》，学林文化出版事业有限公司 2004 年版，第 163 页。

② 林钰雄：《刑事诉讼法》（上册　总论编），2000 年版，第 433 页、第 434 页。转引自姜世明：《新民事证据法论》，学林文化出版事业有限公司 2004 年版，第 164 页。

③ Baumgärtel, Beweislastpraxis im Privatrecht 1996, Rdnr. 97, 107. 转引自姜世明：《新民事证据法论》，学林文化出版事业有限公司 2004 年版，第 164 页。

④ 姜世明：《新民事证据法论》，学林文化出版事业有限公司 2004 年版，第 164 页。

⑤ 张丽卿：《刑事诉讼制度与刑事证据》，元照出版公司 2000 年版，第 302 页。

⑥ 林钰雄：《严格证明与刑事证据》，法律出版社 2008 年版，第 19—20 页。

理论当中主要有如下重要特点：第一，证据禁止理论当中的证据取得禁止与证据使用禁止在适用范围上缺乏严格的对应性。某些违反证据取得禁止的证据，可能会因法官的自由裁量而未被禁止使用，也就是说，其照样能够取得证据资格。证据禁止理论当中的证据取得禁止，虽然不能说与证据的适格性在认定上没有关联性，但至少来说，在法律上有关证据取得禁止的规范并非是直接用来认定证据适格性的规范，或者说，它为证据适格性的认定在一定程度上创造了必要的前提条件。第二，证据禁止理论当中的证据使用禁止，涉及证据适格性的认定问题，但是，这种原理与规范并非纯粹地涉及对证据适格性的认定，因此，与日本和我国台湾地区所推行的证据能力理论以及英美法系所实行的可采性理论均纯粹涉及证据的适格性存在一定距离。或许，这与日本和我国台湾地区的证据能力理论在一定层面上受到英美法系可采性理论的启发与影响不无关系。第三，证据的适格性主要体现的是证据在法律上的一种资格，即可容许进入证据调查程序或被作为对案件事实进行裁判的基础。它的基本功能是对法官个体或者陪审团成员自由评价证据或者在事实认定上行使自由裁量权的限制。但是，这种基本功能在德国证据禁止理论上体现得不甚明显。这主要是因为，在德国法上缺乏对证据资格进行限制的一般性规范，而在德国法及理论上所采用的证据使用禁止，主要是法官在个案当中通过自由裁量来确定某一证据的适格性，法律对证据使用禁止通常不作明确、严格的规定。在此情形下，某一证据资料的适格性究竟如何，主要取决于法官的自由裁量，缺乏客观、统一的认定标准。第四，从立法技术上而言，由于德国实行典型的职权主义审判模式，使得证据法显得较为式微，而证据法本身所包含的证据规则在相当程度上多与证据的适格性有关，而这些相对应的功能在德国基本上为诉讼法上的程序性规范所替代。

五、从解读证据能力理论的角度来认识证据的适格性

证据能力是证据法学领域内的一个基本范畴。在大陆法系证据理论上有严格证明与自由证明之分，而证据能力则是严格证明的产物。在概念上，所谓证据能力是指，在特定的诉讼过程中，某种证据（有形物）具有可作为严格的证明资料所应具备的一种法律上的资格。在诉讼上，对于那些已经提出的证据，如被认为无证据能力或者当事人提出异议时，应将其排除在可加利用的证据之外。某一证据一旦缺乏证据能力，就不得经证据评价而作为裁判的基础，从此意义上讲，证据能力的设定是对法官自由心证在范围上的一种限制与束缚。

在理论上，有学者直接将证据能力与证据的适格性相提并论，或者将证据能力作为证据适格性的同义语。[①]另外，还有学者将大陆法系的证据能力与英美法系的可采性作出具有相同性的解读。[②]实际上，证据能力作为大陆法系证据法学原理，有其特定的历史发展之渊源与内涵，它与大陆法系在传统意义上奉行的职权主义审理方式不无关系，这种原理的诞生与其功能的发挥所具有的里程碑意义主要表现在，它使得法官对于证据的审查判断上享有完全的自由心证主义走向历史的终结，取而代之的是，使相对的或者有限制的自由心证主义走上历史舞台。因此，在这种历史背景条件下，将"证据能力"直接视为"证据适格性"的同义语是否妥帖，似有值得商榷的余地。而英美法系的可采性作为一系列证据规则，在英美法系整个证据规则体系当中占据相当的数量与分量，这些众多的证据规则的出现与英美法系在审判上采用陪审团审理方式具有重大的关系，这是大陆法系所不具备的。

但是，如果说，将"证据能力"表述为一种法律上的资格，那么这种表述则更加接近于证据适格性所要表达的确切含义。事实上，在理论上不乏学者将"证据能力"作为法律上所要求的一种资格来看待，例如，我国台湾地区学者李学灯教授指出，所谓证据能力又称证据资格。[③]日本学者高桥宏志教授称，所谓证据能力是指"某一有形物能够作为证据方法来使用的资质"。[④]日本学者三月章教授认为，将一定的证据"资料"用于事实认定时所取得的资格叫作证据能力（所谓传闻证言也具备证据能力的说法就是在这个意义上使用的）。[⑤]而日本学者兼子一教授更是指出，具备作为证据方法来使用的资格（所谓不适格的证人或者被申请

[①] 例如，我国学者孙远认为，证据能力是一种法律上的资格，证据能力是证据可以在诉讼中使用的资格，故被称为证据资格或证据的适格性。孙远：《刑事证据能力导论》，人民法院出版社 2007 年版，第 7—9 页。

[②] 例如，有观点认为，证据能力的概念起源于英美法系的可采性理论。无证据能力的证据，便不得向法院提出，如已提出，则必须将其排除，而不得对其进行证据调查，更不得将其作为认定事实的基础。从这个意义上讲，证据能力实际上就是英美证据法上的可采性。因此，可将证据的可采性与证据能力作为同义语使用，在论及英美证据法时，多采用可采性一词，而在论及大陆法系，尤其是日本和我国台湾地区的证据规则时，则多使用证据能力一词。郭志媛：《刑事证据可采性研究》，中国人民公安大学出版社 2004 年版，第 34—36 页。

[③] 李学灯：《证据法比较研究》，五南图书出版公司 1992 年版，第 438 页。

[④] ［日］高桥宏志：《重点讲义民事诉讼法》，张卫平、许可译，法律出版社 2007 年版，第 27 页。

[⑤] ［日］高桥宏志：《重点讲义民事诉讼法》，张卫平、许可译，法律出版社 2007 年版，第 27 页脚注。

回避的鉴定人没有证据能力的说法就是在这个意义上使用的）被称为证据适格。[①]
可见，证据的适格性原本指的就是法律上所要求的在诉讼上可利用为证据资料的
资格。只不过在大陆法系严格证明理论的条件下，证据能力应被理解为法律上所
要求的可被用作严格证明的证据资料的资格。英美法系在采用陪审团审理方式条
件下，侧重传统意义上的当事人主义，对证据的适用范围加以严格限制，以防止
因缺乏法律专业素质的陪审团成员不能理性对待那些未经过滤的证据资料，或受
社会舆论的影响，或误用推理的经验规则，或迷于被告的社会地位和经历，或惑
于被告的巧辩，而变得先入为主，在事实问题的判断上产生偏见，或触及感情或
专断之弊。相较而言，大陆法系则侧重传统意义上的职权主义审理方式，具有促
进法官能动司法的内在功能，由具备法律专业修养、受过良好的训练、富有庭审
经验的职业法官来审理案件，故对证据能力较少加以限制。在大陆法系的理论
构造上，证据力由证据能力与证明力两部分所构成，证据能力系形式上的证据
力，它表现为证据形式上的资格；而证明力则为实质上的证据力，它表现为证据
实质上的价值。证据能力系证据资料为法律所认可的一般形式上的资格。某一证
据有无证据能力，原则上，法律设有形式上的规定，对此，不允许法官自由作出
判断；而证明力则系证据资料为论理所认可的对证明某种待证事实具有实质上的
价值，对此，允许法官根据其自由心证作出相应判断。但是，就某一证据资料而
言，其有无作为证明待证事实的价值以及能否发生这种价值功能，应当以其有无
证据能力为前提。可见，证据能力理论的出现及其发挥应有的程序功能，体现了
法律对法官评价和采纳证据的能动性的一种有力制衡，从深层面上来看，具有政
治意义，是立法对司法的一种钳制和约束。当然，从论理的角度而言，如果某一
证据资料原本就无证明特定待证事实的价值，那么其证据能力也就无从谈起。换
言之，在某一证据资料对特定待证事实具有证明价值的条件下，该证据资料是否
具有形式上的证据力，从法治化以及权力制衡的角度并非是由法官说了算，而是
由立法者来定夺。即使在法律上缺乏明确的规定（尤其是在民事诉讼中），法官
也应当站在立法者的角度并以立法者的眼光作出相应的判断。在法律上，通常对
证据能力并未设置一般性的规定，而是就特定证据在特定情形下作出无证据能力
的规定。对此，有学者认为，证据能力可分为两种类型：绝对无证据能力与相对
无证据能力。前者是指因证据的取得违反法律禁止性规定的情形，后者是指证据
的取得虽然违反法律的规定，但法律并未对其所取得的证据设定禁止使用的明文

----

① ［日］高桥宏志：《重点讲义民事诉讼法》，张卫平、许可译，法律出版社 2007 年版，
第 27 页脚注。

规定的情形。[①]

另外，应当指出的是，正是由于证据能力理论的出现及其功能的发挥，使得人们对于诉讼证明标准的认识发生了历史性的变革，也就是，在此之前，人们还极力追求以发现客观真实为目标这样一种理想主义的证明标准。在此之后，人们不得不回归到以发现法律真实为目标这样一种现实主义的证明标准，或者说，以尽可能地发现或接近客观真实为标准，从而对社会正义与司法公正的认知与解读发生了历史性的跨越，赋予了一种全新的诠释与注解。

因此，证据能力本身就具有理论上的体系性与程序上的功能性，难以简单地与证据的适格性等同划一，但是，在特定的层面，确有与证据的适格性相重叠的环节。从这个意义上来讲，在一个相同语境下，证据能力本身也可用来表达"证据的适格性"这一概念的应有之义。[②]

六、从解读证据合法性的角度来认识证据的适格性

关于证据资格的认定问题，英美法系采用证据可采性理论学说，大陆法系的日本、我国台湾地区采用证据能力理论学说，德国则采用证据禁止理论学说。由于国情的某些特殊性所致，我国多年以来在这一问题上是采用证据合法性理论学说。

合法性在英文中可表述为"lawfulness""legality""legitimacy"。合法性一词有多重含义，按所针对的对象不同，可以分为两种类型[③]：其一是针对个人行为而言，指的是合乎法律的规定；其二是针对某种公共权力或政治秩序而言，指的是它的正当性、权威性和实际有效性。英文中的表述"lawfulness""legality"是前者，而"legitimacy"则表述的是后者。按照所合乎的"法"来区分，对合法性的认识又可分为合形式法与合实质法两种类型。前者是合乎形式上的法律，即实在法，尤其是国家制定的法；后者是合乎实质上的法律，即除了狭义的法之外，还包括"事物的法则、原理以及被公众认可的价值观"。[④]这是从法学理论上对

---

① 蔡墩铭：《刑事诉讼法论》（修订版），五南图书出版公司1993年版，第210页。

② 例如，有学者指出，证据能力，亦称证据资格，或称证据适格性，是指具有可作为严格证明系争的实体法事实的资料的能力。也就是说，某种资料具有可作为证据的能力。参见林山田：《刑事诉讼法》，三民书局2001年版，第204页。转引自郭志媛：《刑事证据可采性研究》，中国人民公安大学出版社2004年版，第33页。

③ 吴淞豫：《行政诉讼证据合法性研究》，法律出版社2009年版，第36页。

④ 周世中：《法的合理性研究》，山东人民出版社2004年版，第37—38页。

于合法性的一般解释。然而，我们在此所论及的合法性，并非是抽象意义上的合法性，或者一般意义上的合法性，而是具有特定内涵的合法性，这就是证据的合法性。

另外，应当明确指出的是，在此所涉及的证据合法性，应当是一种狭义上的证据合法性，它主要指的是某一特定主体在诉讼上因采用特定手段、方式或者程序用于收集、获取相关证据所产生的合法性问题，也就是，对于相关证据能否获得法律上的适格性所产生的影响及效力。因此，这种证据的合法性问题并不特指证据的形式或内容、诉讼上的法定程序，甚至与证据的形式或内容、诉讼上的法定程序无关。例如，《民事诉讼法解释》第103条第1款规定："证据应当在法庭上出示，由当事人互相质证。未经当事人质证的证据，不得作为认定案件事实的依据。"在此，由当事人对证据进行质证，是诉讼上的一种法定程序，也就是说，质证包括对证据的合法性问题进行辩论，如果双方当事人对某一证据资料的合法性发生争执，由双方当事人各自就此发表意见进行论述。在此过程中，必定是一方当事人主张该证据资料在法律上具有合法性，而另一方当事人主张该证据资料在法律上不具有合法性，最终是由法庭在听取双方的辩论意见的基础上，决定究竟采纳何方的主张。因此，庭审中的质证是法庭用于判断某一证据资料是否具有合法性的法定程序，在法庭作出这种判断之前，有关的证据资料已经具备实质上的合法性或者已经不具备实质上的合法性。[①]也就是说，有关的证据资料是否具有合法性，其实早已有答案，不过采用质证这种法定程序，只是作为宣示（宣布）这种答案的一种法定形式而已，这一点在当事人一方缺席审理的情况下表现得尤为明显。质证是法庭采纳有关证据资料作为定案依据的前提条件，它是一种正当程序上的要求，而并非是决定某一证据资料是否具有证据合法性的前提条件。退一步讲，即使具有合法性的证据资料，如果未经当事人的质证（当事人缺席审理的除外），也不得作为定案的根据。因此，证据的合法性与诉讼上的法定程序并不存在直接的关联性。另外，在民事诉讼上，如果双方当事人对某一证据资料的适格性不存在争议，如双方分别在起诉状和答辩状中均对该证据资料加以引用，在庭审中也就没有对该证据资料进行质证的必要，这也足以表明，证据的合法性与诉讼上的法定程序并不存在必然的联系。

最高人民法院法复〔1995〕2号《关于未经对方当事人同意私自录制其谈话取

---

① 《民事诉讼法解释》第104条第1款规定："人民法院应当组织当事人围绕证据的真实性、合法性以及与待证事实的关联性进行质证，并针对证据有无证明力以及证明力大小进行说明与辩论。"

得的资料不能作为证据使用的批复》中认为，未经对方同意私自录制的谈话录音资料不具有合法性，不能作为证据使用。该规定被认为是我国司法中第一个非法证据的排除规则。[①]该规定也是我国司法上首次提出证据的合法性问题，标志着对我国学界所提出的证据合法性理论的认可。随后，1997年修改后的《刑事诉讼法》第43条首次以正式立法形式将"非法"与"证据"相提并论。即："审判人员、检察人员、侦查人员必须依照法定程序，收集能够证实犯罪嫌疑人、被告人有罪或者无罪、犯罪情节轻重的各种证据。严禁刑讯逼供和以威胁、引诱、欺骗以及其他非法的方法收集证据。"[②]在此之后，"非法证据"一词在学界得以广泛运用。

能够证明有关待证事实的一切物质材料或者信息载体，都可被称为证据。因此，没有特定的待证事实，也就没有相应的证据可言。证据，又称为证据资料或者证据方法。证据的合法性问题，又称证据的法律性问题。单从观察与研究的角度来讲，证据资料的内在属性是其所具有的证明价值，也就是证明力，或者说，是证据资料与待证事实之间的关联性、充分性问题。作为某一待证事实的证据资料本无合法性问题。从历史的发展轨迹来看，在早先的诉讼上并不存在证据的合法性问题，即使在后来发展到以发现事实真相为诉讼目的的时代，证据的合法性问题也并不突出。例如，在普通法上，实物证据（物证）并不因取证时被告的权利受到侵害而被排除。在英国于1861年曾经审理的利萨姆一案中，法官曾经指出："问题的关键在于你如何获取它：即使是你偷来的，它也将被作为证据采用。"适用这一规则的基本原理在于，事实审判者在其作出裁决之前，有权获知所有与事实相关的信息。另外，非法收集的证据在证明事实真相上的价值，并不因收集手段的非法性而有所降低或者导致证据无法被采用（例如，与被告供述相比）。1969年，在审查了加拿大和其他国家的法律之后，欧迈特委员会认为：法官是否拥有排除非法获取证据的自由裁量权尚无定论。它还提出了一个案例，在该案中，一个使用暴力采集的血液样本仍被作为证据使用。[③]再则，即使在当今的理论上，

---

① 李国光主编：《最高人民法院〈关于民事诉讼证据的若干规定〉的理解与适用》，中国法制出版社2002年版，第443页。

② 我国现行《刑事诉讼法》第52条规定："审判人员、检察人员、侦查人员必须依照法定程序，收集能够证实犯罪嫌疑人、被告人有罪或者无罪、犯罪情节轻重的各种证据。严禁刑讯逼供和以威胁、引诱、欺骗以及其他非法方法收集证据，不得强迫任何人证实自己有罪。必须保证一切与案件有关或者了解案情的公民，有客观地充分地提供证据的条件，除特殊情况外，可以吸收他们协助调查。"

③ ［加］琼·布鲁克曼、［加］V. 戈登·罗斯：《被禁止的非法的和错误的证据》，陈丽莉译，载江礼华、［加］杨诚主编：《外国刑事诉讼制度探微》，法律出版社2000年版，第387页。

作为某一待证事实的证据资料，如果不与特定的诉讼相联系，或者虽然涉及某一诉讼，但是在诉讼之前，就可被称为一般的证据资料，也无合法性可言。反之，如果某一证据资料用于诉讼上供法官自由评价，以便作为定案依据时，就会产生法律性问题，即证据的适格性问题，在称谓上，它就转化为特殊的证据资料，或者诉讼证据资料。

证据的合法性是法律对于证据资料的规定性，它是对某一证据资料在诉讼上可被用来证明待证事实的一种法律上的资格。也就是，立法者或司法者对于证据资格以及证据资料适用范围的限定性。证据的合法性是证据资料的外在属性，它是由立法者或者司法者的主观能动性所决定的。换言之，如果证据的合法性越强，或者说，立法者或司法者越强调证据的适格性，那么在诉讼上可被利用证明待证事实的证据资料的范围就越小。证据的合法性意义在于：第一，从社会发展的角度而言，它是人类的社会文明逐渐走向法治化的体现，也就是说，自近代社会以来，基于限定政府（主要是警察）行为及保障人权的需要，立法者和司法者首先在刑事诉讼中赋予有助于证明犯罪事实的证据资料在证据资格上的法律价值评价；特别是在现代社会条件下，即使对于涉及私权纠纷的民事诉讼，对有关证据资料的取得方法加以限定，或者经利益权衡适当考虑对方当事人实体法权益的保护。第二，对社会正义的理解取得实质性的进步。也就是说，强调诉讼程序的正当性，即利用诉讼方式在发现事实真相及解决争议的过程中，实现实体正义与程序正义的均衡发展。第三，使证据法逐渐从有关实体法和程序法当中剥离出来，或者具有相对的独立性，以促使证据本体制度或者规则体系的发展。

笔者认为，证据的合法性包括符合法律特定的形式以及不违反法律所规定的内容。在三大诉讼证据架构下，对证据的合法性有不同的要求，在刑事诉讼和行政诉讼中，对于公权力主体而言，其所涉及的证据合法性，既包括应符合法律规定的形式，也包括不得违反法律所规定的事项，而对刑事诉讼和行政诉讼中的相对一方主体，以及在民事诉讼中的双方当事人，仅要求不得违反法律所规定的事项。

七、我国法律及司法解释有关证据适格性的规定

（一）关于证人证言的适格性

在我国，关于证人的资格，《民事诉讼法》第75条第2款作出了原则性的规定，即："不能正确表达意思的人，不能作证。"对此，《2019年民事证据规定》第67条第1款也作出了相同的规定，即："不能正确表达意思的人，不能作为

证人。"

对本条文的理解与适用，应当全面掌握如下基本内容：

1.证人是就其亲身经历或知悉的案件事实而向法庭作证的人。证人必须具有表达自己的意思并使事实裁判者理解的能力，即具有意思上的表达能力。凡不能正确表达意思导致其欠缺意思能力的人，则不具有作为证人的适格性。例如，精神病患者、痴呆、年幼无知或者其他不能正确表达意思的人，不能作为证人。但是，即使生理上有缺陷的人，只要这种缺陷不会成为其了解有关事实以及表达其意思的障碍时，仍可以作为证人。例如，聋哑人可以采用文字来表述其看到所发生的事实，盲人可以证明他所听到的事实。另外，作为未成年人，如果对有关事实有一定的理解和表达能力时，也可以作为证人。总之，待证事实与其年龄、智力状况或者精神健康状况相适应的无行为能力人和限制行为能力人，在通常情况下，均可以作为证人。

2.上述立法及司法解释中载明的"正确表达意思"中的"正确"一词应属于一个相对概念，该修饰词义涉及一个相对模糊的范畴。在实际判例中，甚至会出现虽不能那么"正确"地表达意思，但仍能辨别人物的性别、简单的举止、颜色的黑白、声音的强弱、气味的某种刺激等这些简朴的事物特征，有可能对某类案件事实的认定产生相当大的积极和辅助性作用。

3.应当指出的是，根据我国《民法典》第20条的规定，不满8周岁的未成年人为无民事行为能力人，但如果就此认为，因无民事行为能力而导致无民事诉讼行为能力，而无民事诉讼行为能力人就一定会不具有作证能力，这种逻辑推理不能成立，也缺乏必要的立法根据和司法经验。因为，就民事诉讼而言，凡无民事行为能力人的权益受到不法侵害，其诉讼行为由其法定代理人代为进行，但是，作为证人不同于当事人的一个重要特征是，证人陈述自己通过耳闻目睹所知悉的案件事实，他是由案件本身所决定的，证人具有不可选择性和不可替代性。因此，判断一个证人的作证能力的大小，以及对其证言采信程序的强弱，不宜简单、机械地以一个年龄段为依据，这也就是说，一个证人所作证言的可靠程度不能因为他属于8周岁以下的未成年人，就无端地认为其不如70岁或80岁的老人；同理推之，一个反应灵敏、头脑清晰的70岁或80岁老人有可能作出的证言，在可靠程度上胜于一个年轻力壮的成年人。这就说明，对事物认知或体察的程度在一些情形下与待证事实之间并无必然的联系，就未成年人来说，主要应取决于未成年人的智力状况与待证事实繁简程度之间是否相适应。在年龄上，对证人作证能力一般不加严格限制，具体适用由法院在特定案件审理过程中，根据案件的难易、繁简程度、待证事实对证人认识能力的要求程度，以及未成年人的感知、辨别和表达事物的能力和心理发育状况等诸种因素一并加以考虑，并作出适切的判断和认定。

（二）关于摘录文件证据的适格性

《2019年民事证据规定》第44条规定："摘录有关单位制作的与案件事实相关的文件、材料，应当注明出处，并加盖制作单位或者保管单位的印章，摘录人和其他调查人员应当在摘录件上签名或者盖章。摘录文件、材料应当保持内容相应的完整性。"

本条文的理解与适用，应当全面掌握如下几方面的内容：

1.本条文既可适用于当事人收集有关证据时所获取的书证摘录件，也可适用于人民法院依职权调查收集证据过程中所获取的书证摘录件。这些规定系对摘录有关文件、材料所设定的程序性要求，如果违背了这些程序性的要求，将导致法院因摘录有关文件、资料而取得的证据材料在诉讼证明上不具备相应的适格性。

2.民事笔录是指由人民法院审判人员在民事查证工作中依法定程序制作的反映查证过程和案件事实情况的文字记录。制作民事笔录是民事诉讼调查收集证据工作中使用最广泛的一项查证技术手段。在民事诉讼查证工作的各个阶段，运用各种民事查证措施都离不开制作民事笔录。摘录有关单位制作的与案件事实相关的文件、材料，属于民事笔录中的抄录笔录，与它相对应的是记录笔录。这是按照民事笔录在民事诉讼查证过程中的作用来划分的。所谓抄录笔录，是指把已经形成书面文字的材料或者把已经固定化的人的语言用书面文字按原样记录下来的笔录。按是否要求按原格式抄写，抄录笔录可分为原内容抄录和原内容、格式抄录两种。原内容抄录笔录是指不受原件格式限制，只照抄原件内容的抄录笔录。例如，抄录一份书信，可以不受原起止格式限制，只将原件内容照实抄录就可以了；抄录一页会计账表，可以不受原件格式限制，只抄录原件中记载的数据即可。原内容、格式抄录是指需要按原件格式抄录其内容的抄录笔录。例如，抄录一份工商企业的营业执照，为了形象、清楚、明白地记录书证的内容，就需要按照原件的格式抄写。

3.本条第1款中发生"摘录"的行为是出于书证原件过于浩繁等原因，即某一书证原件为连续性或系列性的账册、记录、史料、档案等卷帙浩繁、体积及重量超凡，这些书证材料由相关的机构持有或保管，或某些书证原件为铭刻在石碑或其他不能移动的物体之上，或者为珍贵的文史资料等，其中所涉及的有关档案材料已为有关档案馆以及有关机关、团体、企事业单位或其他组织保存并将原始文件归档管理，难以提供原件。基于无法完全获取或者完全获取相对困难且成本较高，而价值相对有限，故有必要仅对其中有价值的部分进行摘录。根据本条文的规定，在诉讼上，当有关当事人为了证明其诉讼请求和事实主张以及法院为查明待证事实的实际需要，如果与待证事实有关的文件或材料在客观上无法完全获取，或者即使能够完全获取而需要承担相当的成本且实际上并无必要的，可以以摘录件的形式作为认定案件事实的依据。

4.根据本条的规定，摘录文件、材料仅与书证有关。书证的真实性既包括形式上的真实性，也包括实质上的真实性。其中形式上的真实性体现了书证的证据资格即证据能力，系书证在形式上的证据力；而书证实质上的证据力是建立在某一书证具有证据能力的基础上所体现的对案件待证事实具有的证明价值。与此相应的是，对摘录文件、材料的真实性要求，既包括形式上的真实性，也包括实质上即内容上的真实性。从形式上的真实性而言，摘录有关文件、材料的主体应当具有相应的适格性，手续应当合法、完备，印章应当真实，并且并不存在伪造、变造的情形等。具体体现在以下几个方面：其一，摘录有关文件、材料时，应当制作摘录笔录。摘录笔录要注明摘录的出处，这是表明摘录笔录具有真实的来源，以便人民法院在认为必要时对有关文件、材料进行核实查对。其二，加盖制作单位或者保管单位的印章，以保障摘录文件、材料的真实性和可靠性，并得到制作单位或者保管单位的认可。其三，应当载明摘录文件、材料即从事该书证调查收集的主体。也就是要求由摘录人、其他调查人员以签名或盖章的形式对于摘录文件、材料的真实性予以确认。如果摘录文件、材料在形式上出现某种不完备的情形，则构成形式上的瑕疵，从而对该书证摘录件作为证据的资格以及证据力（即证明力）的大小产生实质性影响。

5.该条文还对摘录内容的完整性作出了严格的要求，即摘录文件、材料应当保持内容相应的完整性。这里所谓的保持内容相应的完整性，是指被摘录的内容在结构和逻辑体系上能够完整，不至于让人看后引起误解。这是对书证摘录件在实质上的真实性要求。对有关文件、材料的内容进行摘录是书证的一种表现形式，即相对于书证原件的真实性与完整性而言，对有关文件材料进行摘录，必须正确、客观、完整地体现文件、材料的原旨本意与实质内容，作为有关文件材料的摘录主体不得根据偏私和好恶对有关内容进行有选择性的取舍，既不能简单拼接，更不能断章取义。在必要时，法院可依职权决定前往摘录件的书证原件存放处予以审查核实。

6.与书证的原件相比较，书证的摘录件在证明效力上与其是否有所差别，现行法律及司法解释并未作出明确规定，但当有关书证摘录件作为关键性证据时，法院在客观条件允许的条件下，如果经由其与书证原件核查比对所形成的心证自然能够达到使书证摘录件与原件在证明力上相一致的程度；但在通常情况下，如果法院经审查认为，有关摘录文件、材料在形式上符合相应的规定和要求，即摘录文件、材料注明有出处、加盖制作单位或者保管单位的印章，同时摘录人、其他调查人员也在摘录文件或材料上以签名或者盖章加以确认的，可认定其具有形式上的真实性。至于其实质上的真实性如何，应取决于该摘录文件或材料涉及的内容。如果法院经审查发现有关书证的摘录件在形式上不符合要求，存在某种瑕疵，则可要求提交摘录文件、材料的当事人进行必要的补正，凡拒绝进行补正或者经补正在形式上仍不符合相关要求的，则应认定形式上的真实性不能有效成立，即该证据摘录件不具有相应的证据资格。在有关书证摘录件具有形式上的真实性基础之上，法院还应就摘录文件、材料的正确性与完整性进行审查。在此过程中，法院应听取对方当事人的意见。如对方当事人对摘录文件、材料的正确性及完整性并未提出质疑的，则法院应对有关摘录文件、材料的正确性与完整性加以确认；如果对方当事人对有关摘录文件、材料的正确性与完整性提出质疑的，应当使其就有关理由负说明义务，并同时听取相对一方当事人的意见。如果法院经审查认为对方当事人提出的异议及理由能够有效成立的，则可决定是否有必要对有关文件、材料重新进行摘录；如果法院经审查认为对方当事人提出的异议及理由不能有效成立的，可决定将其作为证明待证事实的基础。

第三节 主询问规则

一、主询问概述

主询问（examination-in-chief）又称直接询问（direct examination），作为英美法的传统，它是开庭审理询问证人的第一阶段。主询问通常是由提供证人的一方当事人通过其律师进行的。当事人将通过询问自己提供的证人，借助于证人所了解的案件事实情况，把己方主张的理由以及信息、材料来源明确地反映出来，以取得事实审理者的理解和同情。"在主询问中向证人发问的目的，在于获得证据以支持传唤证人的那方当事人的诉讼主张。在许多方面，主询问比反询问有更多的限制。诱导性问题不能随意提出，并且，虽然证人在所作证言时与证据相抵触而显得不尽如人意，但是，除非他被证实具有敌意，否则，不能被认为丧失信用。"①

在英美法中，证人证言是一种极为重要的证据方式。当然，这种证人应作为广义上的理解，既包括普通证人（lay witness），又包括专家证人（expert witness）。由于对询问证人制定有诸多的规则，这些规则与英美法中的对抗辩论式诉讼模式紧密关联，因此，对证人的询问成为英美法庭审活动中不可或缺的一部分。并且，证人通常由当事人自行传唤，通过主询问就在于向法庭证实询问方的主张，是当事人切实履行举证责任的必要形式；由于主询问是反询问的前提和基础，因此，主询问进行得如何都可能给反询问造成实质性的影响。

在进行主询问之后，进行主询问的一方可以就对方进行反询问中所涉及的新的事项进行再主询问（redirect examination）。也就是说，在交叉询问结束后，进行主询问的一方根据情况需要，可以决定再次询问其传唤的证人，要求该证人就同一主题所涉及的相关事项，作必要的补充说明，其目的在于恢复证人证言中被对方反询问所削弱的有关内容，从而有利于澄清证人在交叉询问中所暴露出的矛盾之处以及仍被质疑的部分。这种再主询问是作为整个询问证人过程的第三阶段，被称为再询问（re-examination）。

实际上，从程序设置的规则本意而言，主询问与反询问是相对的。因此，再主询问发生之后，并不排除再反询问以及此后反复循环的延续过程。如果当事人认为确有必要，这样的再主询问可以反复若干次，直至无话可问或无必要再问为止，与此相应，相对方也可以再次进行相应的反询问。

二、主询问的程序功能

直接询问的目的在于引发兴趣、悬念以及在法庭上创造一种奇妙无穷的感染力，最大限度地赢得陪审团的同情与支持。②为了使直接询问获得这种最佳的效果，律师应预先设计好如何组织询问，并安排妥当询问的次序。为了增加陪审团的理解与信任，律师可以询问证人的职业、年龄、家庭情况以及有助于加深陪审团良好印象的其他背景情况。"主询问作为一种程序，是由一方当事人传唤证人出庭就对其有利的方面作证，从该证人处得出的证言与事实争执点具有关联性且

---

① J. D. Heydon, *Evidence Cases and Materials*, Butterworth & Co (Publishers) Ltd. 1984, p.446.

② 毕玉谦：《民事证据法判例实务研究》，法律出版社 1999 年版，第 125 页。

能够使案情朝着有利于询问者的方向发展。"[1]询问证人还可起到直接或间接印证有关涉及案件的书证、物证等其他证据材料的情况，同时，询问证人作为英美法对抗式诉讼的重要组成部分，询问证人的效果如何，将会对案件事实的认定产生相当的影响。

三、主询问的主要规则

依据英美法的询问规则，所有证人都必须借助问答方式提供证言，而不得由证人仅仅宣读一份书面证言而了事。同时，根据英美法询问证人的规则，当事人的律师必须采用问答方式进行。

对于在主询问中传唤证人出庭作证的一方而言，对于本方证人的直接询问中，应严格遵循这样一些规则：（1）直接询问应仅限于与案件具有关联性的事实；（2）当事人不得以反询问或其他方式质疑或攻击自己的证人；（3）不得进行诱导性询问；（4）询问的进行不得以导致产生的答复为依据。

但是，在一些特殊情形下，根据一些英美法国家和地区的证据法规定，如证人为未成年或胆怯受惊者时，可以对其进行诱导性询问。另外，在一些特定情形下，如法官认为通过诱导有助于有效地完成直接询问，且于对方也无害处时，可对该种情形加以斟酌后，决定是否准许律师对由己方提供的证人进行诱导。例如，《美国联邦证据规则》第611条规定，在对证人进行直接询问时，除非为展开证人作证所必需，否则不得提出诱导性问题。这也就意味着通常在反询问人超越了直接询问的范围时，他必须避免诱导性询问。《美国联邦证据规则》第611条给予法院对审判的进程享有极大的控制权。法院可以控制对证人询问及传唤的顺序和模式，其目的在于为确定真实性而使证据的提示更有效，避免时间的浪费以及保护证人。显然，对确定真实有帮助的认定，通常也会导致法院宝贵时间的消耗，更可能使证人陷入困窘的境地。[2]

律师对专家证人采取的主询问，适用于对一般证人询问的规则。构成专家证人意见的信息来源主要有：

其一，系专家证人据他亲自观察的事实发表的有关看法和作出的结论。例如，一位医学专家可以依据一份 X 射线检验报告的结果提出自己的意见。当他在意见

---

[1]　Peter Murphy, *A Practical Approach to Evidence*, Blackstone Press Limited 1992, p.441.

[2]　［美］Stephen A. Saltzburg：《美国联邦证据法》，段重民译，司法周刊杂志社1985年版，第104页。

或结论中所依据的该项报告结果,已被该领域内的专家在专门性问题的意见或结论中证实是合理、有效的,那么该项报告结果本身无需再经专家证明其可采性。

其二,在法庭上出现的专家证人,可以将曾被引证的证据作为意见的根据,只要该证据在法庭上并未引起争议,因为专家不能瞒着任何人来权衡一项具有争议的证据分量。

其三,专家证人可以将审判或听证前获悉的资料作为其意见的根据。传递给专家的有关资料其本身无需作为证据被接受。如做调查的精神病学家根据医疗仪器作出的图谱,精神病学家的会诊报告和其他观察当事人、专业人员的报告,对当事人的精神状况问题提出的意见,等等。因此,专家的意见中并不排斥有关的传闻证据,在法庭上,对此应享有获得信任的权利。

其四,专家证人能以在询问期间由证据引出的一个假设性问题传达给他的信息资料作为意见的根据。

由此可见,在英美法国家和地区,专家证人就案件事实所提供的意见与一般证人的证言不同,它可以包含传闻证据,因为,专家证人只是利用自身的专业技能和特有的经验对案件事实的有关情况予以证实、发表意见,而并非对案件事实曾有过亲身感觉和经历。为此,根据这一特点,律师可以借助对专家证人的询问,把在其他情形下不能提出的询问作为专家意见的根据,以此说服陪审团相信某一案件事实的可靠程度。

再询问采用的方式与主询问基本上相同,只是稍微放宽了对诱导性询问的限制。

主询问的规则主要有:

(1)凡未进行交叉询问的,不得进行再询问。未经法官许可,当事人或律师不得在再询问中提起在主询问或交叉询问中遗漏的问题。(2)再询问应限于反询问中出现的事项。未经法官的许可,不得引进新的事项,除非由于对方的反询问引出了新的事项,造成了这样做的必要。(3)不得提出诱导性问题,但就同一事项,在主询问中已允许提出诱导性问题的,不在此限。

四、有关立法例

主询问是开展反询问的前置程序和前提阶段,因此,英美法各国和地区均在立法上予以明确规定。如《美国联邦证据规则》第611条(a)项规定,法庭应当对询问证人和出示证据的方式及次序加以合理的控制,以便做到:其一,使询问和出示证据能有效地帮助确定事实真相;其二,避免不必要地浪费时间;其三,保护证人不受折磨或不正当的非难。该条（c）项规定，在对证人进行直接询问时，除了为证人作证所必需外，不得提出诱导性问题。

《加拿大证据法》规定，法官应当对提交的证据和询问证人加以合理的调控，以便有效地发现事实真相，并避免不必要地浪费时间，保护证人免受折磨或不正当的非难（第58条第2款）。

根据《菲律宾证据法》规定，主询问是由提出证人的一方当事人，针对与争议问题相关的事实，进行的主要的询问（第132节第5条）。在反询问结束后，举证方可再次主询问，以便使证人对其再反询问时的回答进行解释或补充。对于反询问时未涉及的事项，经法庭酌定许可，也可在再主询问时进行询问（第132节第8条）。

五、大陆法系在传统上的询问方式及其成因

在大陆法询问证人的方式上，许多国家并不存在诸如英美法中那样的主询问与反询问。这主要是因为：

第一，询问证人主要由法官来进行，英美法中的主询问与反询问主要体现在对本方证人先由本方来询问，然后再交由对方来询问。而大陆法国家通常不按这种做法，如《法国民事诉讼法》第208条规定，法官按照他安排的顺序分别听取证人的证述。因此，这种做法本身也就无所谓主询问与反询问之分。

第二，英美法中的反询问是相对于主询问而产生的，并且，反询问是整个询问过程中最为关键和最富有挑战性，同时也是风险与机遇并存的重要阶段。在这一阶段，当事人一方主要是通过其律师向对方证人或在特定情形下对本方的敌意证人借助各种质疑方式来进行询问的，其质疑的范围涉及证人的品格、作假的倾向、个人历史以及利害、偏见、宗教信仰、先后不一的矛盾陈述，等等。这是由诸多的成文法和判例法的规则来构成的，而大陆法中往往并不存在这些与反询问方式相应的一系列实体规范和程序规则。比如，在意大利，与其他欧洲国家相比较，法官无权传唤证人，以及根据其自由的判断系统地提出有关问题，况且，法官询问证人的范围受当事人预先所制定框架的限制，更不存在普通法国家由当事人及其律师对证人的询问和交叉询问而给诉讼程序带来的那种灵活的适应性和自主的推动性。[①]

第三，在英美法询问证人的程序中，必须始终有当事人及其律师在场，并担

---

① Mauro Cappelletti, Joseph M.Perillo, *Civil Procedure in Ltaly*, Martinus Nijhoff, The Hague, The Netherlands 1965, p.223.

当主角,这是从事主询问和反询问时都不可或缺的,否则,一方当事人以及律师的缺席必然导致证据的无效。而在大陆法中却规定当事人于询问证人时在一些情形下必须退场。例如,根据《法国民事诉讼法》第208条规定,询问证人时,根据抗辩,如有必要,法官可以要求当事人一方退席,但在询问证人之后,该当事人有权要求立即获知证人在不在场时所作的陈述。我国台湾地区"民事诉讼法"第321条也规定,当证人在当事人面前不能尽其陈述时,法院得命令当事人退庭。待证人陈述完毕后,当事人可再行入庭,并由审判长告知其为证人所陈述的事项。按照英美法的观念,这违背了直接言词原则,在程序上无异于形成一种"传闻"。

总之,在询问方式上,大陆法并未直接导入当事人进行主义,是其与英美法之间出现重大差异的主要原因。

六、我国有关司法解释对证人询问方式的规定及对我国设置主询问规则的探讨

《2019年民事证据规定》第74条第1款规定:"审判人员可以对证人进行询问。"对本条文的理解与适用,应当掌握如下基本内容:

1.尽管《民事诉讼法》及《民事诉讼法解释》并未对人民法院可以依职权对证人进行调查询问作出明确规定,但是,在审判实践中,人民法院对于证人进行调查询问是其庭审调查的重要内容之一。从准立法的角度而言,本条文的规定相当于填补了这一空白。

2.《2001年民事证据规定》第58条规定:"审判人员和当事人可以对证人进行询问。"该规定显然是将法院的庭审调查权与当事人对证人进行询问的诉讼权利同等看待,意在削弱或者淡化法院职权主义的审理模式,并且将当事人对证人进行的询问视为一种当然的诉讼权利。而本条款的修订将上述在询问证人问题中所体现审判人员与当事人及其诉讼代理人之间的平行关系模式,塑造为一种主从关系模式,即以人民法院对证人询问为主,以当事人及其诉讼代理人的询问为辅,而这种主从关系模式主要是大陆法系国家和地区的传统做法。一方面,它体现了包括证据调查在内的庭审调查,理应由法院来主导;另一方面,它亦反映出证人出庭作证是对法院所承担的一种公法上的义务,这种义务具有协助法院查明案件事实真相的性质。①

----

① 《民事诉讼法解释》第119条所规定的证人在出庭作证前对被告知其如实作证的义务、作伪证的法律后果以及被责令签署保证书均体现了这种协力义务的性质和功能所在。

3.尽管从本条文所规定对证人进行询问的逻辑顺序来看，系先对审判人员对证人进行询问作出规定，然后再对当事人及其诉讼代理人对证人进行询问作出规定，但这并不影响在实践中法庭根据情况先行安排双方当事人对证人进行询问，然后再由法庭对证人进行询问的做法。法庭在询问证人的程序上享有主导权，可以根据庭审需要随时对证人进行询问。

4.鉴于保障当事人的质证权的考虑，其中所谓"经审判人员许可"，既包括法庭主动安排当事人及其诉讼代理人对证人进行询问，也包括在当事人提出申请询问证人的情况下，法庭对此予以准许的情形。事实上，如果法庭禁止当事人对证人进行询问，即会产生如同法庭拒绝当事人享有对有关证据发表质证意见权利的效果，从而导致程序违法或无效。对此，《2019年民事证据规定》第68条第1款规定①也充分体现了这种旨意。我国现行法律和司法解释对于当事人的主询问和反询问并未作出禁止性规定，在审判实践中，对于当事人及其诉讼代理人对证人所进行的询问，如果出现与待证事实无关、重复性询问、诱导性的主询问、含有人格攻击性质等不当询问的，应当根据情况分别作出不准许、及时制止或进行必要的限制等决定。

主询问是相对于反询问而言的，设置主询问与反询问规则有助于在适当引入当事人主义对抗辩论式的条件下使法院更容易发现真实，剔除证人证言中的瑕疵。

为此，笔者建议，为设置主询问规则，主要应作出如下考虑：

其一，主询问应仅限于与案件有关的事实，在此，可发挥职权主义审判方式上的积极因素，即借鉴日本相关做法，设立审判长指挥下的主询问与反询问方式，审判长对当事人所进行的询问，从诉讼指挥的角度出发，可以限制不必要或不适当的询问。

其二，在主询问中不得进行诱导性询问，即设立相应的诱导性询问规则，同时设置相应的例外规则，即在一定情形下，如证人为未成年人和胆怯受惊者的，可以允许采用诱导性询问方式。

其三，当事人不得以反询问或其他方式攻击或质疑自己的证人，除非该证人出现敌意。

其四，对主询问之后的再主询问制定相应的规则，主要是再主询问应限于反询问中所涉及的事项，未经法庭的许可，不得引入新的事项。

----

① 《2019年民事证据规定》第68条第1款规定："人民法院应当要求证人出庭作证，接受审判人员和当事人的询问。"

其五，在当事人对证人进行主询问后，法庭可以进行补充性询问，并且，在再主询问过程中如认为必要，可以随时询问证人。

第四节　反询问规则

一、反询问概说

反询问（cross examination）亦称交叉询问，它是开庭审理询问证人的第二个阶段，即在提供证人的一方对该证人进行主询问后，再由对方当事人或律师对该证人进行的询问。

在英美法中，设立反询问主要基于两个目的：其一，是旨在暴露对方证人的证言矛盾、错误或不实之处，以降低其证据的证明效力，或者证明这个证人是不可信的。其二，是旨在使对方证人承认那些对本方有利的有关事实。其中的道理在于，如果当事人一方的律师能够借助反询问方式推翻由另一方当事人提出的事实，那么该方就获得胜诉的筹码，也就是说，一方的律师若能在反询问中证实为另一方所主张的相反的事实，即对方所诉不是事实或者不真实，这就等于对方承认了某些有利于本方的事实，其该种观点就会被裁定为最终答复，对方是不许反驳的。正如苏格兰政府法律总顾问、参议院司法委员会成员麦克平伦先生认为的那样："在法庭上，适当地应用交叉询问这件武器，无疑是引出对方证词的不可靠之处，从而证实案件真实情况的最佳办法。"

反询问是英美法中最具诉讼特色的程序。证人在各自作证之后，还应接受对方当事人或律师的询问，以揭示证人证言和专家证言的不实之处或疑点，使事实审理者获得有关证人的证言或意见，以及值得怀疑、相互矛盾、不足采信的信息，以此来达到对主询问中获得的印象、感情或倾向重新加以验证或权衡的目的。"反询问的目的在于消除证人证言中对传唤他出庭作证的一方有利的部分，并且获得对反询问人有利的证人。通过反询问达到的这两个目的与争执点有关。但第一个目的必须借助反询问以寻求毁灭证人的信用才能实现。作为一种通例规则，反询问人比主询问人享有更为广泛的自由。他可以提出诱导性问题，可以就前后不一致的陈述进行发问并证实那些被否认的事实的存在，也可以就证人的不良品格、先前的确信、不可靠性或抱有偏见进行发问，并且当这些被否定时将对这种确信、不可靠性在身体上或精神状态上的成因或者偏见予以证实。证人或许可以由任何一方当事人加以反询问。"[1]

在英美法国家和地区，对另一方的证人进行反询问，是当事人的一项当然权利，因此，不得以任何理由对当事人的这项权利加以剥夺，否则，有关当事人可申请法院宣告有关的证人证言为无效。[2]

在美国，由于法庭询问最精彩的阶段集中体现在对证人的反询问过程中，并在发现事实真相上显示了极为有效的作用，因此，被盛赞为基于查明案件事实真相所创造的最大法律运作机制。

二、律师致力的目标与反询问中质疑所涉及的层面

尽可能短地完成对证人的反询问是律师努力争取的目标，因为，时间过长的反询问有可能使事实审理者产生这样一种印象：这位证人的证言具有可信性。这样便使得反询问的努力产生适得其反的后果。因此，从诉讼技巧上，律师不宜给对方证人提供过多的时间和机会，使他能够乘机对自己已提供的证言作详尽的说明，从而增大证据的可信度。

为了维护当事人的利益，律师在反询问中，无论他打算提出的主张能否在法庭上得到证实，都要在庭审前对所要提问的对方每一个证人的历史及背景情况进行调查，即便不能做到非常详尽、准确，也要尽可能地做到心中有数，以便在询问过程中牢牢把握主动权。在反询问中，律师总是想方设法、绞尽脑汁、穷追不舍地寻找对方证人提出的不利于己方证据的缺陷，以削弱其证据的证明力。因此，在庭审过程中，每一位律师向对方证人的反询问，总是显得像是在鸡蛋里面挑骨头般的刻薄与挑剔。

在英美法国家和地区的庭审中，律师对出庭作证的证人进行反询问所采用的质疑方法，主要涉及六个方面：其一为感觉缺陷；其二为证人的品格；其三为证人的精神状态；其四为证人的重罪前科与劣迹；其五为该证人以前自相矛盾的陈述；其六为证人一方的利益或偏见。例如，就拿感觉缺陷而言，它无非是要证明这样一种事实的存在，即由于该证人存在感觉缺陷，因而在事实上不能够借助其视觉、听觉、嗅觉、触觉等观察和感受到他在直接询问中所陈述的内容。即便这些生理上的缺陷通常都是借助反询问方式来发现的，但并不排除有时亦可以运用

---

① J. D. Heydon, *Evidence Cases and Materials*, Butterworth & Co (Publishers) Ltd. 1984, p.446.

② 毕玉谦：《民事证据法判例实务研究》，法律出版社 1999 年版，第 138 页。

附带证据来证实该证人确实存在感觉上的缺陷，即凭借反映其感觉缺陷的其他证人的证言来发现。

三、反询问中的有关规则

反询问是一种比主询问更具灵活性、对抗性的问答形式。法律上一般对它所作的限制要比对主询问更少一些。

根据英国法，律师既可以不受限制地试图证实新的证据，也可以最大限度地削弱对方证人证言的可信度，甚至还可以提出任何被他认为与案情有关的问题。但作为一种唯一的例外是，律师不得试图通过贬低对方证人的方法（即攻击其作证有偏袒）来削弱对方证据的可靠程度。英国法律对这些规则的设置显得既具体而又繁杂。其中一些规则的设置是旨在尽可能避免对事实审理者产生不良影响，比如，某些诉讼争议之外的事实不能让事实审理者知悉，以免影响其对案件的公正审理。在民事诉讼中，律师可以就对方证人的品格进行发问，并且允许提供证据，以证明某证人系带有偏见或者证人系有不诚实的名声。比如，有一个女证人，她是其中一方诉讼当事人的女管家，这时，便可以对她进行反询问，以证明她的证言带有偏见。与此相比，在刑事诉讼中，除个别例外情形外，律师不得询问有关被告人品格问题。但是，若被告人或其辩护律师提出被告人品格良好的证据，或者向起诉方证人提问，设法使他们承认被告人品格良好，从而使被告人的品格成为争议的焦点问题时，起诉方的律师就以为反驳被告方的主张而提出被告人品格不良的证据。比如被告本人或者其辩护律师对起诉方的证人的品格试图诋毁时，那么，起诉方的律师可以就被告人的品格问题进行反询问。

根据《美国联邦证据法》规定，反询问限于直接询问时的主题和与证人诚信有关的问题。法庭经斟酌决定，可以允许像直接询问那样对附加的问题予以询问［第611条（b）］；在反询问时，可以允许一般的诱导性问题［第611条（c）］。

除在成文法上制定了相关规则外，从英美法的一些判例中也可以体现出以下规则：（1）对一方当事人不利的证据，除非他有在反询问中予以考验其真实性的机会，否则是不可采纳的；（2）反询问不限于在主询问中证明的事实，能针对一切争执中的事实或有关联性的事实以及尽管没有关联性，但可以用来质疑证人信用或可靠性的事实，比如他过去所作的不一致的陈述；（3）导致答复的问题可以提出，证人必须答复；（4）反询问应针对事实，而不是针对论据；（5）如果认为本来属于不可采纳的文书，但因是在反询问中提出，而予以采纳的，那将是错误的；（6）不反询问证人可能等于接受他对某一事实的陈述；（7）除仅为提出书面申请证人出庭外，所有证人都能受到反询问；（8）法官可以在反询问中不准许提出他认为是强人所难或无关联的问题。[①]

四、有关立法例

一些英美法国家和地区在立法上对反询问的目的和事项直接加以规定，如《美国联邦证据规则》第614条规定，法庭可以自己提议或者根据当事人的建议传唤证人。所有当事人均有权对传唤的证人进行反询问。对该条规定，美国学者（Saltzburg）认为，《美国联邦证据规则》第614条明确地确立了一条法则：联邦法官不只是一个解决争议的裁判者，他们还有权传唤和询问证人，因此，审判法官有权采取必要行为，而对陪审团的决定具有重大的影响力。即使在审判法官自行认定事实的案件中（没有陪审团参加），法官所采取的行为如传唤证人及询问证人都有相当大的可能来影响他们的作证，从而影响证据的说服力。加利福尼亚州的证据法特别指出，法院可以指挥证人反询问的顺序，这是相当重要的。因为当法官可能在某一特定时间内传唤某一证人，而那时当事人中的任何一方都没有想到，应传唤这位证人出来作证。[②]这一点可以说是与英美法的传统相背离的，因为，传唤证人出庭作证是当事人的一项当然的权利。并且，根据美国的审前会议已就哪些证人出庭作证予以事先安排，并在事后的审前裁定中予以确认。

根据《加拿大证据法》的规定，凡参加诉讼的当事人，均负有提供证据并询问证人的责任（第58条第1款）。除非对证人的证言起到表白或并不引起争议或起启发性作用，或除非明显使人感到证人只愿意回答的问题使当事人确信将对案件的正常审理带来严重的影响，否则，该当事人对其传唤的证人不得进行诱导性询问（第59条第1款）。对此，加拿大法律修改委员会的学者认为，由对方当事人向证人提出诱导性问题，是用来测试该证人在主询问中作证时是否讲真话，或者他是否出现差错或被误导的一种最好不过的方式。因此，现行法律一向允许这样的反询问，这已在证据法第59条第2款中予以确立。但是，一旦证人所作证言出现向反询问一方有利发展方向的偏差，那么将适用禁止诱导性规则来使这种偏

---

① 沈达明编著：《英美证据法》，中信出版社1996年版，第38页。

② ［美］Stephen A. Saltzburg：《美国联邦证据法》，段重民译，司法周刊杂志社1985年版，第110—111页。

差的危险降到最低限度。^①

《菲律宾证据法》第132节第6条规定，在主询问结束后，对方当事人可以针对证人在主询问时陈述的或与此有关的任何事项对该证人反询问。反询问以全面性和自由性审查证人陈述的准确性和真实性是否受利益或偏见的影响。反询问还可使证人说出与争议问题相关的所有重要的事实。

五、对一些大陆法系国家和地区导入主询问与反询问方式的评析

在少数一些大陆法国家和地区，由于英美法的影响而导入了主询问与反询问的方式，例如，日本现行的诉讼模式，对于证人的询问与过去不同，而采用直接询问制，即包括主询问与反询问。因此，传唤证人的当事人对于对方当事人的反询问，以及对证人的答复或对于法院的处分，均可以表示异议。^②日本在"二战"结束后，受美国民事诉讼的直接影响，引进的这种交叉询问的机制，从而在一定程度上实现了大陆法与英美法在询问证人方式上的一种折中或结合。

根据《日本民事诉讼法》第202条第1项规定，对证人的询问应当按照下列顺序进行：申请该询问的当事人、其他当事人、审判长。即证人由提出对其询问的当事人先行询问（即主询问），在其询问完毕之后，再由其他当事人进行询问（即反询问）。例如，《日本最高裁判所民事诉讼规则》第113条规定，当事人对证人询问时，依据下列顺序进行：（1）提出询问申请的当事人的询问（主询问）；（2）相对方的询问（反询问）；（3）提出询问申请的当事人的再度询问（再主询问）。另外，当事人经审判长许可，可再次实施询问。虽然日本的这种询问证人的方式显示了英美法中的一些重要特征，但是与英美法还是存在相当差异的，主要表现在：

第一，英美法中的证人可由当事人传唤到庭，而在日本，证人则只能由法院传唤。

第二，在英美法中，询问证人主要由当事人进行，法官对证人的询问处于从属地位或仅起辅助作用，而在日本法的询问证人方式上，则体现的是一种当事人与法官并重的特征，法官对证人询问的作用并不亚于当事人对证人的询问，甚至在一些情形下，法官就当事人对证人的询问起限制性作用，例如，根据《日本民事诉讼法》第202条第2项规定，审判长认为适当时，在听取当事人意见的基

---

① Law Reform Commission of Canada, Report on Evidence, Information Canada Ottawa, 1975, p.91.

② 陈朴生：《刑事诉讼法实务》，1979 年增订版，第 299 页。

础上，可变更前项询问顺序。可见，在英美法中那种贯彻始终的主询问——反询问——再主询问——再反询问模式在日本法中并不能体现得淋漓尽致，而要受制于审判长的裁量。

第三，日本的审判长从诉讼指挥的立场出发，就当事人对证人进行询问主动进行干预的做法，与英美法中要求法官应当以超然、消极甚至是被动的态度来调控询问证人程序的做法形成了鲜明的对照。例如，根据《日本最高裁判所民事诉讼规则》第113条第3项规定，裁判长除可依据民事诉讼法第202条（询问顺序）第1项及第2项规定予以询问外，在其认为必要时，可随时自行询问证人，也可随时准许当事人对证人进行询问。

第四，在英美法的询问程序中，尤其是其中的反询问程序，为了实现其削弱证人证言的证据力以及降低该种证据的可信度的目的，相应设置了一系列的适用规则来处理诸如诱导性询问、对证人品格及行为的质疑、唤醒证人的记忆、敌意证人的出现等众多问题，而日本法则对此缺乏相应的规定。

在西班牙，当事人必须将进行反询问对方证人的问题通过质问书（interrogatory）的形式先提交给法官，由法官加以审核，当法官认为提交的反询问问题与案情具有关联性时才予以认可。准备在反询问中提出的问题必须事先封存在一个信封里，直到庭审中询问证人开始时才能打开。如果未能按要求这样封存反询问的问题，那么，有关当事人对证人的询问只能在法官的监管下开展。[①]可见，西班牙的反询问方式仍具有较强烈的职权主义色彩。

在西班牙民事诉讼中，对证人的询问大致是这样进行的，即在证人宣誓和回答完一连串有关个人情况的法庭询问后，证人将由传唤其出庭作证的一方当事人的律师进行主询问，询问的问题应限于经法官事先认可的范围，接着由对方律师对其进行反询问，反询问的问题也不得超出经法官认可的范围。在回答每一问题时，证人必须采取口头形式，不得利用任何书面材料。在证人作证时，不允许打断证人的陈述。在所有证人作证之后，双方的律师可以就未经法官认可为具有关联性而在询问中提出的任何直接询问的问题或反询问的问题向当事人发问。法官可以依职权或应其中一方当事人的申请，向证人提出问题以澄清证人在接受律师询问时所陈述的那些案件事实。[②]可见，西班牙这种"结合式"询问证人模式是

---

① Bernardo M. Cremades, Eduardo G. Cabiedes, *Litigating in Spain*, Kluwer Law and Taxation Publishers 1989, p.250.

② Bernardo M. Cremades, Eduardo G. Cabiedes, *Litigating in Spain*, Kluwer Law and Taxation Publishers 1989, p.251.

两大法系当事人主义与职权主义的一种较完善的融合，这种做法既保留了大陆法一些固有的特色，又吸收了英美法的一些宝贵经验，势必会对两大法系在审判方式上的发展走势产生积极的影响，并具有广泛的借鉴价值。

六、反询问中的固有缺陷

有必要指出的是，反询问也有其固定的弊端。由于包括反询问在内的诉讼机制所使然，诉讼的成败，不是取决于案件原先就存在的证据，而是受制于庭审过程中，经过双方激烈的争辩，并且经事实审理者裁决认定的证据，而后者常常又与律师采用何种方式、技巧或手段进行反询问有极为密切的联系。为此，有些律师便认为，既然反询问的目的是力求证实对方证人缺乏可信度、该证人所提供的证据缺乏可靠性，并乘机使对方证人承认某些有利于本方的事实；而法律又规定在反询问中可以对证人进行诱导，且可以在法律规定的范围内采取任何方式进行诱导，因此，不惜利用反询问的良机对对方证人造成某种恐吓和威胁；另有一些律师则借助于反询问规则所赋予的较为广阔的空间和回旋余地，在一些枝节或烦琐问题上进行无端的纠缠，借以迷惑事实审理者的正常视线，扰乱事实审理者对案件事实的实质性问题作出较为理智的判断，导致案件的判决发生差错。这些教训也应引起人们的深思和反省。

七、我国有关司法解释对证人进行询问方式的规定及对设置反询问规则的探讨

《2019年民事证据规定》第74条第1款规定："当事人及其诉讼代理人经审判人员许可后可以询问证人。"

对本条文的理解与适用，应当掌握如下基本内容：

1.鉴于保障当事人的质证权的考虑，其中所谓"经审判人员许可"，既包括法庭主动安排当事人及其诉讼代理人对证人进行询问，也包括在当事人提出申请询问证人的情况下，法庭对此予以准许的情形。对此，《民事诉讼法》第142条第2款亦将此作为开庭审理中法庭调查的主要内容加以规定。[①]事实上，如果法庭禁止当事人对证人进行询问，即会产生如同法庭拒绝当事人享有对有关证据发

---

① 《民事诉讼法》第142条第2款规定："当事人经法庭许可，可以向证人、鉴定人、勘验人发问。"

表质证意见权利的效果，从而导致程序违法或无效。对此，《2019年民事证据规定》第68条第1款规定[①]也充分体现了这种旨意。

2.本条文并未就当事人对证人进行询问的方式加以规定，我国现行法律和司法解释对于当事人的主询问和反询问（交叉询问）并未作出禁止性规定。但是，根据我国审判实践来看，并不排除当事人对证人进行实质性的反询问。但当一方当事人就本方提供的证人进行询问时，应当禁止其采用诱导性询问方式，因为这样容易导致证言内容的虚假性；当一方当事人就对方当事人提供的证人进行询问时，可以采用诱导性询问方式，以及时揭露证言前后之间出现的矛盾或疑点之处，有助于法院从相反的角度发现事实真相。至于当事人采用诱导性询问时，法院允许到何种程度，由于个案的情况千差万别，应交由法院根据情况决定。

3.申请证人出庭作证的一方当事人对该证人进行的询问，通常被认为是一种主询问，主询问所涉及的范围不应超出该方当事人在提出申请证人出庭作证申请书当中所载明的主要事项。因为，当收到当事人提出证人出庭作证的申请之后，法院应当对当事人的申请书进行审查，申请书所载明作证的主要内容及其与待证事实的关联性，是法院进行审查的主要对象，也是法院准许当事人提出证人出庭作证申请的主要依据。在法院准许证人出庭作证之后，法院除了向证人送达通知书之外还要同时告知双方当事人。法院在通知书中以及告知双方当事人的事项当中均应包含证人作证的主要内容。如果当事人在进行主询问当中明显超出了申请书和通知书当中所载明的作证范围，将会给对方当事人造成证据突袭，使对方当事人对证人所进行反询问陷入事先未加必要准备的被动状态。同时，当事人进行的主询问如果超出了必要的范围，也会给法院进行的调查询问造成不利影响。

对于我国设置反询问规则的必要性，可参见主询问规则中的相关内容，这里不再赘述。

反询问是英美法审判方式上的主要精华之一，反观大陆法一些国家如日本、西班牙等对反询问规则的借鉴与引入经验及教训，笔者认为，设置我国的反询问规则应基于我国的现实国情，在借鉴英美法的同时，也应注意发挥大陆法审判方式上的某些优势，为此建议：

第一，反询问应限于与案件事实有关的问题，在此，像主询问一样，应注重

---

① 《2019年民事证据规定》第68条第1款规定："人民法院应当要求证人出庭作证，接受审判人员和当事人的询问。"

发挥审判长（法庭）的庭审指挥权，审判长（法庭）在反询问中可以制止一切与案件无关的问题或使证人感到难堪的事项等不适当的询问。

第二，反询问一般应限于证人在主询问中所涉及陈述的范围或与此有关的任何事项。

第三，反询问是旨在证实或审查证人陈述的真实性与可靠性是否受任何利益或偏见的影响，因此，允许询问人提出诱导性问题。

第四，在再主询问之后，对方当事人可以就证人在再主询问中陈述的有关事项进行再反询问。

第五，当对证人询问的事项与系争事实无关，或容易产生误导、混乱，或造成不必要的拖延、浪费时间或者重复赘述，或使证人处于极度难堪，有伤社会风化时，审判长应及时予以制止或限制。

第六，在当事人对证人反询问结束后，审判长（法庭）可以进行补充性询问。并且，如认为必要，审判长（法庭）可以随时询问证人。

第五节　诱导性规则

一、概说

诱导性规则中的所谓诱导，是指在法庭听审证人时，询问人借助于发问时语气的轻重缓急、声音的抑扬顿挫或是某种动作的示意，足以对答问人起到启发性、提示性作用，从而导致出现符合询问人欲求的答复，如"你当时不是看见被告在原告提出的单据上亲笔签名的吗"等类似的发问。很显然，这一发问中，询问人是欲通过证人的确定性回答，来证实证人目睹了被告在原告提供的单据上签名的事实。"一个诱导性提问是指采用对欲求的回答加以暗示或对系争事实加以虚构'诱导'证人。"[①]对此，《加拿大证据法》对"诱导性询问"的定义为，旨在导致答问人（证人）理解询问方欲得到何种答复的提问（第59条第3款）。因此，启发证人如何答复有关的提问，并通过暗示被询问者导致只能用"是"和"否"来回答问题的方式，在律师对本方传唤的证人进行主询问中是法律上通常予以禁

---

① J. D. Heydon, *Evidence Cases and Materials*, Butterworth & Co (Publishers) Ltd. 1984, p.447.

止的做法。

在英美法中，在何种情形下能够采取诱导性询问（leading question）是询问证人的一项规则。通常而论，凡是在主询问，以及反询问之后的再次主询问中，律师不得对本方传唤出庭作证的证人进行诱导性询问。当一方律师对本方证人询问时，该证人很容易接受某种暗示，有时也很可能接受诱导性问题中所包含的虚假暗示，从而影响证人的如实陈述。但是，仍有一些例外的情形。

二、诱导性询问的主要功能

在英美法国家和地区，证人可由当事人传唤，向对方当事人传唤的证人提出诱导性问题是反询问的主要功能，否则，反询问就无法进行；同时，反询问中所提出的诱导性问题也是与英美法陪审团审理方式相适应的，它是供这些事实审理者最终认定证人证言效力的调控装置，它是通过证伪的方式来发现事实真相，从而作出要么原告主张的事实成立，要么原告主张的事实不成立，即凡能够以较大的盖然优势证明原告主张的事实不能成立的确信程度，天平便向被告一方倾斜，即案件事实的认定结果将对被告有利。

三、英美法上的立法例及相关规则

对在询问证人的过程中是否允许采取诱导性询问方式，英美法国家和地区都作了相关性规定。如《美国联邦证据规则》规定，在对证人进行直接询问时，除非为展开证人作证所必需，否则，不能提出诱导性问题。在交叉询问时可以允许一般的诱导性问题。当一方当事人传唤怀有敌意的证人、对方当事人或属于对方当事人一方的证人时，可以用诱导性问题进行询问［第611条（c）项］。但是，在某种程度上，所有的问题都具有一定的诱导性，否则，证人的回答就不可能针对询问者的意图而作出。因此，所谓禁止诱导性提问，是指询问者应当尽量使用一种中性的方式进行提问来获得所期望得到的信息。[1]

主询问与反询问的主要区别之一体现在是否可以对证人进行诱导性询问。对此，美国学者摩根认为，在主询问中禁止举证人就系争的主要事项进行诱导性询问，而对有关预备性的、不存在争执的事项，则不适用禁止性规定。但在主询问

---

[1]　王进喜：《〈美国联邦证据规则〉（2001年重塑版）条解》，中国法制出版社2012年版，第187—188页。

中，凡下列情形，法官也多准许诱导，因其可以引出需要的信息情况，使诉讼程序得以迅速进行：（1）当证人在接受询问时，原非诱导性询问，直至证人的记忆力已告用尽，而律师坚持认为该证人尚掌握有较为重要的信息情况，只有通过诱导才能提醒其注意时；（2）证人是未成年人，或者胆怯，或者处于惊恐状态的；（3）鉴于证人的身心状况应免使其耗费精力来作冗长叙述的；（4）证人是文盲，或对英文虽有充分了解而不需要翻译，但表达上仍有困难的。①

摩根教授的上述观点，可作为对美国联邦证据法就主询问中准许诱导性询问的例外情形的一种解说。

根据《加拿大证据法》规定，除非对证人的证言起到表白或并不引起争议或启发性作用，或除非明显使人感到证人只愿意回答的问题，使当事人确信将对案件的正常审理带来严重的影响，否则，该当事人对其传唤的证人不得提出诱导性问题（第59条第1款）。除非明显使人感到证人只愿意回答的问题，使当事人确信将有助于该询问一方的当事人了解案情，否则，当事人可就对方传唤来的证人提出诱导性问题（第59条第2款）。针对加拿大证据法中所涉及的禁止诱导性规则，加拿大法律修改委员会的学者对构成该规则的缘由解释说：证人通常对案件中传唤他的一方当事人抱有同情心，因此，很有可能发生证人对该方在对他进行询问所作启发性提问的默认。这就是作为一种通例，即一方当事人不得对其传唤的证人进行诱导性询问的理由。为了节省时间或公正地作证，现行法在涉及介绍性或无争执事项时，或者证人在表述困难时，允许一方向其证人进行诱导性询问（比如，证人对诉讼中所使用的语言感到陌生，或者他在精神上或身体健康状态上出现某种障碍）。这些事项均在该证据法第59条第1款中予以确立。该法第59条第1款还规定，当禁止性原理无法发挥作用，即证人对传唤他的一方并不抱有同情心时，也允许提出诱导性问题。该款中并未使用"对立"（adverse）一词，而该词在现行法律上被用来表示这样一种证人，但是，现在已公布的判例当中所表示的含义上并未解释清楚允许诱导性询问的理由。②

《菲律宾证据法》第132节第10条规定，向证人启示询问人想要的答案的提问，属于诱导性提问。除下列情况外，不允许进行诱导性提问：（a）在反询问时；（b）开场时的问题；（c）证人系无学识者、幼儿、低能人或聋哑人，难以获得直接和明确的

---

① ［美］Edmund M. Morgan：《证据法之基本问题》，李学灯译，世界书局1982年版，第79—80页。

② Law Reform Commission of Canada, Report on Evidence, Information Canada Ottawa, 1975, pp.90–91.

回答时；（d）证人不愿作证或怀有敌意；（e）证人系对方当事人或作为对方当事人的国营或私营企业、合伙企业或社团的高级职员、经理或主管代理人。

四、大陆法系与诱导性规则

在大陆法的许多国家和地区，由于询问证人主要由法官来进行，因此，并不直接涉及诱导性询问问题，特别是像法国这样的大陆法国家，即使当事人有何问题向证人询问，通常也得通过法官来进行，当事人不应直接与证人对话（《法国民事诉讼法》第214条），当事人与证人的对话，有时只能通过法官安排就有关问题的对质过程中才有可能发生（《法国民事诉讼法》第215条）。在意大利，法官向证人询问的范围仅限于有利于澄清当事人申请的案件事实，尤其严禁当事人及其律师对证人进行询问和反询问。①

在大陆法国家和地区，证人作证通常是在法官的提问下，由证人主动对事实加以整体描述，并且任何人不得打断这种陈述。而在英美法中的询问应当是出庭律师向证人连续提出一系列问题由证人一一回答。同时在传统习惯上，大陆法是禁止对证人进行诱导性提问的，这主要与询问由法官来进行有关。但大陆法的法官对证人证言的判断，主要依靠自己主观上对证人进行询问后产生的印象来决定，因此，法官并不希望任何外界因素影响其观察力和判断力，特别是与案件具有利害关系的当事人利用对证人的诱导来干扰其认知案情的视线。例如，我国台湾地区"民事诉讼法"第318条第1款规定："审判长应命证人就讯问事项之始末，连续陈述。"对此，我国台湾地区学者石志泉先生等解释说："讯问事项者，关于待证之事实，命证人陈述其观察之结果者也。审判长（或独任推事）等应令证人连续陈述关于讯问事项所知之始末，故讯问证人时，不宜缕举各点，出以一问一答之形式，尤忌用引逗之词，致令证人随口以其所答，就我所问，所以设此规定者，因期能得公平正确之证言也。"②

即使在已引入英美法中主询问与反询问的一些大陆法国家和地区，在反询问中通常也禁止当事人向证人提出诱导性问题。例如，西班牙的民事诉讼法虽然对诱导性和启发性的提问并未明确禁止，但是根据该法第566条有关禁止在询问证人当中提出无用的或不恰当的问题的规定，它们也应属其中之列。对此，有学者

---

① Mauro Cappelletti, Joseph M.Perillo, *Civil Procedure in Ltaly*, Martinus Nijhoff, The Hague, The Netherlands 1965, p.224.

② 石志泉等：《民事诉讼法释义》，三民书局 1987 年版，第 363—364 页。

认为，在当事人一方对自己传唤的证人进行询问以及由对方律师对其进行反询问中，禁止提出启发性的、诱导性或误导性问题。[①]

另外，虽然日本法上对询问证人中是否允许当事人提出诱导性问题未作明文规定，但是，有日本学者认为，证言是否可靠，完全以法官的自由心证来判断，由于人证有许多不稳定和不确实的要素，很难期待其成为完全正确的证据方法，正因为如此，其很容易被询问技巧所左右，对此，法官应慎重对待，应特别考虑是否存在受询问方式等影响，其中包括有无诱导性的询问痕迹等。可见，在日本诉讼中，当法官对证人证言效力进行认定时，是不接受由于采取诱导性询问而给证人证言带来不当影响的证据力的。这是因为，诸如西班牙、日本等大陆法国家虽然借鉴了英美法中询问证人的方式，但并未全盘引入其询问规则，如对证人品格及行为的质疑、唤醒证人的记忆、恢复证人的信用、对敌意证人的处置等，尤其是并未引入陪审团审理方式，而是在一定程度上仍注重发挥法官的职权作用。因此，大陆法的证人证言从未受到像在英美法那种程度上的重视，大陆法对证人证言采信方式并非像英美法那样是以证伪的消极方式来进行，而主要是从法官的自由心证上的积极方式来决定对证人证言的证据力的取舍。相较而言，英美法的模式较具客观属性，而大陆法的模式更具主观属性。

五、我国有关司法解释对诱导性规则的规定

《2019年民事证据规定》第78条第1款规定："当事人及其诉讼代理人对证人的询问与待证事实无关，或者存在威胁、侮辱证人或不适当引导等情形的，审判人员应当及时制止。必要时可以依照民事诉讼法第一百一十条（即现行《民事诉讼法》第一百一十三条——笔者注）、第一百一十一条（即现行《民事诉讼法》第一百一十四条——笔者注）的规定进行处罚。"

对本条文的理解与适用，应当掌握如下基本内容：

1. 本条文系旨在规范当事人及其诉讼代理人对于证人进行询问的行为。

2. 对于当事人及其诉讼代理人对证人所进行的询问，如果出现重复性询问，与待证事实没有关联性的询问，主询问当中提出诱导性问题或者某种暗示，出现威胁、侮辱证人的言语举止，或含有人格攻击性质等不当询问的，应当根据情况分别作出不准许、及时制止或进行必要限制等决定。

---

① Bernardo M. Cremades, Eduardo G. Cabiedes, *Litigating in Spain*, Kluwer Law and Taxation Publishers 1989, p.251.

3.在必要时，人民法院可依据《民事诉讼法》第113条和第114条的规定对当事人扰乱庭审秩序的行为进行处罚；对当事人及其诉讼代理人所实施的干扰和阻碍证人作证的行为，人民法院应当及时制止，情节恶劣的，人民法院可以根据《民事诉讼法》第113条和第114条的规定对当事人及其诉讼代理人进行处罚。

第六节　唤起证人记忆规则

一、唤起证人记忆规则之界说

证人向法院陈述的事实是对往事的一种回忆，但是，随着时间的流逝，对有关往事的追忆往往由于淡忘而显得力不从心。因此，为了及时、有效地唤起证人的记忆，而又不至于导致对回忆往事的一种虚构，两大法系的有关国家，尤其是英美法国家和地区的立法和司法判例，均规定了相应的旨在帮助唤醒证人记忆的方式及规则。

能够有助于证人恢复记忆的有关方式，其中包括使用一首歌曲、一张照片、一种气味、一些引喻，甚至明知为虚假的一项过去的陈述，均可作为激发记忆的方式来使用。

采用书面材料的形式来唤醒证人记忆力，并非不存在促发证人产生想象力而不是记忆力的危险。但是，当该种书面材料是于证人记忆尚存的时候作成核实的，或者是在他自称记录的事情发生不久之后作成或核实的，那么，实际上并不存在何种危险。在一些情形下，法官应允许被询问的证人查阅文书来唤起对特定事项的记忆，但通常只能在作证前查阅，且不得朗诵。对这类文书，司法判例上有以下限定：其一，该文书系证明该项事实的证人所作的或经其核实过的。作成的时间与事实的发生应为同一个时间；其二，该文书须为证人或记录证人所知道的事的人作成的；其三，该文书须是在证人能够记忆这件事的情况下作成的；其四，只有在原本已经灭失或遭到毁坏时才能使用副本；其五，对方律师有权审查该文书并就该文书的有关内容对证人进行反询问。

二、英美法系的立法例及相关规则

关于帮助证人唤起记忆的有关文件是否可作为证据来使用，根据《英国民事证据法》第3条第2款的规定，任何有关民事诉讼中，对被传唤作证的人，为了帮助其记忆，而就其曾使用的文件进行询问，该项文件可以在这些诉讼中引出证据，以及根据这种法律规则，一个文件或文件的一部分被采纳为这类诉讼中的证据时，利用该项文件以帮助其记忆的人在该项文件或文件的一部分中所作的陈述，应根据本款规定采纳为其中包括可以容许这个人提出自己直接口头证据的任何事实的证据，关于上述情况的法律规则不受本法任何规定的影响。

关于采用书面材料唤起证人的记忆，根据《美国联邦证据规则》第612条的规定，除美国法典第18编第3500条中关于刑事诉讼的另行规定外，在下述过程中，如证人使用书面材料来唤起记忆：（1）在作证时，或者（2）为公证之目的法院认为有必要时，在作证之前，则对方当事人有权要求将该书面材料在庭审中交付审查、检验，对作证的证人进行反询问，并就证人证言中提出的相关证据进行反驳。若当事人提出的书面材料与证人证言的证明事项无关，法院应对证据进行秘密审查，删除不相关部分，并命令其余部分递交有权接受的对方当事人。该异议删除部分的证据应当妥善保存，上诉时一并提交上诉法院。如果没有遵照本规则所述指令提出或递交有关书面材料，则法院有权基于公正之目的，发布任何命令，在刑事诉讼中，若起诉方不予合作，则可以发布命令排除该项证人证言，或者在认为基于公正目的确有必要时，宣告审判无效。

针对《美国联邦证据规则》第612条的规定，有美国学者认为，在《美国联邦证据规则》中并没有规定，证人可以使用文件来恢复其记忆。在传统上，联邦法院的实务当中一直认为：证人可以使用任何东西来恢复其记忆，但是对方通常可以查验用来恢复记忆的东西，以便来验证证人到底是凭借目前的记忆作证，还是因为看到东西才作证。很明显，该条在法院恢复记忆使用材料上的规定，是相当传统的。它准许对方当事人来查验用来恢复记忆的东西，他们也可以提出证据，如果此证据是仅为了要验证证人的可信性即可。如果已恢复记忆的人拒绝将文件交出来，法院在传统上有权执行要求其交出的命令。①

关于可以采用何种方式唤起证人的记忆，《加拿大证据法》规定，当证人不能完全地回忆他被询问的事项，并且有关的提问或其他证据方式，将有助于唤起他的记忆而不是促使他误入歧途或作虚假陈述时，当事人可以就任何问题向证人提问或采用任何书证、物品或其他证据方式来唤起他的记忆（第60条第1款）。对此，加拿大法律修改委员会的学者认为，众所周知，如果向某人出示一

----

① ［美］Stephen A. Saltzburg：《美国联邦证据法》，段重民译，司法周刊杂志社1985年版，第106页。

文书或物品，或询问其在过去某一事件中与其相伴随的东西，那么将会有助于启发其记忆。根据现行法律，当证人对有关事件作证时仅能采用已发生事件或查验过的文书资料用来唤起记忆。这种文书资料更有可能准确地激发其对当时的回忆，其回忆的准确性取决于该文书资料本身作为证据的关联程度：这是用来对付与此相联系的传闻问题。但是，不论该文书资料的准确性与否——有关事物，任何物品——均能有助于唤起记忆。因此，基于这一目标应当允许使用任何文书资料。当然，这并不排除存在着某人将认为他想起了一件文书资料，并就此加以机械般复述的危险。为了防止出现这种危险，《加拿大证据法》第60条第1款规定，当出现该证人导致错误的倾向时，法官享有不向该证人提供任何物品来唤起记忆的裁量权力。并且，对方当事人被准许对任何用来唤起记忆的物品加以询问，并可以对提出有关物品的根据加以反询问。[①]

《加拿大证据法》还规定，当证人提出证据前或提出证据时，对方当事人有权在庭审中向法庭提出任何可由证人使用借以唤起其记忆的证据，有权检查证据，并就该证据对该证人进行反询问，有权引用与证人提交的证据具有关联性的部分（第60条第2款）。对此，加拿大法律修改委员会的学者解释道，依据该项规定，无论是在庭审前还是在庭审过程中，对方当事人可以向证人提供任何一件文书资料以用来唤起记忆。无论该文书资料是否为证人在作证时实际使用，或者在作证前予以查阅、背诵，反询问将迫使基于唤起记忆而披露文书资料内容之后体现出公平性与对危险性的防范。[②]

在审判实践中，由于审理法官不会花时间与精力对备忘录预先作调查，因此，通常情况下允许使用备忘录，对方当事人的防御方式只能采用反询问。为此，精明的反询问人便很容易发现证人是在依赖他现存的记忆力，还是依靠备忘录。对此，《菲律宾证据法》第132节第16条规定，证人可以查阅备忘录——为了唤起对某件事实的记忆，证人可以利用由他本人或在他指导下，在该事实发生时或此后立即或在该事实尚记忆清晰的任何时候写成或录下的，并且他知道这一记录是正确的材料；但在这种情况下，必须提交该书面材料或录音，并由对方当事人进行检查，对方当事人还可就此向证人反询问，并把它作为证据宣读。这样，只要证人能够宣誓该书面或录音在制作时正确地反映了这一事实，即使他对

---

① Law Reform Commission of Canada, Report on Evidence, Information Canada Ottawa, 1975, pp.91–92.

② Law Reform Commission of Canada, Report on Evidence, Information Canada Ottawa, 1975, p.92.

该事实已无法追忆，也可根据这一书面材料或录音作证；但接受这样的证据应当小心谨慎。

三、大陆法系与唤起证人记忆规则

针对证人作证过程中的胆怯、惊慌、精神紧张、记忆衰退等情形，英美法大都规定了唤起记忆的规则。在大陆法中，对此，一般有两种做法，其一是在立法上不直接作出明确规定，而是规定证人作证必须以口头形式进行，如《法国民事诉讼法》第212条规定，证人不得念诵任何文稿。其二是在立法上规定，以口头陈述为原则，以借用文书作证为例外，沿用这种例外，必须经过审判长的准许。例如，《日本民事诉讼法》第203条规定，证人不得用文书进行陈述。但经审判长准许的不在此限。我国台湾地区"民事诉讼法"第318条第2款规定，证人作陈述，不得以朗读文件或以笔记代替之，但经审判长许可的，不在此限。

另外，在西班牙民事诉讼中，证人必须采用口头形式作证，不得利用书面记录。但是，如果提出的问题涉及账目、账单或有关文件时，证人则可以借助这些书面材料回答提问。[①]

大陆法对唤起证人记忆的规则不尽一致，或干脆未作任何规定，这一事实表明，大陆法对证人作证规则并不十分重视，由于法官主导询问证人的程序，证人对法官负责，法官将证人证言引为自由心证的证据方法之一，因此，法官可依职权根据情况进行询问。[②]

四、对我国应否设置相应规则的思考

我国现行民事诉讼法立法对唤起证人的记忆未加以规定。其重要原因除了在于大陆法对我国立法有重大影响之外，由职权式询问方式所决定，法官只愿意听取证人就其能够记忆的范围陈述，以保证对证人作证尽量地不产生任何影响。

但是，当我们在探讨审判方式改革时，不得不对这种做法表示异议，因为当采取反询问方式时，当事人之间的对抗不可避免地采取各自向法院提供证人的方式进行。由于证人的记忆属生理现象，随着时间推移必有淡忘之趋势，如果允许

---

① Bernardo M. Cremades, Eduardo G. Cabiedes, *Litigating in Spain*, Kluwer Law and Taxation Publishers 1989, p.251.

② 毕玉谦:《民事证据法判例实务研究》，法律出版社 1999 年版，第 175 页。

采取适当方式唤起证人的记忆，无疑将有助于法院更加客观地认定案件事实。当然，唤起证人的记忆是一把"双刃剑"，如果使用不当，被当事人或其律师所不当操纵，有可能产生适得其反的效果，因此，在制定相应规则时应特别慎重。

笔者认为，审判方式的改革是一项系统工程，它其中的主要内容也包括对证人的询问方式，有关询问方式的规则也必然要涉及唤起证人记忆这些相关规则的制定。英美法在此的经验表明，如果说让一方证人借助特定的文书材料等来达到唤起记忆的目的，从而增加了该方当事人攻击实力，那么，作为一种有效的防御手段与之相抗衡，就应当让对方当事人及其诉讼代理人享有对该证人就有关事项进行再次反询问的机会，以便有效地遏制证人不正当地借用有关文书材料等来虚构案件事实的任何可能性。这种做法对于我国无疑具有一定的借鉴价值。

第七节 预防规则

一、含义

预防规则（prophylactic rule）是指为防止某些证据自身存在虚伪或错误的特殊危险，而在立法上或司法上设置相应程序加以事先防范，借以担保证据的真实性和可靠性的规范与措施。

在两大法系各国和地区诉讼活动中，预防规则是针对事物发展过程中的时空作用以及时间不能倒流等消极影响而采取的一系列积极预防措施，是防患于未然的一种必要方式。"它是为防止出现伪证而预先规定在提出特定形式的证据时，必须以某种保证性方式作为附加措施。否则，该种证据就不具有可采性。"[1]

二、预防规则的主要内容

在证据法意义上，预防规则是由一系列程序或措施所构成的用来防范有可能导致证据本身存在虚伪或错误的一种行为体系。这一体系的主要内容包括以下程序或措施：

---

[1] 毕玉谦：《民事证据法及其程序功能》，法律出版社 1997 年版，第 383 页。

（一）证人的宣誓

在司法制度上，正因为人类的证言有其弱点与危险，于是针对此类弱点与危险，设计各种殊途同归的规则（或称法则）。学者便将此类规则加以归纳，而总称其为预防规则。[①]其预防的作用，主要体现在两方面：其一是用于免除虚伪的危险，例如宣誓与伪证的制裁，均因人类惧受处罚的影响，而以此类规则消除其虚伪陈述的动机。宣誓的最初作用，是使人惧受神明的处罚；伪证处罚的作用是使人惧受刑事的制裁；两者都是用于唤起良心上的自觉，而作为真实陈述的保证。其二是使陈述人另有一种顾虑，即恐被他人发现其所陈述为虚伪，如有虚伪，亦可由他人或对方予以揭穿。例如审判公开、隔离询问等，以及通知对方等规则均属于此类。不过此类规则，如果加以详细分析，实质上还兼有第一种作用。宣誓是预防的规则之一，作为预防的规则，不仅仅限于宣誓这种方式，而作为宣誓的作用，则是在伪证处罚之外，更加一层真实的保证。[②]

关于宣誓的理论，近代普通法的理论与早期的理论有所不同。早期的理论，可以说是属于客观的保证方式，用宣誓来邀请神明，使人感到宣誓的人立下誓言而产生一种安全寄托，使得神意裁判其所述为真实。近代普通法的理论，只是在宣誓之后，提醒证人有神明的处罚，使其立意作为真实陈述的一种方法，可以说是属于主观的保证性质。此种理论，自19世纪以后，随即建立，并已成为普遍观念。[③]所以在判例上有的称宣誓的目的，并非请上帝注意于证人，而是让证人注意于上帝；并非上帝惩罚作伪证的人，而使证人记住上帝确实可以做到；或称宣誓的目的，在于涤净证人的良知，加深其义务的观念，用于获得其证言的纯洁与真实。[④]

证人宣誓常常作为在出庭作证时的要式行为。为了强化证人作证的严肃性和法律制裁的警戒性，增强证人的责任感，许多国家还规定了证人宣誓制度。例如，《美国联邦证据规则》第603条规定，在作证前，证人必须宣誓或者郑重声明将如实作证。该宣誓或者郑重声明必须以某种旨在以该职责触动证人良知的方式进行。再如，根据《德国民事诉讼法》规定，法院考虑证言的重要性，并且为了使证人作出真实的证言，认为有必要命令证人宣誓时，在双方当事人都未放弃

---

① Wigmore, Evidence, Ch. 62, Prophylactic Rules (Chadbourn rev. 1976 & Supplement 1990).

② 李学灯：《证据法比较研究》，五南图书出版公司1992年版，第492—493页。

③ Wigmore, Evidence, §1816 , Theory of the Oath (Chadbourn rev. 1976).

④ 李学灯：《证据法比较研究》，五南图书出版公司1992年版，第497—498页。

宣誓的情形下，证人应该宣誓，但第393条的情形除外（第391条）。宣誓应在询问后进行。当证人为多数时可以同时宣誓。誓词中要表明证人应按照自己的良心作真实的陈述，毫不隐瞒（第392条）。

在我国台湾地区，证人在作证前所进行的"具结"，与西方国家普遍实行的宣誓具有类似的功能。对此，我国台湾地区有学者认为，证人在陈述时，应确切保证其陈述均属真实无伪，具结的意义在此是作为一种保证来对待，同时还可以为刑法上伪证罪成立的要件之一。在欧美各国，此项保证被称为宣誓，含有宗教色彩，与我国的传统习惯不符，故我国台湾地区的"民事诉讼法"采取具结方式。① 有台湾地区学者认为，就证人令其具结而言，其作用在于提高证人的责任感及警戒心，借以担保其陈述的真实性。因此，证人未在询问前或询问后具结，即属违反程序禁止的规定；并且，其所作出的陈述，因欠缺真实性的担保，仅足供事实上的参考。因此，此项未说明不得令其具结的原因，又未令其具结的证言，并无证据能力。对于鉴定来讲也是相同的。②

（二）证人的隔离或排除

关于对证人隔离询问的功能，有学者认为，当证人为数人时，采用隔离询问制，为英美法与大陆法所共认，即认为证人应分别加以询问，未经询问的，不得在场。此项规定，其作用在于使其证言臻于正确真实。已经询问的证人在询问其他证人时，则无禁止在场之必要。而证人的立场有的相同，有的不同，即有的属于同一当事人的，有的属于不同一当事人的。隔离询问，对属于同一当事人的数名证人，固可防止其勾串或附和，导致变更其自己的证言；对属于不同一当事人的数名证人，也可防止其听取他人的证言，起而抗辩，或为避免发现其本身证言的虚伪，故为匿饰增减，导致丧失其真实性。③

许多国家对证人的隔离或排除作了相应规定。对证人的排除或隔离是作为防止或揭露伪证、串通作伪证以及采取其他不足诚信手段作证的一种必要手段，是保证证人如实作证的一种正当程序上的必然要求。对此，法官享有此项公认和当然的权利。例如，《美国联邦证据规则》第615条规定，根据当事人请求，法庭可以命令证人退场以便他们听不到其他证人的证述。法庭也可以自己提议作出这种决定。本规定不可用来排除：（1）是自然人的当事人；（2）非自然人当事人的律

---

① 王甲乙等:《民事诉讼法新论》，广益印书局1983年版，第420页。

② 陈朴生:《刑事诉讼法实务》，1979年增订版，第293页。

③ 陈朴生:《刑事诉讼法实务》，1979年增订版，第531页。

师指定为该当事人代表的该当事人的职员或者雇员；（3）经一方当事人表明其在庭对于提出该当事人的起诉或者辩护而言很重要的人；或者（4）制定法授权在场的人。对此，有美国学者评价说，该法条把传统排除证人的权力加以成文化，使此证人不会听到其他证人的证述，从而影响其证言。联邦证据法基本上规定，除了三种情形外，所有证人都可以被排除：第一，自然人亦是案件中的当事人，是绝对不可以被排除的；第二，法人作为当事人，其职员或雇员可以指定代表坐在律师席旁代表法人，这就是说，公司可以指派一人来作其代表，而大多数法院也指出，在刑事案件中的政府机关也可以利用本条规定，派一位代表坐在律师席上；第三，免受排除的证人，就是已经显示出与提起某方当事人诉讼原因有密切关系的人。一位专家证人只可在听完其他审判证人作证以后，才可归入本法条所规定的范围。[1]

《加拿大证据法》规定，应任何一方的请求，法官可以要求任何证人退出法庭，以防止证人听到其他证人的证言（第61条第1款）。但该项规则不适用于对一方当事人的排除（当一方当事人系非自然人，为该方当事人的律师指定的诸如此类一方当事人的职员或雇员）或任何一个由于其出庭，而对任何一方的利益都是至关重要的人。就此，加拿大法律修改委员会的一些学者认为，当一证人听取另一证人作证时，会有意或无意地使自己的证言与之趋同。如果让他就另一证人所提供的证据发表看法，也会发生同样的情况。使证人相隔离虽不能完全杜绝这种危险，但将有助于证实证人是否在讲述已被事先熟记的证言。正是基于这些原因，现行法律授予法官可以排除证人和禁止证人之间相互谈论证据的裁量权，除非限于某种例外情形，使得当事人和其他有关人员参加庭审显得十分必要而不能被排除在外。[2]

（三）证据披露

由于英美法系实行更为积极的对抗辩论式诉讼，因此，对证据的披露为庭审前的一个必不可少的常规机制。英美法中的发现程序是开展证据披露活动的一个最为集中和最为典型的表现方式。在英美法的证据披露模式下，当事人不但享有依法强迫对方披露证据的权利，并且其要求对方披露的证据范围不仅仅限于对其

---

[1] ［美］Stephen A. Saltzburg :《美国联邦证据法》，段重民译，司法周刊杂志社 1985 年版，第 112—113 页。

[2] Law Reform Commission of Canada, Report on Evidence, Information Canada Ottawa, 1975, p.92.

有利的证据，还包括不利的证据。因此，这种证据披露是一种更为彻底的公开形式。相比较而言，要求对方披露对其不利的证据在大陆法系看来是不可想象的，当事人均不负担这种义务，也就是说，当事人享有就对自己不利的证据的默秘权。另外，在大陆法中，当事人要求对方披露证据，在许多情形下都必须向法院提出申请，再由法院发布相应的命令，可见，大陆法上的证据提供活动远不如英美法那样积极、主动和彻底。

总之，在庭审中进行证据披露主要是为了增强当事人对庭审活动的可预测性，防备突然打击而使一方丧失利用证据进行攻击与防御的能力。因此，及时、有效地进行证据披露，有助于加强证据对抗的安全性，即通过正当程序来发现事实真相。可见，证据披露的有效开展也是排除虚伪不良证据的一种得力的预防性措施。

（四）伪证的处罚

为了使法院能够查明案件事实，避免发生错案，各国在立法上均规定证人有如实作证的义务。如实作证一般包括两方面的内容：其一是证人必须如实提供证言，如实回答法庭上的询问，不得作伪证；其二是不得隐匿证据，尤其是对认定案件事实具有重要作用的证据。世界各国在立法上往往将证人作伪证视为妨害司法活动的犯罪行为，为此，有关证人将承担伪证罪的刑事责任。

如《巴西刑法》第342条规定，在法庭、警察或行政的审讯中或者在仲裁过程中，证人、鉴定人或翻译人说假话、否认或不谈事实真相的，处以1年至3年的监禁并科1000—3000克鲁塞罗罚金。根据《意大利刑法》第372条规定，作伪证以及隐匿证据，应处于6个月至3年的监禁。在意大利，当法官有理由认为证人有作伪证或隐匿证据的嫌疑时，他应告知检察官对其进行有罪起诉，甚至命令将其立即逮捕。[1]

证人宣誓制度在许多国家为一种程序上的要式行为，如证人进行宣誓或履行与宣誓具有同样法律后果的行为之后又作虚假陈述的，即构成伪证罪。如《法国刑法》第434-17条规定，向任何法院或者向任何执行另一法院之委托办案的司法警察官员宣誓后作伪证的，处于5年监禁并科50万法郎罚金。该法第434-17条规定，在民事诉讼中进行假宣誓的，处3年监禁并科30万法郎罚金。《加拿大证据》第50条规定，在作证之前，每一位证人将要宣誓："我承诺如实陈述。我

---

① Mauro Cappelletti, Joseph M.Perillo, *Civil Procedure in Ltaly*, Martinus Nijhoff, The Hague, The Netherlands 1965, p.227.

已认识到如果当庭作虚假陈述或恶意地误导法庭，我甘愿受到刑事追究。"该法第51条规定，为了确保证人意识到应负如实陈述的法律责任，法官应给予每一位证人及时的忠告。《加拿大刑法》第120条规定，在司法程序中作证，明知其证据不实，而故意导致审判错误，提供不实的证据的，为伪证罪。该法第121条规定，伪证罪为公诉罪，处14年有期徒刑。该法第124条第1款规定，司法程序中之证人，关于事实或知识的证词，与其后在司法程序中的陈述不符的，无论其前后陈述或二者是否真实，均为公诉罪，处14年有期徒刑。但除法院、法官或承审员以超越合理之怀疑，确信被告在该前后司法程序中所为证言，意图导致审判错误外，不得依本条之规定判刑。

（五）审理的公开

庭审活动之所以采用公开主义，是因为不仅要使证人在主观上意识到若进行了自相矛盾的虚伪陈述，将有被他人揭穿的危险，并且从客观上为他人陈述证言提供机会。因此，它是防范证据虚伪与自相矛盾的必要形式。

对证人的询问是调查证据的主要方法之一，询问的方式主要有两种：一种是由法官依职权进行询问，即主要由法官调查证据；一种是由当事人进行，即证据由当事人提出，并由当事人调查，特别是采用交叉询问时，利用向对方当事人的证人进行反询问的机会，借以担保证人证言的真实性。

三、我国有关司法解释所涉及的预防规则

（一）《民事诉讼法解释》涉及证人出庭作证前签署保证书的规定

《民事诉讼法解释》第119条规定："人民法院在证人出庭作证前应当告知其如实作证的义务以及作伪证的法律后果，并责令其签署保证书，但无民事行为能力人和限制民事行为能力人除外。证人签署保证书适用本解释关于当事人签署保证书的规定。"

对本条文的理解与适用，应当掌握如下基本内容：

1.《民事诉讼法》第66条所规定的证据种类，按照属性可以分为两种基本类型，即人证与实物性证据。其中，人证包括当事人、证人、鉴定人、勘验人、专家辅助人。在举证、质证和审查判断上，人证与实物证据存在重大差异。人证的主要特点就是主观性、思想性较强，较容易受到客观环境或外界因素的影响。就证人而言，其证人证言的真实性、完整性、可靠性与证人对有关事实的观察能

力、记忆能力和表述能力以及其个性偏好等主观因素具有重要的联系。为了保障其证人证言最大限度地符合客观真实，应当在制度层面建立相应的机制与规范以尽可能地排除主观因素对证言的客观真实性所造成的消极影响。由于受到传统宗教信仰的影响，在证人作证前，西方许多国家模仿宗教仪式（如手抚《圣经》）中的宣誓作为约束证人心灵或主观心理的一种必要程序，借以唤起证人良知，担保其证言的真实性。并且这种宣誓在法律上具有承诺的特定含义，即它与作伪证受到法律制裁相联系。由于东方法律文化与西方法律文化之间存在较大差异，因此，本条文借鉴西方具有宗教色彩的宣誓并将其变通为一种具结方式，即以某种誓言的意思表示在法律上表达如实陈述的一种承诺。其意义在于强调证人出庭作证的法律意识，并告诫证人作伪证时所应承担的法律后果。本条文所规定的法院要求证人在作证前签署保证书并在法庭上宣读保证书的内容是一种具结行为。证人的具结应当在证人陈述证言之前进行，证人的具结必须作为一种程序独立进行，并且在履行上应当同时具备书面具结和口头具结方式。对此，《2019年民事证据规定》第71条第1款亦作出相同规定，即："人民法院应当要求证人在作证之前签署保证书，并在法庭上宣读保证书的内容。"保证书又可称为具结书，其内容又可称为结文，应载明的内容包括证人保证如实陈述，绝无隐匿、修饰、增添、删减、歪曲，如有虚假陈述行为，甘愿接受法律的处罚等。证人应当在保证书上签名或者捺印。按照环境心理学的原理，要求证人在签署保证书之后在法庭上宣读保证书的内容，有利于对证人的心理造成震慑和压力，迫使其对故意说谎产生顾忌。另外，如证人因客观原因无法出庭作证而以书面证言或其他视听传输技术作证的，仍应签署保证书，否则，其提供的证言不具有证据能力。

2.法院在证人出庭作证前以签署保证书的形式告知其如实作证的义务以及作伪证的法律后果，是一种担保其证言具有客观真实性的法定要式行为，也是法院的一种审判职责。但是，法院要求证人签署保证书的要式行为应仅限于证人中那些具有民事行为能力的人。根据《2019年民事证据规定》第67条第2款规定，无民事行为能力人和限制民事行为能力人在证明与其年龄、智力状况或者精神健康状况相适应的待证事实上可以作为证人，但由于行为能力所限，其不能完全理解在法庭上进行具结的实质意义以及预期的法律后果，故无法实现以具结的名义而令其承担伪证制裁的法律后果，因此，在程序上，法院可不必要求无民事行为能力人和限制民事行为能力人在作证前签署保证书。另外，证人证言与当事人陈述同样作为人证的范畴，因此，证人在法庭上作出具结与当事人在法庭上作出具结在形式和内容上并无本质不同，按照本条文规定，应适用相同的规范。

3.《2019年民事证据规定》第71条规定："人民法院应当要求证人在作证之

前签署保证书，并在法庭上宣读保证书的内容。但无民事行为能力人和限制民事行为能力人作为证人的除外。证人确有正当理由不能宣读保证书的，由书记员代为宣读并进行说明。证人拒绝签署或者宣读保证书的，不得作证，并自行承担相关费用。"据此，从证人签署保证书并宣读保证书内容的法律效力上来看，这些要式行为是其在法庭上作证的前提条件，更是其证言具有证据能力的必要条件，否则就无法担保证人在法庭上能够如实陈述。实践中，对于因法院的疏忽等原因准许未经具结的证人作证的，其证人证言不得作为认定案件事实的根据。然而，在实务上，如果证人确有正当理由而无法宣读保证书，比如证人系文盲或者在语言表达上确实存在实际障碍，经人民法院准许的，可由书记员代为宣读并作出相应的说明。签署保证书并宣读保证书的内容，是证人在作证前必须履行的程序性义务，如证人无正当理由而拒绝签署保证书并宣读保证书内容的，其无形中所传达的信息是，证人无法保证其证言的客观真实性，这种行为本身形同于证人表达了拒绝作证的意思表示。在这种情形下，证人就不得在法庭上作证。因证人无法在法庭上作证，完全是因其主观原因所致，故证人也不得主张因出庭作证而产生的相关费用。如产生相关的交通费用、住宿费用等，应由其自行承担。对此，《民事诉讼法解释》第120条也作出相同的规定，即："证人拒绝签署保证书的，不得作证，并自行承担相关费用。"

（二）《2019年民事证据规定》所涉及的证人隔离出庭作证规则

《2019年民事证据规定》第72条第2款规定："证人作证前不得旁听法庭审理，作证时不得以宣读事先准备的书面材料的方式陈述证言。"

对本条文的理解与适用，应当掌握如下基本内容：

1.证人的隔离主要涉及两个方面的基本内容：其一，涉及证人在作证前与案件审理之间的隔离。我国实行审判公开原则，法律赋予每个公民享有旁听法庭审理的权利，这是基于对司法实行民主监督的需要。但是对于出庭作证的证人而言，如果允许其旁听法庭审理活动，直接观察和感受当事人以及包括其他证人在内的诉讼参与人当庭提出的主张和发表的意见，将会对其此后出庭作证产生消极的影响，以至于其在作证时根据情况需要对原本经其正常观察和记忆获取的案件事实进行取舍和修饰。因此，根据本条文规定，禁止证人在作证前旁听法庭审理。另外，在实践中，基于司法公开与民主监督的需要，庭审直播正在全国范围内逐步推广，使得证人可借助于观看庭审直播了解案件审理的有关情况，这相当于使证人有机会旁听法庭审理，因此，本条文所规定的"证人作证前不得旁听法庭审理"，应同样适用于证人以观看庭审直播的方式了解法庭审理相关情况的情形。其二，涉及证人在作证时与其他证人之间的隔离。证人有数人时，其作证的立场有的相同，有的则不同。即有的属于同一当事人申请出庭作证的证人，有的则属于不同当事人申请作证的证人。当证人为两人或两人以上的数人时，应采取证人分别向法庭陈述证言以及隔离询问的方式，即应当分别加以询问，未经询问的，不得在场，以免受到其他证人证言的干扰和影响。

2.《2019年民事证据规定》第74条第2款亦规定："询问证人时其他证人不得在场。"当证人为两人或两人以上时，为了保障每一位证人在陈述其所感知及记忆的案件事实时不受其他证人的干扰或影响，应按照一定的顺序每次传唤其中一名证人出庭，在该证人陈述其证言并先后接受法院的调查询问及双方当事人的询问之后，该证人应退出法庭，法院再传唤另一名证人出庭作证，如此反复进行。

3.采用隔离证人的询问方式，对于同一当事人申请数名证人出庭作证的，可起到防止其相互之间伺机勾串或因宜附和，以至于对有关证言的真实性产生不利影响；而对于属于不同一当事人的数名证人，则可起到防止其中的证人在听取他人证言之后，根据案件审理的需要，对其原本应予陈述的证言内容故意加以匿修增减，对法院发现事实真相造成实际妨碍。

（三）《2019年民事证据规定》涉及对证人作伪证的处罚

《2019年民事证据规定》第78条第2款规定："证人故意作虚假陈述，诉讼参与人或者其他人以暴力、威胁、贿买等方法妨碍证人作证，或者在证人作证后以侮辱、诽谤、诬陷、恐吓、殴打等方式对证人打击报复的，人民法院应当根据情节，依照民事诉讼法第一百一十一条（即现行《民事诉讼法》第一百一十四条——笔者注）的规定，对行为人进行处罚。"

对本条文的理解与适用，应当把握如下基本内容：

1.证人属于人证范畴，证人是通过其亲身经历并将其观察和记忆的与待证事实具有关联性的案件事实向法庭作证的。证人出庭作证系证人向法庭陈述证言并接受法庭的调查询问和双方当事人的询问等一系列行为的总称。证人出庭作证是向法院所履行的公法上的一种义务，这种义务是一种真实而完整的陈述义务，它基于民事诉讼法所规定的诚实信用原则为基础，又以国家的强制性法律为保障。

2.按照证人向法院负有真实而完整陈述义务的基本要求，证人在出庭作证时应当根据其对案件事实的感知与记忆客观、如实地向法院陈述其证言，既不得擅自掺杂个人的主观猜测、臆断和评论，亦不得对已知的案件事实根据个人的意愿和偏好加以隐瞒、修饰、增扩、删减，更不得对原本就不存在的事实凭空予以编织、捏造。

3.根据《2019年民事证据规定》第71条的相关规定，证人在作证前应当签署保证书并在法庭上宣读保证书的内容。该规定是对证人作伪证的预防性措施，既是对证人在签署和宣读保证书之后的出庭作证过程中如有作伪证行为甘愿承受法律制裁的一种庄严承诺，又是对其造成心理威慑以及敬畏法律的举措。证人故意作出虚假陈述的行为，不仅会对法院查明案件事实造成实质影响，同时也是对于法律的挑衅和对司法尊严的藐视，应承担相应的法律责任。根据《民事诉讼法解释》第189条规定，证人签署保证书后作虚假证言，妨碍人民法院审理案件的，人民法院可以适用《民事诉讼法》第114条的规定处理。本条文在《民事诉讼法》第114条的基础上，明确规定证人故意作虚假陈述的，人民法院可以根据情节轻重予以罚款、拘留；构成犯罪的，依法追究其刑事责任。

第八节　特权规则

一、对特权规则的界定

在证据法上，特权规则是指，证人有义务被强迫向法庭作证，但是，证人中的一些人因遇特殊的情形而享受法律免除其承担作证义务的特别权利。

通常而言，向法庭作证是每一个公民向国家所应承担的一项公法上的义务，这种义务主体具有不可选择性，证据法上这种强迫公民作证的强制性是由该公民在证据法上具有作证适格性所决定的。但是，由于社会伦理、道德、价值观念以及公共政策、国家利益等诸种因素的影响，而导致证人中的一些人在特定情形下享有免除承担作证义务的"作证豁免权"，这便构成证据法上的一种特权规则。

英美法上早先的判例所确定的特权规则对现代法具有某种渊源的先导性作用。在英国的证据法上特权是指，即便证人具备这种适格性和能够被强迫作证性，但该证人仍能够以某种理由为依据而有权拒绝就特定案件事实进行作证。特权是指有关证人不必答复有关问题，但这种特权所涉及的内容可用其他证据予以证实，而不能从证人依法主张特权上推理得出对其不利的结论。近代以来，英国证据法倾向于对这种特权加以限制，现在实际上只有两种重要意义的私人特权得以引用，即法律职业特权和"为损害（权利）陈述"特权。

二、设置特权规则的理由

至于基于一定社会原因或关系而拒绝作证，美国学者威格莫归纳了四项作为一般拒绝证言权的基本原因或要素：其一为，其所拒绝陈述的内容，必须基于相互信赖所得知的消息，而不愿泄露的；其二为，此项信赖，必须为维持双方关系的重要因素；其三为，此项关系，基于一般公众意见，有审慎维持之必要；其四为，因泄露之结果给双方关系造成的损害，须大于因其拒绝给司法上造成的损失。[①]

证据法上的特权规则的设置，原本是基于历史背景及政策性的考虑，从其历史背景上而言，可以窥察该规则的由来与变迁；而从其政策性的考虑，也不免出现一些赞成与截然相反的观点。例如，律师职业特权为特权规则之一部分，其内容主要为，当事人与其律师的信息往来，在未经当事人同意下不能向外披露。其立法理由为，由于实际在财富、权利、智慧与能力上，人们基本上处于不平等的状态中，为克服这种不平等给法庭在认定案件事实时带来诸种负担和实际障碍，使案件能够在凭悉其事实的基础上加以解决，律师的作用是不可或缺的。因此，必须承认这种特权才有助于鼓励当事人求助于律师，而使得当事人不是只把其认为对自己有利的事实告诉律师。如果在当事人与律师之间不得保持这种特权，那么维系律师与当事人之间的关系势必将充满着"保留、隐瞒、忧虑、猜疑与惶恐"。可见这种特权主要是基于律师执业的一种需要。就律师与当事人之间的特权，美国学者主要提出如下设置理由：第一，在现行的民事诉讼制度下，外行的当事人不可能不借助律师而自己准备并进行诉讼，为此，除非当事人把全部事实告诉律师，否则律师将无法提供法律帮助；第二，除非当事人肯定其律师不会被迫披露所有案件事实，否则，当事人将隐瞒他认为对己不利的事实；第三，由于这种特权的保护，而使得在诉讼或其他诉讼调查程序中，隐瞒真情带来的损害要远远小于对诉讼带来的好处。对此，美国著名学者摩根（Morgan）持有异议，并对特权提出质疑，他认为，如果当事人曾把真情告诉律师，他现在必须在证人席位上说同样的话；如果他曾向律师说谎，并且坚持这样做，他会在审理时说同样的话。如果他曾把真情告诉律师，但是现在说谎，为什么要保护他，而不揭露他？特权的目的是不是为保护伪证而制定的呢？[②]

---

① 李学灯：《证据法比较研究》，五南图书出版公司 1992 年版，第 588—589 页。
② 沈达明编著：《英美证据法》，中信出版社 1996 年版，第 225—226 页。

三、各国有关特权规则的内容分类及立法例

（一）因夫妻关系、亲属关系等而享有拒绝证言权

各国立法例上，关于配偶间或亲属间拒绝证言权的政策性考虑，大都基于信赖的关系，此种信赖关系，应为法律所鼓励。对于此种信赖关系的损害，在许多情形下极有可能大于司法上调查真实的利益。

例如，1968年《英国民事证据法》第14条第4款第2项规定，一个人所提供的任何答复或证据，在任何诉讼或任何等级的诉讼中，均不应接纳为对该人不利的证据时，该项法令就应被解释为同样规定该人所提供的任何答复或证据不应被接纳为待解决的诉讼或任何等级的诉讼中不利于该人丈夫或妻子的证据。《德国民事诉讼法》第383条第1款规定，凡证人遇有以下婚姻关系或亲属关系的，有权拒绝作证：其一，系当事人一方的未婚配偶；其二，系当事人一方的配偶，包括婚姻关系已不存在的；其三，现在是或者过去是当事人一方的直系血亲或直系姻亲，或三亲等以内的旁系血亲，或二亲等以内的旁系姻亲。《日本民事诉讼法》第196条规定，当证人作证有可能使人或者与证人有下列关系的人受刑事追诉或者有罪判决时，证人可以拒绝作证。证言有害于上述人的名誉时，亦同：（1）配偶、四亲等内的血亲或者三亲等内的姻亲，或者是曾与证人有上述关系的人；（2）有监护人与被监护人的关系。

（二）有可能招致证人或其亲属等受到刑事追诉或处罚等不利影响而享有拒绝证言权

例如，1968年《英国民事证据法》第14条第1款规定，除刑事诉讼程序外，一个人在任何其他法律诉讼程序中，有权拒绝回答任何问题或提供任何文件或物品，如不拒绝即将使其陷入犯罪的或重受刑罚的诉讼。该法第14条第1款第2项规定，这项权利应包括如下一项类似的拒绝回答任何问题或提供任何文件或物品的权利，如不拒绝即将使当事人的丈夫或妻子陷入任何此类刑事犯罪的或重受任何刑罚的诉讼。根据《德国民事诉讼法》第384条的规定，当对于某些问题的回答，将会对证人或证人的有关亲属引起不名誉或使其因犯罪或违警行为而有受追诉的危险时，该证人有权拒绝作证。

（三）因避免自证其罪而享有拒绝作证特权

该项特权源于普通法上的原则。普通法上此一规则形成的历史背景极为复

杂，但基本脉络在于，自普通法不再沿袭教会法院及大陆法系的纠问式诉讼模式后，"不得约束任何人背弃其自身"的法谚常被引用。至17世纪以后，不得强迫任何人自证其罪，成为普通法的基本原则，甚至为美国联邦宪法所明文规定。各州的宪法也略同。虽其中文字或稍有出入，但基本原则与普遍所承认的并无不同。这一普遍承认的原则，适用于证人，也适用于当事人；适用于刑事审判，也适用于民事审判。按照该规则的内容，如果某人因其出庭作证，其证言将使其自陷于法网，那么就不能强迫其作证。

（四）因财产上的权益受到损害而享有拒绝证言权

例如，根据《德国民事诉讼法》第384条规定，对于某些问题的回答，将会对证人或对证人有各种亲属关系之人，直接发生财产权上的损害，该证人享有拒绝证言权。

（五）因知悉国家秘密或公共秘密而享有拒绝证言权

例如，《美国模范证据法典》规定，所谓国家的秘密，系指关于国家军事组织或计划，或有关国际之关系而言，除非法官认为非属于国家的秘密，或经政府主管部长官的同意，证人即得拒绝证言。如属于国家的秘密，虽证人及当事人均愿泄露，法官亦得予以制止。作为公务上的消息，系指关于联邦或州内之事务，为公务员职务上所知悉，或由公务员基于职务而从其他公务员处知悉的。此种消息，如法官认为有国会的法案，或州的制定法禁止泄露，或认为在诉讼中显露，即有害于政府的利益时，该公务员即得拒绝证言。

（六）因职务上、业务上或技术上负有秘密义务而享有拒绝证言权

例如，根据《德国民事诉讼法》第383条规定，证人因以下具体原因有权拒绝作证：其一是由于职业上的原因，现在从事或过去曾经从事过定期刊物的编辑、出版和发行工作，或广播工作的人，关于文稿和资料的著作人、投稿人或提供材料的人的个人情况，以及关于这些人的活动的内情，但以这些都是涉及编辑工作中的文稿、资料和报道的为限；其二是由于职务、身份或职业上的关系，而知悉一定事项的人，关于从事情的性质上或依法律规定应保守秘密的事项。

另外，《美国模范证据法典》规定，就律师与委托人间基于信赖关系所得知的消息，享有拒绝证言权。并就各种术语的定义、信赖关系、多数委托人间的关系、律师帮助为侵权行为之禁止，以及权利之限制及终止等作出详细规定。

最引人注目的是，法官如发现证据，认为该项法律服务，系在帮助委托人为侵权行为或计划为之时，即不允许其拒绝证言。另外，委托人如同意泄露，或自行泄露，或表示放弃，律师即不得拒绝作证。在普通法上，宗教人士原无拒绝证言权，但在若干州已以制定法予以承认。法典也规定传教士与忏悔者之间，因执行宗教职务，基于信赖关系所得知悔罪的秘密，可以拒绝证言。拒绝的权利属于忏悔人，得由其放弃，但在未放弃时，传教士及忏悔人均得主张这种权利。在普通法上，关于医师与病人间基于信赖关系所得知的消息，原无拒绝证言的权利，但在若干州已以制定法予以创设，法典也就此明文予以规定以资示范，但限于信赖关系所交换的消息，而不愿第三人得知的隐私，包括身体检查的结果在内；并且限制医生不得有助于病人进行侵权行为，或在病人进行侵权行为后帮助其逃避。此项拒绝权，医生与病人均得主张，但已经泄露或同意泄露，或表示放弃时，或依法应向公务员进行报告，或遇有其他法定情形时，则不得拒绝。此外，法典还规定，除在诉讼中成为系争事实而非仅属于证言的凭信性时，任何人有权拒绝泄露其意见或宗教信仰。法典还规定，除非法官认为选举有违法情形时，任何人有权拒绝泄露其政治性选举投票的内容。此外，关于一般职业上的秘密，依照现行法仅承认有限度的拒绝权。法典还规定，如经法官认为允许其拒绝，不知掩饰诈伪或有害于正义时，关于职业上的秘密，其业主或其代理人或受雇人得主张拒绝权。与模范证据法典相比，美国的统一证据法则就律师、医师、传教士等职业所涉及的证言拒证权分别作出相应的规定。其各种限制的规定，与模范法典大体相同。

（七）拒绝宣誓特权

宣誓对证人作证产生法律上的后果或责任，有些国家为了配合使用证人的拒绝证言权，相应地规定了证人的宣誓拒证权。如《日本民事诉讼法》第291条规定，证人就对自己或与其存在有亲属关系的证人、证人的监护人或受该证人监护的人、由证人作为主人而侍奉的人，有显著利害关系的事项，受到询问时，可以拒绝宣誓。

四、关于我国证据法设置特权规则的思考

我国台湾地区学者李学灯先生认为，中国旧律传统上的亲不为证，亦有其历史背景与政策性之考虑。自唐律以后，其影响波及邻邦。近代制定民刑诉讼法，则又经由邻邦模仿外国法律而有拒绝证言的规定。由亲属容隐的义务，一变而为

拒绝证言权，但亲属容隐的思想仍深入人心。[①]

我国现行立法对证人作证中所享有的特权规则未加以规定，《民事诉讼法》第75条规定："凡是知道案件情况的单位和个人，都有义务出庭作证。"对此，有学者认为："只要是案件的知情人，即使是当事人的近亲属或与当事人有其他特殊关系，也可以作该案的证人。"可见，在我国，证人出庭作证是对国家应负担的公法上的义务，无论该证人与当事人之间有何种亲属、职业等特殊的社会关系，均不得以此为理由而拒绝出庭作证。但是，在现实审判实践中，证人以种种理由或寻找各种借口拒不出庭作证而本应被认作藐视法庭的行为，在立法上并未设置何种行之有效的制裁措施予以论处，甚至这种行为也不属于《民事诉讼法》第10章所规定的妨害民事诉讼的行为。在这种立法和司法背景下，特权规则实际上可有可无，因为立法和司法上并不对拒绝出庭作证的证人采取任何强制性制裁措施。

因此，为了进行审判方式改革的需要，必须强化证人出庭作证的行为规范。实际上，各国通常将无正当理由且未经法庭允许而拒绝出庭作证的行为作为藐视法庭的罪过来处理，轻则处以拘传、罚款，重则处于拘留甚至有期徒刑。唯有如此，才能体现法庭的威严不可侵犯性，才能唤起人们对法律严肃性的尊重。

笔者认为，在对证人出庭作证设置强制性规范的同时，应基于社会公共政策、公序良俗以及不同的社会价值观念之间的轻重权衡，设置相应的特权规则，即证人如拒绝出庭作证将受到法律的强制性制裁，但是，证人中的一些人可因特定情形享有免除承担作证义务的特别权利。

笔者认为，根据各国或地区习惯做法以及我国的具体国情，可以就以下情形设置特权规则：

1.因夫妻关系、亲属关系而使证人享有免除承担作证义务的特权。关于亲属关系的范围，可借鉴我国台湾地区的做法，限于与证人有四亲等内的血亲、三亲等内的姻亲或曾有此亲属关系的人为宜。

2.因职务上、业务上本应负有秘密义务而使证人享有免除承担作证义务的特权。

3.因掌握国家秘密或为法律上所确认、保护的有关个人的隐私等秘密而使该证人享有免除承担作证义务的特权。

----

① 李学灯：《证据法比较研究》，五南图书出版公司1992年版，第589页。

第九节 排除规则

一、排除规则的含义

排除规则是英美证据法上涉及证据可采性的一项重要规则，即它是对某种证据本应加以使用，但基于种种考虑而加以排除的一种证据规则。

就一特定的适格证据而言，它必须与待证事实之间具有关联性，具有作为诉讼证据的价值，即立证价值。但是，尽管有些证据具备这些特征，具有一定的采信价值，但在立法上或审判上基于其内在属性特征的考虑或者出于执行社会公共政策的要求等因素，而将其排除在证据的可采纳范围之外。"证据，未具有某种程度之价值；或其证据虽具有相当价值，而有过分偏见，不正当之意外，或混淆争点等危险者，基于关联性及实务上政策之理由应予排斥。"[1]这一点对英美法更为重要，因为，英美法在传统上实行陪审团审理方式，如在庭审活动中不将一些"有害"于事实认定的证据排除在证据力的评价范围之外，那么将由于受感情、偏见等不良因素的驱使，直接影响对事实正确的认定。而在大陆法看来，对证据的评价较少地受到排除规则的限制，因此，对证据的自由评断并不涉及证据的能力问题，而是涉及证据力的大小与强弱问题，这是一种强势职权裁判主义的直接结果。

有学者将排除规则划分为广义与狭义两种，广义上的排除规则一般是指与证据可采性的相反之称谓。即凡为防止不可信的证人与错误引导的证言（unreliable persons and misleading testimony），或基于其他原因（如人权保障或其他政策），不得予以采纳的证据，就其本来原有关联，可以使用为证据的，加以排除，因而称为排除法则。而狭义上的排除规则可指在与其相并列而命名的其他规则时所含有的意义。[2]

二、关于排除规则的立法例

英美法国家和地区在立法上一般都设置有相应的排除规则。

---

[1] 陈朴生：《刑事证据法》，1985 年版，第 251 页。

[2] 李学灯：《证据法比较研究》，五南图书出版公司 1992 年版，第 469 页。

在美国，排除规则是作为实现宪法第4条修正案所提供的一种保障手段。①1914年，美国联邦最高法院在维克斯诉合众国一案的判决中认为，该案证据是在违背宪法第四修正案的情形下获得的，因此，在联邦诉讼中不得采用。法庭的判决理由为："如果没有排除规则，那么第四修正案将会与宪法发生冲突。"如果不公开地违反宪法，那么法庭就势必以司法判决的方式来批准一项明显的错误。如果法庭以排除规则来维护第四修正案的命令，那么任何违反第四修正案命令而获得的证据在法庭上均不得被采用。②可见，在美国宪法第四修正案中所体现的排除规则，是旨在提醒法官在审判中，必须严禁采用非法手段收集和获得证据，因为，采用带有污点的证据作为认定事实的基础，就意味着法庭正在违反宪法。

《美国联邦证据规则》第401条规定："在下列情况下证据具有相关性：（a）该证据具有与没有该证据相比，使得某事实更可能存在或者更不可能存在的任何趋向，并且，（b）该事实对于确定诉讼具有重要意义。"之后，该法第402条又规定："相关证据具有可采性，下列规定另有规定者除外：《合众国宪法》；联邦制定法；本证据规则；或者，最高法院制定的其他规则。不相关证据不可采纳。"对此条所规定的内容，有美国学者认为，它是联邦证据法中最重要的一条，因为，它赋予审理的法官一项权利，无论何时当他们相信如准许某项证据其危险程度超过该项证据的证明价值时，便可依此条将其予以排除。但是，在本条中并没有授权法官可以准许依第402条下的无关联与应排除的证据。也许是因为本条文立法者认为依据合理化的要求与逻辑上的事实认定过程，应该将可能导致陪审团产生偏见或成见的证据排除，而不应使此类证据进入法庭，而任由或依赖陪审团或法官以符合逻辑而又非感情化的方式来应对此类证据。③

《加拿大证据法》第15条至第45条规定了各种排除规则，主要有因证据取得的方式而予以排除的证据，以及排除有关的环境证据，如品格和倾向性、预防措施、传闻、特权，等等。

---

① 关于收集和获得证据的美国联邦宪法第四修正案为："人们保护自己的人身、房屋、文件及财产不受任何无理收查和扣押的权利不容侵犯；除非是基于某种正当理由，并且要有宣誓或誓言的支持并明确描述要搜查的地点和要扣留的人或物，否则均不得签发搜查令。"

② ［美］乔恩·R.华尔兹：《刑事证据大全》，何家弘等译，中国人民公安大学出版社1993年版，第197页。

③ ［美］Stephen A. Saltzburg：《美国联邦证据法》，段重民译，司法周刊杂志社1985年版，第24页。

《以色列证据法》第16条规定:"法院认为采纳证据将足致延滞诉讼或审判不公的危险超过该证据立证价值时,得基于以下理由之一,拒绝予以采纳:(一)采证需时甚久,且将使案件的进行受不当的延滞的;(二)以不正当的方法,将使一方当事人遭受困窘难堪的;(三)足以混淆争点,并使案情趋于复杂的。"

在大陆法系国家和地区,由于在审判上对事实的认定主要基于法官的自由心证,由于这种自由心证与职权主义审判模式紧密相关,因此,忽视了证据法在程序上的一些特定功能,因此,在较小的范围之内才在立法上设置相关的排除规则。比如,传闻规则属于英美法中最重要的一种排除规则,而在大陆法看来,在原则上并不排除传闻证据,只要能证实其来源的真实性和可靠性即可。[①]

在大陆法看来,即使为有缺陷的证据,也不能予以排除,而是由法官依职权采用自由心证来判断其证明力的大小与强弱,才能决定其取舍。例如,《德国民事诉讼法》第419条规定,证书有删除、涂改、增添和其他外形上的缺点时,其证明力应否全部或一部分消失或减少,减少到何种程度,由法院依自由心证作出判定。再如,在意大利,根据有关排除证言规则,从表面上而言,超过五千里拉合同标的,则该合同不得使用证言证据加以证实,但事实上,这无关紧要,因为法庭通常要根据案件的当事人情况、合同性质以及其他具体情形加以酌情考虑,以此采用司法裁量权的方式来决定是否准许证言的采纳。意大利法律认为书证优于证言证据,有关的法律规定,证言证据不得用于为证明某一书证就其内容补充一致或相互抵触而在该书证制作之前,或同一时间使之生效。如果协议的相互补充或抵触是被主张作为随后构成书证的其中一部分时,经过对当事人的情况、合同的性质和其他所有的具体情形加以斟酌考虑后,如果发现口头修改这一事实具有盖然性时,法官享有自由裁量权决定对证言证据的采纳与否。[②]

另外,《法国民事诉讼法》第135条规定:"未在有效期间内交阅的文件、字据,法官得排除辩论。"这一规定可视为对于特定证据的排除规则,但从立法本意上而言,旨在促使双方当事人相互披露有关证据,否则对有关的证据效力不予考虑。可见,这种排除规则属于一种相对的排除,它是一种附条件的排除,而为英美法在立法上所设置的各种排除规则与之相比较,则属于绝对的排

---

① 毕玉谦:《民事证据法及其程序功能》,法律出版社1997年版,第383页。

② Mauro Cappelletti, Joseph M.Perillo, *Civil Procedure in Ltaly*, Martinus Nijhoff, The Hague, The Netherlands 1965, p.217.

除规则，除受制于一些例外规则的制约外，一般在适用上并不以任何前提为附带条件。

对大陆法系各国和地区而言，几乎共同设置的一种排除规则就是严禁采用非法手段收集证据。例如，根据意大利法律的有关规定，非法获取的书证在诉讼上不能采纳为证据，从非法被拘留人那里获取的材料或陈述在诉讼上亦不能采纳为证据。[①]一些日本学者认为，从发现实体真实的要求，也应与当事人之间的信义和程序上的正当理念相协调的观念出发，对违法收集的证据，在具备一定要件下，应加以否认其证据能力的见解成为有力说。[②][③]

三、排除规则的适用

常用的排除规则主要适用于以下情形：

（一）传闻证据

传闻证据是英美法中一项最为重要的排除规则。传闻作为证据法上被排除的规则，其在普通法上的演变曾有一个循序渐进的过程。早在1202年的英国，人们虽然对传闻证据持有怀疑态度，但在法庭上仍可将其作为证据来加以使用；到了1660年，传闻证据的地位急剧下降，不能单独作为一种证据来使用，而只能作为一种佐证材料；随即在1680年，传闻证据在诉讼法上开始受到排除，由此而产生了这样一种排除规则。[④]

传闻证据之所以受到排除，是因为：

其一，为了担保证据真实性的需要，未经宣誓的证言不能作为证据，而传闻证言则属于未经宣誓之列。

其二，对证人进行反询问是验证原证述人对客观事实在观察、感知、记忆和叙述能力上是否存在某种缺陷的必要方式，并且通过反询问才有可能对他们所陈

---

① Mauro Cappelletti, Joseph M.Perillo, *Civil Procedure in Ltaly*, Martinus Nijhoff, The Hague, The Netherlands 1965, p.221.

② ［日］兼子一、竹下守夫：《民事诉讼法》，白绿铉译，法律出版社1995年版，第108页。

③ 日本的有关判例也认为："收集证据采用严重违反社会公道的手段，限制他人的精神和肉体上的自由等带有侵犯人格的方法去收集时，这本身就是违法，因此不得不否定其证据能力"［东京高等法院昭和57年（1982年）7月15日判决］。

④ 程味秋主编：《外国刑事诉讼法概论》，中国政法大学出版社1994年版，第95页。

述的事实的真实性、可靠性和先后一致性提出强有力的质疑，同时对他们在法庭上作证时的一举一动进行细心的观察，[①]也可以作为一种环境证据，以便陪审团或法官作为通盘考虑的因素。但就传闻证据的性质而言，无法对其进行反询问。

其三，证人是就自己亲身体验、感知的事情作证，凡是道听途说的传闻不得作为证据，以他人传闻作为证据，其被重复的内容存有错误和被歪曲的危险，况且，被转述的内容愈复杂、次数愈多，这种危险系数就愈大。

其四，由于陪审团成员欠缺必要的法律知识，因此，很难恰当地处理好这些传闻证据。

其五，当事人为了支持其诉讼主张，对陪审团或法官施加影响的最好办法无非是提供与待证事实有关的最佳证据或直接证据。但是，如果允许采用传闻证据，那么只会纵容更多的"不实"证据充斥到诉讼中来，进而加大法官确认事情真相的难度，使最佳证据规则等趋于夭折。

当然，在传闻证据的排除规则上，立法上还往往设计例外情形，例如，《美国联邦证据规则》第804条规定，如果陈述者缺失，下属证言亦不在传闻规则排除之列，即从前的证言、临终的陈述、违背自己利益的陈述、个人或家庭历史背景的陈述等。又如，根据《加拿大证据法》规定，下列证据属于排除传闻的例外，如证人先前的陈述（第28条），在某些情况下无法作为证人出庭的人所作陈述如已故的或基于体力或精神上的缘故不能出庭作证等（第29条），在一些情形下对一方当事人不利的陈述，如该方当事人曾经所作的接受或同意的陈述等（第30条）。

（二）品格证据（character evidence）

根据普通法的传统，原则上不得以某人的品格如何作为证据用来证明其在特定场合之下从事与其品格相一致的行为，即一个人的品格是否善良或邪劣，对于证明某一系争事实中他可能或不可能从事某一行为不具有关联性，因此，应当予以排除。"'品格'（character）一词在证据法条文上至少包括三种明确的含义：第一，它是指某人在其所生存的社区环境中所享有的声名；第二，它是指某人为人处世的特定方式；第三，它是指某人从前所发生的特定事件，如曾因犯罪行为而被判刑等。"[②]

英美法国家和地区在立法上通常将品格证据作为一种排除规则的内容加以规

---

① Peter Gillies, *Law of Evidence in Australia*, Legal Books International Business Communication Pty Ltd. 1991, p.283.

② Peter Murphy, *A Practical Approach to Evidence*, Blackstone Press Limited 1992, p.116.

定，例如，《美国联邦证据规则》第404条（a）规定："有关某人品格或品格特征的证据，不能用于证明该人在某特定场合的行为与其品格或品格特征相一致。"对此，有美国学者认为，一般而言，该条继受了普通法排除采用品格证据的传统。普通法法院与现代成文法的起草者都认为品格证据的证据力的不大，而且会移转事实审理者的注意力，从案件的主要问题偏离到一些旁枝末节上去，导致不当的偏见。[①]再如，《加拿大证据法》第17条至第20条对排除品格证据加以规定。对此，一些加拿大学者认为，对所谓品格证据的采纳是证据法中最为复杂的领域之一。加拿大证据法典力争使那些不具有可采性的品格证据与可采用来证明它的方式加以区别，使它的可采性用来攻击或支持证人的可信性与它的可采性用来证明当事人的行为加以区别，借以简化这一问题。[②]

关于在一般情形下拒绝采纳品格证据的理由，有学者认为，在绝大多数情形下，品格证据作为一种环境证据其证据力极其微弱。即使它的证据力轻微，通常也应将其予以排除，这是因为，它本身存在着偏见、浪费时间和混淆争点的可能。[③]对于这种证据可能在实务中表现的危险性，有学者认为，此种证据如许轻易提出，极易使人发生情感及偏见，且有过分评价的危险，而对于被告之一生事迹，尤难予以逐项进行调查。法官在实例上表示不予采纳的理由，称为是基于政策及人道；如予以采纳，则在一百个案中，即便在一案中获得真实，其他九十九案则有不获公道的可能。[④]

可见，一般在立法上和司法上对品格证据的排除，是着重防止这种证据本身可能带来误导、混淆主题、耗费时间的消极影响，虽然该种证据本身不能说没有丝毫的证据价值，但是就其采纳上的利弊权衡来看，其弊端远远大于其益处。并且，这种证明方式主要是涉及有关证人的名声、经历以及为人处世的习惯，与证明该人是否会倾向于从事某种行为或不从事某种行为缺乏直接的证明关系，只是带有一定倾向性的推测，并无确切的证明前提。

但是，在规定排除品格证据的同时，一般各国通常还规定了一些例外情形。比如，《美国联邦证据规则》第404条规定，关于被告人的品格、被害人的品格

---

① ［美］Stephen A. Saltzburg：《美国联邦证据法》，段重民译，司法周刊杂志社1985年版，第26—27页。

② Law Reform Commission of Canada, Report on Evidence, Information Canada Ottawa, 1975, p.63.

③ Law Reform Commission of Canada, Report on Evidence, Information Canada Ottawa, 1975, p.65.

④ 李学灯：《证据法比较研究》，五南图书出版公司1992年版，第482页。

以及证人的品格在特定情形下可作为例外。如就被告品格而言，由被告人提供的证明其有关品格特征的证据，或者由起诉方提供反驳被告人品格的证据。再如，《菲律宾证据法》第129节第51条在规定品格证据的同时，又规定民事案件中的一方当事人的品格证据，只有在其与案情涉及品格的争议问题相关时，才具有可采纳性。另外，根据《英国民事证据法》第9条的有关规定，在任何民事诉讼中，一个人的信誉可以接纳为证据，以便证实其品格好坏。在任何民事诉讼中，信誉或家庭传统可以接纳为证据，以便证实或反驳任何公共的或一般权利的存在，或者验明任何人或事的存在。

（三）意见证据

证人证言是指某人就自己亲自经历或体验的事实而在法庭上所作的陈述，而专家意见则是根据某人所具有的特别知识经验，对某一事项加以鉴定、分析和判断之后向法庭陈述的结论性意见。在英美法上，证人有普通证人与专家证人之分，因此是依据意见规则作为区别证人证言与鉴定意见的标准。一般证人的职能是将其亲自经历或体验过的事实如实向法庭陈述，其中一般不得含有任何猜测、推理和评论过程，否则，将被适用意见规则而受到排除。

关于意见证据适用排除规则的理由，有学者认为，在采用证据裁判主义及自由心证主义的模式下，认定事实应基于证据，而证据的证明力，则由法官自由予以判断。因此不允许法官自行提供证据，也不允许证据本身具有判断的职能。而作为证人的证述，仅仅是用来提供客观的事实，至于其事实可否用来起到证明的作用，这属于意见或者推测范畴。此项意见或推测，应属于有认定事实职权的法官来承担，而并非属于提供证据的证人予以承担。因此，对于证人而言，除提供事实外，如允许其陈述意见或推测，则难免超越证人的职能，而不免僭越法官的职权。因此，意见证述不被认为具有证据能力，其法理上基于以下两个理由：其一，侵害法官的职能。基于事实而产生的推测与意见的判断作用，属于事实认定的范畴。此项认定的作用，应由法官担负。证人依证言而提供可为法官认定资料的客观的事实，仅具有提供职能。而作为认定职能，这不属于证人证言职能的范畴。如允许证人提供意见作为供述的内容，这便超越了证人本来的职能，进而兼具法官的职能，这无异于允许证人代行法官的职权。其二，有可能使立证产生混乱进而发生偏见之虞。意见并非为证人所体验，因此，证人的意见与推测在证据上并无用途，且具有对事实进行公正认定的消极影响。如允许证人提供意见，不仅使其证述的客观事实中混入与提供证据资料上毫无关系的内容，并且造成立证上的混乱，产生提供偏见或预测资料的危险，难免对于发现事实真相产生阻碍作用。[①]因此，对意见证据适用排除规则是针对证人的职能而言，如证人对其所见所闻随意发表意见，则无助于证人出庭作证本旨的实现，反而偏离了如实客观陈述案件事实的轨道，因此，对证人在作证过程中所发表的意见自应予以排除。

根据《美国联邦证据规则》第701条规定："如果证人不属于专家，则他以意见或推理形式作出证言仅限于以下情况：（a）合理建立在证人的感觉之上；和（b）对清楚理解该证人的证言或确定争议中的事实有益；并且（c）不是基于规则702范围内的科学、技术或者其他专门知识。"对此，有美国学者评论道，该条体现了现代证据法的观点，即认为当人们作证时不能很轻易地把事实与意见分开，虽然意见可以很明显地分为几个等级，但依该法条的要求，法院将接受任何证人的意见或推论，只要它们基于该证人的体认，同时它们也有助于对证人证言的清晰了解与对争议中事实的认定。[②]

另外，根据《加拿大证据法》第67条规定，如果证人不是作为专家来出庭主张，除非是基于他所亲自体验到的事实，或有助于证人清晰地陈述，或者有助于事实审理者确定争执点，否则，不得发表任何意见或进行推断。

可见，有关国家在立法上确定意见证据的排除规则的同时，也相应地就排除规则的适用设置了例外情形，或者作为可不适用这种排除规则的前提条件。

四、我国有关司法解释对排除规则的规定

（一）采用非法手段或方式获取证据的有关规则

《民事诉讼法解释》第106条规定："对以严重侵害他人合法权益、违反法律禁止性规定或者严重违背公序良俗的方法形成或者获取的证据，不得作为认定案件事实的根据。"

对本条文的理解与适用，应当掌握如下基本内容：

1.在民事诉讼上，为了诉讼证明上的需要，当事人收集和获取相关证据，其所采取的手段或者方式，也就是这种行为本身侵害了他人的合法权益，其中，这种侵权行为既包括当事人本人的行为，也包括受当事人委托的诉讼代理人或者聘请、指使的其他受托人的行为。这种侵权行为因所涉及的具体情节、造成的损害

---

① 陈朴生：《刑事证据法》，1985年版，第297页。

② ［美］Stephen A. Saltzburg：《美国联邦证据法》，段重民译，司法周刊杂志社1985年版，第115页。

结果以及是否具有社会危害性等不同而分为民事意义上的侵权行为及刑事意义上的侵权行为。因此，本条文中所谓"合法权益"主要是指为实体法所保护和保障的公民、法人或者其他组织的权利和利益。从传统民法上来看，合法权益主要包括财产权和人身权两部分，财产权包括物权、债权、知识产权、继承权，人身权包括生命权、健康权、人身自由权、隐私权、名誉权、荣誉权、肖像权、姓名权、名称权。在实务上，侵害他人合法权益所涉及的侵权客体主要集中在隐私权、通信自由权，以及采取包括一些强制、胁迫、限制他人人身自由权的情形。在民事诉讼上，一方当事人因举证上的需要，在形成、获取相关证据的过程、手段或方法上，其行为本身侵害了他人的合法权益，也就是违反了实体法上的规定，但是，这种实体上的违法性并不必然导致有关证据在法律上丧失其适格性。这是因为：其一，这种侵权的主体具有特殊性，也就是，在许多情形下，它是诉讼上的一方当事人，或称诉讼上的举证人。其二，从事这种行为的目的在于维护行为人的合法权益。换言之，从事这种侵权行为的行为人在实体法上具有预期的正当利益，在许多情况下，其合法权益已为取证行为相对人所侵害。其三，从事这种侵权行为的人的行为源自于其在诉讼上证明权的行使与享有，也就是，其行为本身是基于满足其诉讼利益的需要，即为了争取对其有利的裁判结果。其四，除涉及侵害诉讼外第三人合法权益的情形以外，因非法取证行为而遭受权益损害的相对人与取证人之间具有法律上的利害关系，特别是在诉讼发生之后，双方处于一种对立的诉讼当事人地位，均为民事诉讼法律关系的主体。正是由于上述几方面原因，导致原本对这种侵权行为以其合法性为中心的判断模式转换到对这种行为本身的正当性与合理性的判断之上。其客观效果是，这种侵权行为的违法性只有达到某种严重程度，或者采纳该证据将对他人实体利益造成严重损害，即违反实体法的情节或后果等方面达到了严重程度，才有可能导致在法律上丧失证据适格性的结果。在民事诉讼上，应当以因诉讼一方当事人基于举证以有利于法院发现真实所谋求的诉讼利益，与因其取证而给他人合法权益所造成损害之间进行权衡，才能有助于确定这种侵权行为违法性所具有严重性的程度，也就是说，应当对其严重性是否已达到了最低的必要限度以上作出判断。本条文中，强调这种"严重"的性质或程度，既可以被解读为，有关形成或者获取证据行为给他人合法权益造成的损害，其结果是严重的，例如，雇用他人采用暴力手段获取证据，导致人身伤亡；也可以被解读为，有关形成或者获取证据行为给他人合法权益造成的损害，具有某种社会危害性，例如，雇用他人采取跟踪、盯梢等手段伺机（拍照、录像、录音等）收集证据，采取撬门别锁等方法闯入或潜入他人住宅或办公场所搜查、获取证据资料。在一些情形下，有关当事人这种获取证据行为侵犯他人合法权益的"严重"程度，很有可能会导致触犯刑律，而最终同时被追究刑事责任。

2. "非法证据"主要是指"非法取得的证据"（illegally obtained evidence），也就是，采取以严重侵害他人的合法权益、违反法律禁止性规定或者严重违背公序良俗的方法形成或者获取的证据。前者主要是指为有关实体法所保障的当事人的合法权益，后者主要是指有关程序法或者证据法所明确设定的形成或者获取证据上的禁止性规定。所谓"严重违背公序良俗"，是指证据在形成或者获取过程中虽然并无对他人合法权益造成明显损害，但其形成或者获取的证据本身有违社会上所广泛采认的善良风俗。"公序良俗"原本属于一种道德底线，在本条文中因定位于达到了一种相当严重的程度，以至于将其提升为法律底线。与"严重侵害他人合法权益"这一适用要件相比较，"严重违背公序良俗"这一适用要件往往被前者所吸收。在衡量何谓"非法证据"问题上，通常可采取双重标准：一种标准是，对有关主体在形成、获取证据上作出禁止性规定，属于有关程序法或证据法的专属功能，这也是对采取法律上的禁止性规定获取证据的一种狭义上的界定和理解；另一种标准是，即使在有关程序法、证据法对有关主体在形成、获取证据上的某些程序或方法未作出明确的禁止性规定的情形下，如果有关过程或者方法严重侵害了为有关实体法所保护的当事人的合法权益，如当事人的人格权、通信自由权、隐私权、商业秘密权等，也可认定为属于非法证据范畴。在理论上，采取违反有关程序法或者证据法的禁止性规定涉及的证据，除了一些例外情形之外，一般属于绝对证据排除的范围；而采取违反实体法规定所涉及的证据，通常属于相对证据排除的范围，由法院在个案当中根据情况作出判断。在证据法理论上，所谓"违法证据"应仅指违反有关程序法或证据法在收集、调查证据上的禁止性，而不特指违反实体法的规定，并且，与实体法之间具有相当的距离。这是因为，对何种主体在诉讼前或者诉讼过程中采取何种方式或程序收集、调查证据为法律所允许或禁止，是由有关诉讼主体在诉讼上的诉讼权利和诉讼义务所决定的，它是程序法（尤指诉讼法）或者证据法的专属功能，是部门法分工的结果。实体法所保护的有关公民或法人的合法权益是一种实体正义的体现，它是一种看不见的正义，而程序正义是一种看得见的正义。因此，实体正义必须通过程序正义来实现。在证据法的理论框架内，"违法证据"仅属于"非法证据"范畴内的一种情形。另外，应当指出的是，"非法证据"还应包括这样一种范畴，即有关特定主体所采取的收集、获取证据的方式，法律（程序法或者证据法）上既未作出禁止性规定，也未作出授权性规定，同时，也不涉及违反实体法的情形，可以说是一种法律上的真空地带或者灰色地带。当然，这种范畴对于民事诉讼没有意义，因为在民事诉讼中，双方当事人均为不涉及公权力的民事主体，对诉讼上的举证或反证均负有相应的责任。因此，实行"法无明文禁止即可为"的原则。真正具有意义的是体现在刑事诉讼和行政诉讼当中，因为，无论是在刑事诉讼还是在行政诉讼中，通常是由公权力机关（侦查机关、公诉机关以及其他政府机关）承担侦查、取证以及举证责任，为了保障公权力机关正确行使其权力，防止其专横、侵犯人权，故实行"法无明文授权即视为禁止"的原则。

3.在民事诉讼上，因涉及社会私法秩序的维护，即便当事人之间出现私权利益上的纷争，为了避免国家的过度干预，应当以实行"私法自治"为考量的基点，因此，有关证据适格性及其排除规则的设定，应当以违反法律的禁止性规范为条件，即贯彻"法无明文禁止即可为"的原则；在无法律禁止性规范的情形下，如果出现严重侵害他人合法权益的情形，对有关证据是否予以排除，由法院根据情况裁量；如果因获取证据而出现严重侵害他人合法权益的情节已达到构成刑事犯罪的程度，原则上，对有关证据应当予以排除。凡是在法律上被认为丧失或者欠缺证据适格性的证据，都应当在诉讼上受到排除而不得加以利用。但是，并非所有的非法证据在法律上都自动丧失或者欠缺证据的适格性。也就是说，在个案当中，某一非法证据是否丧失或者欠缺证据的适格性而在审判上受到排除，由法院根据宪法、法律以及利益衡量原则等作出判定。在民事诉讼中，鉴于双方当事人争执的主要为私权利益，而使得双方的取证行为在法律上被界定为私人的行为，因此，在特定的语境下即使被界定为属于非法证据范围内的证据资料，并非当然丧失或者欠缺证据的适格性。换言之，在民事诉讼上，对于那些采取非法手段或者方式取得的证据资料是否在审判上具有证据的适格性，往往要由法院根据情况作出判定。

4.在民事诉讼上，虽然有关当事人在收集、获取证据的方法或程序上存在违反有关程序法或者证据法上禁止性规定的情形，使得与此相关的证据资料在法律上存在丧失证据适格性的可能性，但并非必然。在个案当中，关键在于，采用与此相关的取证手段或方法对他人合法权益所造成的损害的情节如何、后果如何，是否具有可替代性等因素。另外，值得注意的是，在我国现实条件下，虽然有关法律及司法解释对当事人的证明责任作出了相应规定，但是，如何保障有关当事人在收集、获取证据上的权利，特别是如何向对方当事人、诉讼外第三人收集、获取证据，以及如何应对证明妨碍问题，我国现行立法上仍呈现不少空白，司法实务上目前也显得较为滞后。可以说，在一些情形下，有关当事人采取违法手段收集、获取证据，也实属无奈之举。在这种现实背景条件下，如果一味突出强调，凡是违反程序法或证据法所明确禁止的收集、获取证据的手段或方法取得的证据资料，应一律认定其丧失证据的适格性，既有失公允，也不符合现实社会的合理期待。实际上，值得注意的是，对于民事诉讼而言，有关程序法或者证据法很少就当事人在收集、获取证据的手段或方法上作出明确的禁止性规定。反倒是，在个案中，在一方当事人的动议下，法院对于另一方当事人在收集、获取相关证据所采取的手段和方法上是否存在（违反有关实体法）严重侵害他人合法权益的情节以及是否造成严重后果作出判断，以决定有关证据资料的适格性问题。在民事诉讼上，在许多情况下可能会发生有关当事人在收集、获取证据上存在采取的手段、方法或程序不符合法律有关规定的情形，但是，这些情形与违反法律的禁止性规定具有本质上的不同。

5.证据的来源合法是证据合法性的重要范畴，它主要包括收集、获取证据的手段、方式或程序上的合法。对证据合法性的识别与确定，其主要目的在于认定证据在法律上的适格性问题，即哪些证据资料可以经法院判定后作为认定案件事实的根据，哪些证据资料则不能作为认定案件事实的依据，而被排除在外。在大多数情形下，具有合法性既是产生证据适格性的必要条件，又是产生证据适格性的充分条件；在相对少数情形下，具有合法性只是产生证据适格性的必要条件，而并非是产生证据适格性的充分条件；甚至在个别情形下，具有合法性既不是产生证据适格性的必要条件，也不是产生证据适格性的充分条件。在民事诉讼中，由于双方当事人的争议仅涉及相互间的私权利益，如果一方当事人所提供的证据虽然不符合法律上的规定，甚至违反法律上的禁止性规定，但是该证据具有不可替代性，且未造成严重后果，经法院根据情况裁量，也有可能被认定其具有证据上的适格性。

6.在民事诉讼上，应全面、充分考虑宪法与一般法律的规范目的，特别是尊重人格尊严及隐私权、人格权、财产权、自由权、住宅自由等价值及社会法治化功能与理念。在此基础上，应当划定证据适格性的应用范围，建立、健全证据适格性的价值评估体系。对于那些当事人在收集、获取证据上所采取的手段或方法涉及具有显著社会危害性、严重侵犯人格尊严（如人格权）及其他基本权利（如隐私权）的情形或造成严重后果的，以及涉及明显违反法律禁止性规定的情形，为了寻求法秩序的一致性，自应否定其证据的适格性，这时，对于案件真实发现与诉讼促进的努力应当予以必要的退让；当诸种来源于不同的法益以及相同或者不同法律所保护的权益相互抵触或者冲突时，对于违反程序法或实体法的规定所取得的证据资料，在权衡有关正当法律程序、诉讼诚信、法秩序统一性、预防理论、恶性示范禁止、不能借违法行为获利、抑制违法收集证据、举证人的证明权等观念、价值的基础上，在寻求必要平衡点的特定范围内加以权衡，对在个案中的证据适格性加以评估与定夺。在民事诉讼上，当事人采用非法手段或者方式收集、获取证据虽然具有违法性，但是，其主体毕竟是诉讼上的一方当事人，且在性质上是一种私人行为，与在刑事诉讼及行政诉讼上有关公权力机关作为举证人所从事的收集、调查证据的行为存在本质的不同，况且民事诉讼当事人的取证行为既是为了法院查明事实真相的需要，又是为了维护其实体法上的合法权益，其行为目的的正当性是不容置疑的。但是，这种非法取证行为本身终究侵害了他人合法权益，如果一概采认其证据的适格性，而将其作为裁判上的根据，将严重侵蚀司法程序正当性的基础，使得司法裁判饱含"毒素之果"的成分，法院依法伸张社会正义的形象受到扭曲。因此，应当在举证人的合法权益与受侵害人的合法权益之间进行利益衡量，以寻求发现案件事实真相与采用正当程序之间的平衡点。其中，需要着重考虑的价值层面、环境因素包括：该证据的重要性及必要性、举证人涉讼案件的性质、举证人取证行为违法性的严重程度、非法取证行为所造成的个体损害情节及社会危害性、侵权受害人在法律上是否存在证明协力义务、该取证手段或方式是否具有可替代性（其中包括是否存在具有更低度违法性或危害性的证据收集方式）、采纳该证据可能会导致的预期法律效果或者社会效果如何、有关当事人利益所涉及法律的规范目的与价值取向、涉及司法政策层面的一般预防目的及诚信原则的维护、取证行为是否存在正当防卫、紧急避险等阻却违法事由，等等。其中，在民事诉讼上，何为构成正当防卫等阻却违法事由的情形，在实务上，正当防卫或类似正当防卫情形，可表现为确认造谣者的身份而录音存证，或者为防止勒索所实行的对应措施。

（二）未经宣誓的证言不能作为证据的有关规则

《民事诉讼法解释》第120条规定："证人拒绝签署保证书的，不得作证，并自行承担相关费用。"对此，《2019年民事证据规定》第71条第3款亦规定："证人拒绝签署或者宣读保证书的，不得作证，并自行承担相关费用。"

对上述条文的理解与适用，应当掌握如下基本内容：

1.签署保证书并宣读保证书的内容，是证人在作证前必须履行的程序性义务，如证人无正当理由而拒绝签署保证书并宣读保证书内容的，其无形中所传达的信息是，即使证人也无法保障其证言的客观真实性，这种行为本身形同于证人表达了拒绝作证的意思表示。在这种情形下，证人就不得在法庭上作证。因证人无法在法庭上作证，完全因其主观原因所致，故证人也不得主张因出庭作证而产生的相关费用。如产生相关的交通费用、住宿费用等，应由其自行承担。

2.从证人签署保证书并宣读保证书内容的法律效力上来看，这些要式行为是其在法庭上作证的前提条件，更是其证言具有证据能力的必要条件，否则就无法担保证人在法庭上能够如实陈述。证人如拒绝签署保证书的，也就意味着该证人拒绝作出如作伪证愿接受法律处罚的承诺，故在法律上就无法担保其所作证言的真实性。因此，也就丧失了作证的法律资格，鉴于这种作证资格的丧失，完全系证人不遵守法庭规则所致，故应由其本人承担相关费用。

3.实践中，对于因法院的疏忽等原因准许签署保证书的证人作证的，其证人证言不得作为认定案件事实的根据。

（三）证人出庭作证所涉及的意见证据规则

《2019年民事证据规定》第72条第1款规定："证人应当客观陈述其亲身感知的事实，作证时不得使用猜测、推断或者评论性语言。"

对本条文的理解与适用，应当掌握如下基本内容：

1.证人应就其亲身体验、感知的事实出庭作证，凡是通过道听途说所知晓的传闻事实，不得作为证据。这是因为，以这种传闻事实作为证据，在转述或重复的过程中存在错误或被歪曲的危险。所谓亲身感知，指的是证人通过其自身感知器官对外界事实进行认知，获得必要信息，也就是通常所说的耳闻目睹，在此意义上，证人也被称为目击者。所谓"客观陈述其亲身感知的事实"，是指证人通过对外界事实的观察、记忆而在法庭上就与待证事实相关的内容进行表述的事实。按照常人的标准，这就要求有关证人应当具有相应的观察能力、记忆能力和表述能力，在此基础上，证人对案件事实的表述必须全面、客观、真实地反映其观察和记忆的内容。无论是申请证人出庭作证当事人的对方当事人对该证人证言的质询，还是作为法院调查询问有关证人所关注的焦点事项，均与证人的观察能力、记忆能力、表述能力以及是否受到外界因素的影响有关。

2.证人在法庭上所证述的内容仅仅是用来提供其亲身感知的事实，至于该事实是否具有证明待证事实的价值与作用，这属于法院在审判上的评价与判断范畴。因此，对于出庭作证的证人而言，除提供其亲身感知与头脑中记忆的事实之外，如果允许该证人就其证述的内容与待证事实之间的逻辑关系进行分析、评估和判断，则难免超越其出庭作证的职能，因此，应当对此加以禁止。为此，本条文规定，证人"作证时不得使用猜测、推断或者评论性语言"，否则与此相关的表述内容将不具有证据能力，法院将对记录在庭审笔录中的相关内容予以排除。

第十节　传闻规则

一、对传闻规则的界定及其内涵

传闻规则起源于17世纪的英国，它之所以流行至今并对许多国家和地区，特别是英美法系国家和地区产生了深远影响，是因为它与英美法所历来倡导的程序优先主义具有密切关系。一般认为，传闻规则是指在诉讼过程中将原则上排斥传闻证据作为认定案件事实基础的一种证据规则。英美法上对传闻证据的界定多与诉讼上的正当程序有关，其在一定情形下辅之以环境可信度因素，而后者实则为大多数大陆法国家和地区对传闻证据的态度，即赋予法官根据情况享有实际裁量权。

普通法中的传闻所包含的含义是相当广泛的，其中包括行为、口头或书面。由于普通法与传闻证据的渊源关系，因而使得人们对普通法意义上的"传闻"产生浓厚兴趣。事实上，普通法中排除传闻的规则，仅适用于两种庭外行为，即有明确表示的行为和无明确表示的行为。作为有明确表示的行为是指有明确的意思表示，从而作出可成为一种主张的行为。在此，动作仅是简单地作为代替语言的形式，这种行为传闻，与语言一样属于传闻的范畴，在诉讼上具有同等的特征效果。作为无明确表示的行为，是指对本案争议的有关问题，虽然没有可作为直接主张的明确的意思表示，但能够通过推理方式，转换为同样一种主张，即法庭外的行为对争执点含有某种暗示的主张。如果根据普通法而不是按照近些年来证据法确认的原则，无明确表示的行为违背了排除传闻的规则，正如有明确表示的行为的指认那样。而无明确表示的行为作为传闻，是以一个古老的英国判例作为援用的根据。在此判例中，争执点是一位名叫马斯顿的立遗嘱人在精神上是否具备立遗嘱的资格。根据作为马斯顿遗嘱继承人的一位牧童找到并向法庭提交三封他人写给马斯顿的信，这些信件所披露的信息无疑是只有马斯顿作为一个精神健全的人才能做到的事，也就是说，写信人把马斯顿看作是一个精神正常的人。但是，英国法官拒绝承认这些文件，其原因在于这些信件属于传闻，它们没有直接或明确说明有争议的事实，即马斯顿的精神状况。但是，这些信件以暗示的方式表明，写信人相信马斯顿是精神正常的人。而写信这一行为，就是无明确表示的行为，在普通法中属于一种传闻。①

可见，英美法中有关传闻证据的含义如此广泛，与悠久的判例法不断充实、更换其内容具有很大关系。相较而言，大陆法对传闻证据的理解在观念上与英美法存在较大距离，一般而言，大陆法对传闻证据的认识存在某种程度的局限性。例如，有大陆法学者认为，所谓传闻证据，有的是指在审判期日外所作成的供述书或录取其供述的笔录（证据书类），有的指某人在审判期日以他人的供述为内容而作出的供述（传闻供述），属于供述证据（oral evidence）。因此不以他人的供述（statement）为内容的证据，则不产生传闻证据的概念。②而英美法学者在观念上往往较侧重于通过特定的正当程序体现司法的公正，并借此补缺某种证据的不足与漏洞。比如，美国学者摩根认为，为了解传闻法则，须先有一个基本的考虑，即在当事人对等辩论制度下，证人作证在公开法庭上所应用的条件，以及审理事实的人评估证言所用的特定程序。我们假设甲将乙作为其证人，借以说服审判者丙，认定事实丁的存在。而甲将经由其律师向证人发出一连串的询问，与此相应，证人要作出一连串的回答。按照正统普通法的规则，如丙为一陪审员，法官也应对乙予以反询问。甚至在美国的多数州里，法官原本不得评论证据力和证人的可信度，但仍可在适当范围内向乙询问有关问题，以对有可能引起混乱的事项加以阐明，使事实得以明了。法官也可以自动排除证据，如该项证据一经对方提出异议，即有责任予以排除。法官的责任，在尽其可能使审判成为一种合于理性的调查，并不许陪审团受证言的隐蔽或曲解所误导。如丙为法官，当然也可对乙进行任何适当的询问，以便补充为有关诉讼代理人所未加以询问的问题。但是在此方面，许多法官过于忽视了其运用正当职权的作用，尤其是在陪审案件中，法官所作的表现，往往类似于辩论竞赛中的评判员而已。③

作为对传闻证据内涵的认识，有美国学者从传闻证据形成的阶段过程来加以理解，即认为，传闻证据的形成过程可以分为三个阶段：第一，一种意思表示，或由某种动作可被表达理解为一种意思表示，比如用手指向某人作人身辨认；第二，这种意思表示或动作是由在法庭上作证的证人以外的人作出或履行的，这种人可称为庭外陈述人或行为人；第三，它们是作为证据被提出的，以证明它们本

----

① 〔美〕乔恩·R. 华尔兹:《刑事证据大全》，何家弘等译，中国人民公安大学出版社1993年版，第85—87页。

② 陈朴生:《刑事证据法》，1985年版，第278页。

③ 〔美〕Edmund M. Morgan :《证据法之基本问题》，李学灯译，世界书局1982年版，第252页。

身所包含的这一事实是否为真实。在这种过程的第三阶段，当传闻证据是被提出以证实其所包含的事实是否为真实时，那么据以审查庭外陈述的一个关键性问题就是，传闻证据所指的争执点是什么。例如，证人在法庭上作证时回答律师的提问："某年某月某日，被告对我说，'我昨天在某某地'。"如果争执点是被告某年某月某日是否在某某地，也就是说如果被告的庭外陈述是被提出以证实包含于其中的意思表示是否为真实时，这个证言就是标准的传闻。但是，如果争执点是某年某月某日被告是否讲过这样的话，那么上述证言就不属于传闻。[①]上述这种观点，在美国的有关法律上得到了相应的体现。例如，根据较具影响的《加利福尼亚证据法》第1200条第1款规定："'传闻证据'是一种陈述。"该法第225条规定："'陈述'是指（1）以口头或书面语言作出的表达，（2）一个人有意作出的用于代替口头或书面语言表达的非语言行为。"可见，无明确表示的行为在该法中不属于传闻。《美国联邦证据规则》第801条的规定与该法基本相同。这些表明，现代证据法的发展趋势为，仅将经过考虑的有明确表示的语言或行为视为传闻，而将既无意识又无明确表示的行为排除在传闻范畴之外。

二、设置反传闻规则的理由

一般而言，各国设置反传闻规则的理由，无非是基于以下诸种证据价值因素的考虑：

其一，该证据未经宣誓或通过正当程序予以正式确认。未经宣誓则通常导致即便证人提供虚假证言，也不得以伪证罪论处；而未经法庭以适当方式确认，则不能作为认定案件事实的基础。

其二，证明力弱，无异于浪费时间，或虽有证明力却又存在导致偏见或产生混乱的危险；传闻证据，就其与原始证据的关系而言，往往因故意或过失进行与原始证据有差别的陈述，以至于与事实相违背。如允许向法院提出传闻证据作为判决的资料，无异于允许以与原始证据内容相反的证据为证据，产生与发现事实相违背的作用。

其三，未经当事人交叉询问。英美法的调查证据，其程序所以采用交叉询问（cross-examination）制度，目的在于使一方当事人有充分机会，就对方当事人所提出的证人进行反询问，借以发现事实的真相。传闻证据无从对该证人加以反询

---

① ［美］乔恩·R. 华尔兹：《刑事证据大全》，何家弘等译，中国人民公安大学出版社1993年版，第82页。

问，以担保其真实性，因此予以排斥。如采纳传闻证据，将会剥夺当事人一方对原始证人的反询问权利，与当事人主义诉讼的基本精神相抵触：对方律师被剥夺了审查庭外陈述人或行为人的感知能力、记忆力、是否诚实以及语言表达能力的诸种机会，而这些方面的可靠程度，正是作为法庭上的证言被认定为具有可靠性的基础因素。

其四，有时存在着说谎的极大可能性，但对方囿于诸种条件限制却又无法将其予以揭露。

其五，大陆法系一些国家如日本在确认传闻规则基于上述根据外，还与贯彻直接审理原则有关。诉讼证据制度采直接审理、言词审理，其作用在于使当事人对簿公堂，对于证人进行调查，也应当庭以言词进行，借以察言观色，辨其真伪。法官应亲自听取原始证人和当事人的陈述，从陈述的内容和陈述时的态度、表情、动作等方面对陈述的真实性加以审查，以便获得正确、可靠的心证。传闻证据属于案外的陈述，既非在法官面前进行，无从获其态度，不能作为判明其可信程度的根据，因此予以排斥。

如果对传闻证据的证据能力加以确认，显然违背直接审理原则，特别是排斥当事人一方的书面陈述、陈述笔录和任何第三人有关案件事实的转述等的证据能力，因此，它与保障当事人的反询问权利并无直接关系，而主要是基于坚持直接审理原则的需要。[①]

可见，在设置反传闻规则的理由上，由于两大法系在诉讼模式或程序规则上的差异而有各自的侧重。

三、传闻规则与陪审制

传闻规则作为排除证明手段，在英美法证据法上占有十分显著的地位。大多数英美法学者认为，传闻规则属于陪审制的产物，这是因为陪审员并非法律专家，不具备正确评定传闻证据所含证明力的能力，因此为了确保证据的可靠性，就应当排除缺乏证明力的证据。因此，在诉讼中原则上禁止将传闻证据作为正常的证据来加以使用，只有在例外的情况下，即当不至于对陪审团产生误导作用的传闻证据，才有可能在一定条件下被作为证据来加以使用。

在有陪审团参与的诉讼中，法官先要判断某一证据有无证据资格，然后才把有证据资格的证据交由陪审员评断；而在没有陪审团参与的诉讼中，判断证据资

---

① 孙长永：《日本刑事证据法研究》，载《外国法学研究》1995 年第 1 期。

格和证据力均由法官担当。通常认为，对没有陪审团参与的诉讼，法官在对证据进行评断时不应当适用传闻证据规则。这是因为，法官在职业经验、素养方面与陪审团成员不同，在适用证据规则上，二者不应作为同等对待。对此，在上诉法院审查一审法院有无存在程序上的错误时显得尤为明显。比如，某一当事人以一审法院采用传闻证据为由提出上诉，对此，上诉法院通常会作出如此推定，即虽然一审法院询问有关传闻证据，且没有言明予以排除，但是可以认为，原审法院在内心确信上则排斥了对该传闻证据的适用，因此，一审法院认定事实所使用的证据并无违法之处。另外，上诉法院对当事人以原审法院违法采用传闻证据为由提起的上诉，大多是以一审法院的这种做法并不构成影响对裁判的正确作出为理由而拒绝采纳上诉人的意见。另外，上诉法院还会将由陪审团参与的诉讼与无陪审团参与的诉讼加以区别，对不构成影响裁判正确地作出的原因给予相应的解释。比如，有些法院会认为，不能仅以采用传闻证据作为撤销原判的理由。但是大多数法院则会认为，是否以法官使用传闻证据作为撤销原判的理由，应当按照统一的标准，即如传闻证据一旦被排除而又没有实质性证据支持判决时，应当撤销原裁判；反之，如果排除传闻证据并不影响有关实质性证据作为认定案件事实基础时，则可以不撤销原裁判。

但有的学者对上述观点则持有异议，并认为设置传闻规则的真正原因在于，证人未经宣誓或在没有经反询问条件下，其证言不具有可信性。也就是说，传闻规则的立论基础是基于当事人主义诉讼模式的需要，它更侧重于体现抗辩式的显著特征，即通过抗辩式质证，产生对相对一方证人强有力的质疑，而并不注重考虑陪审团是否确有评定证据的能力。因此，不能将传闻规则简单地理解为陪审制的必然产物。这些学者认为，英美证据法的基本理念并不在于单纯强调要使用何种"靠得住的证据"，并非一切作为间接见闻的证言都一律被拒绝作为证据，就传闻证据而言，虽然不能直接作为证明案件事实的根据，但是这种证据本身并不妨碍将其作为质疑其他证据的根据。

大陆法系一些学者对传闻规则与陪审制毫无关系的观点持不同的看法，其主要根据在于：第一，大陆法与英美法在诉讼上的主要区别之一是，前者在传统上并没有正式确定传闻证据规则和采用陪审制度，这恰好说明陪审制与传闻证据规则之间具有相应的因果关系，而并非属于一种单纯的巧合；第二，一些英美法学者竭力主张在传闻规则中设置例外规定，但这一主张受到来自不同方面巨大的抨击。其中最能体现反对理由价值的观点是：设置有关例外规定对陪审团评判证据能力易产生误导作用，这就无疑表明传闻规则与陪审制度之间所存在的内在必然的关联性。

摩根并不认为传闻规则是由陪审制产生所造成的，而是认为是由当事人主义模式所决定的，同时他又从广泛的意义上认为不经对方询问的证据，可以发现其矛盾之处。但是他认为："如果应当充分保护当事人，就应当完全排除未经对方反询问的证据。但是迄今为止历史上从未给予当事人充分的保护。英美诉讼上虽然属当事人主义模式，但是其首要目的仍然是发现案件真实，而保护当事人则属于其次要的目标。"[①]

四、大陆法对传闻规则的认知

大陆法系采用职权主义，对于证据能力极少加以限制，但基于直接审理主义的要求，重在调查证据的程序，以便能够对证据直接予以审理，借以发现证据的证据力，形成正确的心证，以便判断案件事实的存在。与英美法相比，大陆法在传统上采用职权主义，主要由法官直接对证人加以询问，以便形成心证，因此，由当事人及其律师采用反询问对方证人的做法并不能以常规的方式出现，在大陆法的证据规则上，传闻证据以及由此而形成的程序内容并不作为一种常规的规则形态加以遵循。大陆法上由法官对证人的直接询问体现了一种直接主义原则，但是与直接主义原则相矛盾的是，大陆法并没有承认基于证明待证事实的需要必须依靠直接证据，而拒绝采用间接证据。也就是说，在没有直接证据时当然可采用间接证据，并且，在采用直接证据的情况下也可以同时采用相关的间接证据，因此，在直接证据与间接证据之间并不存在孰优孰劣的问题。在对于作为直接主义原则上，是否允许口头传闻，在大陆法上存在分歧，但占上风的一种观点认为，如原始证人甲对乙陈述某一事实，属于一个间接事实，因乙并未直接亲身感知待证事实，依据直接主义原则并不能提供证言，但是乙作为直接感知间接事实的证人，使其提供的证言并不构成违反直接主义原则。并且大陆法上并无确立"最佳证据"的惯例，因此，直接事实与间接事实、直接证据与间接证据之间对于心证的作用并不存在明显差别的必要性，认可传闻证言的证明力并无实质性的障碍。在通常情况下，不能以陈述笔录或书面陈述代替证人出庭作证则是大陆法中直接主义原则的一个重要核心内容。

随着两大法系相互借鉴因素的增长，大陆法也较为明显地出现了采纳或认可传闻规则的迹象和趋势。例如，近几年来，日本诉讼法就特别注重英美法的诉讼

---

① ［日］平野龙一：《传闻证据法则的发展趋势》，莫丹谊编译，载《外国法学研究》1996年第3期。

正当程序的适用，在庭审过程中注重当事人的作用，进而引入交叉询问方式，并辅之以相应的传闻规则。

传闻规则对我国台湾地区也有一定的影响。虽然我国台湾地区的学说主流派认为，传闻证据系以在审判期日外的陈述为内容。原证述的内容，既非判决法院在审判期日直接调查所得，是否真实，本无从判断。因此，卷宗内的笔录或其他文书可作为证据的，如经履行调查程序并向被告提供辩解的机会，使判决法院可以基于直接审理的情况，形成正确的心证，也并非不可能作为证据加以使用。但是，立法和司法判例却在一定程度上认可传闻规则。例如，现行台湾地区诉讼相关"立法"规定，证人在审判外的陈述，除"法律"另有规定的外，不得作为证据，其"立法"理由为："本案仍以大陆法之职权进行主义为基础，以发挥职权主义之效能，对于证据能力殊少加以限制。凡得为证据之资料，均具有证据能力，惟其诉讼程序，所以直接审理主义及言词主义，原在使裁判官凭其直接之审理，及言词之陈述，获得态度证据，形成正确之心证，以为证据证明力之判断。证人以书面代到庭之陈述，与直接审理主义及言词主义有违，故规定除法律有规定者外，不得作为证据。"对此，我国台湾地区学者陈朴生先生持有不同观点，他认为，这是一种旧的立法体制，采用职权主义及自由心证主义，仅限制违背直接审理的证据能力，与美日立法例不可同日而语。而这种采用美日立法例，设其排斥传闻证据的原则性规定，仅在"法律"有规定的特殊情况下，才例外地认定其有证据能力，与"立法"意旨不相吻合。①

五、两大法系之比较

传闻证据作为英美证据法上的一大特征，它与直接言词原则、反询问规则、预防规则、特权规则以及一些例外规则相辅相成，并且传闻规则在英美证据法上属于最重要的一类排除规则。在传统上，英美法实行陪审团审理方式，因此需要设定相应的证据规则，由法官对陪审团就审理事实问题加以引导，这便是当时产生反传闻规则的历史条件。然而，由于陪审团审理方式的固有弊端以及现代社会条件下法律不断进化，在英美法国家和地区，陪审团审理方式失去了昔日那般举足轻重的作用，在当今诉讼审判实践中，尤其是在许多民事案件中，法官对事实问题及法律问题一并审理的方式常常代替了陪审团审理方式，但是，即便在这种情形下，传闻规则仍发挥着十分重要的作用，虽然一些例外规则有日渐激增的趋

---

① 陈朴生：《刑事诉讼法实务》，1979年增订版，第133—134页。

势，但传闻规则对于保持英美法中以正当程序为主题的司法公正则是必不可少的。

应当指出的是，虽然传闻规则在大陆法国家和地区并没有广泛的适用性，但是，在大陆法系的民事诉讼中，通常大陆法系国家和地区实行的直接言词原则以及诸如英美证据法那样的证据预防规则（如证人宣誓制度、伪证处罚措施等）、特权规则以及一些相应例外规则等则大体上与反传闻规则有关，旨在强化庭审的程序性，通过程序公正来达到实现实体公正的目的。然而，强调程序公正高于实体公正，或者说，实体真实只能通过程序公正来实现并非为大陆法的本质特征。由于大陆法在传统上就不实行陪审团审理方式，没有一个独立对法官认定事实予以必要制衡的机构或组织，因此，包括对证人证言在内的各种证据是否具有证据力以及证据力的大小与强弱，完全听凭法官的自由心证，这样，在诉讼上并不能当然否认传闻证据的证据力，所以，传闻规则的适用受到很大限制。另外，在传统观念上，在一些大陆法国家和地区，特别是法国等就存在着对证人的极大不信任感，这主要是因为，大陆法传统上并不存在对证人进行反询问的规则，因此，传闻证言的弊端更加暴露无遗。与此相反，在英美法国家和地区，证人证言对事实认定具有举足轻重的作用，其中的一个重要原因在于，证人包括普通证人和专家证人，甚至在一定情形下也可以包括当事人（例如，在发现程序中一方当事人对另一方当事人的录取证言），因此，证人证言更具有广泛的意义，同时，传闻规则所发挥的不可替代的作用也是必不可少的因素之一。

六、传闻规则的例外

传闻规则在英美法国家和地区有时被称为例外规则，这是因为有关制定法或判例设置了众多例外情形，允许传闻证据作为认定案件事实的基础。从前，在处理传闻证据上，证据法并未给审判法官留有较大余地以便使其享有相对的灵活性。在普通法中，传闻的定义十分严格。但是，有些证据按照普通法的定义虽然也称为传闻，却是属于一些十分可靠或相当有用的证据。对于若干传闻，由于对其可靠性有确实的环境因素加以保证，从而弥补了未经宣誓或交叉询问的缺陷，因而是可靠的传闻，甚至在一定条件下极有可能成为非常重要的传闻。对此，法律为弥补由于传闻规则而带来的缺陷，规定了一系列排除传闻规则的例外。

对于设置传闻规则的例外情形，英美证据法理论认为，应具备两个基本条件：其一是具有"可信性的情况保证"（circumstantial guarantee of trustworthi-ness），即传闻证据从各方面的情况来看具有高度的可信性，即使不经过当事人的反询问，也不至于将造成损害当事人利益的后果；其二为具有"必要性"（necessity），即在客观上存在着无法对原始证人进行反询问的情形，因而不得已而使用传闻证据，如原始证人已死亡、患有严重疾病或居住在国外以及下落不明等。另外，日本现行法除了根据上述条件确定传闻规则的例外之外，还规定传闻证据可基于双方当事人的同意或以某种合意形式而取得证据能力。可见，日本法中的传闻规则的例外似在一些方面存在比英美法国家和地区进一步扩张的趋向。[①]

另外，一些英美法学者对设置传闻规则的例外提出了一些新的观点。例如，麦克密克（Mccommick）认为，在原始的陪审制下采用口头主义原则，那时传闻规则显示其有充分的合理存在根据。但是随着社会的不断发展，诉讼程序的逐渐完备，使得在诉讼前采用一定的准备或调查程序成为一种常规做法。这时在诉前作成的笔录或书面陈述有必要向法庭提出。目前，更为合理的做法应当是将这些众多的传闻规则的例外归纳为相应的原则。对此，首先应由法官判断是否符合特定例外所含的原则，即证据是否具有证明力的保证和必要性，而并非判断是否符合特定的例外；其次当法官作出裁判时，在依裁量排除证明力较小的传闻证据和认定事实必须依据有实质证明力的证据条件下，可以容许接受所有传闻证据。勒夫勒（Lefler）认为，证据法过分追求其逻辑上的一贯性，从而忽视了证据本身是发现事实真相的手段。在反询问几乎是作为唯一测试证明力手段的时代，传闻规则作为一种发现真相的手段仍有其存在的合理性。但是现实社会除了反询问方式外，测试证明力的手段相当发达。不用询问证人也可以科学手段来解决证言笔录是否存在诈伪的问题。这是因为，采用机器记录陈述已相当普遍，加之心理学和其他方面考察证言的信用能力也今非昔比，在此情况下，如仍以是否经过对方询问来坚持逻辑上的一贯性就不尽合理了，但至多可以说，对传闻证据产生绝对信任的观念是危险的。因此，使法官拥有一定限度的裁量权来排除传闻证据的证明力的不可靠性，就足以防止这种危险的存在。[②]

综上所述，作为传闻规则的例外，应具有必要性及相应信用性的情况保证。作为必要的情形常常表现为原证人已死亡，或临终陈述、患有严重疾病、出现涉及精神或情感上的心理障碍、下落不明或在国外，等等。

同时，英美法上设置传闻例外的情形是繁纷复杂的，几乎不胜枚举，除了对有关民事案件、刑事案件等共同适用的例外规则，还有广泛适用民事案件的排除传闻规则的各种例外，如有关商业或科技出版物、人口统计资料、家庭历史、结

---

① 孙长永：《日本刑事证据法研究》，载《外国法学研究》1995 年第 1 期。
② ［日］平野龙一：《传闻证据法则的发展趋势》，莫丹谊编译，载《外国法学研究》1996 年第 3 期。

婚证书、涉及"久远"内容的证书①，家系中的名分、性格、名声②，等等。

此外，英美法中一些作为传闻规则的例外设置，有其复杂的背景或似乎使人感到深奥的原因及理由，并且这些规则的产生常常是通过相关判例来加以阐释的。例如，就排除传闻规则而言，有关行为意图上的心理状态可作为一种例外来对待。这类例外的原因在于：一个庭外陈述也可以被采纳为证据来使用，以证明当时存在的将来要做某件事情的意图，尽管这种推理有时显得力度不够，但是，这种证据仍可被采纳为证明陈述人在此之后完成某一预期行为的间接证据。这种例外从某种程度上可以从理论上得到论证，即人们通常要做他们说过要做的事，这是一种预期行为，对他在此之后的行为具有预测性和导向性，即从逻辑关系而言，特定的心理状态所体现的具体意图，将导致事后按照一定的逻辑关联性产生的行为。作为这种意图陈述的传闻例外应具备两个基本要件：第一，有关意图的陈述必须是对在此之后的一种设想或计划安排，而并不是过去的一种打算；这种陈述必须反映将来要着手实施某一行为的设想，而并不是对过去某一事实的回忆。比如，1892年纽约马球尔人身保险公司诉希尔曼案，即是属于涉及将来的意图的判例。该案的争执点是，一个名叫沃尔特斯的人是否在某一特定时间去过科罗拉多。沃尔特斯在写给其亲属的一封信中谈到他打算离开堪萨斯去科罗拉多。法庭当时认定此信可以作为证据被采纳，以证明沃尔特斯那时确实去了科罗拉多。第二，关于意图的陈述被采纳为证据，只能用于证明陈述人从事某种特定行为的可能性，而不能用于证明其他人所为的某种特定行为。这是因为，作为意图陈述不过是对心理状态从概念上所作出的一种表达方式，即心理状态属于一种内在化事物，不能用于传达庭外陈述人对他头脑之外事物的观察。③

七、我国有关法律及司法解释涉及传闻规则的规定

（一）《民事诉讼法》有关证人出庭作证的规定

《民事诉讼法》第75条第1款规定："凡是知道案件情况的单位和个人，都有

---

①　这种"久远"的证书通常被理解为其可靠性得到证据证明的涉及二十年以前事项的证书。

②　作为一种古老的传闻规则的例外，涉及对于人的品格的证明，在有关联和其他方面具备可采性的情况下，可以采用品格证据或称名声证据予以证明。

③　［美］乔恩·R.华尔兹：《刑事证据大全》，何家弘等译，中国人民公安大学出版社1993年版，第108—109页。

义务出庭作证。"

对于本条文的理解与适用，应当掌握如下基本内容：

1. 证人是诉讼上的特定概念，证人是就其亲身经历或知悉的案件事实而向法庭作证的人。证人以了解案件情况为其基本特征，故此，在诉讼中的证人具有不可选择性或不可替代性。本条所规定的证人包括通常情况下的公民个人即自然人以及在特定情形下的单位。民事诉讼活动本是主要涉及诉讼当事人解决私权利益纷争的一种手段和程序，诉讼活动虽然由当事人发动，但引起的是国家司法审判权的行使。国家解决诉讼纷争的主要目的，在于保障社会生产、生活和经营秩序以及商品生产商品流转的安全、有序地进行，司法审判权的行使是以国家公益和社会稳定的崇高目标为基点，从而使得任何可能对此审判权有效行使产生积极或消极影响的主体和活动都纳入诉讼法律关系调整的范围。证人作为诉讼法律关系上的主体，其权利与义务的源泉正是基于这种缘由而产生的。公民以个人名义就其所知道的案件情况向法庭作证是履行法律上义务的表现，有关单位的负责人应当支持本单位的个体成员履行这种法定义务。其中，所谓的"支持"应当包括为证人出庭作证提供便利条件和必要的时间保障，不得借故扣发工资以及影响其他福利待遇等。

2. 该条款规定体现了作为公民在我国应当对法律负责，对案件事实负责，公民出庭作证是一种社会责任和公法上的义务。公民出庭作证是尊重司法、崇尚法治的体现。这种立法精神与各国司法程序中奉行证人负有被强制出庭作证义务的法治主义有相近之处。我国现行立法虽将证人证言作为法定证据来加以规定，但是我国诉讼立法对证人证言的来源及证人证言形成的条件与国外许多国家的立法有重大的区别，即并未规定证人负有被强制出庭作证的义务。而国外许多国家的立法大都规定除少数法定的例外情形，证人在原则上必须出庭作证，接受法庭及当事人的询问。如果证人无正当理由拒绝出庭作证，应当承担相应的法律责任，这种法律责任往往具有警戒性和惩罚性，其惩罚性包括对财产和人身自由两方面所采取的强制措施。

3. 在诉讼上，尽管大量存在当事人以申请证人出庭作证的形式借以完成其举证责任，但证人出庭作证究其本质是对国家和法律所负有的一种公民法定义务，证人与有关当事人之间如果不通过法院及其庭审活动则无法产生相应的民事诉讼法律关系。因此，知道案件情况的证人承担出庭作证这种法定义务，系旨在保障司法的权威性以及有助于查明案件事实真相。

4. 证人的条件，是指证人以其耳闻目睹的案件事实向法庭作证的资格或能力。据此，证人必须是就耳闻目睹的案件事实加以陈述的第三人，必须是对其所了解案件情况能够辨别是非并能够正确表达意思的人。从法律上讲，证人只能是具体的自然人，而不能是抽象的单位或者其他组织。这是因为，作为抽象的单位或者其他组织不能像自然人那样通过身体器官来对客观世界所发生的事件、现象等事物直接进行感受、观察与认知，因在生理上缺乏这种感知能力使得"单位"等组织不具有证人资格。对此，《2019年民事证据规定》第67条①和第72条第1款②已分别从能否正确表达人的意思能力和能否客观陈述其亲身感知事实能力的角度作出了明确的规定。

（二）《民事诉讼法》有关证人出庭作证的例外规定

《民事诉讼法》第76条规定："经人民法院通知，证人应当出庭作证。有下列情形之一的，经人民法院许可，可以通过书面证言、视听传输技术或者视听资料等方式作证：（一）因健康原因不能出庭的；（二）因路途遥远，交通不便不能出庭的；（三）因自然灾害等不可抗力不能出庭的；（四）其他有正当理由不能出庭的。"

对本条文的理解与适用，应当掌握如下基本内容：

1.我国《民事诉讼法》第75条第1款规定："凡是知道案件情况的单位和个人，都有义务出庭作证。"但是，并未规定证人在既无合理原因又拒不出庭作证的情形下，应承担何种法律责任。因此，在这种出庭作证义务如不履行也不会遭到不利后果的情形下，实际上等同于证人既可以出庭作证，也可以不出庭作证，是否出庭作证的主动权为证人本人所掌握。可见，按照我国目前的法律规定，证人是否履行出庭作证义务完全是出于证人的自愿行为，当事人无权申请法院强制证人出庭，法院依职权强制证人出庭作证在法律上亦并无根据。这与各国大都坚持的除了由法律上所规定的证人享有某种特权或例外情形以外都负有被强迫作证义务的情况有明显不同。我国现行立法中对证人强制出庭作证义务的法律规定以及违背这种义务所应施与强制性制裁措施没有加以规定，以至于反传闻规则在我国现有证人作证制度当中未能予以应有的体现，这在一定程度上对司法权威产生不利影响，因此，有待于今后在立法上对此加以改进和完善。

---

① 《2019年民事证据规定》第67条规定："不能正确表达意思的人，不能作为证人。待证事实与其年龄、智力状况或者精神健康状况相适应的无民事行为能力人和限制民事行为能力人，可以作为证人。"

② 《2019年民事证据规定》第72条第1款规定："证人应当客观陈述其亲身感知的事实，作证时不得使用猜测、推断或者评论性语言。"

2.由法律所规定的在特定情形下证人以其他方式替代出庭作证，作为一种特别的例外，亦属于一种反传闻规则的例外。这在两大法系各国和地区都有相同规定。例如，根据英美法系的直接言词原则，只有在证人对法庭以特权为由裁定免除作证，证人拒绝作证有合法事由、证人失去记忆并已达到无法恢复的程度、证人死亡或正患有身体或精神上的疾病等不能出庭作证的情形时，才允许提供庭外证词。按照本条文规定，在法院获得有关证人的信息并认为其证言对于查明案件事实有重要价值的情况下，应当向有关证人送达出庭作证的通知。当有关证人因有特殊原因或障碍符合法律所规定的情形时，经法院许可的，可以通过采用书面证言、视听传输技术或者视听资料等方式作证。在这几种特定情形中，所谓"健康原因"，主要是指证人由于身患疾病等健康原因而住院治疗、卧床不起等事由；所谓"路途遥远，交通不便"，其中路途遥远，必须与交通不便相结合，因为虽然路途遥远，但交通方便的，不能作为证人不出庭作证的理由，只有在路途遥远且交通不便两种情形同时存在时，才能构成证人出庭作证具有某种不合理性或难以成行的条件；所谓"因自然灾害等不可抗力"，其中的不可抗力是指不可预知、不能避免且不能克服的客观情况；而所谓"其他有正当理由不能出庭的"情形，从立法的角度无法穷尽审判实践中所出现的其他正当理由所涉及的情形，为此交由有关证人根据情况提出相关申请，并委由法院作出相关的审查判断。这些与正当理由有关的情形应当包括正在监狱服刑的证人、当庭作证容易受到惊吓的年幼证人等。

3.多年来，证人出庭作证"难"始终是困扰我国司法实践的一大难题，为了保障使证人确有客观原因或者正当理由不能出庭作证而不至于影响其证言对有关案件事实的认定，有必要在程序上采取一些变通的做法。根据本条文规定，有关证人在特定情形下不能出庭作证时可以采用提交书面证言等方式作证。按照诉讼正当程序的基本原则，证人证言属于一种言词证据，证人出庭作证接受当事人的质询，是有关当事人的一项重要的诉讼权利。在审判实践当中，应当对证人不能出庭作证的客观障碍加以严格的限制，凡遇有证人存在一些客观障碍，但是经过主观努力便可予以克服的，那么就应当出庭作证；同时，还要具有国情意识，适应现实社会的客观要求，或者在作证方式上进行必要的变通，以便节约社会成本。因此，本条体现了在贯彻反传闻规则的前提条件下，既要坚持原则性，又要根据情况灵活应对一些例外情形，以增加证据规则的适用性。对此，本条文规定了可以通过书面证言或者视听传输技术或者视听资料等方式作证，但同时又限定了必要的适用前提条件。即它适用于：第一，其对象必须是经人民法院依法通知作证的证人；第二，有关证人不能出庭作证在程序上必须事先经人民法院许可;第三,有关证人不能出庭作证在实体上必须符合本条所规定的四种情形之一。

4.在程序上,究竟是有关证人向法院提出这种申请,还是负有举证责任的有关当事人向法院提出申请,有关法律并未作出明确规定。而《2019年民事证据规定》第76条规定:"证人确有困难不能出庭作证,申请以书面证言、视听传输技术或者视听资料等方式作证的,应当向人民法院提交申请书。申请书中应当载明不能出庭的具体原因。符合民事诉讼法第七十三条(即现行《民事诉讼法》第七十六条——笔者注)规定情形的,人民法院应当准许。"根据该条文规定,是由证人向法院提交申请书,申请书当中应当载明不能出庭的具体原因,这些具体原因应当属于《民事诉讼法》第76条所规定的情形之一。另外,为了表明这些原因,证人还需要提供相应的证据,如因健康原因住院治疗的,应当提交相应医疗机构的证明等。这体现了证人与法院之间所存在的公法关系,证人出庭作证是向法院所履行的一种公法义务,是公民向国家承担的一种社会责任。关于证人与法院或当事人之间的法律关系的性质,从目前两大法系的情况来看,主要存在两种模式:一种是从公法意义上将证人看作是法院的证人,法院不允许当事人私下接触证人或者对证人产生不良影响,这是大陆法系各国和地区的基本做法;另一种是从私法的角度将证人看作当事人的证人,除了在庭前当事人能够随意接触证人之外,还能够对其进行必要的"培训",法律原则上不禁止当事人或其律师对证人施加何种影响,这是英美法系各国和地区的基本做法。在法律文化传统上,我国长期以来受到大陆法系的影响,另外,从《民事诉讼法解释》第117条第3款所规定的"未经人民法院通知,证人不得出庭作证"以及《2019年民事证据规定》第68条所规定的"人民法院应当要求证人出庭作证,接受审判人员和当事人的询问"等内容来看,我国在法律层面所坚持的依然是证人出庭作证是向法律负担的一种公法义务的理念,即证人出庭作证提供的证言在通常情况下虽然更加有利于申请其出庭作证的一方当事人,但是,在出庭作证前,证人签署保证书是一种要式行为,以承诺在法院面前履行真实陈述义务,体现了证人应当向法院负责的关系架构,因此,证人与有关当事人之间不应发生直接的诉讼法律关系(权利义务关系)。在此条件下,无论是经当事人申请证人出庭作证或法院在特定情形下依职权要求证人出庭作证,在证人接到法院送达出庭通知书后,有关证人认为其符合本条文所规定有关情形之一的,自应向法院提出书面申请,以便法院在经审查后决定是否予以准许。

5.根据本条文规定,经人民法院许可,证人可以通过书面证言、视听传输技术或者视听资料等方式作证。其中,所谓书面证言,既包括由证人本人提交其亲笔书写的书面证言，也包括以他人记录的证言笔录形式作证而形成的书面证言；所谓视频传输技术，是指采用现代科学技术及相关设备，为相距遥远的人们提供便捷、即时、有效的交流途径，即通过电视网络、电话网络和因特网即时而形象地将声音、图像进行传输，通过视听传输技术作证能够全面、客观、真实地反映证人作证的现场状况，并能够全方位展示当事人对证人的询问（质证）以及法院对证人的调查询问，具有即时性与互动性等特点；所谓通过视听资料方式作证，是指审理法院可通过委托外地法院等方式听取证人陈述事实并录制相应的音像（视听）资料，以便随后在庭审过程中进行播放。相较而言，这三种作证方式当中，在条件允许的情况下，应当首推采用视听传输技术方式，因为在审判实践中，采用视听传输技术作证通常具有双向性，更为接近庭审效果。从国外有关情况来看，双向视听传输技术作证主要适用于身心处于发育阶段的未成年和路途遥远的证人。在广义上，采用视听传输技术作证包括以现场（双向闭路）电视联系方式、电话和视频会议方式、微信视频方式、QQ 视频方式等。与采用书面证言或视听资料方式相比较，虽然采用视听传输技术所产生的效果最佳，其优势明显，但是它所需要承载的成本也最高，同时也需要得到外地法院的协助，在具体适用程序上也显得较为复杂。对证人提交书面证言而言，由证人提交视听资料显得似乎效果略佳，这是因为视听资料所展现的影像和声音均呈现动态特征，更加有利于法院对有关证言的真实性、可靠性进行审查判断。另外，我国在法律上除了允许采用这三种替代方式以外，并未禁止采用这三种替代方式以外的其他方式，这为现代科学技术的发展和网络传输技术的进步留下了必要的运用空间。根据《2019 年民事证据规定》第 77 条规定："证人经人民法院准许，以书面证言方式作证的，应当签署保证书；以视听传输技术或者视听资料方式作证的，应当签署保证书并宣读保证书的内容。"该项规定表明，证人根据《民事诉讼法》第 76 条所规定因客观原因不能出庭作证以及根据《2019 年民事证据规定》第 68 条第 2 款规定双方当事人同意证人以其他方式作证，凡经人民法院准许的，为了担保其证言的真实性和完整性，证人应履行相应的具结保证义务。即以书面证言方式作证的，证人应当签署保证书；而采用录音、录像等视频、音频传输技术作证的，以及采用视听资料方式作证的，应当签署保证书并宣读保证书的内容。如果证人以书面证言方式作证而拒绝签署保证书的，或者，证人以视听传输技术或者视听资料方式作证，如果未签署保证书，或者虽已签署保证书但拒绝宣读保证书内容的，除证人系无民事行为能力或限制民事行为能力人外，均不能作为认定案件事实的依据。

（三）有关司法解释涉及鉴定人签署承诺书的规定

《2019年民事证据规定》第33条第1款规定："鉴定开始之前，人民法院应当要求鉴定人签署承诺书。承诺书中应当载明鉴定人保证客观、公正、诚实地进行鉴定，保证出庭作证，如作虚假鉴定应当承担法律责任等内容。"

对本条文的理解与适用，应当掌握如下基本内容：

1.在传统意义上，宣誓行为源自于宗教信仰，传统的宗教信仰始终是人类文化发展的重要组成部分，正是因为人类在心理状态上始终受制于某种思想意识或传统观念，从而使人的行为加以规制和必要的调整，使社会在某种特定领域内的秩序得以控制。在当今社会，人们往往借助宣誓行为来担保其人格的诚信和自律，以便赢得他人对其担负某种社会责任的信赖。在诉讼观念上，当鉴定人受法院委托和鉴定机构的指派而从事鉴定活动时，其行为的合法性、中立性、规范性、及时性理应受到高度的关注。鉴定人从事司法鉴定活动是协助人民法院从事审判活动的司法辅助行为，同时，也是以机构名义所从事的一种职务行为，这种行为具有特殊的公益属性。为此，应当在具体履行职务前借助宣誓这一程式来申明其审慎之态度，并且在法律上被视为系一种庄严的承诺。在诉讼上，宣誓行为是对人证这样一种特殊的主体在其心灵上附加法定义务的一种必要形式，这种必要形式是针对人证向法庭进行证述将产生重大法律后果的一种预防措施。从现代社会学、心理学的角度来看待这种程式，它无疑能够起到启迪人的心灵、支配人的精神、制约人的行为的重要作用。在借鉴西方传统法律文化的基础上，结合我国的具体国情与传统习惯，本条文将宣誓转化为以人民法院要求鉴定人签署承诺书的形式加以体现。

2.按照本条文的规定，承诺书中应当载明鉴定人保证客观、公正、诚实地进行鉴定，保证出庭作证，如作虚假鉴定应当承担法律责任等内容。这种内容上的要求是对如下鉴定人应当承担鉴定义务的高度浓缩与列举：其一，保质、保量、及时完成鉴定工作。在接受人民法院的委托以及鉴定机构的指派后，鉴定人必须认真负责、实事求是、客观公正、不偏不倚、尽职尽责地按时完成鉴定工作。其二，依法回避。当发现与案件有利害关系，出现需要回避的法定情形时，应当依法主动提出回避申请。其三，出庭作证。当接到人民法院出庭通知时，应当按时出庭，在法庭上应客观、真实地回答法院、当事人、诉讼代理人、专家辅助人等的询问。其四，遵纪守则。鉴定人必须遵守鉴定执业纪律、职业道德及鉴定程序规则，妥善保管提供鉴定的物品和材料，不得损坏、挪用或遗失。其五，诚实廉洁。鉴定人不得徇私情、受贿或弄虚作假，如果故意作虚假鉴定应承担包括刑事责任在内的有关法律责任。

3.本条文对于鉴定人出具补充鉴定意见时是否需要另行签订承诺书没有作出明确规定，但在审判实践中，如果是针对因鉴定人的原因导致出现需要补充鉴定情形的，作为委托人的人民法院可以要求其出具具有针对性的承诺书，以确保补充鉴定意见的真实性、合法性、可靠性。

第十一节　意见规则

一、概说

意见规则是指在诉讼中以专家意见的证明方式来确定与系争事实相关联的特定事项的程序和规范。

专家意见亦称鉴定人意见，是指鉴定人运用自己的专门技术知识、技能、工艺以及各种科学仪器、设备等，根据法庭的指派或聘请对在诉讼中出现的某些专门性问题进行分析、鉴别后所提供的结论性意见。这种受法庭的指派和聘请，运用其专门知识对涉及与案件中的待证事实有关的专门性问题进行鉴定活动的人叫鉴定专家或鉴定人。[①]在诉讼中，当某一案件中涉及与特定待证事实有关，需要采用专门的知识、技能或手段进行分析研究后才能鉴别或判明的那些特定专门性问题，即为鉴定的对象或称鉴定客体。

在诉讼中，法官所要解决的问题：一是对案件事实的认定，二是在认定事实的基础上决定适用法律，其中对事实的认定是适用法律的前提和基础。法官在认定事实方面只作为一般人所具有的那种普遍性学识和经验，但是，作为待证事实所涉及的领域往往是十分广泛、涉猎诸种学科的，例如某一书证上的签名、印鉴是否属实，在合同中涉及的交付货物是否符合合同约定的质量标准等问题，法官不可能同时作为各个领域的专家来加以认定或识别，因此，为了解决与待证事实有关的各种专门性问题，必须求助于各行各业的专家采用多种技术手段来作出科学鉴定，为确认与待证事实有关的专门性问题提供必要的条件。

作为鉴定的客体在经过鉴定活动后所形成的判断性意见结论具有以下基本

---

① 鉴定专家或鉴定人在英美法上亦称专家证人，以此与普通证人相对应。

特征：

其一，作为专家的鉴定人要采用自己的专门性业务知识，借助专门性技术手段进行研究、分析并对所要解决的专门性问题作出推理、判断，从而形成结论性意见，而并不是仅仅停留在对有关客观现象的陈述、罗列之上，这就要求鉴定专家不仅要阐明根据鉴定材料所观察、认识到的事实材料，而且还应在分析、研究、判断这些事实材料的基础上提出符合科学的见解、判断性意见和结论。对鉴定专家而言，他的工作职能主要是根据有关的基础事实材料对运用专门性的知识、技能，采用专门的仪器、设备对有关与待证事实相关联的专门性问题进行推理、鉴别或判断，以弥补法官此方面的专门性知识的空缺和分析研究判断手段的缺乏，从而使鉴定人的意见起到证据的功能和效力。

其二，鉴定专家的专业意见，应当是依据客观事实标准所作出的、具有科学性的、符合客观内在必然联系的专业或技术性定论，而不是就法律问题作出相关结论。因此，专家意见只能就法庭据以查明的案件事实中涉及的某些专门性问题作出鉴别和判断，而不能直接对法律问题作出结论性意见。如果不是这样，那么将是本末倒置的，因为，对法律的适用以及作为法律适用的前提是对案件事实所作出的法律性结论，这是法官职权范围内的事项，对此，作为鉴定专家无权就该种问题作出相关结论。从委托或聘用鉴定专家就案件事实中所出现的专门性问题作出科学的分析、判断本意的角度来看，鉴定专家所作出的鉴定结论只能构成法官认定案件事实的基础部分，即鉴定人的鉴定意见作为一种证据方式，仅涉及对有关超越法官通常所掌握生活常识、经验的那些部分的特殊事实问题，因此，鉴定专家就这些专门性事实问题所得出的专家意见，从这个意义上来讲，他是起到证人的作用，但是他不是一般意义的证人，而是具有专门性知识或特殊经验的证人。因此，从诉讼职能而言，证人是就其亲身经受、体验到的有关案件事实所进行的陈述，证人的这种陈述作为一种证据方式而存在；鉴定专家是运用其专门的学识、经验和技能对有关待证事实进行推理、判断从而形成结论性意见，这种结论性的意见也是一种证据方式。这两种证据方式的最大差别就在于，前一种证据方式是在亲身感受下就一般案件事实所进行的陈述，而后一种证据方式是运用自身所具有的专门性知识对特殊案件事实问题所作出的结论性意见；就这两种证据方式的共同点而言，两者共同构成法官认定案件事实的基础，是法官适用法律的前提和必要的条件。就法官适用法律的这种前提和必要条件的渊源而言，无论是证人还是鉴定专家，其对待证事实所具有的证明力价值都具有人证的本质属性，因此，在司法审判实践中，只有正确认识和把握这种人证方式的本质属性，才能科学、有效和合理地制定出相关的程序规则，以便达到实现诉讼公正的最终目的。

二、专家意见的诉讼功能

专家意见作为一种证据方式具有重要的诉讼功能，主要表现：

其一，它是法官借以查明案件事实、认定案件性质的重要依据。在诉讼中，法官作为法律专家，对于与案件事实有关的其他待证事实如书证、物证和视听资料等，可凭借其与一般常人所通常具有的知识、生活经历加以感知和认识，但对于与待证事实有关的专门性知识和技能则并不能全盘加以通晓，因此，在诉讼中，当涉及与各种专业领域有关的案件事实材料作为待证事实时，只能指派或委托有关专家作出专业技术鉴定，这种专家鉴定所得出的结论则作为法官查明案件事实的一种必要方式和认定手段。对此，我国台湾地区学者陈朴生先生认为，鉴定意见能够补充法官的认识能力，即作为鉴定专家，是报告在判断过程中可以适用的规则（或称法则）和规则的适用。当法院仅知悉通常的伦理规则、经验规则，而缺乏特别规则（或称法则）上的知识，则由鉴定人以其学识经验提出报告，以补充法官的知识。[1]

在诉讼中，有许多与待证事实有关的重要案件事实，必须借助和主要借助鉴定意见才能予以认证，比如，在日常生活中涉及人的生理状况、精神状态、人身伤害程度、产品质量纠纷所涉及的有关物品品质的认定和评价、责任事故的原因及损害程度等。

其二，它以其专有的、特殊的判断和认定方式，使那些初步具有证明作用的证据材料显现其在诉讼上的证据力。作为专业技术鉴定的一个特殊功能就是，通过这种专业认定，能够使一些实物证据证实其与案件事实之间存在着法律上的关联性，从而使这些实物证据在法庭认定案件事实上最终产生证据效力。这是因为，在诉讼中通常遇到的情形是，当事人依据举证责任向法庭提供许多证据材料如书证、物证和视听资料等实物证据，这些实物证据作为客观存在的证据材料具有显著性，但是，这种实物证据存在的客观性是否与案件所要求的待证事实具有关联性，即是否能够成为认定案件事实的证据材料，除了运用通常的认定、评价方式或经验法则来判断、识别外，还需要依靠特殊专业知识、技能以及相应的专业仪器、设备来查验、测试、分析后才能作出结论，因此作为专家意见，这种证据方式所具有的独特功能是其他证据方式所不能替代的。

---

[1]　陈朴生:《刑事证据法》，1985 年版，第 418—419 页。

其三，它是鉴别、认定其他证据是否具有真实性、可靠性的重要途径和必要手段。在诉讼中，作为一般证据材料往往可通过人们正常的思维识别，便可认定其对待证事实所具有的证据价值，并且作为法官认定案件事实的基础，但是这些常规的对案件事实材料进行分析、判断的认识方式，在一定的条件下，往往由于人们的主观认识与客观事实的存在相脱节而产生偏颇或误差，因而影响了对案件事实的正确认定。为此，采用专家鉴定的方式对案件事实进行特别的技术鉴定，将有助于进一步认定有关案件证据材料的真实性、可靠性，因此，技术鉴定则可作为诉讼上印证、判断有关证据真伪，以便决定其取舍和证据力强弱的特殊手段。对于这种手段，陈朴生先生认为，它具有可替代性，因为，凡具有特别知识经验的人，对于鉴定事项均有鉴定的能力。因此，进行鉴定并不限定于特定的鉴定人，也可指令增加人数，或者指令他人继续或另行鉴定，或委托相关机构审查他人的鉴定。①

三、对鉴定专家的界定

（一）英美法系的认识观

在英美法系，鉴定专家或称鉴定人被作为广义上的证人或充当一般证人来看待，例如，根据《美国联邦证据规则》第702条规定，当科学、技术或其他专业知识有助于案件事实审理者理解证据，或者确定系争事实时，则具有本行业知识、技术、经验、训练和教育的专家可以充当证人，以意见或其他方式作证。同时，按照一般询问证人规则，在庭审过程中允许对方当事人及其律师对其进行交叉询问，从而为对专家证言进行质疑开辟了广阔的渠道和程序空间。

因此，在英美法系看来，作为专家证人应当具备以下四个基本条件：

第一，作为专家证言所表达的意见、推论或结论，是依靠专门性的知识、技能和培训而作出的，而不是依靠陪审团的普通经验。

第二，在法庭上作为专家证人，必须表明其作为某一特定领域内的专家所具有的经验，并证明其拥有能够胜任该种工作的能力。

第三，作为专家证人必须对自己的意见、推论或结论作出合理的肯定（很可能）程度的证明。

第四，作为专家证人应当首先表明其对与待证事实有关的证据材料作出的有

---

① 陈朴生：《刑事证据法》，1985年版，第419页。

根据的意见、推论或结论。并且，必须对依据有关事实提出的假设性问题作出肯定性回答。①

在英美法国家和地区，虽然鉴定人被作为一种证人来看，但是，这种专家证人与一般证人的主要相同之处在于，对鉴定人的口头询问在程序上除了少数例外情形，基本上与询问一般证人的规则相同。同时，英美法国家和地区的鉴定人也可以与其他证人相同的方式由当事人带上法庭，像对待一般证人那样对其进行主询问和交叉询问。但重大差别则在于，专家证人在其所提供证言的范围内，必须具有某一特殊专业的知识、技能和经验；在一般情形下，专家证人不能直接证明有关的事实，而只是从有关事实材料基础上作出推论，也就是说，他们所作出的这种推论与法庭所要求证明的待证事实之间具有关联性；而作为一般证人通常只能就其耳闻目睹的与案件事实有关的情况予以证明，即只允许证明某一案件事实的存在，而不允许就案件事实情况进行推论、推测或发表意见。但对于专家证人来说，法院则凭借其对有关案件事实材料发表技术性意见，而对相关待证事实部分予以认定，可见，英美法国家和地区广义上的证人与狭义上的证人既有差别又有相同之处。按照英美法的规定，鉴定人一般由当事人选定，而大陆法国家和地区则主要由法庭从可作为鉴定人的登记名册中指派，当事人本人一般不得提供鉴定人，以保持诉讼的公正，维护鉴定结论这一证据方式的真实性、可靠性。

与大陆法国家和地区相比较，英美法国家和地区往往从广义的角度来看待这种专家证人的范畴，即将在某些行业和领域具有特殊才能的人都看作某一特种行业的专家，例如，专业汽车修理工在他的工作范围内便是一个专家，电视修理工在其所从事工作的领域也能够像神经外科医生那样作为专家来看待，同时，在日常生活中具有特殊技能的那些装潢工、木工、电工、钳工等都可以专家身份出庭作证，只要他们对某些专门性问题拥有为一般常人所不具备的专门知识和经验即可。为此《布莱克法律词典》给"专家"所下的定义便表达了这种认识："在某个专门领域内具有知识的人，其该种知识的获得既可以是通过正式教育，也可以是通过个人实践。"由此可见，为大陆法系所通常认知的鉴定人在英美法系国家和地区看来更具有普遍意义，因此，作为专家证人身份出庭作证成为英美法系国家和地区的一种常规的证据方式，从证据法意义上更增强了法律的程序性，使证据规则内涵更为丰富。

---

① ［美］乔恩·R.华尔兹:《刑事证据大全》，何家弘等译，中国人民公安大学出版社1993年版，第344页。

（二）大陆法系的认识观

在大陆法系国家和地区，这种具有专家身份的鉴定人往往被作为狭义上的一种专业人员来看待，即将鉴定人限定为少数具有大学和大学以上文化程度，以及在各种行业具有特殊专业才能和名望的人士。因此，何谓专家，在大陆法系看来，人们常常提及建筑师、会计师、律师、医师、土地房屋调查师等这些获得资格认证或具有较高学历的人士。

例如，在法国，专家被视为法院的组成人员，因此，必须恪守公正无私，这是就专家的职能而言；同时作为自由职业发展者（practitioners），法国的专家按照法官的指令将鉴定意见作为发现事实真相的一种方式。比如，当在涉及交通事故案件中，为了调查专门技术性问题，以便最终形成鉴定意见，有关鉴定专家将被授予广泛的权力来对交通事故的全部情况予以调查，勘查现场，以及与所有知情者进行交谈。[①]可见，专家对待证事实涉及专门性技术领域的调查、了解，实质上是代替法官从事职务性活动，因此，专家的鉴定意见对法官就案件事实的认定具有重大的影响力。

在意大利，专家被视为法院的辅助人员，其职能行为可用来协助法官收集证据，并对有关证据进行评估。专家就案件事实所提供的技术咨询意见可涉及任何专业、学科、行业或技能等领域。[②]由于专家的行为而形成的这些鉴定意见、书证或物证，均属传来证据，且在对待证对象的主要事实的关系上，需要采用推理的方式使其具有关联性，在证据方式的属性上均为间接证据的范畴。因此，意大利的专家被视为法官的助手，而并非为证人。

与其他大陆法国家和地区不同的是，西班牙的鉴定人也作为一种专家证人，而与之相对的则是普通证人。但是，这种区别仅属称谓上的差异而已，其专家证人在本质上仍属大陆法系鉴定人的范畴，而其普通证人与大陆法系的一般证人相差无几。这主要是因为，其一，西班牙的专家证人是按照特殊的经验法则来帮助法官确认有关待证事实问题，或者对涉及诉讼中具有决定意义的已知事实中的未知部分（或称因素）予以鉴别，因此，他是法官的助手（collaborator）。[③]其二，

---

① Peter E. Herzog, Martha Weser, *Civil Procedure in France*, Martinus Nijhoff, The Hague, Netherlands 1967, pp.349-350.

② Mauro Cappelletti, Joseph M.Perillo, *Civil Procedure in Ltaly*, Martinus Nijhoff, The Hague, The Netherlands 1965, pp.230-231.

③ Bernardo M. Cremades, Eduardo G. Cabiedes, *Litigating in Spain*, Kluwer Law and Taxation Publishers 1989, p.267.

对专家证人的选任主要是取决于双方当事人的一种合意，法官积极的方式促成这种合意的形成并受这种合意的约束。其三，当专家证人遇有亲朋好友或与案件有其他利害关系时，必须像法官那样主动申请回避或由当事人动议被申请回避。因此，专家证人在履行职务时必须恪尽职守，以保障其行为的客观公正、不偏不倚。[①] 可见，西班牙的专家证人仍属大陆法的狭义上的鉴定人，而并非像英美法的专家证人那样属广义上的证人，可以受一方当事人的雇用，仅为一方当事人的利益服务。

（三）我国对鉴定人的认识观及对鉴定法律地位之探讨

我国与其他大陆法系国家一样，对证人并不作广义上的理解，即认为证人与鉴定人之间存在着明显区别，主要表现：

其一，从应具备的知识而言，证人只是知道案件中的某些事实的人，这些案件事实由于法律所规定的证人具有被强迫作证义务的缘故，使其出庭作证；即使在生理上、精神上有某种缺陷或者年幼的人，只要具备辨别有关事物或正确表达其思想意识的能力，都可出庭作证，而并非要具备某种特殊专业知识。而鉴定人为了就某些证据材料作出正确的鉴定意见，其作为鉴定人的前提必须具备有关的专门知识和技能。

其二，就可替换性而言，证人作证必须是就其本人亲自听到、看到或感受到的有关案件事实的情况，向法庭作出陈述，因此，证人是由案件事实本身所决定的，他既不能由法庭指派或聘请，也不能随意替换。而鉴定人从事鉴定活动是受法庭指派或聘请的，即这种被选任本身就具有某种主观任意属性，因此，当出现法律所要求其回避的情形时或者出现其他需要更换鉴定人的情形，例如，鉴定人因生病或其他原因不能胜任鉴定工作的，都可由其他适格鉴定的人来替换。同时，当法庭对鉴定人所出具的鉴定意见不能获得满意的效果或对其产生怀疑时，也可指派或聘请其他鉴定人重新进行鉴定。

其三，从与案件的处理结果利害关系上而言，证人不得以与案件的处理结果有利害关系为由而被要求回避。而作为鉴定人如果符合法定的回避条件，与案件的处理结果存在直接的利害关系，就应当主动申请回避，同时，当事人或当事人的诉讼代理人也有权要求其回避。

其四，就是否于事前了解案件事实而言，证人由于其出庭作证是因为有关案

---

① Bernardo M. Cremades, Eduardo G. Cabiedes, *Litigating in Spain*, Kluwer Law and Taxation Publishers 1989, p.269.

件事实情况所决定的，因此，在诉讼开始前就了解有关的案件事实情况。而鉴定人事前并不了解案件事实，只是在诉讼开始后或诉讼进行过程中，由法院指派或聘请其就某些专门性问题通过鉴定提出意见，从而对案件事实的认定起证明方式的作用。因此，倘若鉴定人事先了解有关案件的事实情况，就应当坚持证人优先的原则，而不能在本案中作为鉴定人。

其五，就是否可以查阅有关资料而言，鉴定人为了进行技术鉴定的需要，可以要求了解有关的案情或者查阅有关案卷材料，必要时还可向当事人、证人进行询问。同时，当对同一案件事实需要若干鉴定人共同进行鉴定时，鉴定人相互之间可以进行讨论，如果最终能形成共同鉴定意见，则可以共同签名的形式形成统一的鉴定意见。而证人则没有查阅案卷材料的权利，反而，法律一般则规定询问证人时应分别进行，以免对证人之间就案件事实的作证产生不利影响，进而导致证言失去其真实性、可靠性。

其六，从出庭义务而言，证人出庭作证基于法律上的强迫性的压力，一般不得拒绝作证。这与英美法中证人享有的拒绝作证特权存在很大差异。而鉴定人如有正当理由，可以拒绝接受法庭的指定或委托。

其七，就对待证事实陈述方式而言，证人作证只需提供他所知道的案件事实，而不得对案件事实作出推论或发表意见。而鉴定人不仅要叙述在鉴定过程中所发现的事实材料，而且还必须在法庭所提供的证据材料或其在鉴定过程中发现的案件事实材料的基础上进行推理或论证，以便最终形成鉴定意见。

在我国，鉴定意见作为一种法定证据形式，它的产生一般被认为应具备以下条件：其一，应有具备专业知识、技能和经验的自然人；其二，应具备与进行专业技术鉴定相适应的科技、物质条件，如检测机械、设备、仪器或其他技术设施及手段；其三，要有委托、申请或聘请鉴定的组织、机构和个人，以及由该组织、机构和个人出具的书面委托、申请或聘请函件，并由其提供鉴定对象如人体或任何物品等；其四，从程序上应有检查、测试、鉴别、分析得出"鉴定意见"的全部过程（该过程应有文字或视听资料予以记录，以备日后查询）。[1]

在我国，对鉴定人所要求具备的条件有以下几个特点：其一，专业性，即鉴定人在某一领域必须具有专门的知识、技能和经验，这种专业性水平应达到能够对诉讼中某一特定事项进行科学技术鉴定的要求，只有具备这种专业水平才能够填补法官在专业知识上所出现的空白。其二，中立性，即作为鉴定人与案件的审

---

[1] 柯昌信、崔正军主编：《民事证据在诉讼中的运用》，人民法院出版社 1998 年版，第 176—177 页。

理结果或与案件的有关当事人不得存在任何利害关系，否则将影响鉴定意见的客观性与公正性。因此，我国在立法上明确规定，有关回避制度既适用于法官，也同样适用于鉴定人。其三，限定性，即我国法律一般要求在诉讼过程中鉴定人必须是由司法部门指定或聘请的，这就是说，当事人不得在诉讼开始之后自行聘请鉴定人。在这一点上，我国的鉴定人制度与英美法系的鉴定人制度存在着巨大的差异，同时，也与其他大陆法国家和地区的相关做法存在一定程度上的差别。据认为，我国现阶段的有关法律这般如是规定，是基于防止当事人对鉴定人进行收买、利诱，以排除不当干扰的一种预防性措施。

在诉讼中，鉴定意见在一些情形下往往具有其他证据方式所不能替代的作用，例如，某些书证、物证和视听资料的证据力如何，只有凭借鉴定意见才能确认其是否与案件事实具有关联性，才能显现其证据力的大小与强弱，因此，作为证据的鉴定意见对于印证其他证据的真实和可靠程度，映现、补强、确定或否定某些书证、物证和视听资料等证据具有不可或缺的功能；另外，在一些特定情形下，正确地运用鉴定意见，便可直接认定案件事实的有关主要情节和直接否定某些主要事实情节，这在一些疑难案件中显得更为重要。

在我国，作为法定证据种类之一的鉴定意见，法律上允许其由当事人提供，并且作为举证负担由当事人来承受；鉴定意见的证明力如何，除了必须经法院审查外，还必须接受当事人的互相质证，这是一种正当的程序保障，否则，鉴定意见的证明力不得产生，并不得作为裁判的基础。可见，从现行立法的主要内容来看，鉴定意见又兼具证据方法的属性。

四、对鉴定专家的"意见"范围与证人证言的"事实"范围的划分

（一）英美法的认识观

在诉讼中，就法庭所提供的某些感性证据材料由鉴定专家凭借其专业知识、技能和经验作出推理、判断，以专家意见的形式协助法官查明案件事实。因此，鉴定专家应当对案件中的专门性问题进行科学鉴定后作出明确的肯定或否定的结论，这样才能使专家意见在诉讼上具有证据能力；如果鉴定人在鉴定意见中只就案件事实问题表述一些感性认识而未作出理性的分析、判断，或仅得出倾向性的意见，则在诉讼上无法使其鉴定意见产生应有的证据能力。

美国学者摩根先生认为，诉讼上的专家证言至迟可回溯到14世纪。早在普通证人出现之前，法官既已选任专家协助工作，此类专家当时作为法官的助手，而并

非一方当事人的证人。普通证人具有知觉力，基于其知觉而为证述；而作为专家则因有特殊技能，足以使其对于常人所不能观察的事项亦能有所知觉。因此，作为专家凭借技能对其未曾目睹之事实而可凭借有关资料予以引申推论。专家必须假定资料之存在，作为其意见之基础。当遇有资料之任何一部分，其存在与否发生争议时，对此种情形，专家并无资格就其存否有所决定，而应由事实审理者予以决定。因此，专家的意见是否确切，应由事实审理者就其基础资料为依据而作出认定。作为向专家提出的问题，必须为假设的问题。威格莫曾说道："假设之问题，为证据法上真正的科学性的特征之一，但已为愚者所误用，而为黠者所滥用，而于实务上循至对于真实成为无可容忍之障碍。"证人被指为专家的，必须使法官信其具备特殊的知识、技能、经验或训练，就有关诉讼中包含的事项凭其技能而有助于事实审理者。此种必须具备的条件，或仅基于证人之经验，或系经由一种教育程度之阶段所可获知之知识，或者二者兼而有之。至于专家证述某种主题之能力，有时无妨称其基于传闻。但是对此必须与这一问题辨明其区别，即当其被质询所表示之意见，全部或一部所根据之事项，如经直接提供该事项，将被认为传闻而予以排除。[1]

　　关于专家证人意见中所涉及的假设性问题，有美国学者认为："显然，假设性问题常常是棘手的和超技术性的。它充满了造成误差的可能性。假设性问题非常浪费时间并频繁地迷惑陪审团。"[2]

　　美国学者华尔兹先生认为，专家证人在形成其意见时可以采用以下几种信息来源：其一，该专家证人能够依据他所亲自观察的事实来发表意见和作出结论，正如医学专家的论据基础是建立在临床观察之上。一位专家可以运用另一位专家传递给他的事实理由。比如，一位医学专家可以依据一份 X 射线检验报告的结果提出自己的意见。如果他在意见或结论中所依据的这一报告结果，已被该学科领域的专家在专门性问题的意见或结论中证明是合理的，那么该报告结果本身就无须再经专家证明其具有可采性。其二，在庭审中的专家证人可以被引证的证据作为其意见的根据，但条件是该证据并不会引起任何争议。作为专家不能瞒着其他任何人来衡量有争议的证据分量。其三，在某些司法区内，如联邦和那些采纳了《美国联邦证据法规则》第703条的州，专家证人可以将审判或听证前获悉的资料作为其意见的依据。另外，传递给专家这些资料其本身无须作为证据被接受。

---

　　① ［美］Edmund M. Morgan：《证据法之基本问题》，李学灯译，世界书局1982年版，第234—235页。

　　② ［美］乔恩·R. 华尔兹：《刑事证据大全》，何家弘等译，中国人民公安大学出版社1993年版，第359页。

其四，专家证人可以将询问过程中由证据引出的一个假设性问题传递给他的信息资料作为产生意见的根据。①

在美国，由于意见证据规则的缺陷曾引起许多上诉案件的发生，其结果大多是上诉法院以撤销原裁决而告终。因此，早在1940年威格莫法官就指出，意见证据规则把美国的诉讼变成了一种合法化的赌博，其弊端超过了其他任何诉讼法规则。另一位叫作L.哈德的法官在1932年的一个判决中认为，没有哪一条法律规则像意见证据规则这样遭人如此滥用。这位法官在此前于1926年的一个判决中指出："意见与事实之间的分界线最多是一个程度上的差别，应该只取决于事实上的理由，……每一个有审判经验的法官会经常发现，由于坚持要求证人以他并不能做到的方式来作证，而使整个事实被歪曲。证人与大多数人一样，他并不能意识到推理结论进入其感觉的程度。他是在使用他会使用的唯一方式来陈述'事实'，如果采取责备、纠正他的结果无疑是对他造成全面性的抑制。人们必须意识到，不能只见木而不见林。"②

关于意见证据所涉及事实与意见的差别问题，美国学者摩根先生认为，二者有时甚难作出严格区别，其区别仅属于程度上的不同而已。例如，证人称其曾见某甲殴打某乙，所作陈述者是从自己以往经验中所获得之意见，此种意见使其能辨别某人为甲、某人为乙，而显露于其感觉之中，则为某乙被某甲所殴打。如果竟然以此为意见证据而提出异议，则法院自无考虑接受该项异议可言。但如果其情形为证人与甲、乙及其他数人共处一室，证人在出门时，目击甲握拳向乙冲去，等返回室内时，见乙有血自鼻唇间流出，而甲拳则有擦伤，如果就此作出甲殴打乙的陈述，不过为自己亲眼所见各种发生之事态，是基于意识上的演绎而得出的结果，于是便认为它是属于证人的推断意见而加以责难。当证人一旦将其感觉运用而得之知识报告于事实审理者时，事实审理者实无须再行接受其任何微小之协助而予以推论，其事实已甚显然，因此，如再行传唤证人听其陈述，无异于白费时间，法官排除此等证据，自应为明智之举。另外，证据如已容许，则除记录已足表示显然对乙发生偏见之结果外，可经申请予以删除，并提示事实审理者不予考虑；或因其容许而废弃有利于甲之裁判，则将浪费更多时间，实属毫无意义。③

....

① ［美］乔恩·R.华尔兹：《刑事证据大全》，何家弘等译，中国人民公安大学出版社1993年版，第351—352页。

② 转引自沈达明编著：《英美证据法》，中信出版社1996年版，第251页。

③ ［美］Edmund M. Morgan：《证据法之基本问题》，李学灯译，世界书局1982年版，第229—230页。

另外，美国学者摩根教授指出，根据《美国法学会模范法典》第401条有关意见证据的规定，证人在证述其感受时，无论是否为专家，均得以含有推论之语意而为之，并可不问是否包含应由事实审理者所决定的主要争执点，均得陈述其一切有关联的推论。但法官认为有下列情形的不在此限：其一，作为此种推论，需有特殊知识、技巧、经验或训练而为该证人所不具备的。其二，证人能以同样正确而适当的程度向审理事实者陈述其感受，无须以推论的言词为证述，或陈述其推论，且其以推论为证述时，凡误导事实审理者，似有对于他方当事人发生偏见的，法官应于证人以推论为证述之前，先行调查其推论所根据的有关资料。应当注意的是，本条仅规定容许证人就其个人感受的事实向事实审理者报告的一种陈述方式，法条内并无意见之用语。①

在英美法国家和地区，专家证人的特殊技能在于他们能够从没有观察到的资料中作出推理，在这种情形下，专家证人必须假定他们作出的意见所依据的材料存在。当对于资料的存在与否发生争议时，不能由专家证人来决定资料的存在与否，而应当交由事实审理者作出判断。因此，专家意见是否适当，取决于事实审理者对基础资料的存在所作出的判断之上，可见，专家证人所提出的问题不过是一种假定的问题。②

专家证人必须具有丰富知识、技能、经验或训练，或来自经验或来自受到的教育，以及或者来自二者。因此，他对某一问题的证述能力往往是以传闻为依据的。

为了克服专家意见中所采用的以设立假定性问题作为推理方式的固有弊端，《美国联邦证据规则》的有关条款如第702条、第703条和第705条并不因循传统做法，而是改为允许专家证人不使用假定问题，在直接询问中不必阐明他所提供意见的依据。这些规定同样允许专家证人以传闻为基础作证，但条件是，为他所依据的传闻是专家证人在其特定专业领域内按情理所适用的那类传闻。因此，作为程序上质疑的需要，应当注意在审理前取得他的报告副本以便对其进行反询问。同时，报告中必须说明其结论的有关依据。另外，在联邦法院出庭的专家证人可以援引学术著作，在直接询问或反询问中来支持、印证他的证言或被他人援引用来攻击他的证言。③

----

①　［美］Edmund M. Morgan：《证据法之基本问题》，李学灯译，世界书局1982年版，第229页。

②　毕玉谦：《民事证据法判例实务研究》，法律出版社1999年版，第300页。

③　沈达明：《英美证据法》，中信出版社1996年版，第251—252页。

（二）大陆法系的认识观

由于大陆法中鉴定人具有辅助法官认定案件事实的职能以及由选任鉴定人的模式所决定，大陆法学者并不十分注重对鉴定意见形成过程中的所谓"意见"范围与证人证言的"事实"范围有何关系，以及基于这种特殊的逻辑推理方式而给程序上造成何种证据性效应；而英美法的学者则过分热心地探讨这一问题的实质在于，虽然鉴定人被作为一种证人来看待，但在另一方面却适用一些有别于一般证人的程序规则。而大陆法系的立法例也确实存在着在一定程度上将鉴定人视为证人的变通规则，例如，在对鉴定人适用程序规则时，如无特别规定的，则一般准用证人规则。但是，在我国相关领域的立法上，由于条文的过于概括或笼统的特征所致，并无对鉴定人在特定情形下可适用证人规则的内容。

在大陆法系，无论在立法上还是在司法上，均将鉴定人与证人明确区分，这种认识的前提是基于这样一种观念，即证人是对耳闻目睹的事实向法庭作证述，其传递信息的基本方式是凭借记忆能力采用言词重复已经发生过的待证事实，这是一个简单的思维过程；这种思维过程从本质上不要求以某种基础事实为前提的推理因素的存在，它只是对曾呈现于证人感官之前的事物的实际情况的一种陈述。而鉴定人则是依据一定的系统知识、遵循特定的逻辑程序，就已知的事实材料为基础，进而就待证事实所进行的推断，它是一个复杂的思维过程，这种推理是运用概念对事物的状况有所判明或判定的思维方式，是对事物之间的联系和关系的本质反映。对此，我国台湾地区学者陈朴生教授认为，作为证人所提供的应为事实（fact），而并非为意见（opinion）。但何为事实、何为意见，其区别的标准不尽相同。一般认为事实与意见，不仅指程度上的不同，其实效上也有差异。作为事实是基于证人主观上所体验到的，而并非为法官主观上所判断的。法官要求的是由证人提供事实，而并非提供意见或推测。因此，从其实效上而言，证人仅系提供客观的事实，法官则基于此类事实而作出推断。如证人所提供的仅为意见和推测之词，则并非为其任务，而不得作为证据资料。因此，作为意见规则（opinion rule）是基于本来证言为主的原则。英美法亦指证人系以其观察为基础的资料，并且应正确而完整地向法庭提供，而由陪审团成员就此资料作出推理，并不允许证人提出其以此资料所为的推断。[1]

从原理上而言，作为陈述也不乏一定的推断因素，但是，大陆法通常奉行重专家意见而轻证人证言模式。因此，在学界和实务界并不对证人证言当中含有推

---

[1] 陈朴生：《刑事诉讼法实务》，1979 年增订版，第 298 页。

定这些"虚假"成分加以顾虑，而是一并交由法官根据情况自由裁量。但是，在学理上，大陆法系对鉴定意见中含有的推理或存有假设性问题处置有方的一个重要原因，也应归结到法官自由评价证据的原则上来，一方面，大陆法国家和地区既高度重视鉴定人在认定专门性问题上所发挥的职能作用；另一方面，又不想当然地对鉴定意见加以采信或一定要给予多大的证据分量。①

由于日本在借鉴英美法的过程中已取得了一些实质性成果，因此，日本的一些学者对英美法中专家意见所涉及假设性问题的探讨以及应建立何种对应程序规则也有所建树。例如，日本学者兼子一先生等认为，鉴定人所鉴定的结果即便是对具体事实所作的报告，也并非是其耳闻目睹的事实，他所陈述的事实不过是其运用专门性的知识予以判断而得出的结论。正因为鉴定有时是在假定事实的基础上所作出的判断，法官在采纳鉴定意见时应特别注意这一点。这些基础事实是鉴定人经过实验检查过的。如对该事实产生争执，法官应对鉴定人询问有关该事实的情况，而这时必须将鉴定人作为本来意义上的证人来进行询问。在这样二者相互重叠的情形下，必须适用证人和鉴定人两种程序，宣誓等也应重新进行。②

另外，在证据法上有关专家的"意见"与证人证言中的"事实"问题还涉及一个"意见证据"（opinion evidence）的概念。意见证据在证据法上属于一种排除规则的适用范畴，对此，我国台湾地区一些学者认为，依证人作证的性质而言，原限于证述亲自知觉的事实，而由审理事实的人据以形成意见。如证人对于系争事实之存否，仅凭其感觉而从事推论，法律上对于此种推论的陈述，称为意见证据。意见证据之所以遭受排除，是因为其违背作证之性质，而侵害审理者独立考虑的职权，并可使受错误引导之危险。至于其意见之有利或不利于被告，两者均有可能，当依其内容而确定。并非凡属意见，即当然不利于被告。意见证据之受排除，从理论上而言，并非如传闻证据之严重。而依心理学及精神作用之程序而言，每一陈述，均可能有所推论而包含意见之成分。所不同的是，在法律上并未将感觉所得立刻之印象，与远离印象所为推论的程度加以分别而已。前者称为事实，后者称为意见。英美证据法对于意见之判例，为数甚巨而叙述各异，适用亦多不一致。③英美法对于意见证据认为其并无证据能力，与排斥传闻证据、品格证据具有相同的理由，即在于防止陪审团成员以此作出毫无根据的推测，进

---

① 毕玉谦：《民事证据法判例实务研究》，法律出版社 1999 年版，第 301—302 页。

② ［日］兼子一、竹下守夫：《民事诉讼法》，白绿铉译，法律出版社 1995 年版，第 121 页。

③ 李学灯：《证据法比较研究》，五南图书出版公司 1992 年版，第 479—480 页。

而影响其判断，且有剥夺陪审机能之虞。[①]

（三）对我国相关问题的探讨

我国在证据法上明确区别鉴定人与证人，同时将鉴定人既作为辅助法院查明案件事实的助手，又作为一种证据方法，大陆法的一个重要特征是重实体而轻程序，"轻程序"中包括并不注重制定系统而严密的证据规则，这种做法在我国已被证明是构成制约对我国诉讼法的程序功能加以强化的严重阻碍。为此，有必要借鉴英美法的相关做法，对鉴定人的"意见"范围与证人证言的"事实"范围加以研究和界定，为制定相应的证据规则奠定理论基础。[②]

在我国法学界，虽然至今尚未对有关"意见"与"事实"问题加以深入研讨，但从一些教科书上论述的鉴定意见与证人证言的区别上还是泾渭分明的。一般学者认为，鉴定是对有关鉴定的材料进行分析、判断，对鉴定的对象作出理性的反映；而证人证言的内容应限于证人就耳闻目睹所了解的案件情况，而不包括对案件事实、情节的分析、判断和发表其他意见。

我国《民事诉讼法》第75条对证人的规定中认为，凡是知道案件情况并能够正确表达意志的人才能作证。从立法规定上来看，证人要就其了解的案件情况向法院进行陈述和表达，其表达的范围应限于"事实"范围而不应涉及"意见"。在此，笔者认为有两点需要明确：

第一，事实上，鉴定人无法对所见案件事实进行客观的描述，否则，他就只能作为证人。在诉讼中，鉴定人与证人共同面临的是诸种待证事实，而这些待证事实往往与案件的争执点有密切的关联性。在证据方式上，鉴定人必须借助法庭向其提供的包括书证、物证、电子数据、视听资料等在内的各种检材，借助各种设备、仪器，为了解案件要查阅案卷材料和询问有关当事人和证人，因此，鉴定人在证明案件事实上仅应涉及专门性问题，这种证明过程只能是间接性的，并且也只能是一种对待证事实的分析、判断并得出相应的结论，可见，这里并不存在鉴定人对所见案件事实进行描述和陈述的问题。英美法上把鉴定人的这种判断或推论而产生的假设性问题称为意见证据，大陆法上虽不注重对假设性的探讨，但仍承认鉴定人的鉴定结论通常应存在推理过程。笔者认为，鉴定人对待证事实的认识只能是根据某一事物的普遍联系和本质反映，就该类事物的诸个别对象的共同点的抽象与概括，以个别事物及经验事实为媒介，借助已有的事实根据及有

---

① 陈朴生：《刑事诉讼法实务》，1979年增订版，第298页。

② 毕玉谦：《民事证据法判例实务研究》，法律出版社1999年版，第302—303页。

关的知识、技巧和手段进行逻辑推定，因此，这种对待证事实的认识只能是理性的、间接的过程。认识到这一点的重要意义在于，鉴定过程是一个复杂的主观性与客观对象、客观条件等外界因素相统一的过程，实际上它是一个在特定环境下由鉴定人担任事实法官对待证事实的裁量过程，任何一个环节或因素如检材本身、科学定律、设备、仪器、试验和测试的程序与手段、查阅案卷材料以及询问当事人、证人而得出的印象等一旦出现偏差，都可能导致错误结论的产生。事实上，即便科学定律这样的真理也有被推翻的事例。可见，自然科学的真理性始终具有相对的假设性。因此，作为鉴定结论中所必须运用的分析、推理基础也不过是具有假设性这一点是显而易见的。这样，在设置相应证据规则时，作为鉴定结论的证据力并非想当然地优于其他证据方法。

　　第二，证人对待证事实情况的陈述或描述是否一律拒绝"意见"，即推理或判断。对此，笔者认为，证人在作证时对事实情况的陈述或描述，其中包含有推定或判断的因素和过程，有时甚至是难以避免的。所谓人的语言（包括口头或书面）对事物的陈述不过从形式上是一系列概念上的逻辑排列。概念是语言的基本要素，是对同类事物共同的一般特性和本质属性的概括的反映，是思维的细胞，也是思维的最基本形式，概念与概念的相互关系是反映某种事实状态的客观前提。我国《民事诉讼法》第75条所要求的证人必须"正确表达意思"，也是从对客观事物进行能动性的感知和反映这一角度，来考虑证人是否具备正确地排列这些概念与概念之间的逻辑关系上的能力。这是因为客观事物特征及内容的概念之间排列顺序是否正确本身就需要推理和判断。"事实是人对呈现于感官之前的事物或其情况的一种判断，是关于事物（及其情况）的一种经验知识亦即是关于客观事物的某种判断的内容，而不是客观事物本身。"[①]可见，一味拒绝承认证人证言中应包含推理或判断过程的观点是站不住脚的。因此，在鉴定人与证人就待证事实予以证明的过程中，是否要以"事实"还是"意见"作为主要界定应不属争执范围，其关键在于证人通常是有关事实情况的目击者或有关事实过程的经历者，从证人与事实情况这一直接性而言，自应以排除"传闻"为条件，而大陆法中对证人证言中的"传闻"不予排除，而一并交由法官裁量，其危险性本身也恰好体现在大陆法系法官对证人证言的轻信程度上。与证人证言不同的是，鉴定意见中不排除"传闻"，这是因为，鉴定人本身与事实情况并不具有直接的关联性，"传闻"属于经验的来源之一，证据法并不禁止鉴定人之间相互讨论、交换意见、取长补短。同时，还应当指

---

① 　彭漪涟：《事实论》，上海社会科学院出版社1996年版，第4页。

出的是，证人作证的被强迫性正是由于他本身与事实情况具有不可替代的关联性，这已为各国的立法所证实；但是，并不能因此而忽视某一特定证人本身兼有特定行业的知识、技能，特别是在当代知识经济社会已经到来之际，作为现实生活中的"合格人"被视为具有特定专长的知识人，因此，当这类"知识人"出庭作证时，有谁还能忽视他们所具有的"知识结构"对其陈述证言过程没有任何影响呢？而这种影响并非仅仅停留在一般程度上的推理与判断，其本身似乎会对大陆法中鉴定人与证人之间的区别带来微妙的变化。其实，大陆法中的鉴定人与证人通常都是作为一种广义上的"人证"来看待的，在立法上，凡对鉴定人无特殊规定的，一般都适用对关于证人的规则。可见，两大法系关于鉴定人与证人的不同见解也是相对的。实际上，美国证据法上对专家证人与一般证人也是明确划分并规定在不同类别的条款中的。而英美法学者认为"事实"与"意见"常常难以严格区别、其区别不过仅属程度上而已的观点是中肯的、实事求是的。

就我国而言，为了推进审判方式改革朝着弱化法官职权、强化当事人举证职能方向发展，进而使法官处于超然、中立的地位，也有利于减轻法官的不当负担，提高诉讼效率，适应市场经济的需要，有必要对鉴定人的适用规则以及与此相关的证人规则予以确立并细化，在涉及"意见"与"事实"范围上，鉴定人只能以意见形式作为证明方式的载休，而证人则应以陈述"事实"为主，其作为构成陈述事实有机组成部分的某种推理和判断，只能作为形成事实不可分割的有机部分，不得以单独的结论形式作为陈述事实的载体。也就是说，这种推理或判断的程度或分量不得超过必要的实质性限度。当然，为了防范这种固有缺陷，从程序机制上可借鉴英美法的交叉询问模式，即交叉询问中最具证据力或具有影响法官形成心证的莫过于主询问后的反询问，因为，反询问是由对方律师进行的主要质疑方式，在反询问规则下，主要由对方律师提出一连串的问题，由相对一方提供的证人进行一一回答，即回答的内容也仅限于"是"与"否"及简单陈述，从而有可能最大限度地排除证人的推理或判断的程度或范围，以保障证言在"素材"上少掺水分或不掺水分。这种质疑方式主要存在两种基本功能：其一，使证人在主询问范围内可能大量存在那些因推理或判断因素而构成的事实陈述得以排除和"净化"；其二，对方律师在这种排除或"净化"基础上，辅之以诱导性问题，在法官形成心证过程中动摇乃至推翻在主询问中由相对一方当事人或律师暂时形成的某些"可信度"。

五、关于适用专家鉴定制度的有关规则

（一）两大法系的相关做法

一般法院通常适用意见法则，究竟要达到何种限度？美国学者摩根先生认为：第一，专家证人如不具备必要的能力以从事其所为的推论，即不能予审理者以帮助，甚至反而发生误导作用，因此，无论基于理论或实例，均无须听其证言。至于决定专家证人有无此种资格属于法官的职权范围，这已为人们所公认。第二，如果证人作陈述，其形式虽为意见，但仅系表达关联个人经验之一种简捷方法，有时称之为知觉知识以区别于其推论知识，这时意见法则并不足以对其造成何种妨碍。但是绝大多数法院在适用这一普通人见解时，均主张举证之人必须表明证人如不使用推论，即无法将其知觉传达给事实审理者，使其在实质上获得与证人从其自身经验中相同的知识。在作此表明后，举证负担即转移至对方当事人。除对方当事人足以表示证人无须使用意见语句仍可适当而正确地传达其印象外，该项证据即可予以接受。由此而进一步说，即除法官发现有误导事实审理者之虞外，该项证据即应予以接受。第三，一般法院均同意这种见解，即法官指令证人在陈述其推论之前，应首先证述其作为推论基础的资料。有些法院坚持法官必须这样做。最后这一法则，对于推论是否包含应由事实审理者决定的主要争执点则无关紧要。[①]

在德国，从大体上而言，对鉴定人适用有关证人的各项程序规则。但是证人与鉴定人的不同之处在于，鉴定人是由法院指定的。在许多联邦的州，法律规定法官有权指定鉴定人，这种鉴定人被称为"官方鉴定人"，在无特别情况下，一般应首先使用官方鉴定人，这种鉴定人被视为执行准司法职务，因此应援引适用于法官的条件要求其回避。法院有权指定一名鉴定人，有权根据内心确信而对鉴定意见进行价值评估，但其自由心证的过程不受该鉴定意见的约束。鉴定人通常应提出书面意见。作为对抗措施，任何一方当事人都可以提出己方鉴定人的鉴定意见，从而用于质疑官方鉴定人的鉴定意见。凡遇此情形，法院应通过庭审来询问官方鉴定人以及当事人选聘的鉴定人，或指定第三鉴定人，但德国法并没有设置当事人可以反询问鉴定人的制度。

根据我国台湾地区"民事诉讼法"的规定，对于鉴定人的询问，除有特别

---

① ［美］Edmund M. Morgan：《证据法之基本问题》，李学灯译，世界书局1982年版，第230—231页。

规定以外，准用关于询问证人的规定。所谓"特别规定"主要指：其一，受诉法院、受命法官和受托法官得指令鉴定人出具鉴定书陈述意见（第335条第1项）。对于证人的陈述，除经审判长许可外，不得朗读文件或以书面形式代替；而询问鉴定人则得指令鉴定人出具鉴定书陈述意见，并非须以言词形式为限，而对鉴定书需要予以说明的，仍得指令鉴定人到场说明（第335条第3项），因此鉴定人不必以言词陈述为限，除具结及对鉴定书予以说明外，且不必指令其到场，但如果未指定其出具鉴定书的，鉴定人仍有到场以言词陈述的义务。其二，当鉴定人为数人时，得指令其共同或个别陈述意见（第336条）。在证人有数人时，应分别予以询问，而鉴定人为数人时，其陈述意见既可以共同也可以分别进行询问，不必使之相互隔离。这是因为，鉴定人是以其特别知识而作陈述的，与证人以其所经历的事实而进行的陈述不同，因此证人不得进行共同陈述，以便取得相互考证，求得正确之认定。其三，凡鉴定所需资料在法院的，应告知鉴定人准予利用。鉴定人因进行鉴定可以请求调取证物和询问证人、当事人；经许可后可以向证人、当事人自行发问（第337条）。鉴定人实施鉴定，就鉴定所需的资料，自应其利用，否则将无从履行鉴定职能。对诉讼卷宗及存于法院的证物，应告知其准予利用；对于需要调取的其他证物，或询问证人、当事人后方能获得正确意见的，也可应鉴定人的请求而予以允许。在必要时，如果需要证人、鉴定人自行发问，在法院许可后，也可以允许他们自行发问。鉴定人是以其特别知识而进行直接发问，自然较之于没有特别知识的法官的发问，更能切合其鉴定的需要。[1]

针对当一待证事实需要鉴定而鉴定人为多数时，是否在鉴定过程中允许鉴定人之间相互磋商，我国台湾地区学者陈玮直教授有与上述不同的看法。他认为，当鉴定人为多数时，如未经法院指定分别鉴定的，应协议或采用少数服从多数的方法，共同实施鉴定，并共同制作鉴定书。如果鉴定是由若干鉴定人分别进行时，则应相互单独实施鉴定工作并各自提交鉴定报告，而法院指定分别鉴定的目的在于获得不同的意见以作为认定事实的参考；因此，在鉴定过程中，鉴定人之间不得就鉴定事项相互磋商。[2]可见，陈教授在此更倾向于把鉴定人与一般证人等同看待而适用证人规则。

另外，我国台湾地区学者杨建华教授认为，鉴定人兼具法院辅助机关的性质，其鉴定的结果足以影响法院的裁判，基于公正诚实、无存偏颇之虞，当事人可依申

---

[1] 王甲乙、杨建华、郑健才：《民事诉讼法新论》，三民书局2007年版，第449—450页。

[2] 陈玮直：《民事证据法研究》，1970年版，第67—68页。

请法官回避的原因来拒却鉴定人。但鉴定人在该诉讼事件中曾作为鉴定人的，并不足以认其鉴定即有偏颇之虞，当事人不得以此为拒却的原因，因此，已在第一审被选任为鉴定人的，第二审法院仍可选任其为鉴定人。当鉴定人遇有拒绝的原因，当事人声明拒却，并经法院裁定认为理由正当的，其鉴定不得作为裁判的基础。至于当事人已声明拒却，法院未就其声明裁定认为正当或不正当的，其鉴定的结果如采为裁判基础，亦应认为违背法令，可以作为上诉申请第三审的理由。①

（二）我国有关法律及司法解释涉及鉴定人适用规则的理解与认识

1.《民事诉讼法》有关鉴定人权利的规定

《民事诉讼法》第80条第1款规定："鉴定人有权了解进行鉴定所需要的案件材料，必要时可以询问当事人、证人。"

对本条文的理解与适用，应当掌握如下基本内容：

（1）为保障鉴定人能够及时、顺利地开展鉴定活动，有关当事人在诉讼上应当根据鉴定人的要求，将其掌握、控制的所有对鉴定活动的开展所必需的有关物件材料或其他相关资料交予鉴定人。这种交与鉴定人的行为，实际上是向法庭提交，因为，鉴定人从事的司法鉴定活动是根据法庭的指令而开展的证据调查，是法庭从事案件审理活动的一个必要的组成部分。如有关当事人不能及时提交，将会妨碍这种证据调查活动的开展。对此，《2019年民事证据规定》第34条第2款亦作出了相应规定，即："经人民法院准许，鉴定人可以调取证据、勘验物证和现场、询问当事人或者证人。"

（2）在审判实践中，由于案件的性质、特点和表现形式的不同，使得有关对鉴定活动的开展具有重要作用的检材、辅助材料和相关信息资料，包括有关配方、设计图纸、技术指标、品种规格、应用数据、测试结果等，这些在既有的当事人之间所开展的交往活动中已经存在的信息资料，对确定有关案件当中鉴定活动所应进行的范围、预设的前提、预期的效果等具有重要意义。

（3）鉴定人实施鉴定，就鉴定所需的资料，自应予以利用，否则将无从履行鉴定职能。对诉讼卷宗及存于法院的证物，应告知其准予利用；对于需要调取的其他证物，或询问当事人、证人和勘验人后方能获得正确意见的，也要应鉴定人的请求而予以允许。在必要时，如果需要对当事人、证人和勘验人自行发问，在法院许可后，也应当赋予鉴定人这种询问权利。鉴定人是以其特别知识、经验、技能而进行直接发问，自然较之于缺乏这些相应知识、经验、技能的审判人员的

---

① 杨建华:《民事诉讼法实务问题研究》，广益印书局1981年版，第273页。

发问，更能切中主题、符合其鉴定的需要。对此，根据司法部《司法鉴定程序通则》的有关规定，鉴定人有权了解进行鉴定所需要的案件材料，可以查阅、复制相关资料，必要时可以询问诉讼当事人、证人。经委托人同意，鉴定机构可以派员到现场提取鉴定材料。现场提取鉴定材料应当由不少于2名鉴定机构的工作人员进行，其中至少1名应为该鉴定事项的鉴定人。现场提取鉴定材料时，应当有委托人指派或者委托的人员在场见证并在提取记录上签名。

2.《民事诉讼法》有关鉴定人出庭作证的规定

《民事诉讼法》第81条规定："当事人对鉴定意见有异议或者人民法院认为鉴定人有必要出庭的，鉴定人应当出庭作证。经人民法院通知，鉴定人拒不出庭作证的，鉴定意见不得作为认定事实的根据；支付鉴定费用的当事人可以要求返还鉴定费用。"

对本条文的理解与适用，应当掌握如下基本内容：

（1）鉴定意见作为一种言词证据，如果鉴定人不出庭就无法使其所作的鉴定意见在程序上产生应有的法律效力。在当事人对鉴定意见有异议时，鉴定人应当出庭回答当事人的质询，以便为人民法院对有关异议理由的合理性作出判断。即使当事人对鉴定意见没有异议时，如果人民法院对鉴定意见、主要依据、论证过程等存有疑问时，也可依职权通知鉴定人出庭作证，接受法庭的询问。

（2）如果鉴定人拒绝出庭作证的，将对人民法院对案件事实作出正确、合理判断产生不利影响，在这种情形下，有关鉴定意见将不得作为认定案件事实的根据。鉴定人出庭作证接受当事人的质询和法庭的询问，是对鉴定意见进行质证的一种正当程序和必要方式。一旦缺失这种要式行为，鉴定意见只能被作为一种传闻证据而受到排除，无法有效地作为裁判的基础。

3.有关司法解释涉及当事人对鉴定书的内容提出异议的规定

《2019年民事证据规定》第37条规定："人民法院收到鉴定书后，应当及时将副本送交当事人。当事人对鉴定书的内容有异议的，应当在人民法院指定期间内以书面方式提出。对于当事人的异议，人民法院应当要求鉴定人作出解释、说明或者补充。人民法院认为有必要的，可以要求鉴定人对当事人未提出异议的内容进行解释、说明或者补充。"

对本条文的理解与适用，应当掌握如下基本内容：

（1）鉴定意见属于《民事诉讼法》第66条第1款所规定的8个证据种类之一。与书证、物证、视听资料和电子数据这些实物性证据所不同的是，鉴定意见因属于言词证据而被纳入人证范畴。因民事诉讼实行证据辩论主义、直接言词主义和法院自由心证主义三大基本原则，当事人对鉴定意见进行质证和发表辩论意见以及法院对这种证据的调查（询问）方式和程序与对证人证言相同。对此，《民事诉讼法》第71条规定："证据应当在法庭上出示，并由当事人相互质证。"《民事诉讼法解释》第103条第1款又进一步规定："证据应当在法庭上出示，由当事人相互质证。未经当事人质证的证据，不得作为认定案件事实的根据。"因此，当事人对证据发表质证意见和辩论意见的权利，是其重要的一种诉讼权利。质证权是当事人辩论权的重要组成部分，除非当事人主动放弃，否则，未经有关当事人对证据发表质证意见和辩论意见，将对法院就该证据进行自由心证造成实质上的妨碍，其结果将使该证据无法作为认定案件事实的根据。作为言词证据而言，对鉴定意见采取的质证方式为，由鉴定人出庭作证，接受当事人及其委托的专家辅助人的质询和法院的调查询问。

（2）《民事诉讼法》第81条中规定，"当事人对鉴定意见有异议或者人民法院认为鉴定人有必要出庭的，鉴定人应当出庭作证。经人民法院通知，鉴定人拒不出庭作证的，鉴定意见不得作为认定事实的根据"。民事诉讼实行辩论主义和当事人处分权主义，在当事人对鉴定人出具的鉴定意见没有提出异议以及人民法院认为鉴定人没有必要出庭的情况下，鉴定人可不出庭作证。另外，即使当事人对鉴定意见没有提出异议而以实际行动放弃了要求鉴定人出庭作证的权利，但当事人向法院提出鉴定申请以及提供其他证据的目的，系便于法院在对有关证据进行审查判断的基础上作出事实认定，因此，如果人民法院发现鉴定人出具的鉴定意见当中存在某种缺陷或疑点，应当依职权要求鉴定人出庭作证，以便就鉴定意见当中存在的问题对鉴定人进行调查询问。

（3）在法律上，人民法院与鉴定机构存在委托关系，而鉴定人参加司法鉴定工作是由鉴定机构指定的，鉴定人是以机构名义与人民法院形成诉讼法律关系，鉴定人从事司法鉴定的行为是一种职务行为。在鉴定人完成司法鉴定工作之后，鉴定机构应当按照有关规定或者与作为委托人的人民法院约定的方式，向人民法院发送司法鉴定意见书。按照本条文的规定，当人民法院收到该鉴定书后，应当及时将副本送交当事人，以便当事人对该鉴定书的内容进行阅读、研究和判断，或者寻求专家辅助人的协助，并决定是否提出异议以及提出何种异议。从鉴定意见这种证据的性质和特点来看，鉴定意见是鉴定人就鉴定事项，根据有关鉴定材料，采用知识、经验、技能以及运用专门的设备、仪器等，按照科学原理和行业标准，就与待证事实有关的专门性问题在作出研究、分析、判断之后所出具的专业意见。可见，鉴定意见的形成过程具有封闭性、垄断性、单向性、专业性等特点。另外，受包括鉴定人认知能力所限等各种主客观因素的影响，导致鉴定意见中出现某种缺陷、瑕疵、偏差也在所难免。仅仅由当事人及其诉讼代理人和审判人员对鉴定人出具的鉴定意见进行阅读和理解，会产生许多疑问而不能及时得到有针对性的解释与说明。因此，在客观上当庭通过言词方式与双方当事人和法院进行双向或多向交流，就有关问题答疑解惑，显得不可或缺，同时，这种面对面的交流与对话也是破解当事人质疑、化解当事人不满的有效途径，是现代法治意义上正当程序的重要体现。另外，从专业的角度，鉴定人毕竟属于专业人士，在专业知识、经验、技能、信息等方面，与当事人及其诉讼代理人和审判人员相较而言，有着明显的、几乎无与伦比的优势，由此所造成的结果是，鉴定人与当事人及其诉讼代理人和审判人员之间存在着严重的信息不对称的格局，因此，由当事人委托专家辅助人参与诉讼，搭建信息对称的桥梁，像律师代理当事人参加诉讼那样，以专家身份代理当事人参与诉讼，与鉴定人进行交流与对话，对于增加鉴定意见的透明度、可视度以及被接受度，显得尤为重要。

（4）在实践中，当事人对鉴定意见表示不满的情况较为普遍，其主要原因在于：其一，该鉴定意见的有关内容对该方当事人不利；其二，当事人及其诉讼代理人对于相关的鉴定流程、鉴定所依据的科学原理、技术规范和行业规范以及所运用的专业设备、仪器等所应当发挥的功能和作用缺乏必要的了解。因此，从目前的情况来看，许多法院从经验的角度认为，不能仅仅因为当事人对鉴定意见提出异议，而不问这种异议是否有充分的理由和依据，就一律要求鉴定人出庭作证，这种做法会使诉讼程序趋于复杂化，耗费大量诉讼成本和司法资源，其最终的结果也不过是仅仅满足形式化上的要求，实际效果并不理想。有鉴于此，本条文为当事人提出异议设定了较为审慎的表达方式与程式，即当事人对鉴定书的内容有异议的，不能仅仅以口头形式任意提出，而应当在人民法院指定期限内以书面方式提出。对此，《全国人民代表大会常务委员会关于司法鉴定管理问题的决定》第11条规定："在诉讼中，当事人对鉴定意见有异议的，经人民法院依法通知，鉴定人应当出庭作证。"在实践中，通过这种要求当事人以书面形式提出以及法院以书面形式通知的形式，既可以在一定程度上减少当事人仅仅以口头形式表达对鉴定意见不满的情形就能够直接启动鉴定人出庭程序的概率，有助于诉讼效率的提升，又能够为鉴定人及时出庭做好充分准备，节省庭审时间，保证庭审质量的优化与庭审效果的提升。

（5）按照本条文的规定，在实务上，不能仅仅因为当事人对鉴定书提出异议，法院不问这种异议所针对的具体对象，就直接通知鉴定人出庭。如果当事人异议的对象是鉴定材料、鉴定程序或者鉴定机构及鉴定人的资质等问题，属于程序审查或法律审查范畴，与是否要求鉴定人出庭作证无关；要求鉴定人出庭作证是要解决鉴定书的内容与待证事实之间是否存在真实性、关联性等问题，也即鉴定书所涉及内容的科学性、专业性、严谨性等问题。针对当事人就鉴定书的内容提出异议的，人民法院应当向鉴定人转交异议书的副本，并要求鉴定人作出解释说明或者补充。人民法院将鉴定人针对当事人异议的书面解释说明或者补充意见转交当事人后，当事人仍有异议的，亦应当以书面形式提出，审判人员应当调查了解当事人异议是否已发生了改变、有关异议的具体理由与相关依据。必要时，审判人员可以要求提出异议的当事人提交有关信息资料或者证据材料，以便为鉴定人出庭做必要的准备。鉴于鉴定书有关内容与待证事实之间的真实性、关联性和合法性对于法院查明案件事实真相具有重要意义，即使当事人对鉴定书的有关内容未提出异议或者提出异议的事项与法院认为存在疑点的事项不尽相同，如果法院认为有关鉴定书内容存在的疑点对其形成正确、合理心证产生消极影响的，法院可以要求鉴定人对相关内容作出解释、说明或者补充。法院认为有必要通知鉴定人出庭作证的，应向有关当事人释明有关支付鉴定人的出庭费用，同时释明当事人可以聘请专家辅助人参与庭审活动。另外，如果在客观条件允许的条件下，经征求当事人的同意，可考虑安排鉴定人以视频方式作证。

4.有关司法解释涉及鉴定人出庭作证的规定

《2019年民事证据规定》第38条规定：“当事人在收到鉴定人的书面答复后仍有异议的，人民法院应当根据《诉讼费用交纳办法》第十一条的规定，通知有异议的当事人预交鉴定人出庭费用，并通知鉴定人出庭。有异议的当事人不预交鉴定人出庭费用的，视为放弃异议。双方当事人对鉴定意见均有异议的，分摊预交鉴定人出庭费用。”

对本条文的理解与适用，应当掌握如下基本内容：

（1）在民事诉讼上，鉴定费用是指用于鉴定活动实际支付费用的总称，它由鉴定必要费用、鉴定人的报酬以及鉴定人出庭作证费用三部分组成。狭义上的鉴定费用仅指鉴定申请人或者委托人向鉴定人预付的费用，根据2006年12月19日国务院颁布的《诉讼费用交纳办法》第12条第1款的规定，诉讼过程中因鉴定“发生的依法应当由当事人负担的费用，人民法院根据谁主张、谁负担的原则，决定由当事人直接支付给有关机关或者单位，人民法院不得代收代付”。广义上的鉴定费用除了包括当事人应当向鉴定人预先支付的鉴定费用以外，还包括申请鉴定人出庭所发生的相关差旅费、误工费等费用。在诉讼上，无论是当事人向法院提出鉴定申请经法院审查后同意所产生的委托，还是人民法院依职权主动启动鉴定程序而产生的委托，均涉及需要支付鉴定费用问题。司法鉴定委托关系是建立在委托人人民法院与受托人有关鉴定机构之间具有公法意义上的权利义务关系，在有关鉴定机构决定受理鉴定委托并与委托人（人民法院）签订司法鉴定委托书之后，再由鉴定机构指定本机构具有该鉴定事项执业资格的鉴定人进行鉴定。因此，无论是鉴定机构或者鉴定人都不能直接与提出鉴定申请的当事人发生直接的委托与受托关系。

（2）当事人在收到鉴定人的书面答复后仍有异议，并以书面方式向法院提出的，人民法院应当根据《诉讼费用交纳办法》第11条的规定，通知有异议的当事人预交鉴定人出庭费用，并通知鉴定人出庭。而根据《诉讼费用交纳办法》第11条的规定，鉴定人"在人民法院指定日期出庭发生的交通费、住宿费、生活费和误工补贴，由人民法院按照国家规定标准代为收取"。同时，2016年10月9日，最高人民法院与司法部联合发布的《关于建立司法鉴定管理与使用衔接机制的意见》明确提出："鉴定人在人民法院指定日期出庭发生的交通费、住宿费、生活费和误工补贴，按照国家有关规定应当由当事人承担的，由人民法院代为收取。"另外，《2019年民事证据规定》第79条规定："鉴定人依照民事诉讼法第七十八条的规定出庭作证的，人民法院应当在开庭审理三日前将出庭的时间、地点及要求通知鉴定人。委托机构鉴定的，应当由从事鉴定的人员代表机构出庭。"可见，鉴定人出庭并非是以个人名义，而是以机构的名义并代表机构出庭的。鉴定人出庭作证是一种职务行为，并且具有司法上的公共属性。

（3）本条文确定了鉴定人出庭费用的预交制度，即当事人申请鉴定人出庭的，由提出异议的一方当事人预交鉴定人出庭费用，双方当事人对鉴定意见均提出异议的，由双方当事人分摊预交鉴定人出庭费用。为防止当事人不预交鉴定费用造成程序上的拖延，本条文还确定了鉴定人不预交鉴定人出庭费用的法律后果，即有异议的当事人不预交鉴定人出庭费用的，视为放弃异议。

第三章　采证程序规则

　　所谓采证是指法官在诉讼过程中，尤其在庭审时，就当事人举证、质证、法庭辩论过程中，所涉及的与待证事实有关联的证据材料加以审查认定，以确认其证据能力上的可采性、证据力的大小与强弱并决定是否采信以及如何采信的诉讼行为与职能活动。

　　在此，应当首先明确的是，作为法官的采证行为是相对于当事人的举证以及质证行为而言的，从审判中心主义以及由此而作为正当程序理念的角度而论，审判中心主义体现的是一种直接、言词和集中审理的诉讼意旨，它构成一个裁判具有既判力的程序保障。因此，从这一视角来看，当事人的举证、质证以及法官的采证是一个密不可分的实际运作过程。采证从其实质内涵以及逻辑外延上包括法官就当事人举证、质证的证据材料加以审查认定的查证过程和决定其证据能力的可采性以及证据力的大小与强弱的采信过程，并且，所谓确认或决定证据力的大小与强弱应包括涉及与相同待证事实具有龃龉、抵触、摩擦关系的证据之间的证明效力或证明价值。可见，现时的审判实践以及学理上所使用的"认证"一词，从含义上只能表达法官对有关证据材料的审查认定，而不能明确地表达出对某一证据是否采信以及如何采信的完整含义。可以说，作为"认证"一词在诉讼活动上的出现，它与我国开展的审判方式改革密不可分。对证据的"认证"，通俗地讲，就是认定证据；[①]再严格地讲，就是对证据的证明效力的审查与认定。因此，笔者认为，对当事人在诉讼上的举证、质证行为而言，使用法官的"采证"一词比"认证"一词更能全面、完整、准确地体现诉讼主体、诉讼行为与诉讼过程的统一以及设置正当程序的本意。采证作为与举证、质证三位一体的诉讼阶段构造，它反映了涉及司法公正、正当程序的新的思潮与理念。举证程序虽然作为查证程序的基本前提，但举证程序与查证程序则作为采证程序的共同必要前提与基础，可见，举证程序和与查证程序相对应的质证程序，作为采证程序的前提与基础，它完整地体现了当事人主义与辩论主义原则，从而使采证程序在新的

---

　　① 常怡：《论认证证据》，载陈光中、江伟主编：《诉讼法论丛》（第1卷），法律出版社1998年版，第365页。

诉讼模式下成为强调程序优先、注重庭审活动的一个重要表征。当事人的举证程序以及与查证程序相对应的质证程序体现的是一种利害关系的对抗状态，于举证程序、查证程序或质证程序的动态活动方式而言，采证程序则基本上处于一种静态之中，表明法官处于一种中立、超然地位，有利于体现司法公正。本章所论及的采证程序规则包括：推定规则、司法认知规则、经验规则、盖然性规则。

第一节　推定规则

一、推定的含义

推定从广义上而言，是人们认识和判断客观事物的必要手段，是人们的主观认识与客观现象相互结合并达到一定的认识效果的一种必然的桥梁。作为司法意义上的推定，它是指司法者借助于现存的事实，并据以推断出另一相关事实存在着一定假设。在通常情形下，这两种事实之间具有共存的关系，其中前一种事实为已知的事实，亦称基础事实；而另一种事实则是在基础事实之上求得的未知事实，也称推定的事实。

在诉讼上所运用的各种推定，最初均起源于人类日常生活经验中所从事的反复性推论，其中的一部分，经常呈现出同样的思维逻辑过程，并逐渐脱离了人们的感性认识而上升为理性认识阶段，遂以其特有的适应性而为证据法所吸收，进而演变为法律上所认可的推定规则，大陆法和英美法在传统上分别以制定法和判例法互有见长，但是进入20世纪以来，两大法系之间出现了互相借鉴的趋势，借助立法上预先设置的推定规则与在司法判决中为便利认定事实的需要，而基于经验或公共政策的要求，通过逻辑上的关联性便于在审判中寻找真实。在英美法的陪审团方式下，司法推定的程序性表现得更为明显。因为，作为事实上的裁判官，陪审团成员因欠缺法律素养，易受偏激、同情或其他诸种不正当的影响，为此，当陪审员在对某一证据的评判发生疑虑时，法官便可凭借法律上的常规加以指导，其中缘于逻辑上的推论，而形成的有关规则，往往直接与证明的程序相互关联，因此被采为推定规则。"推定作为一项证据规则，当一方当事人证实了某一事实（通称为基础事实），而另一种事实（推定事实）则假定被证实，除非对方当事人提出反证来推翻这种推定，或者说，使推定事实处于前后矛盾状态。"①

对于推定含义的界定，各国学者均有建树，例如，美国学者华尔兹认为："事实推定产生于下面这种思维过程，即根据已知的基础事实的证明来推断出一个未知的事实，同为常识和经验表明该已知的基础事实通常会与该未知事实并存。""法律推定即法律要求事实认定者在特定的基础事实被证实时就必须作出的推断，当然其前提是没有关于该特定事项的直接证据。这种推定仅存在于非刑事诉讼之中。"②关于法国法上的推定，有学者认为，推定是《法国民法典》所规定的重要的法律证明方法之一。《法国民法典》第1349条将推定解释为法律或法院从已知事实推论未知事实所得出的结果。当结论是由法律预先推定作出的，就称为法律推定（présomption légale）；当推论是由法院作出的，就称为事实推定（présomption de fait）。法律推定与事实推定之间的界限并不总是清晰可辨的。并且实体法条文对于推定是否可以用反证加以推翻，一般不加明确规定，有关这方面的规则由法律学说和司法实践不断加以发展和完善。③

司法意义上的推定，是人们对司法经验法则的运用。这种司法经验法则的确定基础是事物之间的常态联系，而这种常态联系是人们通过日常生活中长期、反复的实践和运用而取得的一种因果关系经验，这种因果关系是事物的现象之间体现出的一种内在的必然性联系，即每当一种现象实际存在，另一种现象必定出现，具有相应的伴生性。这种因果联系是包括按照时间先后顺序在内的由一种现象必然引起另一种现象的本质联系。据此原理使用推定，从取得结果的概率上而言，由事物发展规律中的必然性与偶然性所决定，绝大多数情况下的事实推定，反映了事物发展过程中的必然属性所体现的一种要贯彻下去的趋势，因而在事物发展的过程中居于支配地位，符合事物发展的一般规律，而在整个概率中只有很少部分不真实的情况下，是由事物发展过程中的偶然性所决定的，这种偶然性并不处于支配地位，它只能是事物发展过程中不稳定的、暂时的趋势。为了防范和尽可能消除由于这种偶然性而对司法上运用推定所造成的负面效应，程序上往往赋予受推定而产生不利益的一方当事人反驳的权利和机会，以便使推定的适用建立在尽可能合理和完善的基础之上。④"对推定的有效性是

---

① Peter Murphy, *A Practical Approach to Evidence*, Blackstone Press Limited 1992, p.88.

② ［美］乔恩·R.华尔兹：《刑事证据大全》，何家弘等译，中国人民公安大学出版社1993年版，第314—315页。

③ Peter E. Herzog, Martha Weser, *Civil Procedure in France*, Martinus Nijhoff, The Hague, Netherlands 1967, p.313.

④ 毕玉谦：《民事证据法判例实务研究》，法律出版社1999年版，第335页。

允许质疑的，假若被告举证表明裁判缺乏证据，那么原告则将不得不提出有力证据来支持裁判以避免其主张被驳回。有时审判记录本身也会反映出一些事实对推定构成质疑。"①

在日常生活中，由于民事行为及民事法律关系无时不有、无处不在，是社会民生及社会秩序存在的基础，具有最为广泛的普遍性和能见度。有鉴于此，在民事法中所出现的以及在民事诉讼中被广泛运用的推定，首先是那些根据不同场景、不同时空、不同行业领域、不同交易对象等所能够引起合理认知、合理推论的具有特定法律意义的事物常态、权利归属、预期后果、交易方式等。许多民事性质的推定以一般的社会经验和常识为基础，有的以事物发展的可能性为基础，也有的仅仅出于政策上的考虑，还有的是侧重方便于一方当事人举证上的考虑以及有利于司法者作出判断上的便利。

有些民事性的推定意在维护古老的习惯，以稳定社会秩序，例如有关财产占有的推定；有些民事性的推定属于近代工业化的产物，旨在平抑当出现少数强势的个体与众多弱势群体之间的利益冲突而倾向性地导致后者陷入被动、无奈的困境时在法律上所出现的不平衡状态。例如，鉴于作为被告的产品制造者有获得证据的优越条件所引起的证据偏在、信息不对称等不公平状态，如发生产品质量纠纷时，当相反事实被证明前，首先应推定产品存在瑕疵，以保护处于弱势地位的广大消费者权益。

有些民事性的推定深受社会公共政策的影响，例如，为了保护包括非婚生子女在内的一切子女的合法权益、公民的名誉权和隐私权、婚姻家庭关系的稳定性以及有利于儿童的教育及其健康成长，几乎所有国家均在法律上规定，婚姻关系存续期间所生子女推定为婚生子女。由于亲子关系涉及广泛的社会公共利益以及社会责任问题，在英美法系，人们通常会一致认为，对于这项推定，由主张为非婚生子女的对方当事人负有说服责任，并且这种责任并不是以民事案件的一般证明标准优势证据来衡量，而是以明确的、令人信服的、满意的证明要求来衡量，甚至正如大多数法院所认为的那样，应当以刑事证明标准排除合理怀疑来衡量。

在民事诉讼上，如果说法律上的推定对法官的自由心证还有所限制，那么司法上的事实推定则实际上赋予法官享有较大的自由裁量权，即当遇有欠缺直接证据查明事实真相的情形时，即可根据间接证据或者依据经验法则、论理法则等对待证事实作出推论（推定），这种推论在民事诉讼中系法官用于认定案件事实所

---

① Robert C. Casad, *Jurisdiction in Civil Actions*, Warren Gorham & Lamont, Inc. 1983, pp.6–27.

不可或缺的一种证明方式。这主要是因为，在民事诉讼中，因实行辩论主义和处分权主义，由民事诉讼的性质和目的所决定，为了节约社会成本和诉讼成本，对民事诉讼案件事实的认定可采用较低的证明标准，从而使得推定在民事诉讼领域的运用能够享有充分的空间。

二、推定的基本分类

在民事诉讼上，法院对案件事实的认定除了适用诉讼法规范、证据法规范以外，还要适用实体法规范。因此，从这个意义上讲，民事诉讼上的推定实际上相当于民事法上的推定。

根据不同的标准，适用于民事诉讼上的推定可以作如下分类：

（一）根据推定的依据和来源不同，民事诉讼上的推定可分为法律上的推定与事实上的推定

这是对推定的一种常态性分类。例如，《法国民法典》第1349条规定："推定系指法律或司法官依据已知之事实推断未知之事实所得的结果。"《意大利民法典》第2727条规定："推定是指法律或者法官由已知事实推测出一个未知事实所获得的结果。"《加拿大魁北克民法典》第2846条规定："推定系依法进行的推断，或者法院从已知事实推断未知事实。"《澳门民法典》第342条规定："推定系指法律或审判者为确定不知之事实而从已知之事实中作出之推论。"

1. 关于法律上的推定

在民事诉讼上，所谓法律上的推定，亦称立法推定、实体法推定，是指立法者按照特定的立法意图依据立法程序在成文法条文当中所设置的推定规范。法律上的推定包括立法者在实体法和程序法当中所设定的推定规范。对此，有学者指出，推定原本属于法院适用经验法则采纳自由心证主义之所为，如果将该经验法则法规化，适用此法规化的规定，就被称为法律上的推定。[①] 另有学者指出，法律上的推定是指，某法律规定（A）的要件事实（甲）（即推定事实）有待证明时，通常就较该事实易于证明的个别事实（乙）（即前提事实）获得证明时，如无相反的证明（甲事实仍为不存在的证明），则认为在假定（甲）事实已获证明的情况下，即作为其他法律规定（B）（即推定规定）得以成立而言。而在例外情形下，有直接推定权利状态的，前者称为法律上的事实推定（gesetzliche Tatsachenvermutung），后者

---

① 雷万来编著：《民事诉讼法》，空中大学2005年版，第229页。

称为法律上的权利推定（gesetzliche Rechtsvermutung）。①

基于民事法律调整社会关系的广泛性，为了有助于发现事实真相、减轻当事人的证明责任，法律上的推定不仅有助于使日常生活上的经验法则得以规范化，使之上升为实体法规则，且有促进具有普世性的公平、正义与合情、合理的理念发扬光大的目的。作为法律上的推定，或者具有法律上的拟制性功能，或者具有法律上的创设性功能，前者实际上已经演变为实体法规范，被称为无条件的推定、绝对性的推定；而后者仅仅是一种假定，即当出现相反事实之前，这种建立在假设基础上所得出的推定事实可被作为裁判的依据，故又被称为有条件的推

---

① 英美法上将法律上的推定（presumption legis）分为不可动摇的推定与可动摇的推定两种：一、不可动摇的推定（conclusive presumption; irrebutable presumption; absolute presumption; imperative presumption）是不能以反证推翻法律上的推定。这种推定相当于大陆法系使用的"视为"用语规定的一部分，例如，日本民法第189条第2项、我国台湾地区"民法"第959条。不可动摇的推定主要有：1.知悉法律的推定（presumption of knowledge of law）。这是来自古代罗马法的法谚"任何人均不容许不知法律"，所谓"任何人皆知法律"。我国台湾地区"刑法"第16条（日本刑法第383条第3项的规定），亦表达相同的意旨。2.预料行为当然结果的推定。但对于未成年人或心神丧失、精神耗弱的人，则无此等推定的适用。英国法上的判例如：（1）以书证损害他人的名誉的，推定有损害他人的意思［Fisher v. Clement（1803）10B. & C.475］。（2）使用凶器或者毒物致人死亡的，推定有杀人的意思［R.V.Dixson（1814）3M.& S.315］。（3）关于未成年人的推定（presumption with respect to infants）。普通法（Common Law）上，未满七岁的未成年人推定无犯罪能力。未满十四岁的男子推定无犯强奸罪的性能力。未满十三岁的推定无承诺为性交的能力。（4）古文书的推定（presumption of ancient document）。三十年间由正当保管人保管且无何等涂改的文书，推定其为被合法作成［Bidder v. Bridges（1886），54 L. T. 529; 34W.R.514］。二、可动摇的推定（inconclusive presumption; rebutable presumption）。可以反证推翻的法律上确定，相当于大陆法系的法律上推定。判例甚多，列举其中如：1.无罪或无责的推定（presumption of innocence）。犯罪与否有疑问时归于被告的利益［Reg v. Manning.（1849）K. S. C.448］相当于法谚"罪疑惟轻"，"与其杀不辜，宁失勿经"。2.婚姻的推定（presumption of marriage）。男女外观上为夫妇生活时，推定其为适法的婚姻［Doe dem Fleming v. Fleming（1827），4 Bingham 266（K.S.C. 458）］。3.正当性的推定（presumption of regularity）。这种规定可以罗马法上的法谚"一切事物推定系被正当所为"来表示。即一切事物推定是正当且经正确的手续所为的［Neal v. Denson（1932），48T.L.R.637］。4.存续的推定（presumption of continuance）。某种人的关系或事务的状态经证明存在后，则与其相反的关系或状态被证明前，推定其依然存续［Jackson v. Irvin（1809）Z champ. 50; 11 R. R.653］。5.对不正行为人不利益的推定（presumption against a wrongdoer or a spoliator）。这种推定可以罗马法的法谚"一切事物推定为对不正行为的人不利益"来表示。当事人灭失或毁损证据时，不得再受无罪或无责的推定。反而受与此相反的推定，即推定为不正行为人的不利益［Armory v. Delamirie（1721）. 1 Str.505; Harwood v. Goodright（1774）. 1. Cowp.87］。

定、具有相对性的推定。法律上推定的事实，在民事法规上不乏其例，涉及民事生活诸多领域，例如，有关死亡的推定、同时死亡的推定、出生月日的推定、婚生子女的推定、占有物适用法律以享有行使权利的推定，等等。

另外，不同类型的民商事法律均可能设定相应的推定规范。例如，根据《德国遗传科技法》（Genetikgesetz）第34条规定，因遗传改变生物体而产生的损害，推定其系因遗传科技研究生物体的性质所引起。但证明损害可能因其他生物体而发生时，推定失其效力。[①]该规定属于德国法上因果关系推定的立法例。我国《著作权法》第12条第1款规定："在作品上署名的自然人、法人或者非法人组织为作者，且该作品上存在相应权利，但有相反证明的除外。"该条规定系典型的法律推定，它以立法形式为民事主体在涉及著作权权属争议问题上预设了法律上的解决方案，并且为法院在司法活动中认定案件事实提供了法律根据。这种推定具有可反驳性，为相关异议人提出反证预留了空间。关于侵权行为法上的过失，为减轻被害人的证明责任，法律上设有推定过失的情形，如我国台湾地区"民法"第184条第2项规定："违反保护他人之法律，致生损害于他人者，负赔偿责任。但能证明其行为无过失者，不在此限。"对此，我国台湾地区学者王泽鉴教授指出，此项规定以过失为要件，但此项过失由法律推定，以转换其证明责任，保护被害人的利益，因既有保护他人法律的存在，行为人自有注意的义务。由此可知，保护他人法律的违反非属无过失责任，从而依该当保护他人的法律的内容，无过失也得违反时，仅于行为人有过失时，才产生损害赔偿责任。保护他人的法律以故意为要件时，其侵权行为的成立也须以故意为必要。[②]

2.关于事实上的推定。

所谓事实上的推定是广泛应用于民事诉讼领域的一种证明方式，它是指司法者在诉讼过程中针对所出现的不同情况在自由心证范围内根据有关证据和经验法则对有关待证事实所作出的一种假定，因此，这种事实上的推定又可称为司法上的推定或诉讼上的推定。它有助于减轻一方当事人的主观证明责任，且有助于节约社会资源、提高诉讼效率。

就证明方法而言，这种司法上的事实推定是基于法院的自由心证，并适用

---

① 陈国义：《民法因果关系之理论，概念及举证责任在德国环境损害赔偿事件的适用及其转变》，载《法学丛刊》第160期，第54页。转引自王泽鉴：《侵权行为法》（第一册），中国政法大学出版社2001年版，第203页。

② 王泽鉴：《侵权行为法》（第一册），中国政法大学出版社2001年版，第304—305页。

经验法则、论理法则，如同或者类似德国法上采用的所谓表见证明，以及在英美法上采用的所谓事实不证自明法则。①无论是表见证明还是事实不证自明法则均与日常经验法则有关。其中，关于事实不证自明法则，有一种观点认为，它是以人类的生活经验和社会常识作为依据，从而成为一种简单的、容易理解的情况证据规则。②例如，驾车开上人行道撞伤行人，以及手术纱布留于病人腹内均可推定其有过失。对此，《2019年民事证据规定》第10条第1款第4项规定，根据已知事实和日常生活经验法则推定出的另一事实，当事人无须举证证明。

关于事实推定的性质以及法律适用效果，有学者认为："事实推定的生活经验很少涉及法律上的风险分配，而是涉及一种对生活事实进行评价的标准。"③事实上的推定是法官可依职权所从事的行为，并非免除当事人的证明责任，但有此种情形存在时，当事人虽然未举证也可由法院认定为真实。④可见，事实推定是法院针对一方当事人负担的主观证明责任并就在此范围内对其主张和提供的证据进行审酌时所产生的自由评价（自由心证），并不涉及证明责任的分配问题。

（二）根据推定所产生的效力不同，民事诉讼上的推定可分为可反驳的推定与不可反驳的推定

1.可反驳的推定

在可反驳的推定条件下，通常是运用一项事实来推定另外一项事实。例如，当有人证明某信件已投邮，在某种情况下，法院得推定该信件已收到，即使没有收据作为证明也是如此。关于邮件已收到的推定通常是可以由对方提供反证予以推翻的，换言之，法院可对该信件未收到的证据进行庭审调查，来决定究竟是否确已收到。⑤有学者认为，可以将可反驳的法律推定的功能视为证明责任规则的

---

① Prosser and Keeton, *Torts*, 5th Edition, West Publishing Co., 1995, pp.242–257.

② Ybarra v. Spangard 154 P. 2d 686 (Cal. 1944). 转引自王军主编：《侵权行为法比较研究》，法律出版社2006年版，第374页。

③ ［德］汉斯·普维庭：《现代证明责任问题》，吴越译，法律出版社2000年版，第84页。

④ 陈荣宗、林庆苗：《民事诉讼法》，三民书局1996年版，第495页。

⑤ Stephen A. Saltzburg：《美国联邦证据法》，段重民译，司法周刊杂志社1985年版，第15—16页。

功能。①

　　有些推定（或推断）或许在民事诉讼中是不可反驳的，但在刑事案件中则并非如此。如果法律规定某种推定或者推断是不可反驳的，那么它就不能被其他证据所推翻，除非该证据证明作为该推定的基础和导致该推定成立的那些基本事实是不真实的。②在民事诉讼中，推定扮演着比在刑事诉讼中更为重要的角色。在民事诉讼中可以适用的可反驳性事实推定不胜枚举。而只有其中少数能适用于刑事诉讼。例如，某种持续性事实（如人的生命）存在于某个特定时间点的证明，可以导致该事实在以后某个时间点也存在的推定（如时间延续的推定）；推定人们知道其居住的州和国家的法律；肯定某婚姻合法性的推定；否定自杀的推定；所有人都可以被推定为有偿付能力，等等。③在民事诉讼上，之所以可较为广泛地适用可反驳的推定，主要是因为民事诉讼的性质、举证的主体以及要求较低度的证明标准所确定的。

　　在学理上，可反驳的推定属于假推定的范畴。所谓假推定，是指事实推定一经产生，被推定事实便被认定具有真实性，除非对方当事人提出反证。就法律上的事实推定而言，其推定的效用是将证明责任移转给对方当事人。换言之，即原告主张的事实作为法律上推定的事实，除对方当事人能提出反证外，即认定该事实为真实，无须举证证明，它涉及证明责任问题。这种可以采用反证加以推翻的推定，实体法上和诉讼法上均有规定。例如，我国台湾地区"民法"第9条、第11条，我国台湾地区"民事诉讼法"第345条、第353条、第355条等。凡当事人主张的事实有此类规定时，应依据其规定，基于有关基础（间接）事实而认定推定（待证）事实。在此情形下，有关当事人应仅就基础（间接）事实负证明责任，就推定事实无须举证。但在推定事实被对方当事人以反证推翻后，原本因推定而受利益的当事人仍应负证明责任。另外，司法上的事实推定均为假推定，可由对方提出反证予以推翻，这种事实推定是由法院根据自由心证作出的，仅可免除一方当事人的主观证明责任，而不能免除其客观证明责任。

　　2.不可反驳的推定

　　在民事诉讼领域，不可反驳的推定，同样又可被称为结论性推定。也就是，

---

　　① ［德］汉斯·普维庭：《现代证明责任问题》，吴越译，法律出版社2000年版，第76页。

　　② ［美］乔恩·华尔兹：《刑事证据大全》，何家弘等译，中国人民公安大学出版社1993年版，第314—315页。

　　③ ［美］乔恩·华尔兹：《刑事证据大全》，何家弘等译，中国人民公安大学出版社1993年版，第315页。

当某一前提性事实得到证明时，其相应的结论性事实必须被认为是真实的，不允许当事人对其进行反驳。在不可反驳的推定条件下，所推定的事项通常含有较多的结论性而含有较少的事实性。例如，当举证证明某被告驾驶车辆闯红灯时，法院便可推定该被告并未尽其注意义务，而无须进一步询问调查其为何不在红灯亮时停车。法院通常将它作为结论性的推定，也就是，这种推定已经建立，不可采用反证予以推翻。相较而言，大多数推定属于可反驳的推定。① 有学者指出，《德国民法典》第1566条不可反驳的推定，也就是当夫妻分居一年或者三年，则推定婚姻已经破裂。一般认为，不可反驳的推定没有证明或者证明责任后果，它事实上就是直接导致实体法律后果的规范。② 换言之，只要《德国民法典》第1566条的事实未发生改变，夫妻分居一年或者三年，那么法律就推定婚姻关系已经破裂。③

在民法上，较为典型的不可反驳性的推定当推土地权利的推定和习俗合法的推定。就土地权利推定而言，一定期间的继续占有土地而无间断的，即取得该土地的所有权。土地经他人继续占有二十年，则推定丧失其权利。对此，有学者指出，在普通法上，最初由于法官认为得为如此推论，以后在距今二百年左右，逐渐形成财产法上的法则，而有绝对适用的效力。这一法则，既非推论，也非推定，而成为关于不动产法律上一种单纯的法则。就习俗合法的推定而言，习俗的存在或权利的享有，一经证明在生存的记忆中向来存在，则可推定至无可记忆之前业已存在。而习俗在无可记忆之前业已存在，则可推定其原始合法。英国法院最初所指原始的时期，系追溯至理查德一世统治之年（1189）。此种所谓推定，即系财产法上的法则，并无逻辑上的推论可言。④

在历史上，民法上的一些属于不可反驳性的推定主要限于当时社会生产力落后、科技不发达等原因所致，在今天看来，这些障碍已不复存在，从而使这些类型的推定又演变为可反驳的推定，例如，有关婚生子女的推定就是其中典型的一例。婚姻关系存续期间所生的子女，推定为婚生子女。这一推定很早以前就被视为不可反驳的推定。在学说上，英国学者史蒂芬曾主张，除非足以显示夫妻间绝

---

① Stephen A. Saltzburg：《美国联邦证据法》，段重民译，司法周刊杂志社1985年版，第15—16页。

② Musielak, Grundlagen, S.82; Leipold, Beweislastregeln, S.104; Schwering, System, S.140.

③ ［德］汉斯·普维庭：《现代证明责任问题》，吴越译，法律出版社2000年版，第75页。

④ 李学灯：《证据法比较研究》，五南图书出版公司1992年版，第273—274页。

无发生性关系的可能，否则这种推定具有不可反驳性。在判例实务上，有一男子滞留海外3年，归来看到妻子生有一女，已经满月，主张非其所生而诉至法院。针对这一案情，法院认为，因夫妻的隐私非他人所可尽知，在事实上也不能完全排除作为丈夫的该男子并无在夜间回国与妻同居的可能性，故法院仍维持这种推定所具有不可反驳性的效力。[①]在今天看来，随着DNA技术的出现，仅从查明亲子关系的角度而言已不成为问题，从而使得这一历史悠久的婚生子女推定具有可反驳性。

在学理上，不可反驳的推定属于确推定的范畴。所谓确推定，是指当事人所提出的事实主张，在法律上一经被确认，就绝不容许对方有反证的余地，它属于法律上将甲事实视为乙事实，使其产生同一法律效果，属于事实上的拟制，与证明责任无关。它实质上属于一种实体法规范，例如，我国台湾地区"民法"第7条的规定。

（三）法律上的推定因其效力不同，可分为普通推定与强力推定及混合推定

1.普通推定

所谓普通推定，也称相对的推定，即因这一推定而免除证明责任的当事人，应有忍受对方提出反证的义务。换言之，在对方当事人提出有力的反证时，法律上的推定即告失效。在理论上，一些法律上的推定均属于普通推定范围，而在证明责任的免除这一点上而言，更与人为的推定相同，但仍有其区别之处：其一，普通推定有强制法院为此认定事实的力量，至于其反证，法院得基于自由心证予以采舍。其二，在人为推定时，法院有作此推定与否的自由权利，故较前者更具弹性。[②]

2.强力推定

所谓强力推定或称绝对推定，是法律推定的一种，即任何证据与此推定的内容相反时均不产生效力，因此，法律的推定同时具有双重意义：其一，为法律赋予享受这一推定利益的人免除证明责任；其二，为严禁其相对人有提出任何反证的权利。法院在此时此际，即使认为相反证据的存在有相应的理由，也不应对此加以审酌。法律上虽并无强力推定一词，但根据有关法律的精神则不难发现，强力推定的内容有两个方面：第一，法律推定的目的在于，使若干法律行为消灭或

---

① 李学灯：《证据法比较研究》，五南图书出版公司1992年版，第269页。
② 陈玮直：《民事证据法研究》，新生印刷厂1970年版，第27页。

不存在，如监护人不得受让（受赠或买卖）被监护人的财产（未成年人或禁治产人），为我国台湾地区"民法"第1102条及第1113条所禁止，虽然法律推定这些行为必有其恶意的存在，故均使其归于无效，即使监护人能提出并无恶意的证据时，法院也应作出其败诉的判决。第二，法律推定的目的通常旨在使有些法律行为不再受其保护，在这种情况下，法律赋予被告某一推定的利益，使其不受诉讼上任何不利的影响，如既判力所及的法律行为，主张权利的当事人在丧失救济途径后，法律即推定其确实如此，故即使获得有力的反证，也与其推定并无影响。强力的推定虽然有确然不可动摇的性质，但与其相反的证据如系基于这一推定而受利益的人的自认，则属例外。因法律推定的目的原本在于保护当事人的一方，故受利益的当事人自得予以抛弃，而以自认的方法承认其相对人的主张为真实，但如法律的推定是在保障公序良俗的情况下，而其方法则从假定当事人的恶意入手，则任何与此推定有关的反证即使存在，法院也不应当予以审酌。综上所述，强力推定也分为两种：其一为，任何普通反证对其均无效力，但其反证是出于有关受益人的自认的，则属于例外；其二为，任何反证不论其受益人的自认与否，均不允许存在，故产生绝对的效力。①

3.混合推定

混合推定是相对于普通推定与强力推定而言，也就是，当有些法律上的推定很难确定其范围究竟属于普通推定还是属于强力推定时的一种特别分类。例如，我国台湾地区"民法"第1063条第1项规定："其之受胎，系在婚姻关系存续中者，推定其所生子女为婚生子女。"这与《法国民法典》第312条所称"儿童在婚姻中成胎者，产妇之夫推定为该儿之父"相同。这一推定虽然可由相反的证据予以推翻（因为我国台湾地区"民法"同条第2项规定："前项规定，如夫能证明于受胎期未与妻同居者，得提起否认之诉"及前述《法国民法典》同条第2项规定："夫如能证明在儿童出生之日前三百日至一百八十日因离家或其他意外以致事实上无与妻同居可能的，可否认儿童为其子女"，均允许对这一推定的反证存在），但其反证限于夫与妻受胎期间未与同居的事实而已，其他方面的反证概所不许，因此，学者称其为混合推定，以表示与普通推定或权利推定均有所不同。在当今因科学的成就，虽常能够凭血型分析证明夫非妻所生子女之父，但科学定律有时并不确定，何况血型分析的可靠性未达到完全的境地，故不得以此作为婚生子女推定的唯一反证。此外，在其他任何情形（如妻自认其子女非夫所生等）也不得由夫提出否认之诉，即使在社会通常观念上或科学上具有相当反证力

---

① 陈玮直：《民事证据法研究》，新生印刷厂1970年版，第28—30页。

的情况下亦同。因此，法律上关于婚生子女的推定，在此可见其强力非普通推定所能比拟。[①]然而，在现实社会条件下，采用DNA鉴定方法便可准确地确定生物学上的亲子关系，这是昔日采用血型鉴定所不能比拟的。但是，笔者认为，尽管如此，有关婚生子女的推定在一定情形下仍有其强大的推定效力，即这种推定的不可反驳性仍有其存在的必要。这是因为，在亲子关系纠纷案件中，因涉及对有关当事人之间自然血缘关系的确认与判定，具有强烈的公益性，它不仅涉及现有家庭关系的和谐与稳定，还攸关社会秩序。[②]在亲子关系纠纷案件中，对事实查明具有特殊的要求，也就是说，在诉讼上即使能够借助DNA鉴定方式实现查明事实真相这一目的，但当查明事实真相的结果却有悖于实体法原则及其公共政策的要求时，在诉讼程序上也应当禁止或者加以必要的限制。

（四）根据产生推定的前提条件不同，民事诉讼上的法律推定可分为无基础事实的推定与有基础事实的推定

1.法律上的无基础事实的推定，亦称直接推定（这种推定的概念及含义可见诸上述刑事诉讼中的推定类型的有关部分）。在民事法律中，这种推定常见于有关侵权责任中的过错推定。例如，我国《民法典》第1253条规定："建筑物、构筑物或者其他设施及其搁置物、悬挂物发生脱落、坠落造成他人损害，所有人、管理人或者使用人，不能证明自己没有过错的，应当承担侵权责任。"这种法律上的直接推定设置的目的在于加重建筑物及其有关物件所有人或者管理人的风险责任，旨在强调所有人、管理人或者使用人在预防损害发生上应尽其必要的注意，在损害发生之后应对其已尽必要的注意仍不能避免损害结果发生的事实承担证明责任。可见，这种法律上的直接推定是以实体法规范的形式来表达立法者的意图，也就是以推定的形式作为立法技术手段，来划定有关民事主体的风险责任以及在发生诉讼之后证明责任的分担。

2.法律上的有基础事实的推定，亦称推论推定。这种推定被广泛运用于各国的民事法律中。例如，夫妻关系存续期间出生的子女推定为婚生子女等。采用这种推定，可以确保由主张推定事实的一方当事人仅负主观证明责任，而由相对一方当事人负担客观证明责任。也就是说，相对一方当事人如欲推翻这种推定事实，必须提供充分的反证，如果其提供的反证仅能使由推定事实所得出的结论处于事实真伪不明状态时，尚不足以推翻推定事实。关于这种推定的概念及含义可

---

① 陈玮直：《民事证据法研究》，新生印刷厂1970年版，第29—30页。
② 毕玉谦：《民事诉讼证明妨碍研究》，北京大学出版社2010年版，第463页。

见诸上述推定类型的有关部分。

（五）事实上的推定因产生的根据及发挥的效能不同，民事诉讼上的推定可分为法律上的事实推定与司法上的事实推定

1.法律上的事实推定。法律上的事实推定，亦称法律上的推定，是指法律规定以某一事实的存在为基础，据以认定待证事实存在的情形而发生的推定。民事法律规范的主要功能在于调整不同民事主体之间的民事法律关系，稳定社会秩序，保障民事流转和交易的安定与迅捷，促进社会对于有关财富及资源的充分、合理利用，推动社会物质文明与精神文明的不断进步与发展。然而，不同民事主体之间的民事行为欲获得预期的法律效果均离不开特定的民事法律关系，为了保障其合法权益，防止发生纠纷以及即使发生纠纷也能够按照一种公平、理性、合理的标准和尺度来弥合当事人之间因提出不同的事实主张所导致在客观真实与法律真实之间出现的差异，对那些负有证明责任的当事人因在客观上超出合理限度而出现证明上的难度给予必要的救济，以减少不必要的人力、物力等社会成本的投入与耗费，立法者往往通过在法律上设定事实推定这类规范以最终实现立法的意图为依归。例如，《法国民法典》第721条规定，如同时死亡的数人均不满15岁，推定其中年龄最大的为最后死亡。如同时死亡的数人年龄均在60岁以上，推定其中年龄最小的为最后死亡。如同时死亡的数人中有的年龄不满15岁，有的年龄在60岁以下，推定年幼者后死亡。我国台湾地区"民法"第11条规定，二人以上同时遇难，不能证明其死亡的先后时，推定其为同时死亡。此时，只需证明有二人同时遇难的事实，如无反证，根据该事实即可推定二人系同时死亡。另外，各国的民法及商法当中也不乏法律上的事实推定的立法例。

在实际应用这种法律上的事实推定条件下，因这种事实推定规范所产生法律效果而受利益的一方当事人，只有在对方无法提出反证推翻这种推定事实的情形下，才能最终被免除证明责任而获得有利的裁判后果。在此，所免除的证明责任只是一种举证上的必要，即行为意义上的证明责任。

2.司法上的事实推定。所谓司法上的事实推定，是指法院在自由心证范围内根据证据或者经验法则所构成的前提事实即间接事实对审判上的待证事实所作出的假定或推论。

在民事诉讼活动中，虽然贯彻当事人主义与证据辩论主义，但是法院对案件事实的查明与认定也不能置社会公平与正义的基本理念于不顾，为了克服举证上的障碍以及降低证明难度的需要，如证明行为人故意、过失等内心主观的事实在

客观上确实会存在无法逾越的障碍。为此，法律授权法院对此等情形加以必要的救济。可见，司法上的事实推定是法院以采用类型化的技术方式，在并不顾及事物本身的特殊性与经验法则的相对性、主观性的条件下，按照事物的普遍性与常态性所体现的经验法则对待证事实作出判定。例如，甲对乙提起返还借款之诉，乙主张钱款未交付，甲则主张借据证明，乙则称借据虽写但钱并未交付，甲就提出银行提款记录，同时还证明乙当时经济状况很差，甲又证明借款后乙欠某人的钱款已偿还的事实作为证据，以推定钱款交付的事实。就间接事实（即前提事实）与主要事实（即推定事实）的推定构造而言，如以甲事实推定乙事实，再以乙事实推定丙事实，再以丙事实推定主要事实丁，这种推论方法称为证据连锁，推论前提事实愈多，其结果就愈不真实。如以 A、B、C、D、E、F、G、H 等间接事实共同推论某一主要事实，间接事实愈多，结果的真实性就愈高。该种推论方法被称为证据圆环。[①]

相对于立法上的事实推定而言，这种司法上的事实推定系法院在审判实践中根据经验法则或者间接证据作为基础事实而作出的相关推定，因这种司法上的事实推定具有仅适用于个案情形的效力以及具有法官任意性的特征，故不能产生如同法律上的事实推定这样的证明效果。换言之，根据司法上的事实推定，当法院依据有关证据确定已知事实所得出推定事实之后，相对一方当事人只要能够提出反证使得法院对于推定事实产生合理怀疑或者致使推定事实处于一种真伪不明状态时，该推定事实即应丧失其预设的证明效力。

虽然同为事实推定，但与司法上的事实推定之间所存在的重大区别是，法律上的事实推定是以某规定要件之外的其他独立事实（即前提事实），代替该规定的要件事实作为证明主题，只要其中的前提事实被证明，法律就排除法院的自由心证而直接推论，并由此得出要件事实已被证明的结论。相对而言，司法上的事实推定是法院根据证据及有关经验法则对审判上的待证事实所作出的一种职务上的推论或假定。它是法律授权法院在自由心证范围内认定案件事实的一种必要方式。

（六）法律上的推定因涉及的对象及其效果不同，民事诉讼法上的推定可分为法律上的事实推定与法律上的权利推定

1.法律上的事实推定。可见前述内容。

2.法律上的权利推定。法律上的权利推定是指，立法者在法律上就某一特定

---

① 雷万来编著：《民事诉讼法》，空中大学 2005 年版，第 232—233 页。

的权利或法律关系不待对有关的要件事实进行证明就直接对其现状的是否存在予以推认的情形。也就是，立法者在法律上明确就发生某项权利的原因事实即甲事实不同于乙事实时，即设定当存在乙事实时，就推定该项权利的存在，即直接根据前提事实而并非要件事实来推定该项权利存在或不存在的法律状态。例如，根据某人占有某物的事实，即可推定该人享有法律上的权利。因法律上的推定大多基于表面情形的考虑，这种表面情形具有在较大盖然性上与真实相符的趋态。某人对某物的占有是人们通过表面现象可以观察到的一种现实状态，在大多数情况下，这种表面现象与真实内容相一致，为此，法律根据盖然性占优的经验法则作出占有权利的推定。即就动产及其他不动产权利人的占有而言，当某人占有某物时，法律即可根据这种表面现象推定其为真正的权利人。其中的立法意图除了力促人们对物的充分利用之外，还基于维护社会秩序的稳定与和谐的考量。在此理念下，即便有时出现内容与外表不相符的情形，只要缺乏积极反证，法律仍予以保护。

对于权利或法律关系的存在与否，本来应由多数法条综合地判断才有可能确定，但从当今各国的立法例来看，除推定规定外，并无直接规定权利或法律关系存否的情形。按照权利推定是否需要借助前提事实这一标准来划分，法律上的权利推定可分为以下两种情况：其一，从特定的前提事实推认某一权利的存在，即当法律直接规定某一权利的法律状态时，须由该规定要件外的前提事实推论得出，例如，《日本民法典》第188条规定："占有人于占有物上行使的权利，推定为适法的权利。"我国台湾地区"民法"第943条规定："占有人于占有物上，行使之权利，推定其适法有此权利。"其二，在无前提事实情况下直接推认某一权利，也就是在不具备某种要件事实的前提下直接对于权利作出推认。例如，《日本民法典》第250条规定："各共有人的应有部分不明时，推定为均等。"我国台湾地区"民法"第817条第2项规定："各共有人之应有部分不明者，推定其为均等。"

与法律上的事实推定相比较，在功能上，法律上的权利推定直接排除（或称免除）了法院适用法条的活动，即置产生权利所依据的要件事实于不顾，而径直根据某一前提事实（或称基础事实）对该项权利的存在与否作出认定，也即，因有前提事实的存在，该权利当然发生。因此，严格地讲，由此而产生的法律后果是被法律所规定的，而并非是被法律所推定的。而法律上的事实推定同时对前提事实与推定事实起规范作用，它属于证明责任规则范畴，不能直接以权利的存在与否为作为证明的对象，只能以待证事实为对象。换言之，法律上的事实推定只能以间接的方式借助前提事实来推论要件事实，在引起适用法律效果的基础上才能对权利的存在与否作出认定。法律上的事实推定仅作为证明责任规则，并不具备排除法院适用法条活动的功能，只有法律规范本身才具有这种排除法条适用的功能。

三、关于推定在民事诉讼上产生的法律效果

关于推定在民事诉讼上产生的法律效果问题，主要涉及在民事诉讼中，使用推定对双方当事人的举证行为、举证负担以及法院对案件事实的认定将产生何种影响。其关键取决于，一旦遇有法律上的推定，受该推定的不利益的一方当事人如欲使这种推定丧失其效力，究竟其提出的反证系一种提出证据的责任（或称主观证明责任），还系一种说服责任（或称客观证明责任）。也即，在前一种情况下，受该推定的不利益的一方当事人所提供的证据能够使这种受推定的事实处于一种真伪不明状态，即可使这种法律上的推定丧失其效力；而在后一种情况下，受该推定的不利益的一方当事人所提供的证据使这种受推定的事实处于一种真伪不明状态，尚不足以使这种法律上的推定丧失其效力。也就是，只有提供充分的证据足以推翻这种法律上的推定，才能最终使这种法律上的推定丧失其效力。

鉴于民事诉讼中作为法律上的推定还可分为法律上的事实推定与法律上的权利推定，以及在法律上的推定之外还有司法意义上的事实推定，因这些在民事诉讼上属于不同类型的推定在产生基础和运用功能上有较大差异，故注定其有不同的法律适用效果，有必要分述如下。

（一）关于法律上的事实推定在民事诉讼上产生的法律效果

法律上的事实推定在民事诉讼上产生的法律效果主要表现在以下几方面：

1.免除主张权利一方当事人就法律要件事实所负担风险意义上的证明责任。例如，我国台湾地区"民事诉讼法"第281条规定："法律上推定之事实无反证者，无庸举证。"《澳门民法典》第343条规定："一、因法律推定而受益之一方，对所推定之事实无须举证。二、法律推定得以完全反证推翻，但受法律禁止者除外。"对此，笔者认为，当为法律所限定的前提事实被主张权利人的一方当事人所证明时，就视为本应由主张权利的一方当事人所负担的风险意义上的法律要件事实已被证明，即实际上免除了主张权利的一方当事人的证明责任。因此，这种对证明责任的免除实际上是一种相对的免除，是基于减轻主张权利的一方当事人对证明要件事实所存在实际难度的考虑，而将该方当事人原本就要件事实所负担的风险意义上的证明责任转换为对法律所限定的就某些间接事实所负担的证明责任，这种间接事实被认为是能够引起法律推论的要件事实的根据。

由于变更了证明主题，使得有关当事人的证明风险得到实际缓冲，这种缓冲是法律采用实体法规范对当事人的证明责任所进行的相对调整，被认为是法律秉承公平与正义原则的体现。由于证明主题发生的实际变更，在免除主张权利一方当事人就法律要件事实所负担风险意义上证明责任的同时，使得该方当事人改由就法律所规定的间接事实负担风险意义上的证明责任。在此意义上而言，并未最终免除当事人的证明责任。也就是说，无须相对一方当事人提出反证，只要主张权利的一方当事人未能提供证据证明间接事实的存在，因法院在个案中无法按照法律规定的事实推定所应当依据的前提事实（即间接事实）来推论要件事实的存在与否，使得该法律上的事实推定规范本身就无法得以适用，更遑论产生何种实体法的适用效果。

2.因推定而受不利益的一方当事人对于推定事实如不能提出充分的相反证据，最终将承受败诉的法律后果。在法理上，就法律上的推定所产生的效果而言，通常本应基于当甲事实（基础事实）存在时，才可由此推定乙事实（推定事实）的存在。但就法律上的推定所产生的结果来看，原本应就乙事实（推定事实）的存在负有证明责任的一方当事人，如经其提供证据证明甲事实（基础事实）存在时，而发生证明对象的转换，即在此情形下，由相对一方当事人提供证据证明该乙事实（推定事实）不存在。立法者在法律上就事实推定设置相应的规范，意在为权利主张人追求特定法律适用效果的产生给予必要的救济，在因推定而受不利益的一方当事人对于推定事实如没有提供反证或者所提供的反证尚不足以推翻因推定而产生的法律要件事实时，将导致产生法律的适用效果。从所适用的法律（大前提）与事实推定（小前提）上而言，法律上的事实推定深受大陆法三段论思维模式的影响，通过对适用法律所需要的要件事实的拟定或假定，进而导致产生相应的法律适用效果。这种事实推定经法律调整之后直接被假定存在适用法律的要件事实，它是对作为适用法律所必需的小前提的假定。这种假定具有两方面的意义：其一，使法律能够得以适用并产生相应的法律效果；其二，从否定同一主题的角度向对方当事人转换了相应的证明责任。法律上的事实推定直接排除了法官的自由心证，将要件事实的存在视为已经获得证明而被假定为真实（即推定事实），除非因受此事实推定而遭受不利益的一方当事人能够提供充分的相反证据推翻这种推定事实。

3.因推定而受不利益的一方当事人对基础事实提出的反证，只要使基础事实处于真伪不明状态，就可导致被推定为真实的法律要件事实得以被推翻。通常情况下，有关当事人仅对其主张权利所涉及的这些要件事实负担证明责任。在此条件下，主张权利的一方当事人对法律所规定的要件事实负担客观意义上的证明责任，也就是说，只要相对一方当事人所提供的反证，能够使主张权利的一方当事人所证明的要件事实的效果处于一种真伪不明状态，那么主张权利的一方当事人就会因最终实际承担客观证明责任而面临不利的裁判后果。而按照法律上的事实推定规范，原本由主张权利的一方当事人就法律所规定的要件事实负担客观意义上的证明责任被改变了证明主题，即由主张权利的一方当事人仅对法律所限定的间接事实（基础事实）负担客观意义上的证明责任，而由相对一方当事人仅负主观意义上的反证证明责任。就此而言，虽然法律基于为降低主张权利的一方当事人在证明难度上的考虑，为该方当事人选择了一种较易证明的间接事实（基础事实），以便由其负担客观意义上的证明责任，但同时为了保障相对一方当事人的权益，使双方当事人能够在一个较为公平、均衡的条件下通过证据对抗使得法院能够更有效地查明事实真相，通过对证明主题进行变更，使相对一方当事人为否定法律要件事实（即推定事实）承担客观意义上的证明责任，并且使其对否定法律上的事实推定所涉及基础事实的证明仅负反证证明责任。

一些国家的民法或民事诉讼法对于法律上推定的效力作出了相应的规定，但是，如果不通过相应的法理来加以解释，很难界定其真实的含义。例如，《法国民法典》第1352条规定："法律上的推定免除受此利益的当事人的一切证明责任。依据法律上的推定，法律视某些行为无效或者视其不发生诉权时，对此种推定不得以提出任何证据推翻；但如法律允许提出反证以及有关宣誓与裁判上的自认的规定，不在此限。"《德国民事诉讼法》第292条规定："对于一定事实的存在，法律准许推定时，如无其他规定，许可提出反证。这种证明，也可以依第445条申请讯问当事人为之。"《加拿大魁北克民法典》第2847条规定："法律推定是法律专门附加于某些事实的推定，它免除此等推定的受益人提供任何其他证据的义务。关于推定事实的推定为简单的且可由相反的证据推翻，关于确定事实的推定为确定的且不可推翻。"上述立法中所表述的法律上的推定，在效力上均免除因推定而受利益的一方当事人的证明责任，同时，在法律允许提出反证的情形下，当事人的证明责任是否分为主观证明责任和客观证明责任，是否因为发生证明主题的变更导致客观证明责任的转换，在法律不允许提出反证的情形下所涉及的推定究竟是法律上的拟制[①]还是法律上的权利推定，这些均

---

① 所谓法律拟制，是指立法者通过实体法规范使产生某种权利所需要的法律要件事实与某一生活的具体事实直接发生联系以导致相应的法律效果。法律拟制的法律效果具有不可反驳性，即该法律效果一经发生，就不存在提出反证将其推翻的可能。关于法律上的拟制与推定之间的关系，可参见毕玉谦：《民事证明责任研究》，法律出版社2007年版，第424—430页。

需要在理论上加以回答。①

4.降低或者减轻主张权利一方当事人负担客观意义上证明责任的难度,这一点是通过原本由主张权利的一方当事人对法律要件事实负担证明责任,改为对由该方当事人对法律所限定的前提事实负担客观意义上的证明责任来实现的。因为,尽管在民事诉讼上采用辩论主义,当事人为使其合法权益在裁判上赢得支持,应为此就适用法律所获得相应效果而依据的要件事实负担主张责任及证明责任,但当立法者根据经验事理、举证的难易程度以及公平正义的理念进行判断,认为权利人在客观上会因存在证明上的障碍难以直接证明要件事实时,便会直接设定一种间接事实,使其作为证明要件事实的前提事实,从而通过降低或者减轻证明责任的方式避免了该方当事人为引起适用法律的效果本应对要件事实所负担的风险意义上的证明责任。

当事人在诉讼上主张的事实,有实体法所规定的法律上的事实推定规定时,应当根据法律上的相关规定,根据这种间接事实,并将其作为前提事实来推论要件事实。对此,当事人仅应就间接事实负担风险意义上的证明责任,就要件事实无须负担风险意义上的证明责任,但这种法律上的事实推定经对方当事人以反证推翻后,仍应负证明责任。但究竟是应负何种意义上的证明责任,应当视对方当事人采用何种类型的反证以及由此而产生的反证效果来定。例如,《德国民法典》第938条规定:"某人在某一时段的开始和末了曾经自主占有物的,推定其自主占有在这段时间里也存在。"该法条所涉及的法律要件事实为某人自始至终对某物的占有,其所规定的效果为该占有人为该物的所有权人。鉴于立法者考虑到在现实生活中,人们难以提供证据证明其自始至终对某物的占有这一事实状态,为了降低证明难度,为占有人设定了开始和末了两个时间段便于其提供证据进行证明,当该权利人能够提供证据证明这两个时间段时,法律将据此推论该权利人在这两个时间段内存在持续不断地占有该物的事实状态,由此而引起的法律效果

① 另外,有学者指出,我国台湾地区"民事诉讼法"第281条规定:"法律上推定之事实无反证者,无庸举证。"即将关于某事实的存否,在法律上有推定规定时,作为推翻其推定而提出的证据,也称之为"反证"。《奥地利民事诉讼法》第270条也是如此。作为推翻法律上推定的方法主要有两种:一是否认前提事实,此时所负担的固然为反证(因要推翻法律上推定效果的当事人,就前提事实不负证明责任),二是证明推定事实的相反事实,要推翻法律上推定效果的当事人就此负有证明责任。故应为本证而非反证,但常有被称为反证的,实有不妥(Siegrist, Grundfragen aus dem Beweisrecht des Zivilprozesses, S.246.[日]中岛弘道:《舉證責任の研究》,第155页)。转引自骆永家:《民事举证责任论》,台湾商务印书馆股份有限公司1981年版,第135页。

为该占有人为该物的所有权人。但是，因该法律推定而受不利益的相对一方当事人能够提出证据证明该占有人并非该物所有权人的事实，即与法律推论而得出的推定事实所相反的事实，在这种情形下，可妨碍其法律效果的产生。相对一方当事人既可对前提事实提出反证，也可对被推定的要件事实进行反证。在对前提事实提出反证的条件下，占有人应当对其就该物实施占有的开始和末了两个时间段负担风险意义上的证明责任，只要相对一方当事人所提供的证据能够使占有人所主张实际占有该物的开始时间或者末了时间这两个事实状态之一在法官的自由评价当中出现真伪不明状态，就可导致法官无法适用该法律推定规范，因为，该法律上的推定规范是基于能够确定"开始"与"末了"的事实的条件下，才能够成就占有人在这两个时间段内存在持续不断地占有该物的事实状态，当"开始"和"末了"二者中只要其中有一个事实状态无法确定时，与此相关的要件事实就不能予以认定，故此就不能产生相应的法律适用效果。作为占有人的相对一方当事人也可以对经法律推论的要件事实进行反证，在这种情形下，该相对一方当事人应当提供足以推翻经法律推论而成立的要件事实的证据。例如，根据该相对一方当事人所提供的证据表明，占有人对该物的实际占有并加以利用是根据该相对一方当事人此前的授权委托等。在这种条件下即可产生妨碍适用法律推定规范的效果。

5.使有关当事人对要件事实应负的风险意义上的证明责任发生了转换效果。按照大陆法系法律要件分类说的理论，立法者在制定实体法律规范时，已经预先将个案中有关当事人所应负担的客观意义上的证明责任作出分配。这一原理也在支配着法律上有关事实推定的规范。与其他有关证明责任分配的实体法规定相比较，法律上的事实推定规范是一种附条件的就有关当事人对要件事实负担证明责任的特别分配，即与其他基本规范相比较，法律将对有关要件事实所负担的客观意义上的证明责任分配给主张权利当事人的对方来负担，其条件是，主张权利的一方当事人能够提供证据证明特定间接事实即前提事实的存在。在此条件下，从因该推定而受利益的当事人的对方角度来看，就要件事实负担客观意义上的证明责任在当事人之间发生了转换。对此，有学者认为，法律推定其实就是对证明责任的一种分配，也就是说，它属于证明责任规范。[1]另有学者指出，因民事诉讼

---

① Rosenberg–Schwab, ZPR, 13. Aufl., §117 I 4a; Stein–Jonas–Schumann–Leipold, ZPO, 19. Aufl., §292 Anm., I 4b; Musielak, Grunglagen, S. 71 ff.; Leipold, Beweislastregeln, S. 85 ff.; Rosenberg, Beweislast, S. 216 f.; A. Blomeyer, ZPR, S. 334; Jauernig, ZPR, 19. Aufl., §50 VI; Grundlagen, S. 427; Lukes, ZZP 77, 80; Bruns, ZPR, Rdnr. 166c; Schönke–Kuchinke, ZPR, 9. Aufl., S. 261 f.; Dubischar, JuS 1971, 387; Gottwald, Jura 1980, 235.

程序适用当事人提出原则，法律推定具有证明责任分配准则的性质。[①]由于法院并不能依职权进行调查，所有作为裁判基础的事实资料，原则上均由当事人负提出责任，故关于推翻法律推定的事实是否存在，须由当事人负主观证明责任。虽然法律推定本身并未明确指明证明责任分配的准则，但却与证明责任分配有关。主张适用法律推定的，应对推定的基础事实负证明责任；而主张推翻法律推定的，应对产生推翻的事实存在负证明责任。[②]

应当指出的是，上述法律上的事实推定仅限于实体法范畴以及在程序法范围内所涉及法律要件事实的推定，如果属于程序法范围内并不涉及法律要件事实的推定，则与此有相当大的差异。主要表现在：第一，所涉及的推定事实并非实体法上的法律要件事实；第二，该推定事实仅与一方当事人的主观证明责任有关；第三，并不因为适用这种程序法上的推定而导致发生客观证明责任转换的效果；第四，相对一方当事人如要推翻这种推定，仅需提出反证即可。也即，因与产生法律效果的要件事实并无直接的关系，这种反证的效力只要使得法院对于相关的事实认定陷于真伪不明状态即可推翻这种推定。

关于民事诉讼上法律推定的法律适用效果，《2019年民事证据规定》第10条规定，根据法律规定推定事实，当事人无须举证证明，但当事人有相反证据足以推翻的除外。

6.从认定要件事实的方式上而言，法律上的事实推定直接排除了法官的自由心证，将要件事实的存在视为已经获得证明而被假定为真实，除非因受此推定而遭受不利益的一方当事人能够提供相反的证据推翻这种推定；而在司法上的事实推定条件下，当存在某一前提事实时，是否能够从该前提事实上获得心证以至于推认产生要件事实（即推定事实）的效果，完全由法官在自由心证范围内作出判断。另外，这两种事实推定所涉及的前提事实是否能够被有关当事人所提供的证据予以证明，同样均依靠法官的自由心证来作出判断。

法律上的事实推定还对前提事实进行了明确的限定，例如，当出现债权证书已返还的情形时，法律可推定有关当事人之间的债权债务关系已消灭，而并非像司法上的事实推定那样对何为产生要件事实基础的前提事实完全由法官根据情况判定。例如，在个案当中，当出现返还债权证书以外的一些情形时，如法官认为在这些情形下按照经验法则也可导致产生消灭当事人之间债权债务关

[①] Vgl.Rosenberg, a.a.O., S. 216; Jauerning, Zivilprozeβrecheht,25., 1998, §50 VI.

[②] Tietgen, a.a.O., S.55. 转引自张文郁:《权力与救济——以行政诉讼为中心》，元照出版有限公司2005年版，第247页。

系的效果时，可据此作出推定。就此，有学者进一步认为，法律所推定的事实虽然无须举证，但享受推定利益的当事人仍应就其推定的基础事实负担证明责任。例如，当事人须以合法婚姻的存在为前提，获得证明后才有婚生子女推定的适用；必须证明其约定方式未完成而又有契约未成立推定的适用，这一区分对证据法至关重要。

对法律上的事实推定如何界定其性质这一问题，笔者认为，它具有双重属性，其理由为，为了引起适用法律的效果，立法者通常采用只要作为基础事实甲的存在，就使得作为法律要件事实乙被推定这一逻辑方式。其传达的信息是，法律推定的设置是旨在明确无误地要求法官将某一被假定存在的要件事实视为已经被证明，尽管法官无法根据生活经验直接从证据中获得对该要件事实的内心确信。由于对要件事实及相应法律效果的设定是实体法的主要功能，法律通过对这种推定模式所涉及的基础事实进行限定，借以强化法律要件事实的稳定性与明确性，以体现实体法的内在属性。立法者在此所推行的公共政策表现在，充分体察到权利人对有关法律要件事实的证明在客观上存在不可逾越的障碍，为了使得权利人的权益在能够引起适用法律效果的基础上获得应有的保障，立法者于是通过采取减缓证明强度的方式对其加以必要的救济，也就是将权利人原本就法律要件事实应负担风险意义上的证明责任转换为，由该权利人就法律所限定的较易证明的基础事实负担风险意义上的证明责任。从法律上的事实推定所设计产生的效果上来看，只要权利人能够通过证据证明基础事实的存在，在法律上就会等同于产生法律要件事实已获得证明的效果。

有学者指出，严格地说，所谓推定应专指法律上的推定。其意即为，如有甲事实的存在（或不存在），无待证据，可以推定乙事实的存在（或不存在）。[①]笔者认为，在法律上的推定中，只要能够确定前提事实甲的存在，不论是否存在能够证明推定事实乙存在的证据，就可以推定事实乙的存在。例如，根据法律规定，婚姻关系存续期间所生子女，应推定为婚生子女。在诉讼中，当某男主张某儿童不为其所生，故不应承担抚养义务时，只要作为该儿童的一方当事人能够提供证据证明该儿童的生母与该某男系夫妻关系，法院就应当合理地推定该儿童为该某男所生，该某男应当承担抚养义务。换言之，法院如果不能够依据有关证据确认该某男与该儿童的生母之间存在婚姻关系这一前提事实，就不能得出该儿童系该某男所生的推定事实。也就是，在诉讼上，法律并不要求作为该儿童的一方当事人提供能够证明该儿童系该某男所生的直接证据如DNA

---

① 李学灯：《证据法比较研究》，五南图书出版公司1992年版，第252页。

的鉴定意见，而是变相要求，如果该某男不同意这种推定，其就应当提供该儿童不系其所生的直接证据如DNA的鉴定意见，否则，按照法律上的这种推定所得出的结论最终将被作为裁判事实来认定。这种法律上的事实推定是立法者根据社会上所存在的一种盖然性事实来设置的，即绝大部分儿童系具有合法婚姻关系的男女所生，私生子仅为少数。因此，在诉讼上，因法律上的事实推定而受不利益的一方当事人所提供的反证，往往要证明的是一种与事物发展的常态恰好相反的特别事实。可见，这种法律上的事实推定是一种经验推定。另外，这种法律上的事实推定除了要与生活上的逻辑推论相符之外，还应反映法律上的社会政策，例如，上述法律当中有关婚生子女的事实推定，反映的社会政策是考虑到保护未成年子女合法权益的需要。正如有英美法系学者所指出的那样："设定推定的理由还会基于社会政策的考虑，例如，除非出现反证，否则婚姻关系存续期间所生子女应推定为婚生子女。"①

（二）关于法律上的权利推定在民事诉讼上产生的法律效果

在民事诉讼上，法律上的权利推定产生的法律效果主要表现在以下几方面：

1.法律上的权利推定直接排除了法院适用法条的活动，即置产生权利所依据的要件事实于不顾，而径直根据某一前提事实（或称基础事实）对该项权利的存在与否作出认定。也即，原本应由法院在职务上对某项权利或法律关系的存在与否作出判断，但是，有关权利推定规范直接免除了法院对该权利或法律关系发生或消灭的要件事实的认定，同时免除了法院相应的适用法条的活动。因有前提事实的存在，该权利当然发生。因此，严格地讲，由此而产生的法律后果是被法律所强制规定的，而并非是被法律所推定的。

2.法律上的权利推定并不涉及该权利取得的事实、法律关系成立的事实、权利或法律关系不发生或消灭等事实。由权利推定的要件、某特定的权利或法律关系发生或消灭的要件事实，并不能因此而被推定。它并非针对某项权利如因登记注销被推定为并未产生或者已经消灭，而是推定其并不存在。这种权利推定系仅指向某种权利的获得或仅指向某种法律关系产生的推定，仅涉及权利形成的事实存在，必要时涉及权利障碍事实的不存在，但不涉及权利制约和权利消灭事实的不存在，该推断仅考虑某种特定的产生要件。这是因为，权利推定的要件不是权利或法律关系产生或消灭的要件。

----

① Robert Stevens, William Twining, Christopher McMrudden, *Evidence, Proof and Probability*, second edition, 1983 by Sir Richard Eggieston, p.108.

3.因推定而受利益的一方当事人必须就其主张的权利如所有权、质权等或法律关系的存在或者不存在作为权利主张来提出，除须证明推定规定的要件事实外，该方当事人无须就权利或法律关系发生（根据）或消灭的要件事实负主张责任及本证意义上（或称客观意义上）的证明责任。

对于法律上的权利推定而言，在个案中，只要发生凡符合法律规定的前提事实存在的情形，该项权利当然发生被法律推定的效果。换言之，当主张权利的一方当事人欲主张适用某法律所规定的权利规范时，本应证明能够产生该法律适用效果的要件事实甲，因按照该法律规定，该方当事人可采用证明事实乙，以此作为前提事实来取代对要件事实甲的证明，借以降低证明上的难度。对于这种证明主题的转换，受不利益推定的相对一方当事人如要推翻这种权利推定，仍要提出反证。但是，该方当事人如经举证仅能使有关的前提事实即事实乙处于一种真伪不明状态时，仍无法使法院获得必要的心证，就不能够达到推翻有关权利推定的目的。这就表明，当受利益推定的一方当事人提供证据能够证明作为推定的前提事实乙存在时，将受不利益推定的相对一方当事人须提供证据证明该前提事实乙的不存在，这在证明上属于本证责任。对此，我国台湾地区学者举例称，我国台湾地区"民法"第817条第2项所规定的共有的推定，原推定共有人均等，相对人证明当事人间采用区分的约定，这项证明须以本证进行。[1]

4.因法院在个案中适用这一法律上的权利推定，其效果将惠及有理由提出主张而导致推定所涉及的权利或法律关系存在或不存在的每一个当事人。

5.因权利推定规范被适用，其效果将引起有关当事人负有相关的主张责任与证明责任。在个案中，因提出被推定权利存在或不存在的当事人，只需主张推定规范的前提条件，并且在发生争议时必须负担相应的证明责任，不需对推定的事实或对推定的权利承担证明责任。它表明，受不利益推定的一方当事人应提出主张，该主张表明推定不正确。并且当出现争议时，该方当事人还应当负担证明责任，即必须对表明权利产生或不产生的事实负担主张责任和证明责任。对此，有学者认为，这种反面证明（Beweis des Gegenteils）不是反证，而是本证。法定推定使对方当事人承担主张责任和证明责任。[2]

---

① 雷万来编著：《民事诉讼法》，空中大学2005年版，第231页。

② ［德］奥特马·尧厄尼希：《民事诉讼法》（第27版），周翠译，法律出版社2003年版，第272页。

（三）关于司法意义上的事实推定在民事诉讼上产生的法律效果

由民事活动的主体地位受法律平等保护的影响所决定，在民事诉讼架构下，证明责任的分配是根据当事人提出权利主张的性质或事实主张的利益性来划定的。当事人的主张责任与其主观证明责任和客观证明责任相一致。在民事诉讼上，司法意义上的事实推定仅在当事人的主观证明责任范畴内发生作用，而与客观证明责任无涉，由此所产生的法律效果主要表现在：

1. 所谓对事实的推定，是指在没有直接证据或者不需要直接证据的条件下，根据某一基础事实来推定待证事实的存在。其中，所谓没有直接证据的情形主要是指，在诉讼上，法院在无法取得直接证据的条件下所作出的事实推定。在通常条件下，事实上的推定均具有可反驳性。也就是说，允许因推定所产生不利益的相对一方当事人提出相反证据使推定失去效力。这主要是因为，事实推定的设置是基于客观上缺乏直接本证来直接认定案件事实时而不得不通过间接方式来认定案件事实，同时允许通过反证来调动相对一方当事人的主动性和积极性来借以查明事实。事实推定使得对方当事人的反证发挥应有的作用和效力，以便从相反的事实方向来认定待证事实，本证与反证的相互作用将更有利于查明事实，更有可能准确地认定待证事实。鉴于事实推定在对待证事实的认定上具有可反驳性，因此，在程序意义上，借助事实推定对待证事实的认定，其所得出的推定事实均属于暂定真实。

毋庸讳言的是，采用事实推定在个案当中也不能排除会牺牲一些个别真实的情形，这主要是指，受事实推定不利益的一方当事人在客观上无法提供有力的反证来推翻被推定的事实，尽管被推定的事实并非事实真相。但是，事实推定的效力主要是转换了行为意义上的证明责任，使得这种无法查明事实真相的情节被视为证明责任法则的应有之义。

2. 根据司法上的事实推定，当法院依据有关证据确定已知事实所得出推定事实之后，相对一方当事人只要能够提出反证使得法院对于推定事实产生合理怀疑或者致使推定事实处于一种真伪不明状态时，该推定事实即应丧失其预设的证明效力。无论是依据经验法则来形成推定事实，抑或根据间接事实来形成推定事实，均属于法官自由心证的范畴，是立法者授权法官根据情况享有自由裁量权的结果。在自由心证主义条件下，这类规定属于例外的规定。其原因在于：其一，该被推定的事实，并非实体法上的法律要件事实；其次，该推定事实的证明责任不因推定的结果导致发生证明责任转换的效果。为此，相对一方当事人如想要推翻这种推定时，仅需提出反证即可。

3.司法上的事实推定属于自由心证范畴，与法律采用法定证据法则进行直接干预无关。在审判上，司法上的事实推定是法院认定案件事实的一种常规方式。只不过它是采用演绎推理的方式，通过直接证据或者间接证据证明间接事实，再根据该间接事实来推论主要事实，即待证事实。这一推论过程是法官产生内心确信的过程，并且这一过程始终受到经验法则和论理法则的支配。这种司法上的事实推定属于法院自由心证的范畴，它涉及法院在对有关当事人所提供的证据证明力进行评估的基础上是否能够产生内心确信以及能够产生何种内心确信的问题。例如，我国台湾地区"民事诉讼法"第282条规定："法院得依已明了之事实，推定应证事实之真伪。"

4.在涉及将实体法上的要件事实作为诉讼上的待证事实情况下，司法上的事实推定是法院在审判上根据已明了的事实或者由当事人提供证据所形成的间接事实依据经验法则或论理法则对待证事实的真伪作出的判定。法院所作出的这种事实推定，其效果并非使有关当事人对要件事实所负担的客观上的证明责任发生转换，而只是免除了该方当事人在主观上的证明责任。换言之，在这种情形下，它所产生的是，由该方当事人本应负担的主观意义上的证明责任被视为已获证明的效果。在理论上，如果相对一方当事人不提出反证，这种推定事实将有可能作为形成最终裁判的基础事实。

5.一旦法院在审判上作出事实推定，其效果将直接免除一方当事人在行为意义上的证明责任（即主观意义上的证明责任），就此项推定所产生的推定事实，如相对一方当事人提出抗辩，则转由该相对一方当事人从反证的角度负担行为意义上的证明责任。从转换证明责任的角度讲，司法上的事实推定仅仅有利于主观证明责任在双方当事人之间发生转换的效果。在理论上，如果相对一方当事人此时未能提出反证，或者提出的反证不能使由法院作出的事实推定处于真伪不明状态，相对一方当事人将会由此承受不利的裁判后果。

6.就司法上的事实推定而言，对有关法律要件事实所负担的客观风险意义上的证明责任并不发生转换，仍由因推定而受利益的一方当事人负担。在此情形下，只要因推定而受不利益的一方当事人所提供的反证使受推定的事实处于一种真伪不明状态，即可导致使受推定的事实得以被推翻。换言之，如果该方当事人对此未能提出反证，或者提出的反证不能使法院作出的事实推定处于真伪不明状态，该方当事人将会承受不利的裁判后果。就此而言，该方当事人所负担的并非是本证意义上的证明责任，而仅为反证意义上的证明责任。作为事实推定，并无转移证明责任的功能，这也正反映出了事实推定在证明效果上要弱于法律推定的特征，即便因基础事实被确认而使推定事实处于假定的存在状态，证明责任亦并未就此而转移至对方当事人，故凡主张事实存在的一方当事人仍不能卸除其证明责任。这是因为，事实推定尽管是根据事物之间的常态联系如日常生活中的某些经验法则等作出的，但就其内容上具有相对性和不确定性，如果事实上的推定能够导致证明责任的转移，这就在很大程度上使本负有证明责任的一方当事人在举证不能或举证尚不充分的条件下获得胜诉，这未免会在证明程度与证据责任之间的关系上引起混乱。

关于民事诉讼上事实推定的法律适用效果，《2019年民事证据规定》第10条规定，根据已知事实和日常生活经验法则推定出的另一事实，当事人无须举证证明，但当事人有相反证据足以推翻的除外。

7.作为一种证明方法，依据学理上的推论原则及日常经验法则，事实上的推定均为假推定，且不属于确推定，对方当事人可用反证予以推翻，这种事实上的推定，是依职权所作出的一种假设，并非免除当事人证明责任，但如遇该种情形，当事人虽未举证也应认其为真实。对这种事实上的推定，则由法院依职权就已明了的事实推定以判断待证事实的真伪，而不以当事人举证为前提。

虽然司法上的事实推定与法律上的事实推定均属于可反驳的事实推定，但二者之间毕竟存在性质上的差别。司法上的事实推定是在本证一方当事人缺乏直接证据的情况下，法院根据其提供的间接证据（抑或根据经验法则、交易习惯等作出司法认知）所认定的一种基础事实，并根据该基础事实再对待证事实作出认定。有学者将这种对待证事实的间接认定称为对待证事实的假定。[1]其假定的含义就在于，允许相对一方当事人提出反证来推翻这一假定。为了推翻这种假定，相对一方当事人提出的反证既可为直接证据，也可为若干间接证据；而法律上的事实推定是立法者预先所设定的一种事实推定，它并不考虑作为本证的一方当事人是否能够提供证据（且不论直接证据或间接证据）来证明其事实主张（即在审判上被确定的待证事实），而是要求相对一方当事人通过提供反证来推翻这种事实推定所附带的本证效力，但并不能对这种法律上的事实推定预先对客观意义上的证明责任的转换效力产生任何影响。例如，有学者指出，子女出生在婚姻关系存续期间，为婚生的推定，赋予反对者说服的负担，陪审团经常指示，如为非婚生的认定，须有明确及有确信力的证据，或须达到无可怀疑的证明。[2]

---

① 李学灯：《证据法比较研究》，五南图书出版公司1992年版，第252页。

② Model Code of Evidence, Rule 703 and comment. 转引自［美］Edmund M. Morgan :《证据法之基本问题》，李学灯译，世界书局1982年版，第66页。

四、我国有关司法解释所涉及的推定规则

（一）有关法律推定的规则

《民事诉讼法解释》第93条规定，根据法律规定推定的事实，当事人无须举证证明。当事人有相反证据足以反驳的除外。

《2019年民事证据规定》第10条规定，根据法律规定推定的事实，当事人无须举证证明。当事人有相反证据足以反驳的除外。

对上述有关规定的理解与适用，应当把握以下内容：

1.上述有关规定属于法律上的事实推定，或称法律上的推定。所谓"根据法律规定推定的事实"，包括立法者在实体法和程序法当中所设定推定规范的有关事实。作为法律上的推定，或者具有法律上的拟制性功能，或者具有法律上的创设性功能，前者实际上已经演变为实体法规范，被称为无条件的推定、绝对性的推定；而后者仅仅是一种假定，即当出现相反事实之前，这种建立在假设基础上所得出的推定事实可被作为裁判的依据，故又被称为有条件的推定、具有相对性的推定。法律上推定的事实，在民事法规上不乏其例，涉及民事生活诸多领域，例如，有关死亡的推定、同时死亡的推定、出生月日的推定、婚生子女的推定、占有物有适法行使权利的推定，等等。我国《著作权法》第12条第1款规定："在作品上署名的自然人、法人或者非法人组织为作者，且该作品上存在相应权利，但有相反证明的除外。"该条规定系典型的法律推定，它以立法形式为民事主体在涉及著作权权属争议问题上预设了法律上的解决方案，并且为法院在司法活动中认定案件事实提供了法律根据。这种推定具有可反驳性，为相关异议人提出反证预留了空间。

2.在实际应用这种法律上的事实推定条件下，因这种事实推定规范所产生法律效果而受利益的一方当事人，只有在对方无法提出反证推翻这种推定事实的情形下，才能最终被免除举证责任而获得有利的裁判后果。在此，所免的举证责任只是一种举证上的必要，即行为意义上的举证责任。

3.从这一规范所构成的逻辑结构上来看，当为法律所限定的前提事实被主张权利人的一方当事人所证明时，就视为本应由主张权利的一方当事人所负担的风险意义上的法律要件事实已被证明，即实际上免除了主张权利的一方当事人的举证责任。因此，这种对举证责任的免除实际上是一种相对的免除，是基于减轻主张权利的一方当事人对证明要件事实所存在实际难度以及司法政策上的考虑，而将该方当事人原本就要件事实所负担的风险意义上的举证责任转换为对法律所限

定的就某些间接事实所负担的举证责任，这种间接事实被认为是能够引起法律推论的要件事实的根据。

4.《2019年民事证据规定》第10条第2款规定，根据法律规定推定的事实，当事人有相反证据足以反驳的除外。因推定而受不利益的一方当事人对于推定事实如不能提出充分的相反证据予以反驳，最终将承受败诉的法律后果。在法理上，就法律上的推定所产生的效果而言，通常本应基于当甲事实（基础事实）存在时，才可由此推定乙事实（推定事实）的存在。但就法律上的推定所产生的结果来看，原本应就乙事实（推定事实）的存在负有举证责任的一方当事人，如经其提供证据证明甲事实（基础事实）存在时，而发生证明对象的转换，即在此情形下，由相对一方当事人提供证据证明该乙事实（推定事实）不存在。立法者在法律上就事实推定设置相应的规范，意在为权利主张人追求特定法律适用效果的产生给予必要的救济，在因推定而受不利益的一方当事人对于推定事实没有提供反证或者所提供的反证尚不足以反驳因推定而产生的法律要件事实时，将导致产生法律的适用效果。从所适用的法律（大前提）与事实推定（小前提）上而言，法律上的事实推定深受大陆法三段论思维模式的影响，通过对适用法律所需要的要件事实的拟定或假定，进而导致产生相应的法律适用效果。这种事实推定经法律调整之后直接被假定存在适用法律的要件事实，它是对作为适用法律所必需的小前提的假定，这种假定具有两方面的意义：其一，使法律能够得以适用并产生相应的法律效果；其二，从否定同一主题的角度向对方当事人转换了相应的举证责任。法律上的事实推定直接排除了法官的自由心证，将要件事实的存在视为已经获得证明而被假定为真实（即推定事实），除非因受此事实推定而遭受不利益的一方当事人能够提供充分的相反证据反驳这种推定事实，而不必达到足以推翻的程度即可。

5.因推定而受不利益的一方当事人对基础事实提出的反证，只要能使基础事实处于真伪不明状态，就可导致被推定为真实的案件待证事实处于真伪不明状态。在法理上，相对一方当事人除了对基础事实提供反驳证据以外，还可对推定事实及基础事实与推定事实之间不存在因果关系的事实提供反驳证据。通常情况下，有关当事人仅对其主张权利所涉及的这些要件事实负担举证责任。在此条件下，主张权利的一方当事人对法律所规定的要件事实负担客观意义上的举证责任，也就是说，只要相对一方当事人所提供的反证，能够使主张权利的一方当事人所证明的要件事实的效果处于一种真伪不明状态，那么主张权利的一方当事人就会因最终实际承担客观举证责任而面临不利的裁判后果。而按照法律上的事实推定规范，原本由主张权利的一方当事人就法律所规定的要件事实负担客观意义上的举证责任被改变了证明主题，即由主张权利的一方当事人仅对法律所限定的间接事实（基础事实）负担客观意义上的举证责任，而由相对一方当事人仅负主观意义上的反证证明责任。就此而言，虽然法律基于为降低主张权利的一方当事人在证明难度上的考虑，为该方当事人选择了一种较易证明的间接事实（基础事实），以便由其负担客观意义上的举证责任，但同时为了保障相对一方当事人的权益，使双方当事人能够在一个较为公平、均衡的条件下通过证据对抗使得法院能够更有效地查明事实真相，通过对证明主题进行变更，使相对一方当事人为否定法律要件事实（即推定事实）的证明承担客观意义上的举证责任，并且使其对否定法律上的事实推定所涉及基础事实的证明仅负足以反驳的证据即可。①

（二）有关事实推定的规则

《民事诉讼法解释》第93条规定，根据已知的事实和日常生活经验法则推定出的另一事实，当事人无须举证证明。当事人有相反证据足以反驳的除外。

《2019年民事证据规定》第10条规定，根据已知的事实和日常生活经验法则推定出的另一事实，当事人无须举证证明。当事人有相反证据足以反驳的除外。

对于上述有关规定的理解与适用，应当把握如下内容：

1.与法律上的事实推定相较而言，上述规定属于司法上的事实推定范畴。它是指司法者在诉讼过程中在自由心证范围内根据有关证据和经验法则对有关待证事实所作出的一种判断和认定。它有助于减轻一方当事人的主观举证责任的实际负担，且有助于节约社会资源、提高诉讼效率。

2.这种司法上的事实推定系法院在审判实践中根据经验法则和间接证据作为基础事实而作出的相关推定，具有仅适用于个案情形的效力以及法院自由裁量权的特质。司法上的事实推定是在一方当事人缺乏直接证据的情况下，法院依据有关证据确定已知事实所得出推定事实之后，该法院根据其提供的间接证据和经验法则等作出司法认知所认定的一种基础事实，并根据该基础事实再对待证事实作出认定。对这种事实上的推定，由法院依职权据已明了的事实推定待证事实的真伪，不以当事人举证为前提。对方当事人只要能够提出反证使得法院对于推定事

---

① 《民法典》第623条规定："当事人对检验期限未作约定，买受人签收的送货单、确认单等载明标的物数量、型号、规格的，推定买受人已经对数量和外观瑕疵进行检验，但是有相关证据足以推翻的除外。"相较而言，该项规定属于法律的特别规定。在实务上，凡遇有这种特定情形时，应适用法律的这项特别规定，而不适用于《民事诉讼法解释》第93条第2款以及《2019年民事证据规定》第10条第2款中的一般性规定。

实产生合理怀疑或者致使推定事实处于一种真伪不明状态时，该推定事实即应丧失其预设的证明效力。

3.在涉及将实体法上的要件事实作为诉讼上的待证事实情况下，司法上的事实推定是法院在审判上根据已明了的事实或者由当事人提供证据所形成的间接事实依据经验法则对待证事实的真伪作出的判定。法院所作出的这种事实推定，其效果并非使有关当事人对要件事实所负担的客观上的证明责任发生转换，而只是免除了该方当事人在主观上的举证责任。换言之，在这种情形下，它所产生的是，由该方当事人本应负担的主观意义上的举证责任被视为已获证明的效果。在理论上，如果相对一方当事人不提出反证，这种推定事实将有可能作为形成最终裁判的基础事实。

4.在民事诉讼活动中，虽然贯彻当事人主义与证据辩论主义，但法院对案件事实的查明与认定也不能置社会公平与正义的基本理念于不顾，为了克服举证上的障碍以及降低证明难度的需要，如证明行为人故意、过失等内心主观的事实在客观上确实会存在无法逾越的障碍。为此，法律授权法院对此等情形加以必要的救济。可见，司法上的事实推定是法院以采用类型化的技术方式，按照事物的普遍性与常态性所体现的经验法则对待证事实作出判定。例如，甲对乙提起返还借款之诉，乙主张钱款未交付，甲则主张借据证明，乙则称借据虽写但钱并未交付，甲就提出银行提款记录，同时还证明乙当时经济状况很差，甲又证明借款后乙欠某人的钱款已偿还的事实作为证据，以推定钱款交付的事实。就间接事实（即前提事实）与主要事实（即推定事实）的推定构造而言，如以甲事实推定乙事实，再以乙事实推定丙事实，再以丙事实推定主要事实丁，这种推论方法称为证据连锁。

5.根据《民事诉讼法解释》第93条第2款和《2019年民事证据规定》第10条第2款规定，事实上的推定均具有可反驳性。也就是说，允许因推定所产生不利益的相对一方当事人提出反驳证据使推定失去效力。这主要是因为，事实推定的设置是基于客观上缺乏直接本证来直接认定案件事实时而不得不通过间接方式来认定案件事实，同时允许通过反证调动相对一方当事人的主动性和积极性来借以查明事实。事实推定使得对方当事人的反证发挥应有的作用和效力，以便从相反的事实方向来认定待证事实，本证与反证的相互作用将更有利于查明事实，更有可能准确地认定待证事实。鉴于事实推定在对待证事实的认定上具有可反驳性，因此，在程序意义上，借助事实推定对待证事实的认定，其所得出的推定事实均属于暂定真实。

第二节 司法认知规则

一、司法认知的基本界定

司法认知又称审判上的知悉，系指法院就某些特定的待证事实或有关事项在审判上直接加以确认，从而免除当事人举证责任的一种诉讼程式。这种证明方式并非以当事人的举证与质证为基本前提，但仍属于法院职务上的一种主观感知与判断而产生的确信效果，因此，属于一种特殊的审判上的查明方式。司法认知或称审判上的知悉在英文中的对应词为"judicial notice"，因为它是一个"舶来品"，对"认知"或"知悉"在词义上如不加以阐释，对一般中国人来讲仍是生疏或令人疑惑的。但是，如果从当事人的主张责任、证明对象与举证责任免除的角度来理解，那么就有助于凸显司法认知的程序功能和重要价值所在。

关于认知的本意，可借用古代的法谚，即"显著之事实，无须证明"（What is known need not be proved；Manifesta non indigent probatione）。该法谚所贯穿的理念就在于，人类为理性之灵长，在司法程序范围内，为解决纠纷，当某一事项作为待证事实的一部分，而该事项在此之前，已为一定范围内的人们所感知到显而易见的程度时，司法者自应依审判职务上自认的权威对此加以认同，从而取得诉讼成本上的节约，如果将诉讼成本计算在社会成本当中，这实际上是对社会总体劳动成本的一种节约。由此法谚，可以追溯到罗马法或寺院法时代，即有认知法则。简言之，从古如斯，自有法律程序，可谓即有此种思想存在。在职权主义或纠问主义诉讼制度下，司法者侧重于从事职权主义之注意或职权调查；在当事人对等辩论主义诉讼制度下，司法机关的职权，更注重借助于当事人在诉讼上对待案件的态度，但并不刻意审理那些属于法律争执点以外的假定事实，以避免造成诉讼资源的不当耗费。

二、关于司法认知的认识论

司法认知是世界上许多国家证据法上所普遍适用的就某些特定的待证事实由法院直接加以确认，从而免除当事人举证责任的一种诉讼程式。这些特定的案件事实能够由法院直接加以确认，而成为免证事实。对于任何一国法律及其法院来说，无论其法律有无明文规定，无不涉及认知事项。尤其是在当事人对等辩论主义诉讼制度下，因这种诉讼模式须将当事人举证责任所涉及范围划分界限，而成为证据学上独立成章的基本问题。①这种证明方式并非以当事人的举证与质证为基本前提，但仍属于法院职务上的一种主观感知与判断而产生的确信效果，因此，属于一种特殊的审判上的查明方式。

司法审判程序应为一种具有理性的公正、合理的程序，对于待证事实的认定，应属法院的职责，同时，对有关事项的认定，属于具有社会一般常人头脑便能解决的认识问题，法官除了职权身份之外，还兼具社会普通的成员身份，如果一些在社会上已受到广泛认同而成为常识性的事项，既已为一般常人所理解，在此情况下，假若法官对在社会上本属无可争执的事项佯装不知或推说不知而仍旧将其作为审判职务上待证事项，这种做法将既不合乎常理，也有违审判职责的本旨。"之所以在司法实践中会出现司法认知原则，实事求是地说，与事实裁决者既是独立个体又是群体一员的这种双重身份密切相关。"②事实上，在人们的通常观念上，法官应较之常人更具有合理分辨、判断事物的能力，因此，在对显著事实进行识别、认定的能力上至少应不低于一般常人。但必须为真正实在的争执，而非处于想象或假设。因此，对于事实真伪，在诉讼上，本属无可争执的事项，法院无须与在审判上应予查明或借以调查认定的事项相提并论。至于涉及法律的内容或适用之争执问题，如为一般明理知法的人，认为实无争执的余地，法院亦无须听取当事人之间的争辩。否则，在辩论主义诉讼制度下，实务上的操作必将加重时间、财力与精力上的诉讼资源的浪费。

在诉讼活动中，有些事实之所以成为待证事实而必须由相关的证据加以印证，是因为双方当事人对待证事实本身以及法律的适用存在着两种截然相反的主张。但是，从理论上而言，并不能单纯地以双方对某一特定事实以及法律的适用存在截然相反的观点，从而使之成为诉讼上的证明对象，而主要是因为知悉这些待证事实的途径和方法具有个人的属性，不具备公知乃至公信的属性特征。"并非所有的事实都需要加以证明，但是，对于判决中要考虑的重要事实均必须得到主张。"③事实上，当实体法和程序法所调整的某些待证事实为在社会上一定范围内所公知、公认时，如某地区发生强烈地震使当事人一方不能按约履行合同义务

---

① 李学灯：《证据法比较研究》，五南图书出版公司 1992 年版，第 9 页。

② 周翠芳：《司法认知论》，中国人民公安大学出版社 2008 年版，第 32 页。

③ ［德］莱奥·罗森贝克：《证明责任论》（第五版），庄敬华译，中国法制出版社 2018年版，第 55 页。

或者构成诉讼中止的原因等，该种客观事实一旦与一定法律后果相联系，便可直接作为裁判的基础，而不必采取举证的方式来取得诉讼上的证明力。这种在诉讼上所产生的"不证自明"的效果便是来自于司法认知或称审判上的知悉，这是为各国法律所广泛认同的证据法规范。

在学理上，我国的学者大都是从证明对象的角度来认识当事人的证明范围，从审判上的认知或者司法认知的角度来认识当事人的举证责任问题至今尚未成为一种常规的立法模式与司法程序。实际上，这属于一个问题的两个方面，即凡有当事人的主张，必有提供证据加以证明之必要；由法院根据情况依职权主动对本属于当事人举证责任范畴之内的有关事项直接加以认知或者经当事人申请而由法院对有关事项加以认知，此项制度的直接功能在于免除当事人相应的举证负担。例如，在英美法系这些普通法国家和地区，除了显著事实、政府事项、司法事项外，普通法关于认知的内容有逐渐增加的趋势，法院应当作为或者可以作为认知的事实，即涉及各方面的知识及各种易于获知的事项。例如，历史上对本国与他国具有重要性的事件，各地法院对于该地乡土志上的彰著事迹；地理上的名山大川，省道县邑所在，及其距离；海上通航事实，铁路、公路等交通状况，管辖区域界线；财政经济上重大事实，如世界性财政恐慌、证券市场崩溃、商业萧条、普遍失业、地价暴跌、货币及其兑换率、一般人购物保值的目的、度量衡、利率，影响及对特别立法的经济原因或征税基础的事实，甚至于煤矿工人收入状况，以及华丽舞台经济成本的价值；科学上已为一般人公知的定律；物品普通的用途及其要素；某种物理状态或现象，如饥食、渴饮、晴干、雨湿、海咸、河淡、水向下流，等等；自然现象的规律如四季变迁、一般农作物栽种的时令、成熟收获季节、蔬菜瓜果成长现象，及普通耕作保护事实；工商业及各种职业上显著的事实、风俗与习惯；新闻、交通、银行、邮政、惯行的事实，等等。[①]

三、司法认知的对象

关于司法认知的对象，受司法传统、法律文化以及诉讼模式的影响，各国和地区在认识上宽窄不一：

（一）英美法系的理解

由于英美法系在历史传统上是以判例法为主，因此，数百年以来沿袭下来的

---

① 李学灯：《证据法比较研究》，五南图书出版公司1992年版，第25—27页。

众多判例及其有关规则对认知事项的确定仍具有重要作用。根据英国早年一些判例则可以说明以下事实属于司法认知的事项内容，例如，12月25日是圣诞节，某人怀孕的时间不可能只有两个月，1915年英国曾与他国发生战事，一个英语单词的一般含义，等等。另外，一些英美学者根据判例法上的有关规则内容，将认知的事项在学理上依据不同的标准进行了相应的分类。比如，麦考密克（Charles T. McCormick）依认知的理由将认知的事项分为五大类：第一，属于常识事项；第二，易于确认事项；第三，因法官职责而认知法律以及有关司法组织、管辖区域、人事及记录；第四，因法官负有依法执行政府公共政策的职责，须认知有关政府的事项；第五，因法官解释法律须认知有关社会、经济、政治、科学方面的事实。①麦克威（McKelvey）将认知事项分为：第一，必须认知事实（或事项）；第二，有关政府事项；第三，有关科学事项；第四，其他一般公认事项；第五，属于法院自由裁量而得予以认知的事项。②自20世纪后半叶以来，英美法各国和地区加大了在成文法（或称制定法）上的创造力度，使司法认知的事项在成文法中明确加以规定。

英国证据法上把司法认知理解为，系一切事实必须依证据予以证明的总体原则的例外。也就是说，某些事实自身并不需要采用何种证据加以证明，法官即可援用本规则时宣告："本院在审判上知道此事。"为此，英国证据法将司法认知分为四类：

（1）众所周知的事实。这些事实为社会公众所普遍知晓，因而具备认知的普遍性。但是，作为一种规则，有两点属于排除之列：第一，这种司法上的认知并不排除当事人能举证证明在具体案件中所存在的与这种普遍认知所具有的相反的特殊情形。例如，确有个别地区属于这种特殊地理区域，在这些特殊地理区域，开车的司机感到下坡行进显然要比上坡难，这与人们所通常认同的常理正好相反。这一排除规则是产生允许当事人辩论或者提出反证的前提与基础。因此，有人认为，凡是经司法认知的事实不容置疑，这种观点是不正确的。第二，法官如果不是凭借审判职务上的必要而是以其私人身份知悉有关信息则属排除之列。这主要是与个别的、并非属于相当数量即不具备普遍公知的事实范畴相区别。比如，法官是某一交通事故的目击者或因系车祸受害者的亲友而知晓此事故等；而某一交通事故被当地报刊、电台传播后便可成为一种在特定区域内众所周知的事实。

---

① McCormick on Evidence, Ch. 37, §323–329. See also Ch. 35, §331 (3d ed. 1984).

② McKelvey on Evidence, Ch. 2, §21–39.

（2）经过调查后在司法上所知悉的事实。法官为了得到有关信息资料就必须通过多种调查方式，包括在法庭上听取证言，但不得仅仅依赖于听取证言，他还可以从书本上和其他资料来源中取得必要的信息和利用自己的知识。例如，通过查阅历史著作、历史档案等，寻找与争执点有关的历史信息。

（3）英国法、欧洲共同体立法和英国国会的立法程序。法官应知悉这些法律的内容而不必证明成文法曾经通过，知悉国会的立法程序则属于职务上的必要，亦无须采用何种证明方式。

（4）成文法的有关规定，即成文法上就诸种事项确认了属法官司法认知的范围，但主要是涉及有关文书的签名和蜡封盖印。例如，根据1989年《英国公司法》第126条规定，在英格兰、威尔士和苏格兰，由注册办公室保存的经登记官（其正式职务无须得到证明）证明的档案摘录应是根据公司法递交给他的文件内容的准确记录。在所有的法律程序中，这样的摘录是具有与文件原件同样效力的法律证据，并且在可接受口头证据的情况下可作为所述事实的证据。由登记官提供的档案摘录可不必由他用文字说明证明其准确性而代之以他的正式印章。在诉讼上，为了防止拖延或为不必要的冗长所困扰，直到一方提起有关伪造的控告为止，法院应视符合法律形式要件上的签名或印章为真实。

《美国联邦证据规则》第201条仅规定了有关裁判事实上的司法认知，但它所适用司法认知的事实必须不属于合理争执的范畴，即包括两方面的内容：其一，在审判法院管辖范围内众所周知的事实；其二，通过诉诸某种其确定性不受合理置疑的来源而能够准确和迅速确定的事实。而裁判性事实就是特定案件的事实，在陪审团审理的案件中，裁判性事实通常就是由陪审团决定的事实。[1]

在美国的立法体系当中，除了作为联邦证据法的成文法外，判例法构成了法律体系中有机的组成部分，其中的裁判事实是指在审理中的个案事实。另外，在学理上，除了对裁判事实的司法认知外，美国的有关立法和学理还同时认为，司法认知还可适用于一些立法事实，主要包括国内法、外州法、外国法、国际法和海商法。

英美学者麦克威则只是将属于法院自由裁量而得以认知的事项作为所有认知事项的其中一部分，在含义上，众所周知的事实与对法院属"显著事实"的

---

[1]　王进喜：《美国〈联邦证据规则〉（2011年重塑版）条解》，中国法制出版社2012年版，第38页。

情形是有所差别的，尽管从推论上而言，法官亦作为社会一成员，对社会一般成员而言已成为常识性或已知的事实对法官理应知悉。尤其对在立法上明确由法官根据情况自由裁量的大陆法系，则于相关事实或事项的认定上以是否能够产生心证为依归，因此，在审判实践中，虽有一些事实按常理已属"众所周知"，但是，究竟是否对法院已产生审判上的知悉效力，则实属法官自由裁量的范围。因为，在实际生活中所存在"众所周知"的事实种类繁多、丰富多彩、千差万别，绝非单靠一一列举或按照一定的标准将其类型化，便能穷尽一切相关事项，实际上"众所周知"或"显著事实"的认定标准毕竟含有某种弹性，那些往往无法判定是否为"众所周知"或"显著事实"的事项，最终都不可避免地作为法官"心证"的对象。因此，对有关"众所周知"的事实，在法官认可之前至少尚存于一些人的观念当中，与对法官已属"显著"的事实是有差别的，不能简单地画上等号。

（二）大陆法系的理解

《德国民事诉讼法》第291条规定："对法院已经显著的事实，不需要证明。"但何为显著的事实，这事实上要由法官的自由心证来决定，这是就裁判事实而言。至于立法事实上的司法认知，《德国民事诉讼法》第293条规定："外国的现行法、习惯法和自治法规，只限于法官所不知道的，应该予以证明。在调查这些法律、法规时，法院应不以当事人所提出的证据为限；法院有使用其他调查方法并为使用的目的而发出必要命令的权力。"这就是说，外国法律对德国法院而言不属于事实问题，一旦法院知道有关国家的法律就无须举证。但是，法院没有了解外国法律的义务，而是有义务从职务上的需要对外国法律加以确定。为此，法院可以收集各种参考书籍，包括向本国的科研院校以及外国使领馆等进行咨询和了解。

《日本民事诉讼法》第179条规定："在法院中，当事人对于自认的事实以及显著的事实无须证明。"但何为"显著的事实"，日本有学者解释道，显著的事实包括众所周知的事实和只对法院显著的事实两种。不论对其中的哪一种事实，即使不使用证据加以证实，法官也知道，很少使人怀疑其判断的客观性。其中众所周知的事实是社会上具有普遍知识经验的人都不加怀疑地公认的那些事实；而只对法院显著的事实，仅是从法官的职务经验上来讲已被明了的那些事实。[①] 另有日本学者指出，所谓显著事实，指的是法官明确掌握的、对其无可置疑地认识的

---

① ［日］兼子一、竹下守夫：《民事诉讼法》，白绿铉译，法律出版社1995年版，第105—106页。

事实。原本对于存有争议的事实，排除法官依据自己偶然性的知识加以判断的可能性，只有通过证据作出的客观保证的认定才是裁判的依据。但是，事实中还有无须证据认定的、客观上明确的事实，而这些事实在不采取证据认定的方法时，法院对其判断的客观性能得到保证。在这层意义上的显著事实，具有公知的事实和裁判上可知的事实等种类。[①]

我国台湾地区"民事诉讼法"第278条规定："事实于法院已显著或为其职务上所已知者，无须举证。前项事实，虽非当事人提出者，亦得斟酌之。但裁判前应令当事人就其事实有辩论之机会。"对此，我国台湾地区学者黄栋培教授认为，所谓对法院已显著的事实，是指某事实为社会所周知，而构成法官现已知悉而言。例如，年代、季节、货币衡量的计算、管辖区内市镇的位置、地方发生重大事故、一时风行的事项等。至于法官知悉此事项的原因，是自始就知悉还是在诉讼中知悉，是自己亲历还是听他人传闻，在所不问；所谓为法院职务上所已知悉的事实，是指该事实为构成法官于职务上所为的行为或系由其职务上所观察或经历的事实，现尚在记忆中而言。至于法官知悉此事实的原因，系在本诉讼事件中所知，还是在民事诉讼、刑事诉讼，以及非讼事件中所知悉，在所不问。但法官虽知悉此事项，但仍需要调阅卷宗的，则就不能属于这种已知悉的事实。

（三）小结

从以上立法例、学说观点的比较研究，可以归纳出以下几点结论：

第一，与大陆法相比较，英美法对司法认知采取的是更为宽容的态度，但不仅仅表现在除成文法外，判例法就特定事实的不断扩张性解释，大大增强了司法认知的范畴，并且，英美法对国内各地方法规、外国法以及公认的国际惯例的认知范围和程度，都是大陆法所不能比拟的。

第二，就共性而言，两大法系各国和地区从总体上对于众所周知的事实和仅对法院显著的事实都毫无例外地使用司法认知，尽管"对于法院显著的事实"在理解的内容上有所不同；同时，有关国家或地区对司法认知的范畴有不断扩大的趋势，体现了对法官裁量权的扩大，强化了其职业技能，有助于节约诉讼成本，提高诉讼效率。

第三，我国从立法的角度只将涉及案件的待证事实问题列为司法认知的范

---

① ［日］三月章：《日本民事诉讼法》，汪一凡译，五南图书出版公司1997年版，第431页。

畴，而并未将立法性事实列为司法认知的范畴，似与其他国家或地区存在明显不同。

四、司法认知的效力

司法认知的效力涉及是否允许采取反证或其他途径对司法认知的事实提出质疑或加以推翻的问题。从总体而言，有关国家或地区在立法上都倾向于向有关当事人提供适当机会予以质疑，但在学理上则有不同的观点。

司法认知的效力涉及相应事项的确定性，即绝对效力与相对效力、直接效力与间接效力的关系。

1.作为绝对效力与相对效力而言，麦克威认为，可将认知划分为应予认知与可予认知，如在法律上有明确划分的，应依据法律上的规定，但在理论上究竟采用何种原则作为划分的准绳，则绝非易事，因为，就"显著"的含义而言，可能存在不同的等级，作为通常显著事项，法院自应予以认知，如为世所公认的事项，则必应予以认知。根据此种推论，进而参酌各种事实的性质，法院应予认知的，可以概括为三类：一是事物的公理已成为人类生活上的常识，如水向下流，二加二得四。此类事实，无须证据加以证明，法院如不予以认知，而对缺乏证明的一方当事人作出不利的裁判，应显属误判之举。二是事实已成为世所周知，例如，马能食麦，母牛生乳，此类事实，亦毋庸举证，否则无异于浪费时间。三是法院为国家机构的组成部分，对于有关政府的事实，应予认知。此类非属于普通知识事项，或亦非法院已有所知；但为法院易于获得其资料，亦即为法院所易于获知。上述各类事项系在理论上根据应予认知的事实的性质加以分类的，实际上如有成文法就应予认知的范围加以规定的，与上述有所不同时，自应以法律的规定为准。①

作为一种矛盾范畴，司法认知事项在效力上所具有的绝对效力与相对效力，只要已经法律所明文恒定，便作为主观上的一种观念和规则，具有国家意志的强烈属性。尽管从法律与学理（或者法理，下同）的效力上而言，学理应当服从法律，但法律的基础在于学理，在此，作为对法律的绝对服从与对学理的相对适应又是一对矛盾范畴。因为，法律具有唯意志性，所以是一种主观意志的理想化产物，而作为法律基础的学理则具有客观性，它承认司法认知的效力在相当范围内应具有相对性。但问题是，如果仅仅停留在学理层次而不将其上升

---

① McKelvey on Evidence, §20.

为法律，则学理研究将失去其终极目标；同时，如在适用法律遇到疑难问题而不宜加以解决时，还应求助于学理成果找出适用法律更为有利的根据，因为，学理毕竟是法律的生命源泉。为麦克威所认为，在适用效力上，法律具有绝对性，而学理常常处于相对性状态，因为，学理的主要功能在于探索在形成正式立法条文之前的那些尚未成熟的认识观念。虽然法律在其内涵上或许有种种暂时不可克服的缺陷，但是，正像当它作为司法认知的规则出现时，它至少在形式上掩盖了这种缺点。法官常常在司法认知上的自由裁量，正是掩盖这种内在缺陷的外在表征。

仅作为相对效力来论及，威格莫根据各种事项的认知范围将其归纳为大致三类：第一，为显著事实，无须举证；第二，为依据司法职务的性质，至少在理论上假定为法官所熟悉；第三，为可予以即时而毫无疑问的说明。就此种归类所具有的相对性，他认为，对于所有认知的事项，如欲加以严格区分，列举其属于何类，则实为不易。[1]因此，这类划分在效力上也只能具有相对性。

2.关于适用司法认知的直接效力与间接效力，我国台湾地区学者李学灯教授在对英美法进行比较研究后认为，适用认知规则的直接效力，为无须举证，即可免除当事人的举证责任。关于无须举证的事项，或为待证的主要事实，或为佐证主要事实的证据事实，均可在得以认知的情况下而免除举证。比如，依据我国台湾地区"民事诉讼法"第278条的规定，就事实已对法院显著或为其职务上所已知的，毋庸举证。这是一种直接的效力，可构成举证责任的免除。适用认知规则的间接效力，则为当事人虽未主张，法院亦可加以考虑而予以认知，当事人或律师可以请求认知。如有主张，亦可认为是基于促使法院予以注意。比如，依据我国台湾地区"民事诉讼法"第278条第2项的规定，前项事实，虽非当事人所提供，亦得予以斟酌。依法律规定，虽不能称之为主张责任之免除，但为求得裁判合于真实起见，此项事实，虽未经当事人主张，法院也可予以斟酌，此为辩论主义的例外规定，也就是认知的间接效力。[2]

在立法例上，有些国家是按照学理上的绝对效力与相对效力的划分来制定认知规则的。如《菲律宾证据法》第129节第1条所规定的，对于各国的存在及其疆界范围、政治、历史、政体，表示国籍的标志，国际公法，国际海事法庭及其印章，菲律宾的政治宪章和历史、立法机关、行政机关以及司法机关颁布的法

---

① Wigmores, Evidence §2571, Scope of Principle (Chardbourn rev. 1981).
② 李学灯：《证据法比较研究》，五南图书出版公司1992年版，第47页。

令，自然法则，时间尺度，地理区划等事项，法院应当进行司法认知，不必提供证据证明。这种认知具有强制性，因此，此种效力应是绝对性的。而该法第129节第2条、第3条则规定了两种具有相对效力的司法认知：其一为任意的司法认知，法官可以根据情况裁量；其二为须经庭审的司法认知，即经过庭审，给予相对一方当事人抗辩的机会，再由法官根据情况裁量是否予以司法认知。这种立法模式正适应了司法认知的本质属性，对认知事项按照相对标准予以明确界定，既较为详细，又更为明了，增加了规则的可操作性。

关于英国证据法上的司法认知的效力，有一种观点认为，只有经司法认知确定的"立法事实"才能成为有约束力的先例，而那些经过司法认知确定的"裁判事实"只是证明的一种代用品，它们与以证明为依据的事实断定相同，不能成为有约束力的先例。另一种观点认为，用来反驳经司法认知而确定的事实的证据是不可采纳的，这条规则在执行中会产生矛盾，因为这些事实是具有普遍意义的事实。例如，司法认知的签名只是意味着该次签名与某人的签名相似，因此，这项认知是不能用证据加以反驳的。

根据《美国联邦证据规则》第201条的有关内容，对于采用司法认知是否妥当和涉及认知的要旨，当事人有权随即请求给予听证的机会。在未事先通知的情况下，可以在司法认知作出后提出这样的请求。在程序上，如果经过听证之后，法庭裁决司法认知是适当的，陪审团将接到指示，接受已完全被确认并采用司法认知的事实。对方当事人不得在开庭时对被认知的事实提出质疑，但唯一可以求助的是向上一级法院提出上诉请求。在立法上虽然不存在什么疑问，但在美国学理上就对司法认知的事实能否采纳反证证据仍然存在分歧。

兼子一教授等日本学者曾认为，即便众所周知的事实也有违背真相的时候，因此应当允许当事人提出反证。我国台湾地区学者大都认为，对法院已显著的事实，在合议庭内部只需多数法官知悉其事实就够了，无须全体法官全都知悉。并且，在第一审法院认为已显著的事实，虽在上诉审法院并非属于显著的，上诉审亦得以其所认为实在，据为裁判的基础，但如上诉审认为并不显著的，仍需采用证据方法，使该事实明显。因为民事诉讼实行辩论主义，一切诉讼资料本应由当事人自行提供，法院只能在此基础上加以审酌。但是，为了使裁判实现符合真实的目的，凡属于法院已显著或作为职务上已知悉的事实，虽然并非由当事人提供，亦得斟酌据为裁判基础，这种情形属于辩论主义的一种例外。当法院依职权斟酌这类事实时，必须在裁判前告知当事人，使其就该类事实有辩论的机会，但倘若未给予当事人此等机会而径行采为裁判的基础，该种裁判即属于存在法律上的瑕疵，可以作为当事人上诉的理由。"此项显著之事实于一般情形，当事人不致有争执，唯若当事人对其事实有争执而提出反证者，亦为合法。为慎重起见，法院宜依职权再行调查证据始可认定。"[1]可见，我国台湾地区从"立法"上是允许对经司法认知的事实提出反证的。这一观点在学理上也系通说。

对于是否属于法院审判管辖区域内的众所周知的事实，如采用合议制审判方式，必须经过全体法官一致认为如是，方可采用司法认知。这样做将有助于限制对司法认知的滥用，这种做法在目前我国法官整体业务素质参差不齐的条件下具有重要意义。

五、司法认知的启动程序

根据司法认知的启动与运用方式不同，在学理上以及立法上，可将司法认知分为法院依职权进行的司法认知与当事人主动申请的司法认知两种方式。

（一）法院依职权进行的司法认知

从当今社会文明的角度而言，司法审判被赋予体现公正、效率，同时又合乎情理的程序功能。对于发生在诉讼之前的案件事实，在审判上被设定为待证事实或称系争事实，除了根据举证责任分配规则，由当事人承担证明责任之外，法官对案件事实真相的发现亦显属其应尽的审判职责。因为，对有关事项的认定范畴之内，毕竟有些属于具有社会一般常人头脑便能解决的认识问题，法官除了职务上的身份之外，还兼具社会普通的成员身份。如果一些在社会上已受到广泛认同而成为常识性的事项，既已为一般常人所理解，或者通过有关法律程序而作为既成事实存在，在此情况下，假若法官对在社会上本属无可争执的事项佯装不知或推说不知，仍旧将其作为审判职务上的待证事实，这种做法将既不合乎常理，也有违审判职责的本旨，还会造成不必要的社会成本。

许多国家都将司法认知作为一种审判职能上的需要，一般在立法上并不以当事人请求为条件。例如，根据《美国联邦证据规则》第201条（c）项规定，无论被请求与否，法庭均可以采用司法认知。

（二）当事人主动申请的司法认知

由法院依职权采用司法认知，其对象一般限于应当予以认知的那些事项。而属于法院可以予以认知以及当事人认为应当属于认知范围的事项，一般需要以当

---

[1]　陈荣宗、林庆苗：《民事诉讼法》，三民书局2005年版，第474页。

事人的主动申请为条件。况且，认知可以达到免除当事人举证负担的效果，故此当事人欲就此免除举证，应当向法院申请认知。例如，《美国联邦证据规则》第201条（c）项规定："在当事人提出司法认知请求并向法院提供了必要信息的情况下，法庭应当采用司法认知。"对此，《加拿大证据法》第85条第1款也作了相似规定。《菲律宾证据法》第129节第3条规定，对须经庭审后才能决定是否作出司法认知决定的事项，在一定情形下由当事人予以申请。

法律规定当事人对自己提出的主张承担举证责任，其目的是通过当事人的证明行为，协助法院查明案件事实，分清是非责任，正确处理案件。因为纠纷都发生在诉讼之前，法院对案件事实不了解、不清楚，需要借助当事人提供证据来查明。如果案件中的某些事实已经清楚，不必再由当事人负责证明，则可免除该当事人的举证责任。举证责任的免除也是民事诉讼证据制度的重要内容。对此，《民事诉讼法解释》第93条第1款和《2019年民事证据规定》第10条第1款对七类免证事实作出了明确的规定。另外，《2019年民事证据规定》第3条至第7条所规定当事人自认的事实、第18条所涉及双方当事人无争议的事实、第57条第2款所涉及当事人无异议的事实，既属于免证事实的范畴，亦属于司法认知的对象。

我国《民事诉讼法》第67条第1款规定："当事人对自己提出的主张，有责任提供证据。"这一规定体现了"谁主张、谁举证"的行为意义上举证责任的一般原则。但是，在审判实践中，并非为当事人主张的所有事实都需要提供证据加以证明。有些情况下，对某些事实不需证据证明即可被视为真实，并免除有关当事人的举证责任。在这种情况下，是法院依职权对有关当事人的事实主张采用了司法认知，从而导致免除该有关当事人举证责任的诉讼效果的产生。

六、当事人的异议与抗辩权的行使及其效果

当法院对某一事项采用司法认知时，势必在当事人之间的抗辩对峙关系上造成某种失衡状况，因为，司法认知的采纳，意味着有关事实不需证据证明即可被作为一种真实来看待，从而免除了有关当事人的证明负担。法院认知事实，无论其为主要事实，或为证明其他事实之证据事实，有初步成立表面可信的效力，但仍应向当事人提供辩论的机会。如法院认为属于众所周知的事实，则应当让程序参与者就此有发表意见的机会。[①] 如为必须认知的事项，仍可由当事人或其律师提供资料或报告，以协助法院作出正确的认知；如属于法院依自由裁

---

① 姜世明：《民事程序法之发展与宪法原则》，元照出版有限公司2009年版，第76页。

量而予以认知的事项，应准许当事人提供证据加以反驳。如有反证推翻，则该事项仍归属于以证据证明的范围。总之，法院就事实为认知之谕知时，尚未达至决定性的阶段，直至当事人无善意真实的争执，无反证推翻时，始有决定性的效力。[1]

审判程序应体现法律的公平、合理，为了增强程序的保障职能，各国大凡在规定司法认知作为免证方式的同时，几乎都毫无例外地通过有关程序对相对利害关系人予以适当的救济。这是因为，即便是显著的事实，也有违背事实真相的时候，比如，有关舆论或发布的信息对人们在理解上产生某种误导，从而产生以讹传讹的情形。为此，应当为当事人提供抗辩的机会，便于对有关事项予以核实或澄清。相对而言，作为对因司法认知而在程序上产生不利影响一方当事人的救济措施和方式，便构成了涉及司法认知的一些重要程序问题；同时，这些程序问题往往也是通过相关的程序规则加以体现的。例如，根据《美国联邦证据规则》第201条规定："对于采用司法认知是否妥当和关于认知的要旨，当事人有权及时请求给予听证的机会。在未事先通知的情况下，可以在司法认知作出后提出这样的请求。"《澳大利亚1995年证据法》第144条规定："为确保当事人不受到不公平的偏见，法院赋予该当事人提交有关获取或考虑此类常识方面信息之机会。"根据《美国模范证据法典》第804条规定，法官如果欲认知某种事项时，尤其是自动认知，应立即告知当事人及其律师，使其获得并提供有关知识的机会，例如，有关认知事项是否适当及所认知的内容等。法官可咨询并利用任何有关资料，这些资料是否由当事人所提供，或由何方当事人来提供，均在所不问。提供资料，除可正当地主张拒绝权外，无排除规则予以适用。如果依据资料不能对有关事项信其为属于司法认知范围时，自应不予以认知。

对于如何使当事人行使抗辩权，麦考密克认为，在认知之前，即已告知当事人予以提供资料（如权威书籍、历书、科学论著、政府公报等类）的机会。此项提供，虽然并非为正式的证明，但可使法院认为该事项尚未明确，或并非像预想的真实，而不属于正当认知的范围，这些属于认知的调查程序。在法院已决定认知而予以晓谕或指示后，其所为认知的界限，仍须进行严格的辨别。例如，就文书真正予以认知的，除法院的认知涉及文书的内容外，关于其内容的记载是否为真实，仍可以作为争执的事项。又如，法院已就某项事实予以认知，该事实对于系争的应证事项仅为一种情况证据。据此可为事实上的推定，以该事实据为推论的基础时，则对于已认知的该项事实，不能采用证据予以推翻；但对于推论的结

---

[1]　李学灯：《证据法比较研究》，五南图书出版公司1992年版，第13—15页。

果，仍可以证据予以反驳。①另外，英美法系的加拿大证据法和菲律宾证据法也对当事人在庭审中对司法认知的事项享有的抗辩权利予以相应规定。

大陆法系的德国、法国和日本均未制定独立的证据法典，在其民事诉讼法中就涉及司法认知上当事人享有的抗辩权未加以明确规定。我国台湾地区"民事诉讼法"第278条第2项规定，在裁判前应向当事人就司法认知的事实提供辩论的机会。此规定在于表明，法院必须在裁判前告知当事人该项事实，以便使得当事人享有辩论该事实的机会。但对于当事人主张应予认知的事实是否属于辩论权行使的范围，该法未作明确规定，但有台湾地区学者认为，当事人已主张的事实，法院予以认知时，亦可称为不待告知，仍向当事人提供辩论的机会。在辩论时可由当事人提供适当知识，如发生争执，自可提供相反的知识。如果因此认为本属于可以争执的事实，便可进入分配举证责任的范围。如系显著而无可争执的事实，各审级自为同一认知，均不容有所争执，则可不因程序问题而发生影响。②笔者认为，为了防范法官滥用职权，任意对有关事实采用司法认知，有必要赋予当事人就有关事实提出质疑和反证的权利。对有关法院认为一些特定事实应为审判法院管辖区域内众所周知的事实，或为法官职务上所知悉的事实，在将该类事实作为裁判基础时，应当告知有关当事人，以便使其行使抗辩权。否则，有关当事人可以此作为行使上诉权的理由，请求上一级法院予以纠正。

就客观上而言，即使为法院采用司法认知所确认的事实和适用的法律，也会存在错误或不当之处。在具体操作上，当法庭宣布对某一事实问题或法律问题采用司法认知时，应当允许因采用司法认知而对其产生不利影响的一方当事人提供相反的证据来质疑法官在职务上所作出的此番认定；并且，为了回答来自相对一方当事人所提出的质疑或产生的疑虑，法官可根据情况向有关当事人出示或让其查阅必要的信息资料。为了推翻法院所作出的司法认知，当有关当事人提供了相反证据时，经法院审查认为，已足以产生推翻这种司法认知的事项时，则原本应由法院予以认知的事项不产生预期的诉讼效果。

在诉讼上，当事人自应承担向法院提供证据证明其事实主张以及提供法律根据的风险负担，对此，法院应当恪守中立，只能作为诉讼程序的监护人，除非法律有明文规定，否则不宜介入当事人间就事实问题的举证责任以及为获取胜诉而应当向法庭提供必要的法律根据。但是，在遇有法律明确规定的前提下，

---

① McCormick on Evidence, §330, Procedural Incidents at 710. 转引自李学灯：《证据法比较研究》，五南图书出版公司1992年版，第15页。

② 李学灯：《证据法比较研究》，五南图书出版公司1992年版，第48页。

虽然基于审判上的需要而对有关事实问题和法律问题不待当事人提供证据证明抑或提出申请，则应依职权主动予以认知，或虽经一方当事人申请而在事实问题和法律问题上采用司法认知。在此法律规定的前提下，由中立的法官采用司法认知，其直接效果将使另一方当事人处于一种明显不利的境地，为了防止立法上的某种任意性以及法官在适用司法认知制度上可能会产生的偏差或疏忽，有必要在程序上给由于采用司法认知而使其产生不利影响的一方当事人以必要的救济，这种救济方式包括允许该方当事人提供相反的证据借以推翻采用司法认知所本应引起的效果。与此同时，法院根据不同情况应当为受到司法认知而产生不利影响的一方当事人提供获取必要信息的机会，其中包括向其展示新闻报道、立法机关、政府机构以及审判机关的公报、历史档案等信息资料，以便能够对该方当事人产生令其折服的效果。

七、司法认知的庭审笔录

对司法认知的事项在庭审笔录上加以记明是程序上的必要保障，这一些细节往往为立法所忽略，但时常会因此发生争议，影响诉讼的实效。为此，按照《美国模范证据法典》第805条的规定，在有陪审团的案件中，法官应指示陪审团发现认知事实。在无陪审团的案件中，则应指令在记录中写明该事实及予以认知的释明。作为认知的事项可能在审判的当地已属于正当认知的范围，而尚未为上级审法院所已知。实务上关于法官认知的事项，常常出现有关记录中未予记明的情形，以至于常常引起不必要的争议。但在有关法案中已予明确规定，对于法律的认知（除外国法和地方法规之类外）自无须予以记明。

另外，我国台湾地区学者李学灯教授认为，当某一事项由法院采用司法认知，而就其妥当性引起争议时，有关此种辩论经过的情形，当然属于言词辩论进行的要领，应记载于言词辩论笔录中。①

八、司法认知所涉及的上诉审程序

就司法认知而言，上诉审涉及上诉审法院对下级法院已就相关事实予以认知而产生相应效力的认定问题，也涉及当事人就其抗辩权的行使延伸至上诉审法院的问题。《美国联邦证据规则》第201条（d）项规定："在诉讼程序中的任何阶段，

---

① 李学灯：《证据法比较研究》，五南图书出版公司1992年版，第48页。

法院都可以采用司法认知。"为此，如果当事人主张审理法院在司法认知上有误，应向上诉审法院提供有关信息资料。

根据美国学者摩根的观点以及《美国模范证据法典》第806条有关内容，对于法院未进行认知或者拒绝认知的事项，在以后的审理程序中或于上诉审程序中，如认为有关事项属于无可争议时，自仍得予以认知。在认知之前，仍应告知当事人，并使其有提供有关知识的机会。如下级审对于认知的裁定存在错误而发生争议时，当事人可在上级审适当地提供有关请求。所有在下级审提出的有关资料，亦可用于上级审。[1]下级审的认知或拒绝认知，均应载明记录以供上级审进行审查。[2]上级审不但可以重新斟酌有关资料，并可接受新增加的资料予以斟酌。[3]

关于上诉审程序，有学者认为，对凡下级审未予认知的事项，上级审仍应予以认知；反之，下级审如就并非属于认知的事项而予以认知的，上级审仍可依据证据予以认定。[4]对此，有学者指出，就某项事实是否显著，上诉审法院在进行判断时，应以初审法院管辖区域为地域标准，以初审法院管辖区域内的普通人是否知晓为主体标准，也应以初审法院在事实认定之前是否知晓为时间标准。即或是在上诉审法院并非显著，只要以初审法院的前述标准是显著的事实，上诉审法院就应该或者是可以认定其为真实。如果上诉审法院据前述标准仍然认为事实并不显著，则应当以通常的证据方法让当事人双方举证证明。[5]

九、对我国立法上有关司法认知问题的探讨

（一）关于司法认知的事项问题

根据我国现行《民事诉讼法》第72条规定，能够作为司法认知的事项为经过法定程序公证证明的法律事实和文书。可见，这种设置标准显得过于严格或狭义，并不能充分反映审判活动中的客观要求。为此，《民事诉讼法解释》《2019年

---

① Morgan, Basic Problems of Evidence, Procedure. 转引自李学灯：《证据法比较研究》，五南图书出版公司1992年版，第35页。

② McCormick on Evidence, §330, Procedural Incidents (8th reprint 1983). 转引自李学灯：《证据法比较研究》，五南图书出版公司1992年版，第35页。

③ Wigmores, Evidence §2567, (c). Also see §2567 a (Chardbourn rev. 1981). 转引自李学灯：《证据法比较研究》，五南图书出版公司1992年版，第35页。

④ 李学灯：《证据法比较研究》，五南图书出版公司1992年版，第48页。

⑤ 阎朝秀：《司法认知研究》，中国检察出版社2008年版，第199—200页。

民事证据规定》中，对司法认知的范围作了扩充性的解释和规定：其一，自然规律以及定理、定律；其二，众所周知的事实；其三，根据法律规定推定的事实；其四，根据已知的事实和日常生活经验法则推定出的另一事实；其五，已为人民法院发生法律效力的裁判所确认的事实；其六，已为仲裁机构生效裁决所确认的事实；其七，已为有效公证文书所证明的事实。其中的第五项为判决事实，在美国，初审法院或上诉法院可以自行决定对判决事实是否采用司法认知，而不问律师是否已提出请求。[①]

在学理上，我国的学者大都是从证据对象的角度来认识当事人的举证范围，从司法认知的角度来认识当事人的举证责任问题仍鲜为所见。实际上，这属于一个问题的两个方面，即凡有当事人的主张，必有举证加以证明的问题，而由法官采用司法认知的直接作用，在于免除当事人相应的举证负担。因此，司法认知是从公权角度来对当事人举证负担这一私权利益的一种功能性救济，这种救济主要是基于诉讼节约、降低成本、避免社会资源的不当浪费以及提高诉讼效率的目的，因为在现实生活中，有些事实本身即具有客观上的公知、公认的效力，使其不必经过当事人的举证这一环节便具有业经证明的效力已成为一种现实上的需要。[②]对此，法院基于查明事实的审判职能，应适应这种客观现实的需要，而直接认知和接受这些事项在证据法上的免证效力。有鉴于此，在立法上如何客观、公正地对待司法认知的事项，已成为我国证据法上需要认真加以解决的问题。根据当代各国的发展方向，其司法认知的范围已呈现日渐扩大和更加明晰化的趋势，这不仅体现了处于信息时代的世界新的面貌的一些特征，即愈来愈多的知识和信息使人们在将客观事物作为认知对象时增强了智能化上的实现功能，已知的知识和信息领域大大缩小了未知的空间。因此，在证据法上，相应扩大司法认知的事项范围便意味着相对减少了当事人举证的负担和压力，其直接结果则是有利于节约诉讼成本，提高诉讼效率。为此，我国现行立法上所规定的司法认知的事项在范围上仍显得过于偏窄，实际上造成了法官在认定事实上的苦不堪言，同时也给当事人造成了不当的重复性劳动。因此，在立法上扩大认知事项的范围势在必行。

为此，笔者认为，除了保留现有立法上所确认的对有关事实和事项进行司法认知外，法官在借鉴有关国家立法、司法经验基础上，还应从以下几方面考虑相

[①]　［美］乔恩·R.华尔兹：《刑事证据大全》，何家弘等译，中国人民公安大学出版社1993年版，第324页。

[②]　毕玉谦：《试论民事诉讼中的司法认知》，载《中外法学》1999年第1期。

应增加司法认知的对象范围：

其一，出于加强审判职能的需要，有必要增加属法官职务上所知悉的事实。在客观上要求法官具备更高的人格品行和业务素质，既强化了法官的职权，又加强了其责任感，促使其向更加专业化方向发展，造就出更多的专家型人才。

其二，出于规范和统一立法体系的需要，做到各级立法与统一司法审判的有机结合，有必要将各地法规纳入司法认知的范畴，但在法官了解和掌握之外，还应授予法官依职权调查与当事人协助提供相结合的互动机制。

其三，为了加强道德规范的辅助性功能，有必要将那些符合社会公序良俗的习惯做法纳入司法认知的范畴，以使社会整体上形成一种新的弃恶扬善的良好环境氛围。

其四，随着国际交往的不断增加，各国大都需采用条约或在对等原则基础上，将外国法和有关国际惯例纳入司法认知的范畴，在这种背景下，我国似应顺应这种潮流将外国法或有关重要的国际惯例有条件地视为司法认知的对象，即在对等的条件下，对外国法和有关重要国际惯例在已知悉的范围内直接采取司法认知，凡对无法知悉的外国法及有关重要国际惯例，可由当事人提供，或由法院依职权向外国驻华机构或中国驻外机构进行收集调查。

其五，由于我国地域辽阔，情况复杂，如单靠成文法上的抽象概括，未免挂一漏万，收效甚少，为此，适时借鉴英美法以判例法形式列举司法认知的事项不失为明智之举，使有关认知事项更具有鲜明性和针对性。

（二）关于司法认知上所涉及"众所周知"事实范围的界定问题

在此问题上，主要有普遍性说[①]、相对性说[②]和区域性说等几种观点。对此，笔者认为，就"普遍性说"而言，过于宽泛，在审判实践中实际上没有确切的标准可供遵循，可操作性相对较弱。所谓的在没有限制的范围内为人们所普遍知悉，有时，这种标准可能会显得过高，实际上有些为"普遍性说"所认可的事实如天体运行、季节更替等属世界范围内人所共知的事实，而一些事实如自然灾害、重大事件或某一地区的自然概貌、交通状况等为人所知悉的范围很可能是限于某一国家或某一地域，且已在实质上具有了司法认知的设定旨意。因此，笔者认为，

---

① 即认为所谓"众所周知"的事实，应为社会上的一般成员包括法官所知晓。

② 即认为所谓"众所周知"的事实，本应为社会上的一般成员包括法官所知晓，但就某一事实所周知的程度上，受到一定条件、时间等因素的限制，因此，对"众所周知"事实范围的理解，应仅具有相对性。

美国证据法所确立的在审判法院的管辖区域为范围标准是较为科学、较为实际的界定标准，因为：第一，它最终把司法认知与特定的审判管辖相联系，使司法认知的范围与实际审判职能有机地结合在一起，其实务性极强；第二，这一标准具有现实可行性，即它并非是一般意思上的抽象范畴，而是相对具体化的划分，它所确定的范围实际上已大大超过了"普遍性说"的一定范畴，既顾及了司法认知对象的普遍性又照顾到了其特殊性。在疆域面积上，美国与我国相似，因此，这种界定司法认知上"众所周知"事实范围的模式对我国具有较大的借鉴价值。

第三节 经验规则

一、经验规则的含义

经验规则，又称经验法则，是指人们在长期生产、生活以及科学实验中对客观外界普遍现象与通常规律的一种理性认识，在观念上它属于不证自明的公认范畴。在证据法意义上，经验法则是法院依照日常生活中所形成的反映事物之间内在必然联系的事理作为认定待证事实的根据的有关规则。也就是说，经验法则是法院通过亲身经历的领悟或者借助多方面的有关信息资料而取得的知识，进而获得的涉及事物的因果关系或者常态性状的事理法则。"对于经验法则之定义，乃应着重在该等知识或经验之具规则性（亦即反复实现之经常性及事后可检验性），其若未具有一定程度以上之规则性，即不能认为具有可解为具经验法则之适格性。"[①]

经验法则具有以下基本特征：其一，该规则并非由法律加以具体规定，而是从人类社会的普遍规律中抽象出来的事实，是一种客观意义上的普遍知识，它并非需要借助任何证据便能确认其作为基本常识而为一般常人所认同；其二，并非是任何生活经验皆能成为审判意义上的经验规则，它是法院以其独特的人格与职业属性，在一般生活经验基础上加以提炼后作为认知社会的一种常规机制。因此，构成经验规则的主要具体要素包括：其一，所依据的生活经验必须是在日常生活中反复发生的一种常态现象，即具有日常生活中的一种普遍意义上的典型特征。其二，该种生活经验必须为社会中普通常人所普遍体察与感受，这是产生经验规

---

① 姜世明：《证据评价论》，厦门大学出版社 2017 年版，第 56 页。

则的社会基础。"经验法则作为一般知识，尽管带有特殊体验性，源于人们各个个体的体验，但不是个别人特有的经验，至少在一定范围内得到普遍认可或者已经属于被接受了的知识，或者在特定人群中被认识。"①其三，该种被引申为经验规则所依据的生活经验可随时以特定的具体方式还原为一般常人的亲身感受。例如，树木向阳面生长快，一般靠北面的树桩年轮较密，南面的较疏；山区和农村的住房，门户一般都是朝南的；离地面越高，空气越稀薄，且气温也越低；等等。这种事理作为一种事物的常态现象，并非仅为法官的主观经验作用，它应具有一定确实性和合理性作为其客观基础。司法审判上的经验法则是社会日常经验法则的一个必要而特殊的组成部分，其特殊性表现在法官常常根据自身的学识、亲身生活体验或被公众所普遍认知与接受的那些公理经验作为法律逻辑的一种推理定式。对此有学者指出，在事实认定中所适用的经验法则必须能够被法官和双方当事人所了解，具有可视性。如果属于一般常识性的经验法则，就没有必要在诉讼中加以证明，因为这有违诉讼效率的要求；如果该经验法则属于非常识性的，且能够左右事实认定的结果，这必须要在诉讼中加以证明；如果运用了与一方当事人或者双方预期相违背的经验法则，就会造成事实认定的突袭，很难称之为公正。②

根据属性不同，经验规则可分为一般经验规则与特别经验规则。一般经验规则是人们从日常社会生活或者法律生活中所体验、感知的一类事实，由于这类事实构成要素之间的因果关系经过长期的反复验证，代表着一种类型事物发展的通常趋势或规律，它是以事实的盖然性作为其内容，由此而形成的规则，其本身自无证明的必要，因此，一般经验规则可不作为利用其他证据加以证明的对象。例如，酒后开车通常影响驾驶员的正常操作能力，70岁的老人通常在精力上或体力上不及20—30岁的青年人等。与一般经验规则相对应的是特别经验规则。所谓特别经验规则，是指超出一般常人所具有的知识与认知范畴，必须经过专业培养或借助专门仪器、设备等辅助手段才能观察、体验和掌握某些事物的规律性与特殊性的有关规则。例如，就环境污染而产生的侵权纠纷案件而言，当巨大的动力工厂产生的废热向水体和大气排放时，这种热能便形成一种环境污染。在日常生活中，火电厂所烧燃料产生的热只有三分之一转化为电，其余三分之二变成废热，以热水或者热气的形式排放到大气和水体中。这种热污染可使江、河、湖、海水体温度升高，使那里的生态环境发生变化。一旦水体温度超过水中生物的适

---

① 张亚东：《经验法则：自由心证的尺度》，北京大学出版社2012年版，第12页。

② ［日］高桥宏志：《重点讲义民事诉讼法》，张卫平、许可译，法律出版社2007年版，第29页。

应范围，就会妨碍它们的正常生活和发育繁殖，甚至导致其死亡。热污染除了对水生生物造成危害外，排入大气中的热还会使气温升高，影响周围植物的生长。工厂车间里的高温会降低人的工作效率，甚至使人昏厥、中暑。对于这些涉及热污染的专门知识通常超越了为常人所掌握的一般生活经验的范畴，属于特别经验领域，因此，法官被推定为只具备一般常人所能够体验到的日常经验，而对日常生活中的特别经验的认知必须借助专家意见来获悉。但是，就特别经验规则而言，因其规则的形成是基于特别知识或经验所取得的事实，对这种事实本身在诉讼上仍可作为证明的对象，由其他证据加以证明或采取其他相应的证明方式如交付专家鉴定等。例如，矿物是由各种元素组成的，所以在一定的化学和物理条件下某些元素又会生成新的矿物，等等。一般认为，对法官具有一般经验的，其依此经验所形成的规则可直接用于认定事实或适用法律的需要，但对于法官依据特别知识或经验所形成的规则，一般不得径行作为认定事实的基础，而必须适用较为严格的证明程序，以便使认识的内容更加客观化，对此除了采取交付专家鉴定外，还应向有关当事人提供质疑的机会。因此，就经验规则与待证事实之间的关系上，经验规则常指一般经验法则而言。

在通常情况下，一般经验法则不作为证明对象。这是因为，法官作为普通的社会成员之一，理应知晓那些具有常识性的一般经验法则。只有在特殊情形下，一般经验法则才能够被作为证明对象。即当法官根据一般经验法则对案件事实作出认定或推定时，因此所造成对其不利效果的一方当事人提出相反证据有可能影响法官先前所作出的认定或推定，在此时，作为这种前提事实或根据的一般经验法则，可作为证明对象来对待。例如，根据《2019年民事证据规定》第10条规定，根据已知的事实和日常生活经验法则推定出的另一事实，当事人无须举证证明，但相对一方当事人有相反证据足以反驳的除外；而作为特殊的经验法则在诉讼上则应当作为诉讼证明的对象，这是因为，法官与一般常人一样，不可能对于那些具有专门知识或特别经验所构成的经验法则予以知悉和把握。有韩国学者指出，经验法则大致可分为三种类型：一是作为一般常识的单纯经验法则；二是属于专业性和学理性的经验法则，如涉及年龄和平均寿命的简易生命表；三是利用表见证明获得的具有高度盖然性的经验法则。在经验法则中，属于一般常识性的经验法则不属于证明对象，而专业性和学理性的经验法则，因人们不能期待法官对此抱有专业认识，故应当成为证明对象。[①]我国台湾地区有学者亦认为，经验法

---

① ［韩］孙汉琦：《韩国民事诉讼法导论》，陈刚审译，中国法制出版社2010年版，第226页。

则包括日常生活的法则和专门科学的法则，尤其关于专门科学的法则，法院尤为难以一一知悉，在遇有依据经验认定事实时，此时经验法则就成为证据的对象。[①]

在实际应用上，有德国学者指出，经验法则对于法官的心证即证据评价而言显得不可或缺。例如，对于因果关系问题、过失问题作出相关的事实认定，等等。[②] 当经验法则被用于作出事实判断时的性质如何，在理论上有不同的认识，有的认为系法规，有的认为是事实。二者的主要区别在于，对于法规而言，法官可以其私人知识而加以利用，当法官并不知晓时，只需通过自由的证明即可，并且不受当事人自认的拘束；对于事实而言，则不得利用其私人知识，如一般人并不明了时，须经严格的证明，但因适用辩论主义，故允许采信自认证据。对此，我国台湾地区学者宋太郎教授认为，如经验法则为一般人所知悉时，其内容已成为社会一般人共同遵守的法的确信，故性质上应属于法规之一；如果其内容系专门知识而并非一般人所能知悉的，则并无此法的确信的效果，而应属于事实的一个环节。[③]

二、经验规则的基本功能

经验规则在证据法上的基本功能主要体现在两个方面：

（一）认定事实

对案件事实的认定，是适用法律的前提和基础，对事实的认定是基于证据法上就无数事实关系中选择其中最为接近其真实价值的事实，由事实认定者借助主观能动性在排除各个疑问后对假设中待证事实的一种确认。其具体作用体现在：

第一，决定证据的关联性。证据的关联性应表现为，由一方当事人向法庭提供证据与这些证据所要体现的事实结论之间具有证明价值的关系。证据的关联性是事物之间存在逻辑上推论的一种经验的实质关系，其关联性应受制于客观事物之间因常态事理而发生因果关系的规则，这便是经验规则对证据关联性的基本作用。比如，过量饮酒通常影响饮酒人大脑对外界的正常反应，这是一项事理或称

---

① 姚瑞光：《民事诉讼法论》，中国政法大学出版社 2011 年版，第 287 页。

② ［德］奥特马·尧厄尼希：《民事诉讼法》（第 27 版），周翠译，法律出版社 2003 年版，第 265 页。

③ 吕太郎：《民事诉讼之基本理论（一）》，中国政法大学出版社 2003 年版，第 329 页。

经验，而某人喝了一瓶烈酒的证据，与证明其在半小时后发生交通事故时仍处于醉酒状态的事实具有关联性；反之，如某甲因过量饮酒而搭乘一辆出租车，由于另一汽车司机乙疏忽大意而与该出租车相撞，作为出租车乘客的甲因受伤而对乙起诉，则能够证明甲过量饮酒的证据与案件事实之间则不存在关联性。

第二，决定证据的可采性。英美法十分注重证据的可采性，为此在立法上设置了庞大的可采性规则，对证据的可采性加以诸多限制，其目的在于限制法官自由心证的范围，以保障证据具有合理的证明力。因此，凡被采纳为证据的，自然享有证据能力。英美法对证据能力在立法上的限制，在于使法官热衷于依靠经验规则来对各种排除规则加以识别和适用，以确信证据的可采性。

大陆法对于证据的可采性很少加以限制，而交由法官依靠良心和经验加以合理的裁量，这种裁量权的使用离不开经验规则，但对于具体的案件事实的处理，应选择适用何种经验规则，也被纳入法官加以自由裁量的范围。因事实本身就具有某种相对性，虽然这种自由裁量并非不存在滥用裁量权的危险，但这已为经验规则本身所具有的主观、类型化所使然。所谓自由心证主义，原本与所谓法定证据主义相对应，它是指事实审理者为寻求事实而对证据自由地作出判断。大陆法因从总体上采用自由心证主义，其重心在于求得证据证明力的有无、大小或强弱。但是，大陆法在立法上对自由心证的确立，并非意味着在大陆法的司法实践中并不存在证据能力或证据的可采性问题。

第三，发挥证据间的推理作用。任何待证事实实难仅凭一个证据而获得正确的心证，作为一种证据，当不足以从中获得正确的心证时，即应对其他证据予以调查，其中包括能够直接作为认定事实根据的直接证据以及凭借本身的价值并不能直接作为认定事实根据的间接证据。因此，对事实的认定，无论采用直接证据还是间接证据来判断有关证据与待证事实之间是否存在关联性以及实质上的证明价值，都必须借助于特定的推理过程，尤其是间接证据或间接事实之间更是如此，但是这种推理过程无一不以经验规则为基础，因为任何待证事实的确立不能有悖于事理，否则将不能认为已获得了有关正确的心证。

第四，体现对证据力价值的评价作用。英美法通过设置一系列排除规则借以限制证据的可采性，以确保证据力的合理性和可靠性。这与大陆法基本上交由法官自由裁量的模式形成鲜明的对照。但是在确定证据力的价值，即对证据力的评价上是基本一致的，即面对范围广泛的证据，究竟有关证据含有何种立证事实，其立证价值如何，何者能够在排除有关假定疑问的基础上更为接近真实，以及接近的程度如何，对于这样的证据力价值的评定，自近代以来，各国证据法皆采用自由心证主义，原则上在立法上不加以限制，而交由法官自由裁量。对此，法官虽能够自由裁量，但这种裁量权的行使也并非没有相应的标准，即应使裁量权行使的基准保持在合理性范围之内，其中，经验规则也是一项不能违背的"强行"原则。因此，对证据力价值的评价过程，便同时也是一个确定何种证据最为接近真实的事实认定过程，作为此项事实的确认方式，必须从事物的本质属性、内在规律性以及事物发展变化的因果关系等常态机制出发，从而才能使之符合经验规则的合理标准。

（二）适用法律

法律是立法者从繁纷复杂的社会生活中就各种具体社会关系加以抽象、概括、分类和定性后的产物，它是以抽象法的规范机制作为体现立法者意图的基础。比如，民法在民事法律行为上，就民事法律行为的实质要件与形式要件及其相应的效力加以抽象的概括规定。在适用这类抽象的法律规范时，因诸种法律规范本来就植根于社会生活的特性，故适用法律的过程也不过是采取回溯的形式，使法律规范的内容逐一还原为社会生活的有关内容，实质上，从某种意义而言，这不过是借演绎推理的方式，使立法者的意志和思想在社会现实生活中找到最为合适的坐标，从而使抽象的法律规范在社会生活中得到再现。

法官作为法律适用的主体，对法律的适用是以对事实的选择与法律规范的选择为其前提条件。但从适用法律本身而言，其作用在于使法律规范上的概念与内容特定化之后，才能发现具体的显示其公平、正义和合理价值的法律规范。就具体法律规范的发现过程自应基于经验规则，作为合理的选择与判断。因为，作为法律的适用是以确定其适用对象的具体事实为前提。此项事实的推定，应从无数事实关系中选择其最为接近的事实关系，再从其中分辨出含有法的因素的事实与不含有法的因素的事实，然后再从含有法的因素事实中，选择出具有符合构成要件的事实，使之个别化，进而最终使之合理化、特定化。因此，在适用法律上，经验法则不仅具有选择功能，还具有借助其合理的选择功能，并基于其合理的判断功能，而产生识别、发现具体法律规范的功能。

三、有关经验规则的立法例和学理解说

一般而言，各国并不在立法上明确规定法官应采用经验规则以及适用何种经验规则判案，而是借助经验规则的有关知识和内容在立法上设置推定规则、允许法官采用司法认知以及授予法官享有自由裁量的权力，凡此种种，均与生活经验或通常习惯有关，并以此作为基础。对此，我国台湾地区有学者认为，

大陆法对于证据的适格性很少加以限制，而交由法官为合理的裁量。此项裁量，固应凭经验法则，但对于具体的事实，应选择何种经验法则，也属于法官自由裁量的范围。虽不无滥用裁量权的危险，但事实本具有相对性，也不宜过度类型化，以限制其裁量权的运用。不过何种证据缺乏适格性，大陆法也常从其经验法则，以决定其证据能力。而英美法则倾向于经验法则，使证据的适格性趋于类型化。①

在成文证据法典上，一些英美法国家和地区就推定规则适用，在一些特定情形下得以具体化，便是使证据的适格性趋于类型化的一种表现形式，例如，《菲律宾证据法》第131节第3条列举了36种涉及可反驳的推定事项，其中的许多具体推定事项是以经验规则为基础的，如第5项中的"故意隐瞒的证据，要是被提出，会对隐瞒者不利"，以及第25项中的"事物是按照自然界的一般进程和生活的一般习惯发生的"，等等。

就判例法而言，英美法许多判例中涉及司法认知的内容，也都是倾向于采用日常经验中的盖然性为依归，例如，根据美国的司法判例，初审法院可以采用司法认知：在一般情况下，宣读大约40页记录证词根本用不了一个小时。②

另外，就某一事实问题在法律上的理解和评价，法官常常依经验规则作为作出特定推论的一般基础事实，这种情形在判例法国家表现得尤为明显。例如，在美国的一起涉及威廉斯等人诉沃尔克——托马斯家具店上诉案中（Williams v. Walker—Thomas Furniture Co. United States Court of Appeals, District of Columbia Circuit, 1965, 350 F. 2d 445, 18 A. L. R. 3d 1297），关于如何看待合同中不公平问题，上诉法院认为："一般认为不公正的合同是指当事人中的一方缺乏有意义的选择，而合同的条款又不合理地利用该方的这一弱点。在某一特定案件是否存在有意义的选择，只能通过考虑交易所处的所有情况加以确定。在许多情况下，谈判实力的悬殊使一方不能作出有意义的选择同时合同订立的方式也与合同的公正性有关。此外，在决定合同是否公平时，需考虑的问题还包括根据其明显的教育程度，合同各方是否有合理的机会了解合同的内容，是否在难以辨认的小字中藏有重要的规定，或者是否存在欺诈性销售手段使合同的重要规定不易受到注意。一般情况下，不完全懂得合同规定而签订合同的一方，应承担签订合同的风险。但是，当缺乏讨价还价的实力因而缺乏作出真正选择的一方签订

----

① 陈朴生：《刑事诉讼法实务》，1979年增订版，第566—567页。

② 转引自［美］乔恩·R. 华尔兹：《刑事证据大全》，何家弘等译，中国人民公安大学出版社1993年版，第322页。

了一项商业不合理的合同，而又不了解或很少了解合同的内容时，该方所表示的同意很难是针对合同的全部内容的。在这种情况下，应放弃对于合同的内容一般不作质疑的做法。同时法院应考虑合同的不公平性是否足以使合同不应得到法院的执行。"①

判例法本是英美法国家和地区的传统，但是，正如英美法国家和地区当今已采用了大量的制定法作为必要补充一样，大陆法国家和地区也在一定程度上引入了判例法作为法源的必要补充。例如，我国台湾地区的有关司法判例对经验规则解释为，"盖经验法则，系本吾人生活之经验，而为判断证据证明力之基础，且非事理所无，并在客观上应认为确实之定则"。②

在大陆法国家和地区，无论是在实体法抑或诉讼法上，对法律推定的应用亦无不以经验规则作为其设置的根据。如《德国民法典》第484条规定："在担保期限内发现主要瑕疵者，推定在危险移转于买受人时瑕疵已存在。"此法条的确立是基于一般日常生活经验，这种作为推定结论的情形可能发生的盖然性很高。

又如，《法国民法典》第538条规定："地上或地下一切建筑物、种植物及设施物，如无相反的证据，则推定为土地所有人以自己的费用所设置并归其所有。"此种实体法上的推定也是基于日常生活中的一些通常概率而言，因此，如果出现例外的情形，那毕竟是属于一种特殊的和个别的情况，可见，常理一般为法律所认知。"因为经验法则不是具体的事实，而是谁都知道并且不觉得奇怪的常识，所以在诉讼上把它的运用应准用法律适用的见解是有力说。照此种观点，不管怎样专门性问题，只要法官以其个人的研究和自己的经验所知道的，就可以直接用它来认定事实。"③

再如，《德国民事诉讼法》第437条第1款规定："从形式和内容两方面都可以认为是由官署或由具有公信权限的人所制作的证书，推定其本身是真实的。"该法第442条规定："对于核对笔迹的结果，法院依自由心证判断之。在适当的情况下，可以先询问鉴定人，然后作出判断。"上述两种情形，即法律上的推定以及采取某种形式的自由心证，体现了有关国家在诉讼法典中运用经验规则的两种主要形式，其中采取自由心证的判断形式，则包含了在一定基础事实上的事实推定。而事实上的推定与法律上的推定的本质区别，正如有学者认为的那样，前

---

① 转引见徐罡、宋岳、覃宇：《美国合同判例法》，法律出版社1999年版，第111页。

② 陈朴生：《刑事诉讼法实务》，1979年增订版，第564页。

③ ［日］兼子一、竹下守夫：《民事诉讼法》，白绿铉译，法律出版社1995年版，第102页。

者未被法律规定而后者是为法律所明文规定的。①在现实审判活动中，存在着大量的事实推定的可能性，而只有通过立法程序为立法者所确认的那些原本作为事实上的推定的一些内容上升为法律上的推定，具有立法者的主观意志属性。其意义在于，为法律所确认的这些"事实推定"作为司法者适用法律的常规手段，具有规范作用，为一般司法者所统一遵循；而那些"栖身于"司法者自由裁量权的"篱笆"之下的事实推定，则具有很大的随意性甚至偶然性，这主要取决于司法者的主观思维模式以及个人业务素质对经验规则的体察、感知和积累程度，因此，在同一案件中，当在基础事实已被确认的条件下，有的法官则会运用经验规则因应作出推定，而有的法官则无动于衷，或视而不见。针对经验规则在诉讼程序上的运用，我国台湾地区学者陈朴生先生认为，在诉讼制度上，因采用自由心证主义，无论其诉讼构造是当事人主义还是职权主义，对于证据的评价、事实的判断，无不赋予法官自由裁量之权，法律虽不就证据评价，加以直接形式的拘束，但为使其合理地判断，也应基于经验法则。且基此经验规则而作出判断，仍应有合理的科学根据，并非单纯的主观作用。自由心证主义虽对于法官判断的自由，并不以法律直接加以限制，但为防止其擅断，不仅设有证据能力、采证程序或证据价值等方法予以间接的限制，即对于经验规则的运用，也设置客观上的种种标准。②

四、对我国司法实践中适用经验法则的探讨

（一）我国有关经验规则在立法上和司法上的运用

我国在现行民事立法上只是在个别情况下才直接涉及法律上的推定，在法律上往往采用"视为"一词，这在大陆法系的推理上被认为是一种"法律拟制"，而遇有这种情形，英美法系则常使用"推定"一词。因此，这种"拟制虽然在形式上酷似推定，但在实质上并非推定"。③对此，英美法学者塞西尔·特纳认为："这种推定在形式上与证据法相联系，但实际上却是用程序法语言表示出来的实体规则。"④实际上，这种拟制与通常的推定存在本质上的差别，但在形式上却与通常的

---

① 李浩：《民事举证责任研究》，中国政法大学出版社 1993 年版，第 193 页。
② 陈朴生：《刑事诉讼法实务》，1979 年增订版，第 563—564 页。
③ 李浩：《民事举证责任研究》，中国政法大学出版社 1993 年版，第 194 页。
④ ［英］塞西尔·特纳：《肯尼刑法原理》，王国庆等译，华夏出版社 1989 年版，第 486—487 页。

推定具有相同的特征，因此，可以作为一种特殊的推定形式加以探讨。

我国现行民事立法上多为这种"推定"，例如，《民法典》第159条规定："附条件的民事法律行为，当事人为自己的利益不正当地阻止条件成就的，视为条件已经成就；不正当地促成条件成就的，视为条件不成就。"《民法典》第1124条规定："继承开始后，继承人放弃继承的，应当在遗产处理前，以书面形式作出放弃继承的表示；没有表示的，视为接受继承。受遗赠人应当在知道受遗赠后六十日内，作出接受或者放弃受遗赠的表示；到期没有表示的，视为放弃受遗赠。"以上这两条涉及法律拟制的"推定"均与社会生活实践中的常理有关，即对明知他人任意以本人名义实施民事行为而不表示反对的，一般除了存在威胁、压力或不当欺诈、利诱等非法情形外，法律将视其为有关自然人或法人的意思自治；受遗赠人在得知遗赠法律事实的一定期限内，对是否接受遗赠明确表态，大多数情形下是对接受遗赠并不感兴趣。这种法律上的拟制，往往是以生活经验为基础，在英美法中是以法律上的可反驳的推定而加以规定的，或者作为司法认知的一部分。另外，我国《票据法》第43条、第53条、第55条、第66条等也使用了这种法律拟制的推定。

在诉讼法上，我国《民事诉讼法》第72条规定："经过法定程序公证证明的法律行为、法律事实和文书，人民法院应当作为认定事实的根据。但有相反证据足以推翻公证证明的除外。"这也属于一种法律上的推定，而这种法律推定的特殊性就在于，公证机关在对这类行为、事实和文书在法律上确认其效力之前的事实认定上使用了与经验规则有关的证明方式，同时，这种公证证明的方法又在立法上确认为具有证明效力，法官在审判中如遇到有关这些已被公证的事项作为证明对象时，可直接作为认定事实的根据。可见，这些事项同时也可作为司法认知的对象。因为，这种法律上的推定具有可予反驳性，所以，允许相关利害关系人提出反证予以质疑。

另外，《民事诉讼法解释》第93条所规定的属于当事人免证事项中的第4项，即"根据已知的事实和日常生活经验法则推定出的另一事实"，以及第3项，即"根据法律规定推定出的事实"，这两项规定便成为我国审判上对司法认知和事实推定这两种证明方式得予使用的直接依据。

在审判实践中，对经验规则在认定事实和适用法律上的实际运用还是较为广泛的，例如，甲与乙因债权债务纠纷而起诉，债权人甲拿出债务人乙所立的一张借据，上写道："乙借甲5000元。"下有乙的签名并注明年、月、日。在这张借据下方乙又写道："乙还借款4000元。"对同一书证由于出现理解上的问题，进而得出两种完全相反的结论，甲主张乙共借其款9000元，而乙称仅借过甲一笔款项，计5000元，后来还了4000元，并在该借据上予以注明。在本案中，应如何认定作为书证的这一借条所表达的实质性含义呢？如果单从该借据上的两句话而言，很难具体判断究竟是乙欠甲9000元，还是乙已还甲4000元，仍欠1000元。但是，根据这种能够唯一作为证据来决定当事人之间债权债务关系的借据而言，应当为其设定符合情理的认定适用规则，以便在审理此类案件时有章可循。我们不妨先抛开本案这一情节来考虑有关问题。按照日常生活上的习惯，通常发生在民间的金钱借贷关系，作为债权人的出借人通常要求作为债务人的借用人书写字据，借以表明债权债务关系的存在。当债务人归还所欠款项时，借用人通常要求收回原有借据，借以消灭原有的债权债务关系。当债务人分期偿还债务时，在一般情形下，债务人往往要求债权人出具相应款项的还款凭据，以此来证明所还款项。本案中，作为债务人的乙既然称其已还甲4000元，而未采取由债权人甲出具还款凭证的通常做法，反而称在借据上所陈述的已还款4000元的意思表示而并非为再次借款4000元之意。这是违背通常的习惯性做法的，也有违作为借据凭证的本质属性，因为，作为借据而言，其主要功能在于表达一方于某年某月某日借贷另一方特定款项的意思表示，并且，该种借据通常由债权人持有。所以，债务人如将所还款项仅仅记载于借款凭据上，在通常的理念上也不利于债务人实际持有该种凭据，以对抗债权人对其主张债权的（诉讼）请求。因此，这种做法通常为债务人所不加采用，这也主要是考虑到自己在债权债务关系中所处的具体地位以及所持该种凭证的利害关系。因此，笔者认为，对这种有违情理和不合通常所遵循的债权债务发生与消灭惯例的做法，根据《2019年民事证据规定》第10条第1款第4项规定，根据已知的事实和日常生活经验法则，可据此推定债务人所称在借款凭据上标明已还款4000元的事实主张不能成立。对此，对于证据的审查判断，《民事诉讼法解释》第105条也作出了相应的规定，即："人民法院应当按照法定程序，全面、客观地审核证据，依照法律规定，运用逻辑推理和日常生活经验法则，对证据有无证明力和证明力大小进行判断，并公开判断的理由和结果。"

（二）对我国司法实践中运用经验法则的思考与建议

针对我国审判实践中在运用经验法则当中所出现的一些问题，笔者提出如下几点建议：

第一，就运用经验规则而言，在立法上，我国采用法律上的推定较少，力度显然不够，实体法与诉讼法相比较，诉讼法上几乎就是空白。采用法律上的推定实际上是对司法活动中的事实推定的一种规范化、强行化，以便使那些为长期司法实践所证明的常理或成熟的习惯性做法上升为一种法定的经验规则，以尽量克服在审判实践中个别司法者对事实推定或司法认知的随意性和不确定性的流弊。因此，在制定成文法时，随着审判方式改革的不断推进以及各项证据规则的逐渐到位，我们可借鉴一些英美法国家和地区就法律推定的有关常见事项在立法上一一列举，以便作为一种规范模式，有利于在一定程度上克服法官在运用自由裁量权上的主观擅断，相对缩小法官采用经验规则裁量的范围。

第二，目前，我国在立法建制上仍较为单一，司法判例仍不能作为法源而产生应有的效力，这种立法模式是相当滞后于审判实践的，也不符合当代两大法系各国和地区在立法建制上的历史潮流，因此，有必要借鉴其他大陆法有关国家和地区的有益做法，使判例法起到消除制定法过于原则、相对滞后、缺乏弹性的缺陷，以补充法源的不足，通过对立法建制的改革，使得制定法与判例法在适用经验规则的职能上增强应变性和灵变性，以便更加适时、准确地解释立法者的旨意，切实实现立法意图。

第三，及时、有效地运用经验规则以解决事实认定及法律适用问题，是法官的重要审判职责，是立法上授予其自由裁量权的重要内容之一。但是，在我国不同地区的各级法院存在法官业务素质参差不齐的现象，因此，解决这一矛盾，需要从法官的选拔、任用、晋级、培训、依法独立行使审判权等各个环节入手，不断提高法官借助经验规则这种特殊的证明手段的积极性和主动性，以便使法官在运用审判技巧和业务能力上取得明显的和实质性的进展，促进司法公正的有效实现。

第四，就经验规则的实质性内涵而言，它毕竟属于一种生活经验，具有一定高度的盖然性，但由事物发展的普遍性与特殊性，共性与个性这些矛盾范畴相互作用，在一定条件下相互过渡、相互转化所决定，人的认识和对客观事物规律性的认识受一定时空条件的局限，而客观事物范围具有极其广大和发展的无限性，因此，人们的生活经验和社会实践在一定条件下也只能反映事物发展的相对性趋势。这就说明，人们在许多情况下不得不把对客观事物真实性的认识和探索作为一种永恒的目标。有鉴于此，在诉讼程序上，这就要求我国对推定和司法认知等这些与经验规则紧密相关的证据方式设置一种质疑机制。事实上，各国在设置推定、司法认知这些证据方式的同时，一般也一并就其反证的形式予以相应规定。我国在民事立法以及相关司法解释中对法律上的推定和司法认知作了一些相关规定，并且，在对事实认定过程中法官会自觉或不自觉地使用事实推定，这当属法官自由裁量的范畴，但对涉及其利害关系相对一方当事人的反证或质疑的方式和规则虽然以成文司法解释的形式有所规定，但是表述较为原则和抽象，对于法官、律师或者当事人而言都感到有些无所适从，似应由最高人民法院以指导性案例的形式加以引导，显得更为重要。

第四节　盖然性规则

一、盖然性规则概说

盖然性规则是指由于受到主观和客观上的条件限制，司法上要求法官就某一案件事实的认定依据庭审活动在对证据的调查、审查、判断之后而形成相当程度上的内心确信的一种证明规则。"在证据法领域，近几十年来出现的盖然性说正是人类长期社会实践在司法审判上的一种必然产物。该种学说将人类生活经验及统计上的概率，适用于当待证事实处于不明之情形。它认为，凡发生之盖然性高的，主张该事实发生的当事人不负举证责任，相对人应就该事实不发生负举证责任。因为在事实不明而当事人又无法举证时，法院认定盖然性高的事实发生，远较认定盖然性低的事实不发生，更能接近真实而避免误判。"① 由于盖然性规则与法官对事实认定的证明活动紧密相关，因此，又可将这一规则看作是一种证明标准。

在民事证据上，英美法国家和地区则热衷于一种"盖然性占优势"的标准，这无疑与英美法当事人的举证活动以及对抗辩论不无关系。因为，在作为一种"盖然性占优势"的诉讼证明模式下，法官（或者事实审理者）是处于更为超然、消极的地位，由当事人通过积极地提供和展示各种证据以便支持自己的诉讼主张。在此双方的激烈对决之下，有时双方在证据上的对抗结果显得势均力敌，在证明效果上并没有达到"盖然性占优势"的程度。但是，即使在这种情形下，如果负有举证责任的一方当事人在诉讼终结时仍说服不了事实审理者，那么将承受不利的裁判后果。这种后果与"盖然性占优势"的标准并无直接关系，它是一种"盖然性"的例外。因此，在英美证据法上，所谓的"盖然性占优势"标准主要是使负有举证责任一方当事人为了支持自己的诉讼主张，必须向事实审理者承担说明责任，只要当事人通过庭审活动中的举证、质证和辩论活动，使得事实审理者在心证上形成对该方当事人事实主张更趋相信上的较大

---

① 毕玉谦：《举证责任分配体系之构建》，载《法学研究》1999 年第 2 期。

倾斜，那么，该方当事人的举证负担即告卸除。因此，英美法上的盖然性规则的出发点，是完全站在与双方当事人都保持相对距离，由一方当事人驳倒另一方当事人，进而使事实审理者不得不倾向于接受一方当事人的事实主张，而又不得不排除另一方当事人的事实主张。它是从一方当事人在举证效果上处于一种优势，而相对一方当事人的举证效果处于一种劣势，这种力量对比明显悬殊的情形下所形成的一种盖然性的标准模式。

与英美法明显不同的是，大陆法系在诉讼证明上主张"高度盖然性"，这种标准模式的产生并非是必须以当事人的激烈对抗为前提的，而恰恰相反的是，当事人在庭审前准备证据以及庭审中的质证活动常常处于法官的职权控制之下，在庭审活动中主要是由法官依职权进行证据调查活动，从调查的结果上形成内心确信的基础。

二、两大法系"盖然性"规则标准模式之比较研究

（一）"盖然性占优势"标准——英美法系的规则模式

英美法系国家和地区一般采用"盖然性居上或占优势"（on a preponderance of probability）标准。例如，美国学者斯蒂文·L.艾默纽尔（Steve L.Emanuell）等认为："民事诉讼中的证据证明标准，一般为盖然性占优势标准。当一事实主张被陪审团确信为在证据上具有占优势的盖然性，即存在的可能性要大于不存在的可能性时，那么，此项事实主张就被认定为真实。"[1]英国学者彼德·莫菲（Peter Murpher）也认为："在民事案件中，证明标准无非是要求'或然性权衡'和'盖然性占优势'的标准，也就是说，足以表明案件中负有法定证明责任当事人就其主张的事实上的真实性大于不真实性。"[2]而澳大利亚学者彼德·吉利斯（Peter Gillies）认为，作为澳大利亚的一种通说，是将证明标准表达为"或然性权衡"（proof on the balance of probabilities）。[3]

盖然性占优势的证明标准，是适用于民事案件的最低限度的证明要求。英美法系各国和地区对盖然性的认识较为统一，主要是从证明负担的角度来理解

---

① Steve L. Emanuell, Howard M. Rossen, Wilton S. Sogg, *Civil Procedure*, West Publishing Co. 1977, p.184.

② Peter Murphy, *A Practical Approach to Evidence*, Blackstone Press Limited 1992, p.105.

③ Peter Gillies, *Law of Evidence in Australia*, Legal Books International Business Communication Pty Ltd. 1991, pp.66–67.

当事人应当负担的说服责任（persuasive burden）。由于陪审团审理方式至今仍在一些英美法系国家和地区发挥着重大作用，因此，英美法系各国和地区的学者在谈论"盖然性占优势"标准时，大都与陪审制相联系。对此，美国模范证据法典起草委员会主席摩根（Morgan）教授认为："普通民事诉讼法官通常指示陪审团，凡主张特定事实的存在负有说服负担的当事人，必须以证据优势来确立该种主张的存在。法官通常解释说，证据的优势与证人数量的多少或证据的数量无关，证据优势就在于有一种使人信服的力量（convincing force）。有时建议陪审团，要心如秤（mental scales），将双方当事人的证据分量置于左右的秤盘上，从而来权衡何方具有较大的重量。"① 可见，从摩根教授的上述观点中，可体察到在英美法系国家和地区的证明程度上所具有的盖然性效果与该法系的诉讼方式有密切关系，英美法系实行的是一种彻底的当事人主义，其特点为：第一，法官在形式上起居中公断的作用，一般不主动进行调查，收集证据、询问证人、质证等诉讼活动被看作是当事人的事情。法官以相当消极的方式行使司法审判权，在庭审过程中只是重在维持审理的基本秩序，并且只能在当事人诉求的范围之内作出裁断。第二，在正式开庭之前，法官对案情是（至少应假定为）不了解的，他需要随着双方当事人及其律师提出的证据，对证人的询问以及相互之间的辩论而逐渐了解案情。第三，由于程序法受到普遍重视，使各项证据规则同当事人双方的诉讼权利一并规定得十分详细，以便调动当事人充分利用各项证据资源的主动性和积极性。证据的内容涉及包括构成证据的标准、证据的种类、证人的资格、证据的采纳、证据的排除，等等。因此，使举证责任或举证负担具有实际意义和起到决定性作用。"法官的任务就在于评价就其主观上所映现的在说服程度范围内的那些相关证据的证明效力；与其他学者在证据上的认识相同，边沁（Bentham）认为在审判实务中，人们尤其应当满足于对事物盖然性状态的判断，即低于某种确然状态。这种对事实问题的判定在判决中应这样来表述：'我已被这种主张具有盖然的真实性所折服'（或称之不真实性）。"②

在美国，一般认为，对民事案件的证明要求达到"证据优势"（preponderance of evidence）就够了。所谓"证据优势是指某一事实的证据的分量和证明力比反对其事实存在的证据更有说服力，或者比反对证明其真实性的证据的可靠性

---

① ［美］E.M. 摩根：《证据法之基本问题》，李学灯译，世界书局 1982 年版，第 48 页。

② William Twining, *Theories of Evidence: Bentham and Wigmore*, Standford University Press, 1985. p.53

更高"①。因此，这也就是说，在民事诉讼中，负有举证责任的一方当事人，其最终所证明的结果能达到一般正常人在具有普通常识的情况下，认为具有某种必然的或合理的盖然性或确信程度（reasonable certainty）就够了，而并非要像刑事案件要求的那样，须达到按情理无可置疑的证明标准。"在民事案件中，某一事实的存在与否，只能表明其具有'某种盖然性'。即使如此，发现真实的任务仍然是艰巨的，在相当程度上基于对抗制审理方式的本质所使然，使举证远非能像是在一种实验室那样严谨的状态下进行。正好相反，各方律师竭力塑造那种尽可能对其当事人有利的案件事实。哪些证据材料被提出和过分渲染以及故意漏掉或轻描淡写，常常取决于策略上的需要和个人技能的发挥。探求案件真实的努力因对所举出的证据不加分析研究和专家们的评估，一再受到削弱，这种情况在有陪审团参加审理的案件中表现得更为明显，以至于情感或'预感'在判定证据的价值上以及作出最终裁判上占有很大分量。"②

（二）"高度盖然性"标准——大陆法系的规则模式

大陆法系国家和地区的民事案件证明标准一般为"特定"高度的概念性，即依据日常经验可能达到的高度，疑问即告排除，产生近似确然性的可能。当然，这与大陆法系各国和地区通常实行在评判证据上的自由心证主义有密切的关系。例如，意大利学者莫罗·卡贝拉蒂（Mauro Cappelletti）等认为，意大利的法官对证据可以自由地决定取舍和判断。法律上法官就证据力评断上的限制仅属例外。相较而言，其他大陆法系各国和地区对法官判断证据上的限制几乎就不存在。③

针对大陆法系国家和地区对民事案件证明标准的要求，《英国大百科全书》（第15版）认为："在普通法国家，民事案件仅要求占优势的盖然性，……在大陆法国家中，则要求排除合理怀疑的盖然性。"法国学者也大都认为，对于民事案件，法院所裁判的事实问题不必达到绝对真实的程度，而只要具备某种盖然性就已满足充分条件。④

---

① ［美］E.M.摩根：《证据法之基本问题》，李学灯译，世界书局1982年版，第49页。

② John J. Cound, Jack H. Friendenthal, Arther R.Miller, John E. Sexton, *Civil Procedure Cases and Materials*, West Publishing Co. 1989, p.934.

③ Mauro Cappelletti, Joseph M. Perillo, *Civil Procedure in Italy*, Martinus Nijhoff, The Hague, The Netherlands 1965, p.189.

④ Peter E. Herzog, Martha Weser, *Civil Procedure in France*, Martinus Nijhoff, The Hague, Netherlands 1967, p.310.

在大陆法系国家和地区,"盖然性"标准除了适用于民事案件之外,也适用于刑事案件,尽管民事案件与刑事案件对"盖然性"在要求上有所不同。

在"盖然性"的认识和理解上,大陆法系国家和地区的学理与司法实践存在不同的方式和角度,主要有:

1.从法官的自由心证角度来认识和理解盖然性

例如,我国台湾地区一些学者在盖然性问题上也与法官的自由心证相联系,他们认为,心证为相对真实,而并非绝对真实,心证有强弱,在程度上存在差异,由此而产生相应的盖然性。如我国台湾地区学者石志泉先生认为:"法院本于证据致某事项明显,谓之心证。法院之心证,只需为相对之真实,毋庸为绝对真实;盖关于民事诉讼之证据,断难如数理上之证据,使得信为客观之真实一致,仅可如历史上之证据,使得依普通之经验,主观信为真实而已。故法院之心证,得有强弱之差,若法院就某事项怀一强固之观念,认为普通经验也确系如此者,则其心证强;若就某事项怀一薄弱之观念,认为普通经验上大概如此者,则其心证弱,法院通常须有强固之心证,但有特别规定时,只有薄弱之心证已足。"[1]

另外,在法国,有学者把自由裁量权与盖然性相联系,认为由于法律授予法官自由裁量的权力,因此,作出的裁判所涉及的案件事实不必达到绝对真实的程度,而只要具备盖然性就算满足充分条件。[2]

2.从证明责任分配的角度来认识盖然性

例如,我国台湾地区学者陈荣宗教授认为:"于具体为举证责任之分配时,必须依据待证事实发生之盖然性高低、统计上之原则及例外情况为基础,始能正确分配,从而避免法院错误之事实认定。依盖然性说之理论,于待证事实不明之情形,该待证事实,依人类生活经验及统计上,其发生之盖然性高者,主张该事实发生之当事人不负举证责任,相对人就该事实不发生应为举证。因为于事实不明而当事人又无法举证之情形,法院认定盖然性高之事实发生,远较认定盖然性低之事实不发生,能接近真实而避免误判。所以在举证责任分配之设计上,应归主张事实盖然性低之当事人负举证责任。"[3]

---

① 石志泉原著,杨建华修订:《民事诉讼法释义》,三民书局 1987 年版,第 320—321 页。

② Peter E. Herzog, Martha Weser, *Civil Procedure in France*, Martinus Nijhoff, The Hague, Netherlands 1967, p.310.

③ 陈荣宗:《举证责任分配与民事程序法》,三民书局 1984 年版,第 54 页。

另外，还有一种观点是从实体法中原则性与证明责任的分配关系的角度来认识盖然性。例如，德国学者赖讷克（Reincke）的盖然性学说主要是借助对实体法条文的分析，界定实体法中原则与例外之间的关系，并据此确定证明责任的分配，且把盖然性和证明可能性作为证明责任分配的一般因素来考量。通过实体法上的原则性来认识盖然性，在大陆法系的德国具有重要意义，因为，德国民法典中有许多条文直接涉及当事人的证明责任。当然，这与我们所讨论的证明标准上的盖然性尚存在一定的距离。

3.从逻辑推理的角度来看待盖然性

例如，我国有学者认为，盖然性与逻辑上的推理方式有关系，因此，在评价证据时，能够使用严格意义上的演绎法来进行推理的机会较少，而绝大部分推理是在采取不完全的归纳方式下进行的，这与作为推理前提的一般命题的性质有直接关系。为此，该学者认为："构成归纳结果或推理前提内容的仅是一种具有一定程度或频度的可能性。这种可能性在学术上一般称为'盖然性'。"[1]

4.从优势证据的角度来论证盖然性

例如，我国台湾地区学者李学灯先生针对英美法系国家和地区在民事证据中所确立的"盖然性占优势"证明标准，指出："在民事案件中，通常所用证据之优势一语，系指证据力量，较为强大，更为可信而言，足以使审理事实之人对于争执之事实认定其存在更胜于其不存在，因此，所谓证据之优势，亦即为盖然性之优势。所谓优势，依若干法院之意见，须使审理事实之人真正置信于事实之真实，亦即需要有高度的盖然性。此依证据可信之价值而定，与举证之数量无关。审理事实之人可以置信于唯一之证人，而对于相反数十名之证人不予置信；惟如有相等之凭信性，则数量亦可为决定优势之因素。"[2]

三、证明标准量化理论的主要观点

对于司法审判，不少学者已意识到，应当对证明标准作出判断上有一个相对的量化程度或等级标准，以尽量避免法官在审判上出现主观擅断的倾向。诸如此类的表述在理论上显得形象、直观，易于理解，主要有以下几种类型：

1.百分比模式。例如，有学者认为，法官的证明结果总是可归入以下级别：

---

[1] 王亚新：《刑事诉讼中发现案件真相与抑制主观随意性的问题》，载《比较法研究》1993年第2期。

[2] 李学灯：《证据法比较研究》，五南图书出版公司1992年版，第393页。

1%—24%=非常不可能；26%—49%=不太可能；51%—74%=大致可能；75%—99%=非常可能。刻度盘有三个级点：0%=绝对不可能；50%=完全不清楚；100%=绝对肯定。依据刻度盘，立法者应当制定证明尺度规范，由这些规范来命令法官，当法官认为"非常可能"时，必须依照法定的"当且仅当"之类的充分必要条件。[①]德国学者普维庭教授认为，0%表示绝对不可能，50%表示全然不明确，100%表示绝对确实，1%至20%表示非常不具盖然性，25%至49%表示不太具盖然性，51%至74%表示具盖然性，而75%至99%表示非常有盖然性。[②]

通常采用百分比的量化证明标准的方式使人们感到一目了然，容易把握和理解。根据一项对美国纽约州东部地区的法官所作的实证调查显示，法官认为的"无疑使人确信"（clear and convincing）的标准所涉及的幅度为从60%至75%的盖然率，而"确凿及毋庸置疑"（clear, unequivocal and convincing）的标准所涉及的幅度为自65%至90%的盖然率。[③]美国佛罗里达州立大学法学教授迈克尔·贝勒斯是从当事人负有说服责任的角度来认识证据标准的等级制度，他认为："人们常指出，说服责任有三级标准：较为可靠、确凿可信、毋庸置疑。从理论上而言，较为可靠指证据的真实性超过50%，其他标准的要求更高。然而，有一些证据表明，法官和陪审团事实上把较为可靠改为指证据有75%以上的真实性，把毋庸置疑改为指证据有85%以上的真实性。这给确凿可信标准留下的余地很小。"[④]鉴于抽象思维与形象思维之间的过渡存在客观障碍，因此将法官怎样才能将其证明评价转换成一定的盖然性值，以便任何第三人都能够尽其想象力而得出相应确信结论，也存在相当的难度。故此，出于研究的目的，有必要对盖然性的准确百分比进行确定。

2.类型兼等级的划分证明标准的量化模式。关于如何判定事实的真实性，也就是所谓心证应当达到的证明度，曾被提出有多种基准来加以说明，比如"接近于确实之盖然性""殆可谓其为确实之真实性""通常人所不置疑之高度盖然性""社会生活中所应通用之真实性或通常人们所不置疑而能寄予信赖的程度

---

① ［德］汉斯·普维庭:《现代证明责任问题》，吴越译，法律出版社2000年版，第108—109页。

② Vgl. Prütting, a.a.O., S.73. 转引自姜世明:《举证责任与证明度》，新学林出版股份有限公司2008年版，第126页脚注。

③ Jack H. Friendenthal, Michael Singer, *The Law of Evidence*, The Foundation Press, Inc., 1985, p.269.

④ ［美］迈克尔·D.贝勒斯:《法律的原则——一个规范的分析》，张文显等译，中国大百科全书出版社1996年版，第67页。

之真实"近于真实之确信""优越的盖然性"（70%—80%之心证）等，不一而足。① 应当指出的是，这种相对等级或量化的程度与证据的数量无关，而指的是证据力的大小或证据在"质"上的优劣程度。特别是在证据法更为严谨的英美法系国家和地区，在此方面的探讨和实践已成为证据法内容的一个必要的组成部分。

3.层级尺度量化模式。这种模式是一种较为抽象的类型化标准，它将证明标准的衡量尺度依次分为："高盖然性、大盖然性、如此高的盖然性，以至于理性的人都不怀疑、安全的盖然性、有说服力的盖然性，生活需要的确信度、对真相的心证。"② 这种类型化的量化方式与日本学者中岛弘道教授的划分方法更为接近，中岛弘道教授曾将心证的强度依次分为微弱的心证、盖然的心证、盖然的确信心证和必然的确信心证四个等级。德国学者Ekelöf认为，诉讼上的证明，最后均为法官对于案件真实性形成一种从"不可能""不太具盖然性""大概""具盖然性"，直至"确定"及"显然"的虚拟标度。③

四、证明标准的基本类型

在理论上，民事诉讼证明标准可以分为如下基本类型：

（一）高度盖然性的证明标准

通常而言，它是我国适用于民事诉讼证明的一般标准。但有的学者将它称为较高程度的盖然性证明标准，即中等程度的证明标准，也就是达到盖然性的60%—80%。④

大陆法系在诉讼证明上主张"高度盖然性"。早在1885年1月14日，德国帝国法院民事庭就以"高度盖然性"作为认定事实的基准。⑤ 这种标准模式的

① 邱联恭：《程序制度机能论》，三民书局1996年版，第10页。

② ［德］汉斯·普维庭：《现代证明责任问题》，吴越译，法律出版社2000年版，第110—111页。

③ Ekelöf, Beweiswürdigung, Beweislast und Beweis des ersten Anscheins, ZZP, 75(1962), S. 289.转引自姜世明：《举证责任与证明度》，新学林出版股份有限公司2008年版，第125页。

④ 王学棉：《证明标准研究——以民事诉讼为中心》，人民法院出版社2007年版，第227页。

⑤ RGZ 15, 338（I, 1885）.转引自姜世明：《举证责任与证明度》，新学林出版股份有限公司2008年版，第145页。

产生并非是必须以当事人的激烈对抗为前提的，在大陆法中，由于当事人的对抗并不激烈，法官对事实的认定并非是完全着眼于双方当事人通过证据来加以攻击与防御，从而使一方以优势的明显效果而使事实自动显露出来，而主要由法官对各种证据的调查、庭审活动的开展所直接形成的一种心证，当这种心证在内心深处达到相当高度时，便促使法官对某一案件事实的认定。因此，在大陆法中这种"盖然性"规则侧重于事物发展的内在性，更强调审判活动的实体公正。

对于这种证明标准如何运用，主要有以下几种观点：第一种观点认为，民商事合同中对合同成立、生效、履行、违约等事实的证明，应当达到高度盖然性的标准；在格式合同中，对免责条款的证明应当达到高度盖然性的标准；对订约及履约事实、不安抗辩事由的证明应当达到高度盖然性的标准。对侵权案件要件的证明通常要达到高度盖然性的证明标准，必要时应当提高或降低证明标准。具体而言，对侵权行为要件的证明，一般应当达到高度盖然性。在产品侵权、侵犯专利权、商标权、著作权等纠纷中，当事人大多能提供确实充分的证据，如提供侵权产品、复制品等，从而达到高度盖然性及其以上证明标准。在一些简单、直观的一般侵权案件中，侵权行为与损害后果之间在因果关系上较容易证明，通常能够达到高度盖然性。在劳动争议案件中，就劳动关系存在与否，就用人单位而言，其否认劳动关系的反证，必须达到高度盖然性。[①]第二种观点认为，在通常情况下，民事诉讼应当实行高度盖然性的证明标准，[②]也就是，当法官基于盖然性认定案件事实时，应当能够从证据中获得事实极可能如此的心证，法官虽不能完全排除其他可能性，但已经能够得出待证事实十之八九是如此的结论。高度盖然性的证明标准适用于民事诉讼中的一般情形，当事人作为诉讼请求依据或反驳诉讼请求依据的实体法事实成为证明对象时，一般都应当适用高度盖然性的证明标准。[③]第三种观点认为，对那些性质严重、影响重大和发生概率低的民事案件，一般适用高度盖然性证明标准。[④]第四种观点认为，民事诉讼在原则上的证明度为"高度盖然性的证明"，可定位于"明白且具有说服力的证明"，即为高度的真实盖然性（80%—90%）。[⑤]

① 李玉华等：《诉讼证明标准研究》，中国政法大学出版社 2010 年版，第 177—188 页。
② 韩象乾主编：《民事证据理论新探》，中国人民公安大学出版社 2006 年版，第 388 页。
③ 李浩：《民事诉讼证明标准的再思考》，载《法商研究》1999 年第 5 期。
④ 郝振江：《民事诉讼证明标准》，载《现代法学》2000 年第 5 期。
⑤ 吴杰：《民事诉讼证明标准理论研究》，法律出版社 2007 年版，第 133 页。

（二）比高度盖然性更高的证明标准

在美国，民事诉讼除了采用证据优势证明标准作为通用标准以外，在涉及一些特定案件情形下，则适用一种称为清楚和可信（clear and convicing）的证明标准作为例外标准。这种标准较"盖然性占优势"要高，但低于刑事案件中的"排除一切合理怀疑"的标准。在表述上，有的学者将它称为高度盖然性证明标准，即最高程度的证明标准，也就是达到盖然性的80%—90%。[①]这种证明标准主要适用于欺诈案件、剥夺监护权案件、确认专利权无效案件、特定遗嘱纠纷案件、口头合同的特殊履行案件等，[②]另外，在审判实务上，已有下列类型案件适用了这一标准，其中包括诽谤案件、驱逐出境案件、剥夺国籍案件、民事拘禁案件（如移交精神病院案件）、监护权案件、土地交易案件、变更住所案件、适用家庭法案件、与遗嘱检验有关的案件、恶意控告案件等。[③]在这些特殊类型的民事案件中，当事人必须就其事实主张以明确且使人信服的说服负担予以证明。譬如，申请以错误或欺诈为由更改文件，拒绝对转移财产的蜡封文件转化为不动产抵押之诉，以及因口头信托或遗嘱的法律效力问题引起的争诉，等等。

曾作为英国原上诉法院院长的汤普森·丹宁勋爵在1951年就一个案件作出判决时指出："民事法庭上审理欺诈案件所要求的盖然性当然会高过于过失案件。"按照早期的英国判例，即使在民事案件中提出的犯罪行为也应达到按情理无可置疑的程度，但现在英国判例法改为只要求达到盖然性占优势的程度。另外，对于那些具有特殊性质的民事案件，譬如口头信托、口头遗嘱、以过错或欺诈为由请求更正文件等，英美法系则确立了比普通民事案件所要求的更高的证明标准，即有关当事人必须就其所主张的事实以其明确且使人信服的证据加以证明。到目前为止，在英国仍有个别的民事案件要求事实主张的证明标准，应达到排除一切合理怀疑的程度，例如，在诉讼中发生的任何藐视法院的行为就是其中的一个，这是因为，藐视法院被视为准犯罪行为。

美国斯坦福大学教授杰克·H.弗雷顿色等人在承认民事案件中的绝大多数事

---

① 王学棉：《证明标准研究——以民事诉讼为中心》，人民法院出版社2007年版，第227页。

② John w. Strong. etc. McCormick on Evidence, p.516. 转引自王学棉：《证明标准研究——以民事诉讼为中心》，人民法院出版社2007年版，第247页。

③ Gertz v. Robert Welch, Inc., 418 U.S.323, 342 (1974).Woodby v. INS, 385 U.S. 276, 285–86(1966).Chaunt v. United States, 364 U.S.350, 353 (1960).Addington v. Texas, 441 U.S. 418, 433 (1979).Santosky v. Kramer, 455 U.S. 745, 768–70(1982).and etc.

实争点都可适用"盖然性占优势"标准加以解决的同时，又认为，一些不利的倾向将对该种证明标准模式带来危害。也就是说，假设在一起涉及保险单争议的诉讼案件中，原告方为了说服事实审理者使其相信某人系自然死亡而采用"盖然性占优势"证据。在这种情形下，原告方不能以简单的举证称绝大多数人是因自然原因而死亡的，因此而推论该人死于自然原因的可能性要大于不可能性。法律为避免出现这样的"盖然性占优势"结果的出现，将认为这种举证缺乏关联性。此种立证不恰当地将某一个体与某一群体相提并论，不过是一种偏激而不具备证明力的表现。为此，在该起涉及保险单争执的诉讼中，保险公司通常将承受证明该受益人并非因自然原因而死亡的负担。①

对于这种证明标准如何运用，主要有以下几种观点：第一种观点认为，在证明责任倒置的特殊侵权案件中，如医疗纠纷、环境污染纠纷案件中，被告对自己的行为与原告所受到的损害不具有因果关系承担证明责任，该证明标准要高于一般的高度盖然性标准。在婚姻案件中，常常涉及当事人主张婚姻关系有效存在，也应当达到比高度盖然性更高的证明标准，但在特殊情形下可适当降低。确认亲子关系案件，事关亲缘、人伦及诸多其他法律后果，案件事实影响甚大，故证明标准应当高于一般的高度盖然性标准，但在一些情形下也可以采用高度盖然性的标准。在否认亲子关系之诉中，亲子鉴定是必要的证据，而亲子鉴定结果的准确率接近100%，达到了极高的盖然性。②第二种观点认为，对于身份关系、民事欺诈案件，适用相对较高的证明标准，从而使原、被告利益处于实质平衡状态。③第三种观点认为，对于身份关系诉讼中的实体法事实、惩罚性损害赔偿中的实体法事实、对法律推定这三种情形应采用这种证明标准。④

（三）比高度盖然性更低的证明标准

在表述上，有的学者将它称为盖然性占优势证明标准，即最低程度的证明标准，也就是达到盖然性的50%—60%。⑤英美法系国家和地区一般采用"盖然性居上或占优势"（on a preponderance of probability）标准。盖然性占优势的证

---

① Jack H. Friendenthal, Michael Singer, *The Law of Evidence*, The Foundation Press, Inc., 1985, pp.267–268.

② 李玉华等：《诉讼证明标准研究》，中国政法大学出版社2010年版，第177—192页。

③ 韩象乾主编：《民事证据理论新探》，中国人民公安大学出版社2006年版，第388页。

④ 王学棉：《证明标准研究——以民事诉讼为中心》，人民法院出版社2007年版，第252—261页。

⑤ 王学棉：《证明标准研究——以民事诉讼为中心》，人民法院出版社2007年版，第227页。

明标准，是适用于民事案件的最低限度的证明要求。英美法系各国和地区对盖然性的认识较为统一，主要是从证明负担的角度来理解当事人应当负担的说服责任（persuasive burden）。由于陪审团审理方式至今仍在一些英美法系国家和地区发挥着重大作用，因此，英美法系各国和地区学者在谈论"盖然性占优势"标准时，大都与陪审制相联系。在美国，使人们感到，在民事诉讼中，负有证明责任的当事人，其证明的结果如能达到使具有普通常识的人认为具有必然的盖然性程度就算符合要求。这也是美国至今在民事案件审判活动中使用陪审团方式审理的主要原因之一。倘若陪审团遇到双方举出的证据出现势均力敌、难以判断某一方的证据力更强时，则陪审团将作出对负有证明责任的当事人不利的裁决。

英美法系的"盖然性占优势"的证明标准，并不构成对在民事案件中就争执的事实作出确信证明的排斥，这一标准仅表明它是民事案件中的最低限度的证明要求，这是就一般民事案件而言。

在民事诉讼中是否适用刑事证明标准，可以引用1957年的一个英国著名案例〔Hornal v. Neuberger Products Ltd. (1957)〕加以说明，[1]在该案中，郡法院的法官对被告是否表现出欺诈行为尚未因所有排除合理怀疑使其信服，但已为盖然性居上的优势证明所信服，其结果是，上诉法院对郡法院作出被告应给付因欺诈而造成的损害赔偿的补偿费的判决。此后，便形成了这样的判例规则，在民事诉讼中，凡当事人主张有犯罪行为甚至谋杀行为事实存在的，只需适用盖然性占优势证明标准即可。

对于这种证明标准如何运用，主要有以下几种观点：第一种观点认为，对于涉及侵权案件中就损害后果上的无形性损失的证明较为困难，可以适当降低证明标准或者使用推定。例如，在肖像权侵权、知识产权侵权中，因财产的无形性，原告难以提供证据进行证明并且达到高度盖然性的标准，故应当降低证明标准，达到优势证据即可，必要时可以进行推定。另外，因果关系要件达到的证明标准呈现出较为复杂的形态。在多因多果、多因一果等案件中，需要专业人员及机构鉴定，当事人通常多次申请鉴定，而鉴定结果又难以统一，使法官无所适从。因此，对这些因果关系的证明可以适当降低证明标准。在劳动争议案件中，就劳动关系存在与否，对于劳动者而言，就劳动关系成立已提供了必要证据，达到较高盖然性——低于高度盖然性即可。[2]第二种观点认为，在少

---

① Peter Murphy, *A Practical Approach to Evidence*, Blackstone Press Limited 1992, pp.111–112.

② 李玉华等：《诉讼证明标准研究》，中国政法大学出版社2010年版，第179—187页。

数例外情形下，才能适当降低证明要求，为此，民事诉讼可以采用较高程度的盖然性证明标准。较高程度的盖然性标准，是指证明已达到了待证事实可能如此的程度，如果法官从证据中获得的心证为待证事实有可能存在，其存在的可能性大于不存在的可能性，该心证就已满足了较高程度盖然性的要求。所谓少数例外情形，是指那些举证特别困难的案件，实践中一般是侵权诉讼中关于因果关系的证明、关于过失的证明。对证明特别困难的案件，当事人难以提出确切证据证明所主张的事实，为缓和证明的负担，才不得不满足较高程度的盖然性证明。①第三种观点认为，对一般民事案件，适用盖然性中优势证明标准，当事人需证明的各种事实包括实体事实和程序性事实一般均适用该标准。某些特殊类型的案件，如医疗纠纷、交通事故和商品致害等损害赔偿案件采用盖然性占优势标准。②第四种观点认为，盖然性占优势虽然不能作为民事诉讼的一般证明标准，但可以作为民事诉讼中某种证明对象的证明标准，如程序性事实的证明标准。③第五种观点认为，在确立了所谓原则的证明标准度之观点的基础上，如果具体的民事诉讼中出现证据分布不均匀和证明困难的情形，可以允许减轻证明标准。④第六种观点认为，对诸如产品责任、交通事故、医疗纠纷、环境污染等方面适用盖然性程度相对较低的证明标准，以平衡双方举证能力，达到实质公正。⑤

（四）关于程序性事实的证明标准

就民事程序上的有关事实，大陆法系的德国、日本等采取差别对待的做法，即在证明标准上存在证明与释明之分，而且，依据证明对象的性质，将有关待证事实分别适用证明或释明。通常而论，能够适用释明的待证事实，应限于某些与实体权利义务关系有关的，且属于在程序上急需解决的事实。我国台湾地区"民事诉讼法"以德国法和日本法为蓝本，制定了相应的区别适用证明与释明的规则，对此，有台湾地区学者认为："当事人为得有利于己之裁判提出证据，使法院得生强固之心证，认为普通经验上确系如此行为，谓之证明。提出证据使法院

---

① 李浩：《民事诉讼证明标准的再思考》，载《法商研究》1999年第5期。
② 郝振江：《民事诉讼证明标准》，载《现代法学》2000年第5期。
③ 王学棉：《证明标准研究——以民事诉讼为中心》，人民法院出版社2007年版，第225页。
④ 吴杰：《民事诉讼证明标准理论研究》，法律出版社2007年版，第135页。
⑤ 韩象乾主编：《民事证据理论新探》，中国人民公安大学出版社2006年版，第388页。

得生薄弱之心证，认为普通经验上大概如此之行为，谓之释明。"[①]

五、我国有关司法解释所涉及的"高度盖然性"证明规则及应用

（一）高度盖然性的证明标准

《民事诉讼法解释》第108条规定："对负有举证证明责任的当事人提供的证据，人民法院经审查并结合相关事实，确信待证事实的存在具有高度可能性的，应当认定该事实存在。对一方当事人为反驳负有举证证明责任的当事人所主张事实而提供的证据，人民法院经审查并结合相关事实，认为待证事实真伪不明的，应当认定该事实不存在。法律对于待证事实所应达到的证明标准另有规定的，从其规定。"

对本条文的理解与适用，应当掌握如下基本内容：

1. 在民事诉讼当中，法院对事实的认定，常常不能回避对盖然性证明标准的适用。所谓盖然性证明标准，是指构成某一待证事实能否成立在法院的心证当中所需要的确信程度。凡是在法院的内心确信当中达到了法律所要求的某一高度时，即为符合证明标准上的要求；否则，即视为不符合证明标准上的要求。这种标准的实质内涵就在于，它在形式上是主观的，即存在于审判人员的内心即主观之上，但它在内容上则是客观的，即是主观对客观的能动反映、形式与内容的有机统一。在价值取向上，这一标准正体现了只有通过正当程序才能发现实体真实的理念。

2. 本条文第1款涉及法院根据当事人的主观证明责任对案件作出裁判的基本规则。其中，所谓的"可能性"，是一种积极意义上的"或然性"，与"不可能性"相对应。作为一种证明标准，"可能性"是"盖然性"的一种俗称。所谓"确信待证事实的存在具有高度可能性"，是指在法院的内心确信当中待证事实的存在具有高度的盖然性。在对某一待证事实的证明无法达到证据确凿、事实完全无疑的情况下，对具有高度盖然性的事实予以确认，成为审理普通民（商）事案件所适用的证明标准。在实证意义上，如果采用更直观的百分比方式进行换算，法院对某一待证事实的内心确信应当达到75%（含）以上，才能称为具有高度的盖然性（可能性），也即内心不确信度（怀疑度）不得超过24.9%。然而，鉴于本条文在此所称，凡认为达到这一证明标准时，人民法院"应当认定该事实存在"，

---

① 黄栋培：《民事诉讼法释论》，五南图书出版公司1982年版，第465页。

但这并非意味着，凡认为不能达到这一证明标准时，人民法院就不能认定该事实存在。这是因为，如果对某一待证事实的心证不能达到85%（含）以上的确信程度时，人民法院就不能认定该事实存在，那么势必会大幅度增加本条文第2款规定的法院在内心确信上所出现的真伪不明状态，即凡是某一待证事实在法院心证当中处于85%（不含）以下确信程度的，都将至少被列入真伪不明状态这一范畴。这不仅将有违立法初衷，还会对审判实践带来巨大压力和挑战。因此，从科学而严谨的角度而言，在本条文第1款中所称"具有高度可能性"的证明标准与第2款所称法院心证当中"真伪不明"状态之间，还理应存在一种"具有较高（度）可能性"的证明标准，也即"较高度盖然性"证明标准，假如采用百分比方式进行换算，法院对某一待证事实的内心确信只有达到60%至84.9%之间的高度时，才算符合这一证明标准。这是因为，即使同属于普通民（商）事案件，其中又可以进一步划分为传统民事案件、商事案件、知识产权案件、破产案件等，这些不同类型的案件在性质和特点上又千差万别，在对有关待证事实的认定上一律适用完全一致的证明标准，亦与客观实际情况不完全相符。因此，将60%至84.9%之间的内心确信状态这一"较高度盖然性"证明标准，作为对本条文第1款所确定的"高度盖然性"证明标准的必要补充，既符合客观实际需要，又能够解决本条文第1款与第2款因"真伪不明状态"被实际扩大化所造成的"不平衡"之缺陷。另外，为了保持与本条文第1款所确定"高度盖然性"证明标准之间在适用上的协调关系，可将60%至84.9%之间这一"较高度盖然性"证明标准在文字上表述为："对负有举证证明责任的当事人提供的证据，人民法院经审查并结合相关事实，确信待证事实的存在具有较高度可能性的，可以认定该事实存在。"这种表述旨在体现，当审判人员确信待证事实的存在属于60%至84.9%之间这一"较高度盖然性"时，授权其在认定该事实存在与否上享有针对所出现的不同情况的自由裁量权。从审判实务的情况来看，法院根据当事人的主观证明责任对案件作出裁判占据全部案件的95%以上。

3.本条文第2款涉及法院根据当事人的客观证明责任对案件作出裁判的基本规则。其中，所谓"对一方当事人为反驳负有举证证明责任的当事人所主张事实而提供的证据"，是指同时负有主观举证责任和客观举证责任的一方当事人（通常系原告），为证明其事实主张（属于待证事实，亦称要件事实），其所提供的证据能够证明有关案件的待证事实，而仅仅负有主观举证责任的一方当事人（通常系被告）反驳对方的事实主张，其所提供的证据亦能够证明案件相反的待证事实。其中，所谓"人民法院……认为"，是指法院的心证。所谓"待证事实真伪不明"，是指法院既不能够根据一方当事人提供的证据认定有关待证事实的存在，也不能够根据另一方当事人提供的证据认定该待证事实不存在，由此在法院的心证当中所产生的不确定心理状态。所谓"应当认定该事实不存在"，是指因案件审理的结果最终导致待证事实仍处于真伪不明状态时，一种不可回避的裁判结果是，法院只能按照实体法所指示的证明责任分配规则，将不利益的结果判由原本就待证事实有风险负担的一方当事人来承受。因待证事实真伪不明从而导致无法适用相应的法律规范所产生的效果，在这种窘况之下，与此相关的客观举证责任的产生，为法院提供了摆脱困境的裁判准则。也就是说，对一方当事人为反驳另一方当事人的事实主张而提供的相反证据，导致法院在主观认识上均无法对有关事实的存在与否形成内心确信，鉴于另一方当事人同时负有主观举证责任和客观举证责任，故此，按照客观举证责任法则，法院应当认定另一方当事人主张的该事实不存在。从审判实务的情况来看，法院根据当事人的客观证明责任对案件作出裁判在全部案件中的比例为5%以下。

4.本条文第1款和第2款系对民事诉讼中通常所适用的证明标准之规定。除此之外，法律及司法解释对特定案件类型项下的待证事实所应达到的证明标准另有规定的，属于特殊类型的证明标准。

（二）排除合理怀疑的证明标准

《民事诉讼法解释》第109条规定："当事人对欺诈、胁迫、恶意串通事实的证明，以及对口头遗嘱或者赠与事实的证明，人民法院确信该待证事实存在的可能性能够排除合理怀疑的，应当认定该事实存在。"

对本条文的理解与适用，应当掌握如下基本内容：

1.本条文是针对特殊类型民事案件所设定的证明标准。为此，《2019年民事证据规定》第86条第1款亦作出了相同的规定，即："当事人对于欺诈、胁迫、恶意串通事实的证明，以及对于口头遗嘱或赠与事实的证明，人民法院确信该待证事实存在的可能性能够排除合理怀疑的，应当认定该事实存在。"

2.在民事诉讼上，有些案件涉及身份关系、社会公益、人的主观意图之证明等，对此，实行法院职权探知主义。法院可根据情况依职权主动对案件事实进行调查以及对相关的证据进行收集。本条文中，所谓"排除合理怀疑"，是指在法院心证的理性空间能够排除其中疑点所产生的内心确信状态。在实证意义上，如果采用更直观的百分比方式进行换算，法院对某一待证事实的内心确信应当达到90%（含）以上，才能够达到"排除合理怀疑"的可能性（盖然性），也即内心不确信度（怀疑度）不得超过9.9%。

3.在证明标准上，对于婚姻家庭案件的事实认定一般应高于或者远远高于对一般财产纠纷案件的事实认定，这主要是因为婚姻家庭案件涉及对人的身份权利的实质保障。另外，诸如民事欺诈案件涉及人的主观上是否达到必要的恶意程度，这涉及人的内心世界，因此，单纯凭借客观上的表面证据难以对此准确定位，如果在证明标准上不严格限定其应达到排除合理怀疑的程度，难免在实践中鼓励当事人以对方违反诚信原则为理由而任意主张无效民事行为，危及正常民事交易活动的安定性。故借鉴和汲取域外立法或者司法的普遍经验，对于一些诸如民事欺诈以及婚姻、继承等与人身权益密切相关的特殊类型案件，在法院的内心确信上应适用排除合理怀疑的证明标准。

（三）程序法事实所适用的证明标准

《2019年民事证据规定》第86条第2款规定："与诉讼保全、回避等程序事项有关的事实，人民法院结合当事人的说明及相关证据，认为有关事实存在的可能性较大的，可以认定该事实存在。"

对本条文的理解与适用，应当掌握如下基本内容：

1.本条文系程序法事实所适用证明标准的有关规定。所谓程序法事实（程序性事实，或与程序事项有关的事实）的证明标准，是指法院在审理实体法律关系时，对与诉讼保全、回避等程序性事项有关的事实，在认定其存在与否时所应适用的证明标准。

2.在民事诉讼上，除实体法事实以外，对于在民事诉讼上所发生的程序法事实，也属于证明对象的范畴。程序法是以确保有秩序的程序过程为己任。在许多情形下，这些事实属于法院依职权调查的范围。例如，当事人在诉讼上的适格性事实，是否发生诉讼时效中断的事实，涉及案件的主管及管辖权的事实，涉及诉讼保全的事实，涉及法官、书记官及鉴定人等回避的事实，涉及诉讼中止、诉讼终结的事实等，由于程序法具有公法属性，程序正义对于保障实体公正具有重要意义。只有对有关程序法事实进行有效的证明和查明，才能保证诉讼程序合法、有效地进行以及实体法的正确贯彻与实施。因此，对于那些在当事人之间存在争议的程序法事实，法院应促使有关当事人对其主张进行举证证明，对于那些如不查明就难以作出正确处理的程序法事实，即使当事人不能予以举证证明，法院也应当依职权进行查明，以维护法律程序的正当性。

3.法院在审判上依职权应予以查明的事实属于诉讼上的证明对象，但是，不能因此将法院作为诉讼上的证明主体而负有相应的证明责任。这是因为，它是法院基于审判职能为保证程序法的正确运用借以全面发现案件事实真相所应尽的审判职能。一般认为，在涉及财产纠纷案件中，对于法院应依职权调查查明的程序法事实，仅需采用自由证明方式即可，而并非像当事人主张的实体法事实那样采用严格的证明方式。

4.所谓"当事人的说明"，是指当事人对其主张的程序法事实负有的一种说明义务。所谓"相关证据"，除了包括当事人对其主张的程序法事实所应当提供的证据以外，还包括法院在认为必要时依职权调查收集的相关证明。所谓"可能性较大"，是指在法院的心证中有关事实存在的盖然性较大，即有关事实存在的可能性明显大于其不存在的可能性。如果采用百分比方式进行换算，在法院的心证中有关事实存在的可能性只要能够达到60%（含）以上即可。

附录 民事诉讼证据规则的立法建议

第一章 证据披露规则

第一条 法院根据当事人的主张和案件审理情况，确定当事人应当提供的证据及其期限。

凡采用庭前交换证据程序且无客观上的障碍能够在该程序中提交、出示证据而拒不提供的，视为放弃、出示证据的权利，在此之后，无论在第一审程序或者第二审程序中再提交此类证据的，法庭可不予以考虑。

第二条 一方当事人对另一方当事人的口头询问或者书面询问如拒绝回答或者答非所问，又无包括适用特权规则在内的正当理由时，应视为对询问事项的认可。

第三条 一方当事人向法院申请指令另一方当事人提供书证、物证和视听资料等，并且有证据证明后者持有或者控制有关证据，无正当理由拒不提供的，如果对方当事人主张此类证据的内容对证据持有人或者控制人不利的，可以推定该主张成立。

第二章 最佳证据规则

第四条 除非法律另有规定或者有其他证据予以印证，或者经对方当事人的认可，当事人提供的书证应当是原件，否则不得作为证据采用。

第五条 在下列情形下，当事人提供的书证可以是复制件：

（一）原件并非是由于举证方的恶意作为而发生毁灭或者丢失，或者无法在法庭上提出；

（二）原件是处于举证方的对方当事人保管或者控制之下，经合理的通知而仍未交出原件；

（三）原件属于政府职能部门保存的正式文件或者属于政府机关依职权所作出的记录；

（四）篇幅或者体积过大不便向法庭提供的书证原件。

第六条 当一份书证的原件虽不存在，但双方当事人各自持有的复制件经核实其内容为相同时，则这些复制件均同等地视为原件。

第七条 案件中需要采用书证时，法院可依职权，或者根据当事人的申请，指令该书证持有人向法院提交书证原件。但对于当事人的申请，如法院认为该书证对于证明案件中的待证事实无关联性或者不必要时，可驳回该申请。

第八条 公文书是由国家机关、政府职能部门或者依法从事公共事务的部门或者人员在其职能范围内，按照规范的方式制作的文书；而私文书是由制作人签名的具有一定思想内容的文书。

公文书应提供原件或者须依法认证的复制件，私文书应提供原件，但仅因该书证的效力或者内容的解释存在争执的，可提供复制件。

第九条 除非有证据得出相反的结论或者法律另有规定，否则当两份公文书在内容上相互抵触时，后来制作的公文书一般优于先前制作的公文书。

第十条 除非有证据得出相反的结论，否则当两份私文书在内容上相互抵触时，先前制作的私文书一般优于后来制作的私文书。

第十一条 当书证在内容上出现删除、涂改、增添或者在形式上出现某种缺陷时，其证明力是否因此受到减损，减损至何种程度，由法院根据情况裁量。

当书证原件出现上述情形时，其复制件是否有助于弥补以上缺陷，弥补至何种程度，由法院根据情况裁量。

第十二条 凡丢失或者毁损书证原件，如属公文书，可以由法院向依法制作该书证的有关机关或者组织调查、核实；如属私文书，如没有其他证据予以印证，对方当事人对复制件又不予承认的，则不能确认其证据效力。

第三章　自认规则

第十三条 一方当事人就相关事实所进行的不利于己的陈述、作为或者不作为，可以视为产生自认的效果。

第十四条 当事人就对方所主张的事实，应当进行抗辩，如果从该方当事人有关陈述中看不出有何种争执的，即视为对该事实已经自认。

第十五条 在庭审辩论上，一方当事人就对方所主张的事实，不予明确争执的，视为对该项事实予以自认。但结合全部诉讼过程的情形可以认为对该事实有争执的，不在此限。

第十六条 当事人不得任意撤回其在诉讼上的自认，除非当事人能够证明所作出的自认与事实不符，并且当时的自认确实是由于错误所致，唯有如此，自认失去其效力。

第十七条　在一审中所作出的诉讼上的自认，在二审或者再审中仍保持其效力。

第十八条　对于诉讼上产生自认效力的陈述，如果这种陈述包含有独立的事实主张或者事实抗辩的，并不影响自认的效力。

第十九条　为一方当事人所主张的事实，在庭审过程中经另一方当事人自认的，或者在审理法官或者受委托法官面前自认而记入笔录的，产生免除举证的效力。

第二十条　当一方当事人在另一方当事人在场或者在其能够亲身感知的范围内所作出的陈述或者行为，假如这种陈述或者行为不真实按情理必然会引起另一方当事人作出适当反应，这种反应属于合理且可行时，而该另一方当事人却未作出适当反应，则该陈述或者行为可以作为不利于另一方当事人的证据。

第二十一条　一方当事人对他方当事人主张的事实，认为不知道或者不曾记忆时，应否视同自认，由法官根据情况审酌。

第二十二条　当事人的代理人或者合伙人，在授权范围以及代理关系或者合伙关系存续期间内的陈述或者行为，凡能够证明与该种代理关系或者合伙关系相抵触的，可作为不利于该方当事人的证据提出。

上述规定亦适用于共同所有人、共同债务人或者其他与当事人存在共同利益的人的陈述或者行为。

第二十三条　诉讼代理人就案件事实作出的陈述，随即由当事人予以撤销或者更正的，不发生效力。

第二十四条　已经死亡的人或者丧失作证能力的人曾经作出不利于其陈述人的陈述，就其中所涉及的事实在陈述时正好与陈述人的利益相违反的，而对当时具有理智的一个正常人而言，除非确信该事实是真实的，否则在这种情形下不会作出这样的陈述，则该陈述可以作为不利于陈述人、其权利承受人以及不利于第三人的证据。

第二十五条　关于诉讼上的自认规则，不适用于婚姻案件。

第四章　关联性规则

第二十六条　关联性是指当证据有助于增强或者减弱待证事实在内心确信上所具有的盖然性的程度时，即可认为该证据与待证事实之间具有关联性。

第二十七条　除法律另有规定以及证据规则予以排除外，任何与待证事实相关的证据均可采用，任何与待证事实不相关的证据不可采用。

第二十八条　当一方当事人提出涉及某一书证中的一部分材料作为证据时，为了避免产生某种误导或者偏见的倾向，对方当事人可以要求其向法庭提供与待证事实之间有关联性的其他材料或者有关材料的其余部分，以便法庭能够公平、合理地进行全面审查。

第二十九条　某一人或者机构的行为习惯或者惯常做法，无论是否有其他证据加以佐证，均可视为具有关联性的证据，用以证明此人或者该机构的惯常行为方式。

第五章　可采性规则

第三十条　证据的可采性是指与待证事实具有关联性且并非为法律以及证据规则所排除的证据的适格性。

第三十一条　是否决定采纳某一证据，应取决于该证据对待证事实具有关联性上的满足程度。

第三十二条　凡不依法受到排除的、为法院认为足以证明或者促成争执点得以证明的任何证据，均具有可采性。

第三十三条　只有当事人的陈述而没有其他相关证据予以佐证，除对方当事人承认外，该种陈述不能采纳为证据。

第三十四条　对一方当事人不利的证据，除非他有在庭审中享有予以质疑的机会，否则是不可采纳的。

第三十五条　在下列情形下，可不必提供原件，有关书证、视听资料内容的其他证据可以采纳：

（一）除提供者基于恶意而丢失或者毁损外，原件已经遗失或者毁损；

（二）原件无法通过正当的司法行为或者其他任何恰当的行为获得；

（三）原件处于该证据的出示对其不利的一方当事人控制或者影响之下，已经通过合法通知其向法庭提供，但对方当事人拒不提供的。

第三十六条　在诉讼之前或者诉讼开始之后，当事人之间就以实现和解为目的而实际提出、接受、表示或者承诺某些有益的建议而含有对涉及案件事实问题的认可，不得被用来作为在诉讼上对其中一方当事人不利的证据。

第三十七条　在由法院主持而在当事人之间进行的诉讼调解中，当事人以实现达成调解协议为目的而实际提出、接受、表示或者承诺某些有益的建议而含有涉及案件事实问题的认可，不得在诉讼调解失败之后作为在诉讼法上对其中一方当事人不利的证据。

第三十八条　一方当事人向另一方当事人支付或者承诺提供人身伤害医疗费等费用的行为，不得作为对此伤害负有责任的证据。

第三十九条　品格证据一般不具有可采性，但是，只有当一方当事人的品格证据在其与案件事实中涉及品格的争议事项具有关联性时，才具有可采性。

第四十条　只有在有人对证人讲真话的品格提出质疑以及用来证明其是否具备讲真话的品格时，证人的可信性才能用品格证据加以证明或者反驳。

第四十一条　代理人在代理权限内，以被代理人名义所作出的陈述，可采纳为不利于被代理人的证据。

第四十二条　代理人在其代理事务终止之前，关于其代理事务所作出的陈述，可采纳为不利于被代理人的证据。

第四十三条　本章所称代理人包括合伙人。

第六章　询问规则

第四十四条　证人由提出对其询问的当事人先行询问；在其询问结束后，再由他方当事人进行询问。

第四十五条　主询问应仅限于与案件有关的事实。当事人的询问与已经进行的询问相重复时、涉及与争执点无关的事项时或者认为有特殊必要时，法庭可以限制或者制止其询问。

第四十六条　在主询问中不得提出诱导性问题，除非证人为未成年人、胆怯受惊者、年老或者记忆力衰退者。

第四十七条　当事人不得以反询问或者其他方式攻击或者质疑自己提供的证人，除非该证人出现敌意

第四十八条　反询问是旨在证实或者审查证人陈述的真实性与可靠性是否受到任何利益或者偏见的影响，因此，允许询问人提出诱导性问题。

第四十九条　反询问应限于证人在主询问中所涉及陈述的范围或者与此有关的任何事项。

第五十条　反询问应限于与案件事实有关的事项。法庭在反询问中可以制止一切与案件无关的问题或者使证人感到难堪的事项等不适当的询问。

第五十一条　在当事人对证人反询问结束后，法庭可以进行补充性询问。并且，如认为必要，可以随时询问证人。

第五十二条　法院可以依职权或者根据当事人的申请传唤证人，各方当事人均有权对传唤到庭的证人进行反询问。

第五十三条　各方当事人都可以对鉴定专家进行反询问。

第五十四条　再询问应限于反询问中出现的事项。未经法庭的许可，不得引进新的事项，除非由于对方的反询问引出了新的事项，造成了此种询问的必要。

第五十五条　在再询问中，不得提出诱导性问题，但就同一事项，在主询问中已经允许提出诱导性问题的，不在此限。

第五十六条　凡未进行反询问的，不得进行再询问。未经法庭许可，当事人或者律师不得在再询问中提及在主询问中或者反询问中遗漏的问题。

第五十七条　在当事人对证人进行主询问后，法庭可以进行补充性询问，并且，在再询问中如认为必要，可以随时询问证人。

第五十八条　在再询问之后，对方当事人可以就证人在再询问中陈述的有关事项再次进行反询问。

第五十九条　法庭可以依职权对经传唤到庭的证人进行询问。

第六十条　法庭如认为当事人在场有碍证人陈述时，可告知当事人暂时退庭；但证人陈述完毕之后，法庭应当告知当事人入庭，并转述证人陈述的内容。

第六十一条　询问证人，应当与其他证人隔别进行；但法庭认为必要时，可以采取让证人之间进行对质。

第六十二条　当证人不能完全地回忆起被询问的事项，并且有关的提问或者其他唤起记忆的方式，将有助于唤起他的记忆而不至于促使他误入歧途或者作虚假陈述时，当事人可以就任何问题向证人提问或者借助任何书证、物证等来唤起其记忆。

对方当事人有权检查任何可由证人借以唤起记忆的证据，并就该证据对证人进行反询问，有权引用向证人提交的证据具有关联性的部分。

第六十三条　证人在陈述案件事实时，除经法庭许可外，不得朗读书面材料。

第六十四条　当对证人询问的事项与待证事实无关，或者容易产生误导、混乱，或者造成不必要的拖延、浪费时间或者重复赘述时，或者使证人处于极度难堪，以及有伤社会风化时，法庭应当及时予以限制或者制止。

第六十五条　在庭审前，提出证人的一方当事人必须告知对方当事人有关其提供证人的姓名和详细情况以及证人作证的主要事项，以便对方当事人为反询问做必要准备，否则，该证人证言不得采纳。

第七章　预防规则

第六十六条　除法律另有规定者外，证人在作证前应分别进行宣誓。

第六十七条　法庭在证人宣誓前，应当告知其履行宣誓义务即如作伪证将受到罚金、拘留的处罚或者监禁的刑罚；对于依法不经宣誓即作证的人，应告知其有相同的义务。

第六十八条　证人应朗读誓文；凡不能让朗读的，由书记员朗读，并说明誓文的意义。誓文应由证人签名；凡不能签名的，由书记员代写姓名并注明事由，由证人盖章或者按指印。

第六十九条　鉴定人在鉴定前应当宣誓，其誓文应当载明务必客观、公正、诚实地进行鉴定等语句。

第七十条　对证人、鉴定人接受合法通知后无正当理由拒不到庭的，法院可裁定令其负担因此而引起的诉讼费用并可处以罚金；同时在另定期日后再行通知，将处以罚金的通知及新确定的期日通知书一并送达。若仍不依通知到庭的，可再行处以罚金；对于证人，可同时予以拘传或者拘留。

第七十一条　凡能够证明自己在确定的期日因有合理原因而不能出庭作证的人，可免予处罚。

第七十二条　当证人能够证明其确有合理原因在指定的期日不能出庭作证时，法庭可适当予以延期。

第八章　特权规则

第七十三条　当提供证言可能使证人或者下列人受到刑事上的追诉或者处罚的，或者使这些人的名誉受到不当损害的，证人可以拒绝作证：

（一）证人的配偶、四亲等内的血亲或者三亲等内的姻亲或者与证人曾有此等亲属关系的；

（二）证人提供证言，对于证人或者与证人有前款关系的人足以在财产上造成直接损害的；

（三）证人的监护人或者受证人监护的人。

第七十四条　在下列情形下，证人可以拒绝作证：

（一）当全国人大代表、全国政协委员或者曾任全国人大代表、全国政协委员作为证人而就其职务上的秘密接受法庭询问时，法院应征得全国人大、全国政协的许可。

（二）当国务院总理、副总理、国务委员或者其他部委的部长、副部长或者主任、副主任，或者曾任这些职务的人作为证人而就其职务上的秘密接受法庭询问时，法院应征得国务院的许可。

（三）国家公务员或者曾任国家公务员的人作为证人而就其职务上的秘密接受法庭询问时，法院应征得其主管机关的许可。

（四）医师、药剂师、律师、公证员、宗教人士，或者曾经从事此类职务的人在职务上知悉的应当保密的事实接受法庭询问时。

（五）基于职务、职业、身份上的原因，而知悉一定事项，从该事项的性质上判断或者依法律规定应当属于保密的内容，就此当接受法庭询问时。

当证人被免除保密义务时，不适用上述规定。

第七十五条 当下列人作为证人接受法庭询问时，不得使其进行宣誓：

（一）未成年人；

（二）不能正常理解宣誓在法律上的意义与后果的。

第七十六条 对下列事项，证人不得拒绝作证：

（一）关于证人本人曾经作为证人而从事过的法律行为的成立与法律行为的内容；

（二）涉及家庭成员的出生、婚姻或者死亡情况；

（三）涉及因家庭关系而发生的财产情况。

第七十七条 当鉴定人具有证人拒绝作证的同样原因时，也有权拒绝接受鉴定。法院也可以因其他原因而免除鉴定人从事鉴定的义务。

第九章 排除规则

第七十八条 证据的采纳将足以导致过于费时，使诉讼程序不当延滞，或者足以混淆事实争执点使案情更趋复杂，有碍于及时审判的，以至于采用该证据比不采用该证据更容易损害公正审判的本旨时，该种证据虽具有关联性，但应予以排除。

第七十九条 证据的取得，如采取强迫、利诱或者欺诈等不正当方式时，应予以排除。

第八十条 在诉讼之前或者诉讼开始之后，当事人之间就以实现和解为目的而实际提出、接受、表示或者承诺某些有益的建议而含有对涉及案件事实问题的认可的，不得用来作为在诉讼上对其中一方当事人不利的证据。

第八十一条 凡审理本案的法官不得充当本案的证人。

第八十二条 证人作证是将其亲身经历或者体验过的事实如实向法庭陈述，证人证言中如含有任何对待证事实的猜测、推理或者评论的成分或者因素的，将受到排除。

第八十三条　鉴定人只能就涉及案件事实的专门问题作出推断或者发表意见，如对证明某一案件事实本身是否存在发表意见的，该意见将受到排除。

第十章　传闻规则

第八十四条　传闻是指陈述人在庭审活动或者诉讼之外所作出的，包括口头或者书面形式，用以证明案件事实情况的一种陈述。

第八十五条　除本规则另有规定者外，传闻证据不具有可采性。

第八十六条　证人提供的证言一般应限于其亲身感知的事实，但根据法律另有规定者除外。

第八十七条　除非法律另有规定，否则证人所提供的书面证言未经对其不利一方当事人的反询问，不得作为证据采用。

第八十八条　除非法律另有规定，否则鉴定人所出具的鉴定结论未经对其不利一方当事人的反询问，不得作为证据采用。

第十一章　推定规则

第八十九条　一方当事人就另一方当事人所主张的事实表示并不知道时，可推定其对该事实有争执。

第九十条　对于一人的行为及其产生的正常结果，推定其为有意行为。

第九十一条　当事人无正当理由而不应传唤到庭时，或者到庭后拒绝宣誓及作出陈述时，可推定对方当事人关于询问事项的主张为真实。

第九十二条　对于一定事实的存在，当证据规则许可使用推定时，如无相反的规定，可提出反证。

第九十三条　凡在法律上因推定而成立的事实，除即使法律允许采用反证，而无相反证据与之相抵触外，毋庸举证。

第九十四条　当书证处于一方当事人的占有、支配或者实际控制之下，而该方当事人无令人信服的正当理由拒不提交时，可推定对方当事人关于该书证的主张为真实。

第九十五条　一方当事人基于故意妨害对方当事人使用为目的，遗失、伪造、篡改、污损、毁灭在其占有、支配或者实际控制之下的书证，或者是以其他方式使之无法使用时，可推定对方当事人关于该书证的主张为真实。

第九十六条　当事人就书证的形式和内容真实性不表明态度，且在其他陈述中对书证的真实性亦未提出争执时，视为对该书证已经承认。

第九十七条　法院要求当事人就书证的真实性陈述意见，而当事人拒不陈述时，视为其已表示对该书证的承认。

第九十八条　当事人无正当理由拒不提供下列书证时，法院可根据情况推定他方当事人关于该书证的事实主张为真实：

（一）当事人在诉讼文书或者言词辩论中曾经引用的；

（二）他方当事人根据法律规定可请求其提供或者查阅的；

（三）为他方当事人的利益而制作的；

（四）就当事人之间的法律关系而制作的；

（五）商业账簿。

第九十九条　凡书证含有任何合意或者权利义务内容的，推定其应包含所有的合意或者权利义务内容，并且可推定在该书证形成之后，其内容并无增减或者变更。

第一百条　凡书证载明其形成的地点、时间的，推定其为在记载的地点、时间所制作。

第一百零一条　当书证上的签名对待证事实具有证明价值时，可推定书证为签字人所签。

第一百零二条　从形式及内容上可以判断公文书系国家主管部门或者其他政府公务员以及依法律可由其他机构或者人员在其职权范围内制作时，可推定其为真实。

第一百零三条　国家公务员在执行职务时所制作书证的内容，推定其为真实。

第一百零四条　私文书经本人或者受其委托的人签名、盖章或者按指印或者依法认证时，可推定其为真实。

第一百零五条　当核对当事人的笔迹对认定书证的真实成为必要时，如对方当事人拒不履行法院的指令时，可推定对方当事人的主张为真实。

第一百零六条　当无适当笔迹可供核对时，法庭可以指定一方当事人亲笔写出可供核对使用的文字。如该方当事人无正当理由而拒不服从时，对于书证的真伪，可以推定他方当事人的主张为真实；在改变字体书写时亦同。

第一百零七条　当待证事实无直接证据足以证明，而可借助经验法则，根据已经认定的其他事实来作出相关推定，这时如遇有间接证据证明其他事实的，即可据以推定待证事实的存否。

第一百零八条　法院可以依据已确立的事实，推定待证事实的真伪。这种推定由法官依其学识、经验而审慎进行，并且得出的结论与案件其他待证事实之间必须存在明确、合理、相互一致的关联性。

第一百零九条　从形式和内容上均可认为是由外国官员或者外国具有相应权限的部门或者人士所制作的书证，是否需要进一步的证明即视其为真实，由法院根据情况裁量。如经我国驻外使、领馆认证的，可视其为真实。

第十二章　司法认知规则

第一百一十条　司法认知的事实应当是属于显著的、毋庸争执的，且在有关法院诉讼管辖区域内众所周知的事实。

第一百一十一条　法院既可根据当事人的申请，也可依职权自行决定是否采用司法认知。

第一百一十二条　如果当事人提出申请，并且提供了必要的证据时，法院应当决定是否就申请事项采用司法认知。

第一百一十三条　当一方当事人就有关事项申请司法认知时，可允许对方当事人提出异议和对此进行辩论。

第一百一十四条　法院在裁判作出前的任何诉讼阶段都可以采用司法认知。

图书在版编目 (CIP) 数据

民事诉讼证据规则研究 / 毕玉谦著 . — 北京：中
国法制出版社，2023.12

ISBN 978-7-5216-3653-6

Ⅰ.①民…　Ⅱ.①毕…　Ⅲ.①民事诉讼－证据－规则
－研究－中国　Ⅳ.①D925.113.4

中国国家版本馆CIP数据核字（2023）第115936号

责任编辑：侯　鹏　　　　　　　　　　　　　　封面设计：李　宁

民事诉讼证据规则研究
MINSHI SUSONG ZHENGJU GUIZE YANJIU

著者/毕玉谦
经销/新华书店
印刷/河北华商印刷有限公司
开本/710毫米×1000毫米　16开　　　　　　印张/19.25　字数/365千
版次/2023年12月第1版　　　　　　　　　　2023年12月第1次印刷

中 国 法 制 出 版 社 出 版
书号 ISBN 978-7-5216-3653-6　　　　　　　　　　　定价：69.00元

北京市西城区西便门西里甲16号西便门办公区
邮政编码：100053　　　　　　　　　　　　　传真：010-63141600
网址：http://www.zgfzs.com　　　　　　　　编辑部电话：010-63141826
市场营销部电话：010-63141612　　　　　　印务部电话：010-63141606
（如有印装质量问题，请与本社印务部联系。）